한국 청동기·철기시대와
고대사회의 복원

| 崔夢龍 |

한국 청동기·철기시대와 고대사회의 복원

서문

2007년은 필자의 進甲으로 매우 분주하게 보냈다. 그 결과 1) 저서로는 『인류문명 발달사』(2007년, 주류성, 초판 9월 13일, 금, 개정증보판 11월 20일, 화), 2)편저로는 『경기도의 고고학』(편저, 2007, 주류성), 3) 학회의 기조강연으로는 "동북아시아적 관점에서 본 한국청동기 · 철기시대 연구의 신경향 –다원론적 입장에서 본 한국문화의 기원과 편년설정–"(한국상고사학회 20회 학술발표회 기조강연, 2007년 11월 17일, 토), 4) 강연회 원고인 "청동기시대–개관–"(국립박물관, 2007년 4월 19일 및 2008년 4월 17일, 목), "중국 · 일본 · 한국의 문화사"(인천시립박물관, 2007년 5월 11일, 금), "중원문화와 고구려"(충주대학교 박물관, 2007년 12월 5일, 수)와 "마한 · 백제문화의 성격"(목포대학교 박물관, 2007년 12월 21일, 금)의 글 네 편 등 모두 11편이 나오게 되었다. 이들 대부분은 지난 2006년~2007년 사이 학회에서 기조강연으로 발표했던 것으로서 다시 편집하고 새로운 자료들을 추가 · 보완해 한 권의 책으로 묶어 본 것이다. 이 책의 전체적인 내용은 고고학의 본질이라고 할 수 있는 문화과정, 생활양식의 복원과 문화사적인 시각에서 본 한국 문화의 기원 및 전파, 정치 · 사회조직의 진화와 고대국가의 형성 · 종교의 발전 · 제작기술과 통상권(무역) 등에 중점을 두어 '한국고대사회의 복원' 을 시도했던 『최근 고고학 자료로 본 한국 고고학 · 고대사의 신 연구』(주류성, 2006)란 책의 보완 · 개정판이라고 말할 수 있겠다. 그러나 여기에 실린 11편의 원고를 각 편 모두 최근 새로이 출토된 자료를 바탕으로, 앞으로의 새로운 연구방향에 초점을 맞추어 편집을 하고 또 사진과 주를 보완하여 논문의 형식을 갖추었다. 이 책에서는 구석기시대에서 삼국시대 후기까지 언급이 되어 있으나 중심내용은 청동기시대 조기에서 삼국시대 전기(기원전 2000년~서기 300년)까지의 문화를 통시적으로 보고자 한 것이다. 청동기시대와 철기시대를 한국고고학상 혈연을 기반으로 하는 계급사회(clan based hierarchical society)에서 국가사회(ancient state)로 넘어가는 시기로 여기에는 청동기시대의 족장사회(chiefdom)와 위만조선의 한국 최초의 고대국가가 모두 포함된다. 여기에는 무력(military power), 경제(재분재와 시장경제, economy)와 이념(ideology, 종교 religion)가 중요한 역할을 한다. 특히 종교는 애니미즘과 토테미즘 다음 단계인 무교(shamanism)와 조상숭배(ancestor worship)가 두드러지게 나타나 국가형성의 기반이 됨을 알 수 있다. 그러나 각 장은 발표의 요청에 따라 각기 만들어진 독립된 원고들이어서 발표시 전체적 흐름과 맥락을 중요시한 나머지 각 장의 내용 일부가 서로 중복이 되는 점은 피할 수 없었다. 이 점은 독자의 양해를 구해둔다. 대신 사진을 160여 점 넣어 내용의 이해를 돕고자 하였다. 책 제목은 『한국 청동기 · 철기시대와 고대사회의 복원』으로 하였다. 앞으로 운이 좋으면 이를 토대로 하여 『한국 선사고고학개설』이란 책자를 새로이 꾸밀 것을 구상하고 있다. 이 책의 발간은 여러 사람들의 관심에 의해서였다. 우선 2006년 9월 9일(토) 서울 강남구 신사동 릿츠 · 칼튼 호텔 옥산뷔페에서 있었던 필자의 출판기념회 및 회갑연에 오셔서 축하해주셨던 여러 동료와 제자들의 권고에 의해서이다. 그리고 기조강연에 불러주어 이 책에 실릴 원고를 새로이 준비하도록 도와준 이훈(충청남도 역사문화원 실장), 지현병(강원문화재연구소 실장), 이정호(동신대학교 교수), 홍형우(국립문화재연구소 연구관), 노혁진(한림대학교 교수), 백종오(충주대학교 교수)와 최성락(목포대학교 교수) 등 관계자 여러분들의 힘이 컸다. 이러한 관심과 도움에 마음 깊이 감사를 드린다. 아울러 필자의 회갑기념논총이라고 할 수 있는 『경기도의 고고학』에 옥고를 내어주신 이재 · 강성문(한국국방문화재연구원)과 하문식(세종대학교) 교수 등 20여분들께도 이 자리를 빌려 다시 한번 고마움을 표한다.

佛家에서 衆生들이 받는 八種의 苦痛은 生老病死의 4苦이외에 愛別離苦(사랑하는 사람으로부터 이별하는 괴로움), 怨憎會苦(보기 싫은 사람을 만나는 괴로움), 求不得苦(얻지 못하는 괴로움)와 五陰盛苦(신체의 오음에서 받는 육체적 괴로움)를 든다. 벌써 62세로 이제까지 학교에서 보낸 38년 중 八苦에서 生老病死를 제외한 나머지 四苦를 이미 체험해 보았고 지금은 그들로부터 하나하나 벗어나고 있는 중이다. 그리고 하루하루의 생활태도도 "責人之心 責己 恕己之心 恕人"(남을 야단치는 마음으로 나를 야단치고 자기를 용서하는 마음으로 남을 용서한다)으로 일관해 왔다. 학문에서도 마찬가지이다. 이제 욕심을 버릴 때가 되었나 보다. 무척 아쉽긴 하지만 정년퇴임(2012년 2월 28일)전 筆者가 벌려놓은 학문적인 것들을 이 책을 마지막으로 結者解之하듯 마무리 하였으면 하는 생각이 간절하다. 그리고 만약 앞으로 시간이 허락이 된다면 주된 관심을 해외로 돌리고 싶다. 이제까지 꾸준히 해온 것들을 『인류문명발달사』(2007. 9. 13 주류성)로 묶어 보았다. 이 책은 곧 개정증보판(2007. 11. 20)이 나왔으나 책다운 책이 되려면 적어도 5판까지 기다려야 될 것이다. 그동안 본문과 사진의 보완이 필요하기 때문이다. 필자가 專任講師가 되면서 發願한 저서, 공저, 편저, 번역과 편역 등 일년에 적어도 한 권 이상의 册子를 만들어 내겠다는 執念과 苦痛에서 스스로 벗어나려고 한다. 이제까지 유학생활을 포함한 모든 공백까지 합쳐 계산해도 이러한 약속을 그런대로 지켜왔다고 생각하지만, 앞으로는 학문적인 욕심을 더 낼 수 있을런지는 자신이 없다. 오히려 그러한 고통에서 벗어나려는 마음의 發想이 더욱 중요한 시점인 것 같다. 1987년 11월 14일(토) 韓國上古史學會의 發起와 더불어 發掘을 그만두고, 1994년 6월 23일(목) 禁酒를 決行한 것을 현시점에서 反芻해보면 모든 것이 나 스스로를 위해서도 잘된 일이 되었던 것 같다. 入寂하신 崇山스님이 가끔 偈頌으로 이야기 해주신 "萬法歸一 一歸何處 非心非佛 青山流水"란 글이 가슴에 와 닿는 시점이다. 休靜(淸墟堂) 西山大師의 "八十年前渠是我 八十年後我是渠(팔십 년 전의 그는 바로 나요, 팔십 년 후의 나는 바로 그다)"란 入寂詩 가 생각난다. 나도 돌이켜보면 당시 그 時點에서 要領을 안 부리고 愚直하면서 最善을 다해 한결같은 생활을 해나가려고 노력했던 것 같다. 그러나 努力뿐이고 淸虛堂스님과는 結果가 다른 것이 마음 아프다. 君子之所取者遠 則必有所待 所就者大 則必有所忍(군자는 멀리 보아 얻으려면 기회를 기다려야 하고 큰 것을 얻으려면 참아야 한다, 蘇軾). 그리고 先學들이 늘 그래왔듯이 매사 결과가 기대에 어긋나더라도 또 때를 기다리나 때가 오지 않더라도 눈썹조차 찌푸리지 않을 수 있는(君子貴遇時 不遇亦不嚬) 마음의 수양을 쌓아가도록 노력해야 할 것이다. 그렇지 않으면 모든 것이 허망(皆是虛妄)하기 때문이다.

올 9월 13일 이후부터 만 63세가 된다. 그래도 이제까지 공들여온 작업들로부터 훌쩍 떠나버리기에는 나에게는 아직도 世俗的인 일이 많이 남아있고 여전히 바쁠 것이다. 나는 학교에 몸 담은 이후 오늘까지 만 38년이 되었고, 그동안 남달리 제자들을 많이 키워내려고 애써왔다. 管子 勸修편에 십년을 바라보려면 나무를 심고 평생을 생각하려면 사람을 심으라(十年之計 莫如樹木 終身之計 莫如樹人)고 했다. 이는 "十年樹木 百年樹人"(古直 冷圃曲)에서 나오는 百年之計와 같은 말이다. 時間이 許諾하는 한 앞으로 韓國考古學界를 짊어지고 갈 棟梁之材(後漢書 陣蕃傳)들을 좀더 키워 냈으면 한다. 荀子의 勸學편에 나오는 "靑出於藍 또는 氷寒於水"의 境地에 이를 제자들이 필요하다. 그것이 바로 스승의 學恩에 報答하고 學問

을 發展시킬 수 있는 唯一한 길이다. 現今의 混濁한 考古學界를 이끌어갈 人才들의 出現이 더욱더 切實히 필요한 時點이기도하다. 물론 우리는 여기에 대한 治癒方法을 갯벌과 늪지와 같은 自然의 自淨能力에서 배울 수도 있을 것이다. 그것은 마냥 受動的으로 기다려야하는 弱點이 있다. 陶淵明의 詩 "盛年不重來 一日難再晨 及時當勉勵 歲月不待人(젊은 때는 두 번 오지 않으며, 하루 새벽도 두 번 없으니, 젊을 때 마땅히 학문에 힘쓰라. 세월은 사람을 기다리지 않으리)"와 岳飛의 "莫等閑 白了少年頭 空悲切(마음의 여유가 없다. 백발이 되면 슬플 뿐이다)"의 글귀를 귀담아 들어둘 때이다. 이 글이 나에게도 가장 잘 적용되는 것은 마찬가지이다.

2008년 2월 5일(화)

進甲의 문턱을 지나 希正 崔夢龍 씀

사진 목록

PHOTO CONTENTS

화성 동탄면 석우리 동학산 출토 점토대토기(단면 방형, 기전문화재연구원)
안성 공도 만정리 출토 점토대토기(단면 방형, 기전문화재연구원)
아산 탕정 명암리 출토 마형대구(마한, 충청남도역사문화원)
서울 풍납동 출토 경질무문토기(국립문화재연구소 유적조사실 서울 · 중부권 문화유산 조사단)
서울 풍납동 197번지에서 출토된 경질무문토기(국립문화재연구소 유적조사실 서울 · 중부권 문화유산 조사단)
서울 풍납동 197번지에서 출토된 뽈체토기(국립문화재연구소 유적조사실 서울 · 중부권 문화유산 조사단)
인천광역시 소야도 출토 이중구연토기(서울대학교 박물관)
강원도 원주 가현동 국군병원부지 출토 마제석검(강원문화재연구소)
아산 탕정 용두리 출토 연해주 리도프카문화 계통의 무문토기(충청남도역사문화원)
가평 설악면 신천리 출토 리도프카문화 계통의 무문토기(한백문화재연구원)
가평 외서면 청평 4리 출토 무문토기의 바닥(한림대학교 박물관)
횡성 공근면 학담리 출토 무문토기 바닥(한림대학교 박물관)
강화 삼산면 석모리 해골바위에 나타난 애니미즘 후면(한국국방문화재연구원)
강화 삼산면 석모리 해골바위 전면(한국국방문화재연구원)
완도 장도(사적 308호)의 제사유적(문화재연구소 유적조사실)
하남시 덕풍골의 제사유적(세종대학교 박물관)
양평 신월리의 환상열석 · 제사유적(경기대학교 박물관)
순천 덕암동의 제사유적(남도문화재연구원)
화성 동탄면 석우리의 동학산 제사유적(기전문화재연구원)
순천 덕암동 출토 곡옥(남도문화재연구원)
순천 덕암동 출토 기대(남도문화재연구원)
아산 탕정 명암리 출토 곡옥(충청남도역사문화원)
아산 탕정 명암리 출토 오리 한 쌍(충청남도역사문화원)
아산 탕정 명암리 출토 기대(충청남도역사문화원)
삼천포 늑도 출토 반량전 · 오수전(동아대학교 박물관)
제주도 애월 금성리 출토 화천(제주대학교 박물관)

PHOTO CONTENTS

나주 다도면 판촌리 지석묘 하부구조(전남대학교 박물관)
나주 다도면 판촌리 지석묘 하부구조(전남대학교 박물관)
무안 성동리 안골 지석묘 하부구조(전남대학교 박물관)
고흥 남양 중산리 지석묘 하부구조(순천대학교 박물관)
평택 토진 현곡 지석묘 하부구조(기전문화재연구원)
화천 용암리(강원문화재연구소)
춘천 발산리(강원문화재연구소)
안성 공도 만정리(기전문화재연구원)
제천 도화리 적석총 출토 철제유물(서울대학교 박물관)
사천 이금동 61호 제사유적 건물지(경남고고학연구소)
나정(사적245호, 중앙문화재연구원)
강화 삼삼면 석모리 당집 석마
요녕성 객좌현 우하량 2호 무덤
여천 적량동 출토 석검과 동검(전남대학교 박물관)
여천 화장동 고인돌 출토 동검(순천대학교 박물관)
나주 오량동 가마유적 A(사적 456호, 목포대학교 박물관)
나주 오량동 가마유적 B(사적 456호, 목포대학교 박물관)
순천 화장동 토실(성균관대학교 박물관)
순천 서면 운평리 대가야고분(2호분, 순천대학교 박물관)
나주 복암리 4호분(사적 404호, 문화재연구소 유적조사실)
광주 명화동 전방후원형 고분 출토 토기(전남대학교 박물관)
나주 대안리 5호 고분(전남대학교 박물관)
연천 군남 삼거리 적석총 발굴(한국토지공사박물관)
함평 대창리 창서유적 출토 토기에 새겨진 인물상(호남문화재연구원)
함평읍 장년리 장고산고분 전경
아산 탕정 명암리 출토 화분형토기(충청남도역사문화연구원)
경기도 가평 달전 2리 토광묘 출토 위만조선의 토기(한림대학교 박물관)
영종도 퇴뫼성(인천시립박물관)

PHOTO CONTENTS

파주 진동면 서곡리 고려 권준 벽화묘(1352년)
연천 은대리 토성 출토 고구려토기(단국대학교 매장문화재연구소)
사자 빈신사지 석탑(보물 1022호)
중원고구려비(국보 205호)
鳥嶺(문경새재) 1관문(조령관, 사적 147호)
경주 모화리 야철지
집안 환도산성내 요망대
주몽과 유화부인 소조상(집안 환도산성하 사당)
집안 환도산성하 사당 앞의 祖
경기도 용인시 기흥구 보정리 고구려 말각조정식 고분(한양대학교 문화재연구소)
경기도 용인시 기흥구 보정리 고구려고분 출토 토기(한양대학교 문화재연구소)
산청 구형왕릉(사적 214호)
집안시 國東大穴
집안 환도산성하 적석총
집안시 太王陵
집안시 將軍塚
관미성(오두산성, 사적 351호, 경희대학교 박물관)
서초구 광진동 용마산 2보루(서울대학교 박물관)
금산 백령산성(충남기념물 83호, 충청남도역사문화원)
연천 당포성(사적 468호, 육군사관학교 화랑대연구소 국방유적조사실)
경주 월성 해자 출토 고구려 개와(경주문화재연구소)
경주 월성(사적 16호) 해자 출토 고구려 토제방정편(경주문화재연구소)
집안 오괴 4호분 일월신상도 중 해(삼족오)
순천 서면 운평리 혈연을 기반으로 하는 현대식 고분

차례

CONTENTS

제 1 장

多源論의 입장에서 본 한국문화의 기원과 시베리아

New Perspectives in the Research of the Korean Bronze, and Former & Later Iron Ages

-The Origin of the Korean Culture and Northeast Asia in terms of the Polyhedral Theory, and Establishing New Chronology-

Choi Mong-Lyong
Professor of Seoul National University

Since the normalization of diplomatic relations between Korea and Russia, and China according to the treaty on September 30, 1990, and on August 24, 1992 respectively, a lot of archaeological information flow has been made it possible for Korean archaeologists confirm the origin of Korean culture and establish new chronology of Korea Bronze and Iron Ages in terms of polyhedral theory. And the origins of the Korean culture are thought to have been applied with polyhedral or polyphyletic theory as far as Northeast Asia centering on Siberia is concerned. Siberia, northeastern China and Mongolia are the most important melting places from which various cultural elements regardless time and space are diffused according to the chronology of Korean archaeology. Such archaeological evidence based upon relics and artefacts as comb-patterned pottery, plain-coarse pottery with band appliqué, stone cist, antennae sword, petroglyph et alii. are representative for identifying the cultural diffusion and relationship between Northeast Asia and Korean peninsula, and especially the origin of Korean culture through the Palaeolithic/Mesolithic Age(: or Transitional Period, 10000? BC~8000 BC), Neolithic Age(8000 BC~2000 BC), Bronze Age(2000 BC~400 BC), the Former Iron Age(400 BC~1 BC) and Later Iron Age or Former Three Kingdoms Period(1 AD-300 AD) during the prehistoric times of Korea. They can be traced back to such northern places adjacent to the Korean peninsula as the Amur river valley region and the Maritime Province of Siberia including the Ussuri river basin, Mogolia, and the Manchuria(the northeastern three provinces) of northern China, which means that surrounding northern part of the Korean peninsula is to be revalued as the places of the origin and diffusion of Korean culture, as already shown from the recently found archeological remains and artefacts in the whole Korean territory.

And also new perspectives in the Bronze and Iron Age of Korean Archaelogy in terms of polyhedral theory has made it possible that analysis and synthesis of archaeological data from the various sites so far excavated by several institutes nationwide and abroad provided a critical opportunity to reconsider archaeological cultures and chronology of Korean Bronze, Iron Ages and Former Three Kingdoms Period, and I have tried to present my own chronology and sub-periodization of Korean Bronze and Iron Ages with some suggestions, including a new perspective for future studies in this field.

Though it is still a hypothesis under consideration, the Korean Bronze Age(2000/1500 BC~400 BC) can be divided into four phases based on distinctive pottery types as follows :

1. Initial Bronze Age(2000 BC~1500 BC) : a pottery type in the transitional stage from Jeulmun comb pattern pottery to plain coarse pottery with band appliqué decoration on the rim, and plain coarse pottery with double rim or Jeulmun pottery decoration.

2. Early Bronze Age(1500 BC~1000 BC) : double rimmed plain coarse pottery with incised short slant line design on the rim.

3. Middle Bronze Age(1000 BC~600 BC) : pottery with a chain of hole-shaped decoration on the rim and pottery with dentate design on the rim.

4. Late Bronze Age(600 BC~400 BC) : high temperature fired plain coarse pottery(700~850).

The Iron Age(400 BC~1 BC) can be divided into two phases based on distinctive set of artifacts as follows as well :

1. Former Iron Age(earlier phase) : pottery types such as high temperature fired plain coarse pottery(700~850℃) and pottery with clay strip decoration on the rim(section : round), mould-made iron implements and bronze implements such as phase Ⅰ Korean style dagger, dagger-axe, fine liner design mirror, ax, spear and chisel.

2. Later Iron Age(later phase) : bronze implements such as phase Ⅱ Korean style dagger, horse equipments and chariots, forged iron implements and pottery with clay strip decoration on the rim(section: triangle).

On the other hand, cross-section shape of clay strip attached to pottery can be a criterion to divide the Iron Age into three phases. The shape of clay strip had been changed in the order of section with round phase Ⅰ, rectangular phase Ⅱ and triangular shapes phase Ⅲ and each shape of the cross-section represent each phases of Iron Age, respectively. All the three types of clay strip potteries in terms of the section on the rim of surface, usually accompanied by the Korean type bronze dagger, are buried in the earthen pit tomb, indicating the beginning of the Former Iron Age(ca 400 BC) in Korean peninsula.

Korean academic circles have to fully accept a record illustrated in the Samguksagi(三國史記) as a historical fact that King Onjo, the first king of Baekje Kingdom, founded Baekje(百濟) in the territory of Mahan in 18 BC during the Later Iron Age, or Former Three Kingdoms Period, Baekje had been coexisted with Lolang(樂浪) and Mahan(馬韓) in the Korean Peninsula with close and active interrelations forming an interaction sphere. Without full acceptance of the early records of the Samguksagi, it is impossible to obtain any productive scholarly outcome in the study of ancient Korea. For quite a long time period, Korean archaeological circles have used a concept and term of Proto-Three Kingdom Period. However, it is time to replace the inappropriate and illogical term and concept, the Proto-Three Kingdom Period with the Later Iron Age or the Former Three Kingdoms Period(1 AD~300 AD).

1. 서언

시베리아지역[1]과 한국문화의 관련성에 대한 최초의 언급은 藤田亮策이 즐문토기의 기원에 대해서 언급하면서부터 이다. 이후 金貞培는 카라숙의 석관묘를 비롯하여, 아화나시에보에서 따가르에 걸치는 시기의 토기의 유사성에 주목하기도 하였다. 북한도 1950년대에는 우리나라 청동기시대를 시베리아와 관련성을 주장하였으나, 1960년대에 들어서면서 독자적인 발전을 주장하면서 더 이상 논의되고 있지 않는다. 이와 같이 시베리아지역은 한국문화의 기원과 관련하여 학계의 많은 주목을 받고 있다. 하지만 그러한 관심에 비해서 정치적인 상황, 자료의 제약, 언어상의 문제로 인해서 시베리아지역과 한국의 관련성은 구체적으로 다루어지지 못하고 『러시아의 고고학』(최몽룡 · 이헌종, 1994, 학연출판문화사)과 같은 英譯된 일부 자료를 단편적으로 이용하여 피상적으로 논의되는 수준이었다. 그런데 소련에서 레닌 · 스타린부터 유지해온 공산주의 이념을 탈피하고 자본주의 체제의 러시아에로의 정치적인 상황의 탈바꿈과 함께 이루어진 1990년 9월

1) 엄밀히 말한다면 '시베리아' 라는 지역은 쉐라야빈스크시를 기점으로 서쪽으로 우랄산맥, 동쪽으로는 바이칼연안지역을 포괄한다. 그리고 '극동지역' 은 바이칼 이동쪽에서 태평양에 맞닿는 지역을 포괄한다. 따라서 본고에서는 시베리아와 극동지역을 나누어서 살펴보겠다. 시베리아의 황인종(Mongoloid)에는 고아시아족(Palaeoasiatic people, Palaeosiberian)과 퉁구스(Tungus, Neoasiatic people)족이 있다. 고아시아족에는 축치, 꼬략, 캄차달, 유카기르, 이텔만, 켓트, 길랴끄(니비크)가, 퉁구스에는 골디(赫哲, 허저), 에벤키, 에벤, 라무트, 부리야트, 우에지, 사모예드 등이 있다. 그리고 시베리아와 만주(요녕성, 길림성과 흑룡강성)에서는 역사적으로, 가) 숙신-읍루-물길-말갈-흑수말갈-여진-생여진-금(1115년-1234년)-만주-청(1616년-1911년), 나) 匈奴-東胡-烏桓-鮮卑-突厥(투쥐에, 튀르크, 타쉬티크)-吐藩(투르판/티벳)-위굴(維吾爾, 回紇)-契丹(遼, 907년-1125년)-蒙古(元, 1206년-1368년), 다) 예 : 고조선, 맥 : 부여-고구려-백제/신라로 이어진다.

30일 한-러수교, 1992년 8월 24일 한-중수교 이후 한국 학자들은 러시아·중국 학자들과 자유롭게 고고학적인 지식을 교환할 수 있게 되었으며 또 상호협조하에 공동으로 심도있는 연구를 시도할 수 있게 되었다. 시베리아와 극동지역은 현 러시아의 우랄산맥 근처에 위치한 췌랴야빈스크시를 경계로 그 이동 지역에 위치하고 있다. 이곳에는 오브, 예니세이, 레나와 아무르 등 4대강이 흐르고 있다. 이 강들의 많은 지류상에 우리의 문화와 관련된 유적들이 많이 보인다. 이 강들에 위치한 유적들과 그들의 문화에 대해 국내에서도 최근 활발히 소개되고 있다. 그 중 단행본만 추려보면 다음과 같다.

최몽룡, 1993, 『한국문화의 원류를 찾아서』-고고기행- 學研文化社

데.아.아브두신 저, 정석배 역, 1993, 『蘇聯考古學槪說』 學研文化社 考古學叢書 7

崔夢龍·李憲宗 編著, 1994, 『러시아의 고고학』 學研文化社 考古學叢書 8

국립중앙박물관, 1995, 『알타이문명전』

데.엘.브로단스키 저, 정석배 역, 1996, 『연해주의 고고학』

최몽룡·김선우, 2000, 『한국지석연구 이론과 방법』, 주류성

최몽룡·이헌종·강인욱, 2003, 『시베리아의 선사고고학』, 주류성

블라지미르 꾸바레프 저, 이헌종·강인욱 역, 1999, 『알타이의 제사유적』, 학연문화사

V.I. 몰로딘 저, 이헌종·강인욱 역, 2000, 『고대알타이의 비밀』, 학연문화사

블라지미르 꾸바레프 저, 이헌종·강인욱 역, 2003, 『알타이의 암각예술』, 학연문화사

A.P. 데레비안코 저, 이헌종·강인욱 역, 2003, 『알타이의 석기시대 사람들』, 학연문화사

몰로딘·강인욱역, 2003, 『고대시베리아의 예술세계』, 주류성

최몽룡·김경택·홍형우, 2004, 『동북아 청동기시대 문화연구』, 주류성

서울대학교 박물관, 2005, 『초원의 지배자』 시베리아고대문화 특별전

국립문화재연구소, 2006, 『아무르·연해주의 신비』 한·러 공동발굴특별전

2. 편년

필자는 청동기, 철기시대 전기와 후기(삼국시대 전기)의 고고학과 고대사의 흐름의 일관성에 무척 관심을 가져 몇 편의 글을 발표한 바 있다. 1988년~2008년의 제5 · 6 · 7차 고등학교 국사교과서에서부터 1997년~2002년 국사편찬위원회에서 간행한 한국사 1, 3과 4권에 이르기까지 초기 철기시대와 원삼국시대란 용어대신 새로운 編年을 設定해 사용해오고 있다. 한국고고학 편년은 구석기시대-신석기시대-청동기시대(기원전 2000년~기원전 400년)-철기시대 전기(기원전 400년~기원전 1년)-철기시대 후기(삼국시대전기 또는 삼한시대 : 서기 1년~서기 300년: 종래의 원삼국시대)-삼국시대 후기(서기 300년~서기 660/668년)로 설정된다. 그래서 새로이 설정한 한국고고학의 시대구분 및 그 실제 연대는 다음과 같이 정리된다.

◇ 구석기시대 : 구석기시대를 전기 · 중기 · 후기로 구분하는 데에는 별다른 이견이 없으나 전기 구석기시대의 상한에 대해서는 연구자들 사이에 상당한 이견이 있다. 전기 구석기시대 유적들로는 평양 상원 검은 모루, 경기도 연천 전곡리[사적 268호, 2003년 5월 5일 日本 同志社大學 松藤和人 교수팀에 의해 최하층이 30만 년~35만 년 전으로 측정됨. 산소동위원소층서(Oxygen Isotope Stage) 또는 동위원서층서(Marine Isotope Stage)로는 9기(334000~301000 BP)에 해당함], 충북 단양 금굴과 청원 강외면 만수리, 파주 교하읍 와동유적 등이 있으나 그 상한은 학자에 따라 70~20만 년 전으로 보는 등 상당한 이견이 있다. 최근 충청북도 청원군 강외면 만수리(오송 만수리) 구석기시대 제 5 문화층의 연대가 日本 同志社大學 松藤和人 敎授팀에 의해 55만 년 전의 연대가 나와 그곳 만수리와 파주 교하읍 와동 출토 주먹도끼의 제작연대가 50만 년 전 가까이 갈 수 있음이 추정되고 있다. 산소동위원소층서(Oxygen Isotope Stage), 또는 동위원소층서(Marine Isotope Stage,

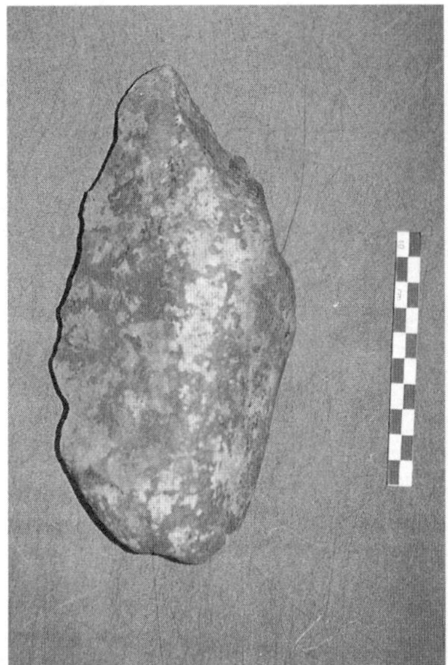

충북 강외면 오송 만수리 출토 주먹찌르개
(50만 년 전으로 추정, 한국선사문화연구원)

충북 강외면 만수리 출토 주먹찌르개
(한국문화재보호재단)

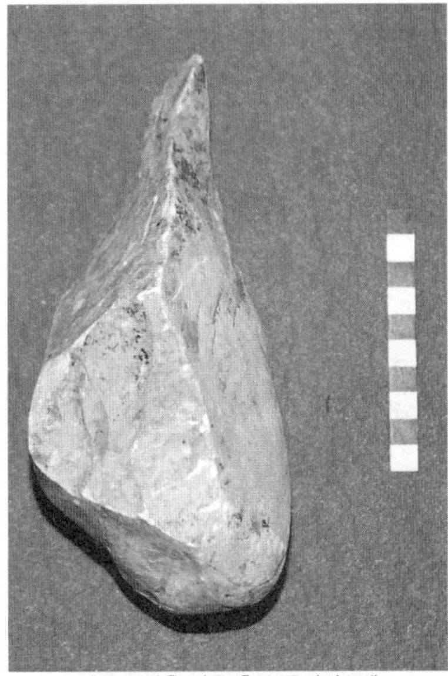

파주 교하읍 와동 출토 주먹찌르개
(기전문화재연구원)

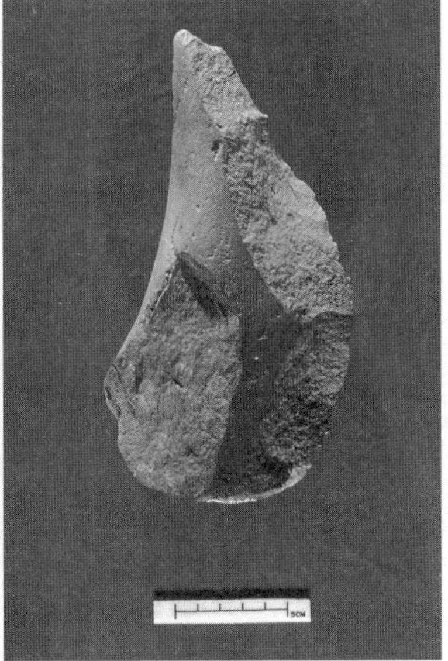

단양 금굴 출토 주먹도끼
(주먹찌르개, 한국선사문화연구소)

MIS)로는 14기(568000~528000 BP)에 해당함.

◇ 신석기시대 : 기원전 10000/8000년~기원전 2000년. 신석기시대의 경우 제주도 한경면 고산리 유적(사적 제412호)에서 우리나라에서 가장 연대가 올라가는 기원전 8000년(10500 BP)이란 연대측정결과가 나왔는데, 이 유적에서는 융기문토기와 유경삼각석촉이 공반되고 있다. 강원도 고성 문암리 유적(사적 제426호)은 이와 비슷한 시기에 속한다. 그리고 양양 오산리(사적 394호)유적의 연대는 BC 5200년이다.

◇ 청동기시대 : 기원전 2000년~기원전 400년. 기원전 1500년은 남북한 모두에 적용되는 청동기시대의 상한이며 연해주지방(자이시노프카 등)-아무르하류지역, 만주지방과 한반도내의 최근 유적 발굴조사의 성과에 따라 청동기시대 조기는 기원전 20세기까지 올라간다. 현재까지 확인된 고고학 자료에 따르면 櫛文土器시대 말기에 약 500년간 청동기시대의 시작을 알려주는 突帶文토기가 공반하며(청동기시대 조기: 기원전 2000년~기원전 1500년), 그 다음 單斜線文이 있는 二重口緣토기(청동기시대 전기: 기원전 1500년~기원전 1000년), 구순각목이 있는 孔列토기(청동기시대 중기: 기원전 10세기~기원전 7세기)와 硬質무문토기(청동기시대 후기: 기원전 7세기~기원전 5세기)에로의 이행과정이 나타나고 있다. 그리고 지석묘는 기원전 1500년에서부터 시작하여 철기시대 전기 말, 기원전 1년까지 존속한 한국토착사회의 묘제로서 이 시기의 多源(元)的인 문화요소를 수용하고 있다.

◇ 철기시대 전기 : 기원전 400년~기원전 1년. 종래의 초기 철기시대. 최근 粘土帶토기 관계 유적의 출현과 관련하여 종래의 기원전 300년에서 기원전 400년으로 상한을 100년 더 올려잡는다. 이 시기는 점토대토기의 단면의 형태에 따라 Ⅰ기(전기), Ⅱ기(중기)와 Ⅲ기(후기)의 세 시기로 나누어진다. 그리고 마지막 Ⅲ기(후기)에 구연부 斷面 三角形 粘土帶토기와 함께 다리가 짧고 굵은 豆形토기가 나오는데 이 시기에 新羅와 같은 古代國家가 형성된다. 이 중 衛滿朝鮮(기원전 194년~기원전 108년)은 철기시대 전기 중 Ⅲ기(후기)에 속한다.

◇ 철기시대 후기(삼국시대 전기) : 서기 1년~300년. 또는 삼국시대 전기/삼한시대

◇ 삼국시대후기: 서기 300년~서기 668년

◇ 통일신라시대: 서기 668년~서기 918년

3. 문화계통

가. 구석기시대

종전까지 남한의 구석기시대의 상한은 충북 단양 도담리 금굴유적으로 현재 적어도 70만 년 전부터 시작되는 것으로 보고 있다. 그리고 평양 상원군 흑우리 검은모루 동굴의 경우 100만 년으로 거슬러 올라간다. 이들 유적들은 구석기시대 전기에 속하는 것으로 알려졌지만 일반적으로 학계에서 인정받을 수 있는 정확한 연대를 보여주지 못하고 있다. 그리고 이러한 연대를 입증할만한 지질학과 고생물학적 증거도 뚜렷히 제시 못하고 있는 실정이다. 그리고 이들 유적 출토 동물 화석군과 석기를 포함하는 유물들을 한반도 이외의 지역 다시 말해 중국이나 시베리아지역과의 비교는 이루어지지 않고 있다. 그래서 우리 민족의 기원이나 문화의 시작이 정확히 어디에서부터 出自했는지에 대해 모르고 있는 실정이다.

그러나 그 다음 단계인 35만~20만 년 전 전후가 되면 우리 민족과 문화의 기원에 대한 약간의 실마리가 풀리고 있다. 경기도 연천군 전곡리에서 나오는 우리의 역석기 문화 전통을 예니세이강 상류의 카멘니로그와 라즈로그 Ⅱ(이 유적은 민델-리스간빙기층으로 20~40만 년 전까지 거슬러 올라갈 수 있다) 유적, 몽고령의 고르노 알타이지역 사간 아부이 동굴, 내몽고자치구 大窯읍 투얼산 사도구 유적, 요녕성 營口 金牛山 유적과 비교해 볼 수도 있을 것이다. 그렇다면 이제까지 구석기시대 우리가 알지 못했던

시베리아의 예니세이강 상류–몽고(알타이)–내몽고–요녕(만주)–연천 전곡리로 이어지는 문화 루트도 현재 새로운 가설로도 이야기 할 수 있겠다. 그리고 동쪽 아시아에로의 전파 시발점은 1991년 구소련공화국의 하나였던 그루지아(Georgia)의 드마니시(Dmanissi/Dmanisi)유적에서 발견된 180만 년 전의 Homo ergaster(Koobi Fora, Kenya에서 발견된 working men의 의미를 가진 170~150만년전의 화석인류로 추정되며 아프리카에서 발견된 가장 오래된 H. erectus로 여겨진다. 그러나 최근 Homo georgicus로 새로이 명명되고 있다)가 될 가능성이 많겠다.

후기 구석기시대가 되면 전국 곳곳에 유적이 분포한다. 이는 한반도 전역에 사람이 살고 있었다는 이야기가 된다. 이제까지 구석기시대의 유적과 유물이 전혀 보고된 바 없는 인천광역시에서도 구석기시대의 유물이 보고되고 있다. 강화도 내가면 오상리 소재 지석묘(인천광역시 기념물 제16호) 옆에서 석영제 팔매돌(bola)이, 인천시 연수구 선학동 문학산 청동기시대 溝狀遺構옆에서 석영제 망치돌과 兩刃石器 (chopping tool), 그리고 화성군 서신면 장외리와 향남면 동오리, 남양주 호평동, 인천 서주 원당 4지구와 인천 불로 3지구에서 석영제 다면석기와 찍개가 나와 적어도 경기도만 국한해 보더라도 전역에 후기 구석기시대 유물이 나올 가능성이 높아졌다. 이는 당시 급격한 인구의 증가나 이동(mobility)을 들 수 있다. 그러나 현재로서는 우리 문화계통의 자생성이 적어도 후기 구석기시대부터 있어온 것으로 짐작이 된다.

최근 전라북도 용담댐 내 진안 진그늘은 전라북도 금강 상류에서 최초로 발굴된 2만 년 전후의 후기 구석기시대 대규모 살림터 유적으로 특히 슴베찌르개(stemmed points)가 많이 발견되고 있다. 이 유물은 금강의 중 · 하류쪽의 대전 용호동, 공주 석장리, 남한강변의 단양 수양개, 섬진강 유역의 순천 월평리, 낙동강 유역의 밀양 고래리 등 거의 남한 전지역에서 발

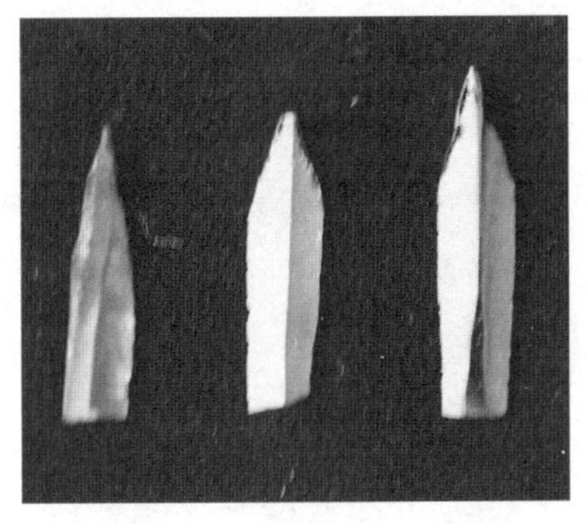

남양주 호평동 출토 흑요석제 뚜르개
(기전문화재연구원)

견되는데 일본에서는 北海道 白湧服部臺유적 등지에서 발견 보고례가 많아 우리 구석기시대와의 편년관계 설정을 기다리고 있는 형편이다. 최근 경기도 지방에서 발견된 대표적인 구석기 유적으로는 남양주시 호평동, 와부읍 덕소리, 인천 서구 불로 3지구와 원당 4지구 등을 들 수 있다. 그 중 남양주 호평동에서는 벽옥(jasper), 옥수(chalcedony)를 비롯한 흑요석(obsidian)으로 만들어진 석기들이 많이 출토되었으며, 유적의 연대는 30000~16000 BP로 후기 구석기시대에 속하는데 응회암제 돌날, 석영제 밀개가 나오는 1문화층(30000년~27000년 BP)과 흑요석제 석기와 좀돌날 제작이 이루어진 2문화층(24000년~16000 BP)의 두 층으로 나누어진다. 옥수와 흑요석의 돌감 분석결과가 아직 발표되지 않았고, 비교가 가능한 고고학 자료의 축적이 부족해 그 원산지나 기원을 이야기하기는 아직 이르나 지금까지의 연구 결과에 따르면, 내몽고, 중국 그리고 백두산 등 다양한 지역으로부터 반입되었을 가능성이 크다. 그리고 당시 文身用으로 이용되었을 가능성이 있는 흑요석제 뚜르개에 나있는 혈흔이 현미경 분석으로 새로이 확인되고 있다. 최근 발굴 · 조사된 중국 산서성(山西省) 벽관(薛關) 하천(下川), 산서성(山西省) 치욕(峙峪, 28135±1330년 BP)과 내몽고 사라오소(薩拉烏蘇)골, 러시아의 알단강 유역, 쟈바이칼과 우스티까라꼴(Ustikaracol) 등이 이 유적과 관련이 있을 것으로 추정되고 있다.

나. 중석기시대

다음의 중석기시대는 구석기시대에서 신석기시대로 넘어오는 과도기시대(transitional period)로 이 시기는 기원전 8300년경 빙하의 후퇴로 나타나는 새로운 환경에도 여전히 구석기시대의 수렵과 채집의 생활을 영위하고 도구로서 세석기가 많이 나타나며, 신석기시대의 농경과 사육의 점진적인 보급으로 끝난다. 지속되는 기간은 각 지방마다 달라 빙하기와 관련이 없던 근동지방의 경우 갱신세(홍적세)가 끝나자마자 농경이 시작되었으며 영국의 경우 기원전 3000년경까지도 전환이 이루어지지 않았다.

우리나라에서는 유럽의 편년체계를 받아들여 중석기시대의 존재의 가능성을 이야기하게 되었으며 통영 상노대도, 공주 석장리, 거창 임불리, 홍천 화화계리 등의 유적이 증가함에 따라 고등학교 국사교과서에서도 주로 그 존재 가능성을 언급하게 되었다. 북한에서도 종래 후기 구석기시대의 늦은 시기로 보던 평양시 승호구역 만달리와 웅기 부포리 유적도 중석기시대에 포함할 수 있게 되었다. 그러나 유럽의 중석기시대의 개념이 동북아시아 전역에서 보편적인 것으로 수용될 수 있는지에 대하여는 회의적인 견해도 있다. 하나의 시대로 보기보다는 구석기시대에서 신석기시대로 넘어가는 과도기적인 것으로 보는 견해도 있다. 그 이유는 전형적인 유럽식 석기 문화가 나타나지 않으며 극동지역에서 가장 연대가 올라가는 하바로브스크시 근처 아무르강 유역의 오시포프카 문화의 토기와 비교될 수 있는 토기가 제주도 한경면 고산리에서 나오고 있는 점도 들 수 있다. 오시포프카 문화의 대표적인 유적은 아무르강 사카치 알리안(현지어인 시카치 알리안이란 명칭도 맞으나 현재 구미의 표기인 사카치알리안으로 통일하기로 하였음) 근처에 있으며, 이들은 갱신세 최말기에 속한다는 점도 들 수 있다. 여기에 비해 근동지방의 경우 토기의 출현은 간즈다레 유적이 처음으로 그 연대도 기원전 7000년에 해당한다. 만약에 극동지방에서 가장 연대가 올라가는 오시포프카 문화의 설정을 보류한다 하더라도 지금부터 7~8000년 전 극동지역 신석기-청동기시대를 아우르는 大貫靜夫의 平底의 深鉢形土器를 煮沸具로 갖고 竪穴住居에 살고 있던 독자적인 고고학 문화인 '極東平底土器' 문화권이나 그에 해당하는 문화 설정도 가능한 시점에 이르고 있다. 그리고 구석기시대의 낮은 해수면의 시기로부터 빙하가 서서히 소멸되기 시작하면서 해수면도 따라서 상승하기 시작하였으며 지난 10000년 전에는 현재보다 약 20m 아래에 위치하였다. 결과적으로 15000년

고성 문암리(사적 426호) 출토 신석기시대 조기 토기
(문화재연구소 유적조사실)

전에서 10000년까지의 약 5000년 사이에 약 100m의 해수면 급상승이 일어났던 것이다. 10000년 전부터는 해수면의 상승속도는 점차 줄어들었으며 지난 5000년 전에는 현재와 유사한 위치까지 해수면이 올라오면서 경사가 낮은 구릉들 사이의 계곡들이나 해안지역에서는 충적층이 형성되기 시작하여 현재와 유사한 지형을 만들었던 것이다. 그래서 Blytt와 Sernander의 빙하기 이후의 식물에 의한 해안선과 기후대의 거시적인 연구결과(macroscopic study)인 Preboreal, Boreal, Atlantic, Subboreal과 Subatlantic의 다섯가지 期는 이 시기를 연구하는데 매우 도움이 된다.

다. 신석기시대

우리는 지금까지 한국 신석기시대의 상한은 강원도 양양군 손양면 오산리 유적(사적 394호)의 기원전 6000년경(현재의 AMS의 연대는 기원전 5200년)으로 잡아왔다. 그러나 이 유적이 그 근처 潟湖 형성 후에 만들어지고, 발굴과 층위자체의 문제점 등으로 보아 우리나라 신석기시대 최초의 유적이 되기에는 회의가 많다. 강원도에서만 오산리보다 연대가 올라가는 유적이 1998년 12월~1999년 3월 문화재연구소에서 발굴한 강원도 고성군 문암리(사적 426호)에서 발굴되었다. 이곳에서는 오산리식의 특징적인 압날문 토기와 문암리에서 출토된 독특한 문양구성의 덧무늬(융기문) 토기의 출토와 아울러 오산리보다 연대가 올라가는 집자리의 추가(A지구 최하층)발굴이 있어 주목된다. 그러나 제주도 한경면 고산리(사적 411호, 10500년BP) 유적의 발굴 결과로 이 유적이 현재까지 우리나라의 최고의 유적으로 인정되고 있다. 아직 정식 학술조사보고서가 나오지 않았지만 가설로서 이 유적은 세시기로 나누어 볼 수 있겠다. 즉 1) 세석기와 석핵이 나오는 후기 구석기시대, 2) 융기문 토기와 무경석촉이 나오는 신석기 Ⅰ기, 3) 유경석촉이 나오는 신석기 Ⅱ기이다. 그러나 이 층이 셋으로 세분하기에는 너무

日本 長崎縣 출토 신석기시대 조기 토기

제주도 한경면 고산리 출토 신석기시대 조기의 토기 · 석기
(사적 411호, 제주대학교 박물관)

나 얇아 나오는 유물의 형식학적 분류만이 가능하다. 만약에 층의 구분이 안되더라도 1)과 2)의 세석기와 융기문 토기의 결합만 보더라도 이 유적의 상한은 아무르강 중부 평원 북부의 범위에 있는 11000~12000 BP(기원전 10000년 전후)의 오시포프카 문화에 속하는 가샤 유적이나 바이칼호 근처의 우스트 카랭카(기원전 7000년경), 일본 長崎縣 北松浦郡 吉井町 福井동굴(12700, 10750 BP), 佐世保市 泉福寺동굴이나 愛媛縣 上浮穴郡 美川村 上黑岩(12165, 10125 BP)岩陰 유적과의 관련성도 충분히 있다.

러시아 극동지구 아무르강 하류에 암각화로 유명한 사카치 알리안 마을 주변에 집중되어 있는 가샤 유적이 있으며 이들은 오시포프카 문화에 속한다. 발굴자인 비탈리 메드베데프에 의하면 이 유적들은 1975년 이후 1990년까지 8차의 조사가 실시되었으며 롬(loam)층 바로 위가 중석기층이고 중석기층 바로 위의 신석기시대 주거지 바닥면하 점토층에서 세석기와 함께 10편의 토기편이 출토되었다고 한다. 토기는 350℃ 정도(우리의 무문토기의 경우 573℃ 전후에서 구워짐, 경질무문토기는 700℃~850℃ 사이임)에서 구워진 것으로 그 층에서 얻은 목탄의 방사성 탄소 연대는 12960±120 BP이다. 그리고 오시포프카문화에 속하는 유적이 현재까지 5개소로 사카치알리안의 유적 3개소와 우수리강 하류의 베누코보, 오시노바야 레치카의 두 군데이다. 오시포프카 문화에 유사한 유적도 두군데나 되는데, 하나는 가샤지구 근처고 다른 하나는 南자바이칼의 세렝가강 근처이다. 모두 토기가 나오고 있으며 그 연대 전자는 12000년~10500 BP 사이고 후자는 11500±100 BP이다. 그래서 지금부터 11000년~12000년 전에 최고의 토기가 발견되고 지역은 아무르강 유역이다. 당시의 토기는 更新世 말 맘모스나 주변의 대형 동물이 사라져 없어짐에 따라 대신 연어과에 속하는 어류로서 식료를 대신하고 수혈움집에서 정착 생활의 병행과 함께 이의 저장을 위해 토기가 발생하고 있다는 것이다. 따라서 토기는 중석기시대 새로운 환

사카치 알리안 마을의 가샤유적에서 나온 고토기(350℃에서 구어짐)

경의 변화와 생계 전략의 하나로 만들어진 것으로 보고 있다.

또 다른 중요한 유적으로 아무르강 하류의 수추섬을 들 수있다. 1930년대에 유적의 존재가 알려진 후, 알렉세이 오클라드니코프 및 비탈리 메드베데프에 의해 10여 차례 발굴되었다. 기본적으로 기원전 4000년~기원전 2000년 초엽의 말르이쉐보 문화와 보즈네세보 문화에 속하는 집자리와 유물들이 발견되는데 토기는 평저의 심발형이 주류를 이룬다. 토기의 문양은 압인문, 융기문이 주로 시문된다. 수추섬의 신석기문화는 특히 한국의 함경북도 웅기 굴포리 서포항 2·3기 층과 같은 시기이며, 기형 및 문양에서 유사성이 엿보인다. 그러나 최근 大貫靜夫는 東三洞이나 西浦項 최하층, 그리고 연해주 최고의 토기로 여겨지는 고르바드카 3 상층, 이리스타야 Ⅰ, 치모훼프카 Ⅰ, 우스치노프카 Ⅲ와 아무르강의 사카치 알리안 오시포프카 문화에 속하는 가샤 유적에서 보이는 原始無文土器(大貫의 無文土器, 오끄

라드니꼬프의 平滑土器)의 존재에 대해 회의를 느끼며 앞으로의 자료의 증가를 기다려야 한다고 언급하고 있다. 그 대신 그는 신석기와 청동기시대 또는 유문토기와 무문토기의 구분 대신 한반도 동북부의 西浦項 1~3층, 羅津, 農圃, 중국 동북부의 新開流(黑龍江省 密山市 興凱湖畔)와 鶯歌嶺 하층, 연해주 남부의 자이사노프카 Ⅰ, 테체에 하층과 오레니 Ⅰ, 아무르강 하류의 가샤, 마르시에보, 콘돈과 보즈네세노프카, 그리고 아무르강 중류의 그라마투하, 노보페트로프카와 오시노보에 湖 유적 등의 極東지역을 묶어 '極東平底土器' 란 용어를 새로이 만들어내고 새로운 극동지역의 문화권을 설정하고 있다.

그리고 최근 강원도 양양군 현남면 地境里 빗살문 토기 집자리 7호(기원전 3355년 : Ⅰ)과 6호(기원전 3035년 : Ⅱ), 양양군 손양면 가평리(4570±60. 기원전 3000년경), 고성군 죽왕면 文岩里(사적 426호) 등지의 새로운 발굴조사가 이루어짐에 따라 강원도 신석기시대 전기(오산리〈사적 394호, 기원전 5200년〉, 춘천 교동, 문암리), 중기(지경리 Ⅰ, Ⅱ)와 후기(춘성군 內坪 : 이 유적을 파괴하고 들어간 청동기시대중기의 공렬토기유적의 연대는 기원전 980년이며, 돌대문토기가 나타나는 유적은 현재 고고학 편년으로는 기원전 2000년~기원전 1500년 사이임)로 지역 편년 설정을 하고 전기의 경우 함북 선봉군 굴포리와 무산 범의구석(호곡)을 중심으로 하는 동북지방, 중기의 경우 황해도 봉산군 지탑리와 평남 온천군 궁산리 유적으로부터 영향을 밝혀내고 있다. 문화의 전파는 시기와 지역에 따라 다르다는 것이 뚜렷이 나타나고 있다. 그만큼 생각보다 복잡한 양상을 보이고 있으며 문화의 기원상 多源論이 필요하다.

또 구라파에 LBK(Linear Band Keramik) 문화가 있다. 다뉴브 Ⅰ 문화(Danubian Ⅰ Culture)라고 불리우는 이 문화는 유럽 중앙과 동부에서 기원전 5000년대부터 쉽게 경작할 수 있는 황토지대에 화전민식 농경

산청 소남리 출토 신석기시대 말기~청동기시대 조기 유물조합상A
(신라대학교 가야문화재연구소)

산청 소남리 출토 신석기시대 말기~ 청동기시대 조기 유물조합상B
(신라대학교 가야문화재연구소)

(slash and burn cultivation)을 행하였고 또 서쪽으로 전파해 나갔는데, 이 문화와 공반된 토기의 문양이 우리의 빗살문(櫛文/櫛目文) 토기와 유사하여 '線土器文化(Linear Pottery culture)라 한다. 이것의 獨譯이 Kammkeramik(comb pottery)로 번역하면 櫛文(櫛目文)土器로 우리말로는 빗살문토기이다. 일찍부터 이 문양의 토기들은 우리나라 신석기시대 빗살문토기의 기원과 관련지어 주목을

사천 늑도 출토 야요이(弥生) 토기
(동아대학교 박물관)

받아왔다. 해방전 藤田亮策은 아마도 이 LBK의 토기들을 우리나라의 신석기시대 토기들의 조형으로 생각하고 이들이 스칸디나비아를 포함하는 북유럽으로부터 시베리아를 거쳐 북위 55도의 환북극 지대를 따라 한반도에 들어 왔다고 주장하였다. 이와 같은 견해는 金元龍에 이어져 "북유럽의 토기는 핀란드, 스웨덴, 북독일, 서북 러시아의 카렐리아지방에서 흑해 북안의 오카, 볼가 강 상류 지방에 걸쳐 유행한 뾰족밑 또는 둥근밑의 半卵形 토기이다. 표면은 빗같은 多齒具의 빗살 끝으로 누른 점렬(密集斜短線列)과 뼈송곳의 끝을 가로 잘라 버린 것 같은 것으로 찌른 둥글고 깊은 점(pit)列을 서로 교체해 가며 ....이를 영어로는 Comb-pit ware라고 부르며...........북부 시베리아의 환북극권 신석기 문화의 대표적 유물로 되어 있다". 이러한 견해는 후일 시베리아 흑룡 강 상류 쉴카 강 북안의 석회굴에서 나온 빗살문토기(흑룡강 상류의 수렵 · 어로인으로 기원전 2000년~기

원전 1000년경 거주)를 우리의 빗살문 토기가 바이칼지구를 포함하는 범 시베리아 신석기 문화에 포함시키게 된다. 그리고 한강유역의 첨저 토기와 함경도의 평저 토기도 원래는 한 뿌리로 알타이지역을 포함하는 바이칼호 주변이 그 기원지가 될 가능성이 많다는 수정된 견해도 만들어지고 있다. 그러나 이러한 견해는 11000~12000년 전 극동지방 최초의 토기가 나오는 오시포프카 문화의 대표적인 가샤 유적을 발굴한 비탈리 메드베데프나 '極東平底土器論' 을 주창한 大貫靜夫의 새로운 견해에 나옴으로 해서 한국 신석기 문화의 기원과 연대 그리고 각 토기의 형식에 따른 새로운 문화 전파 문제가 수정되지 않으면 안 되게 되었다.

중국의 요녕지방의 신석기 시대를 보면 요서지방의 內蒙古 阜新縣 沙羅鄕 查海(기원전 6000년), 興隆窪 文化(기원전 5050년), 內蒙古 敖漢小山 趙寶溝(기원전 4000년), 內蒙古 赤峰의 紅山 文化(기원전 3500년)와 遼東 長山列島 小河沿 文化(기원전 3000년 이후), 요중지방의 新樂 文化(기원전 4500년), 遼寧 新民 扁保子 文化(기원전 3000년), 요동지방의 小珠山과 丹東 後窪 文化(기원전 4000년~기원전 2500년) 등 기원전 4000년~기원전 3000년경의 우리의 櫛文(빗살무늬)토기와 관계되는 주요 유적들이 발굴되고 그 편년 또한 잘 정리되고 있다. 그 중 신락 유적에서 나타나는 토기 표면의 연속호선문(갈 '之' 자문), 金州市 城內 제2 유치원 근처의 즐문토기편, 그리고 河北省 武安 磁山(기원전 5300년)과 遷西 西寨 등지의 즐문토기들은 우리의 즐문토기 문화 형성에 많은 영향을 주었을 것이다.

농경의 기원문제 역시 또 다른 한국문화의 계통과 관련된 문제점이다. 벼농사의 경우 중국 호남성 풍현 팽두산 의 기원전 7000년경의 벼(물벼)와 절강성 하모도촌의(기원전 5000년~기원전 4600년, 기원전 5008년) 인디카와 야생종의 중간형의 벼를 비롯하여 극동아시아에 있어서 벼의 기원이 중국이라고 인정할 정도의 많은 자료가 나오고 있다. 우리나라의 경우 신석기시대 최말기에 속하는 경기도 우도, 김포 가현리와 일산을 비롯하여 평남시 남경 호남리(기원전 999년, 기원전 1027년), 여주 흔암리(기원전 1260년~기원전 670년)와 전남 무안 가흥리(기원전 1050년)의 청동기시대의 유적에서 보고 되고 있다. 청동기시대 상한이 현재 기원전 2000년경으로 간주할 때 현재 벼가 인구의 급격한 증가와 더불어 단위 소출량을 증대시키는 관개농업으로 재배되는 것은 공렬토기가 나오고 인구가 갑자기 증가하는 청동기시대 중기(기원전 10세기~기원전 7세기)시대로 여겨진다. 울산 무거동, 논산 마전리(기원전 475년)와 이들보다 시기가 떨어지는 마한의 서기 2세기경의 천안 장산리 유적들이 이를 입증한다. 최근 전북 진안 용담댐 내 망덕과 갈두(갈머리) 신석기 중-말기 유적에서 여러 점의 석제 보습(石犁)이 출토하였는데, 이는 해안가의 어패류에 의존해 살아가던 패총형성의 신석기시대의 전형적인 유적과 달리 내륙지방에서 농경을 기반으로 하는 살아가던 신석기시대의 토착 농경사회의 또 다른 모습의 환경적응의 결과를 보여준다. 이와 같이 농경의 경우 살아가는 환경에 대한 적응, 곡물의 분석과 더불어 생활방식의 형태로부터 이웃 문화로부터 영향과 현 민속자료의 비교에 이르기까지 다양한 연구가 필요하다.

라. 청동기시대

신석기시대에 이어 한반도와 만주에서는 기원전 2000년~기원전 1500년경부터 청동기가 시작되었다. 그 시기는 신석기시대와 청동기시대 早期人들이 약 500년간 공존하면서 신석기인들이 내륙으로 들어와 농사를 짓거나 즐문토기의 태토나 기형에 무문토기의 특징이 가미되는 또는 그 반대의 문화적 복합양상이 나타나기도 한다. 이는 通婚圈(intermarrige circle, marriage ties or links)과 通商圈(interaction shpere)의 결과에 기인한다. 그리고 이들은 한반도 청동기시대 상한문제와 아울러, 앞선 전면 또

인천광역시 백령도 말등 패총 출토
신석기시대 말기~청동기시대 조기 토기
(서울대학교 박물관)

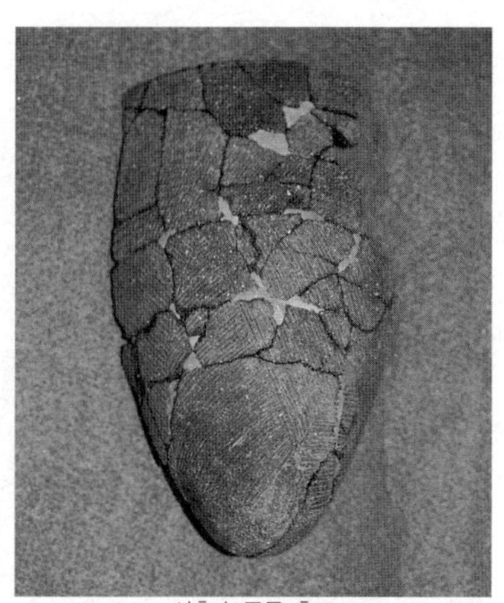
시흥 능곡동 출토
신석기시대 말기~청동기시대 조기 토기
(기전문화재연구원)

는 부분빗살문토기와 부분적으로 공반하는 돌대문토기와 이중구연의 공반성, 그리고 신석기시대에서 청동기시대에로 이행 과정 중에 나타나는 계승성문제도 앞으로의 연구방향과 과제가 될 것이다. 최근의 발굴 조사에 의하면 한반도의 청동기시대의 시작이 기원전 20세기~기원전 15세기를 오를 가능성이 한층 높아졌다. 이는 이중구연토기와 공렬토기에 앞서는 돌대문(덧띠새김무늬)토기가 강원도 춘성 내평, 정선 북면 여량 2리(아우라지, 기원전 1240년), 강릉시 초당동 391번지 허균 · 허난설헌 자료관 건립부지, 춘천 천전리(기원전 1440년), 홍천 두촌면 철정리, 홍천 화촌면 외삼포리, 경기도 가평 상면 연하리, 인천 계양구 동양동, 진주 남강댐내 옥방일대(동아대 · 선문대 등 조사단 구역)과 경주 충효동 유적을 비롯한 여러 곳에서 새로이 나타나고 있기 때문이다. 각목돌대문(덧띠새김무늬)토기의 경우 中國 遼寧省 小珠山유적의 상층과 같거나 약간 앞서는 것으로 생각되는 大連市 郊區 石灰窯村, 遼東彎연안 交流島 蛤皮地, 長興島 三堂유적(기원

대구 수성구 상동 청동기시대 집자리
(경북문화재연구원)

전 2450년~기원전 1950년경으로 여겨짐), 吉林省 和龍縣 東城鄕 興城村 三社(早期 興城三期, 기원전 2050년~기원전 1750년), 그리고 연해주의 자이사노프카의 올레니와 시니가이유적(이상 기원전 3420년~기원전 1550년)에서 발견되고 있어 서쪽과 동쪽의 두 군데에서 영향을 받았을 가능성이 많다. 이들 유적들은 모두 신석기시대 말기에서 청동기시대 조기에 속한다. 이중구연토기와 공렬토기가 나오는 강원도 춘천시 서면 신매리 주거지 17호 유적(1996년 한림대학교 발굴, 서울대학교 '가속기질량분석(AMS)' 결과 3200±50 BP 기원전 1510년, 문화재연구소 방사성탄소연대측정결과는 2840±50 BP 기원전 1120년~기원전 840년이라는 연대가 나옴), 경기도 평택 지제동(기원전 830년, 기원전 789년), 청주 용암동(기원전 1119년), 경주시 내남면 월산리(기원전 970년~기원전 540년, 기원전 1530년~기원전 1070년 사이의 두 개의 측정연대가 나왔으나 공반유물로 보아 기원전 10

세기~기원전 8세기에 속할 가능성이 높다. 실제 중간연대도 기원전 809년과 기원전 1328년이 나왔다), 충주 동량면 조동리(1호 집자리 2700±165 BP, 1호집자리 불땐 자리 2995±135 BP 기원전 10세기경), 대구시 수성구 상동 우방 아파트(구 정화여중 · 고)와 속초시 조양동 유적(사적 376호)들이 기원전 10세기~기원전 7세기경으로, 그리고 강릉시 교동의 집자리 경우 청동기시대 전기에서 중기로 넘어오는 과도기적인 것으로 방사성 탄소측정 연대도 기원전 1130년~기원전 840년 사이에 해당한다. 여기에서는 구연부에 短斜線文과 口脣刻目文이 장식된 孔列二重口緣土器가 주류를 이루고 있어 서북계의 角形土器와 동북계의 공열 토기가 복합된 양상을 보여준다. 이는 하바로프스크 고고학 박물관에서 볼 수 있다 시피 얀꼽스키나 리도프카와 같은 연해주지방의 청동기문화에 기원한다 하겠다. 최초의 예로 이제까지 청동기시대 전기(기원전 15세기~기원전 10세기) 말에서 청동기시대 중기(기원전 10세기~기원전 7세기)에 걸치는 유적으로 여겨져 왔던 경기도 여주군 점동면 흔암리 유적(경기도 기념물 155호)을 들었으나 이곳 강릉 교동 유

울산 남구 야음동의 청동기시대 집자리와 밭
(밀양대학교 박물관)

창원 가음정동 논유적에서 보이는 사람 발자국
(창원대학교 박물관)

제주시 외도동 부영아파트 진입로에서 발굴된 집자리
(제주문화예술재단문화재연구소)

적이 앞서는 것으로 밝혀졌다. 서북계와 동북계의 양계의 문화가 복합된 최초의 지역이 남한강 유역이라기보다는 태백산맥의 동안인 강릉일 가능성은 앞으로 문화 계통의 연구에 있어 많은 시사점을 제공해준다. 또 속초시 조양동(사적 376호)에서 나온 扇形銅斧는 북한에서 평안북도 의주군 미송리, 황해북도 신계군 정봉리와 봉산군 송산리, 함경남도 북청군 토성리 등지에서 출토 례가 보고되어 있지만 남한에서는 유일한 것이다. 청동기시대의 시작은 기원전 20세기까지 올라가나 청동기와 지석묘의의 수용은 그 연대가 약간 늦다. 이는 청동기시대 전기와 중기 이중구연토기와 공열토기의 사용과 함께 청동기가 북으로부터 받아들여졌다고 보기 때문이다. 속초 조양동의 경우 바로 위쪽의 함경남도의 동북 지방에서 전래되었을 가능성이 많다.

우리나라의 거석문화는 지석묘(고인돌)와 입석(선돌)의 두 가지로 대표된다. 그러나 기원전 4500년 전후 세계에서 제일 빠른 거석문화의 발생지로 여겨지는 구라파에서는 지석묘(dolmen), 입석(menhir), 스톤써클(stone circle : 영국의 Stonehenge가 대표), 연도(널길) 있는 석실분(passage grave, 또는 access passage), 연도(널길) 없는 석실분(gallery grave 또는 allé couverte)의 5종 여섯 가지 형태가 나타난다. 이 중 거친 활석으로 만들어지고 죽은 사람을 위한 무덤의 기능을 가진 지석묘는 우리나라에서만 약 29000기가 발견되고 있다. 중국의 요녕성 절강성의 것들을 합하면 더욱더 많아질 것이다. 남한의 고인돌은 北方式, 南方式과 蓋石式의 셋으로 구분하고 발달 순서도 북방식-남방식-개석식으로 생각되고 있다. 그러나 북한의 지석묘는 황주 침촌리와 연탄 오덕리의 두 형식으로 대별되고, 그 발달 순서도 변형의 침촌리식(황해도 황주 침촌리)에서 전형적인 오덕리(황해도 연탄 오덕리)식으로 보고 있다. 우리나라의 지석묘 사회는 일반적으로 전문직의 발생, 재분배 경제, 조상 숭배와 혈연을 기반으로 하는

밀양 활석동 삼내의 지석묘
(경남발전연구원)

밀양 상동 고래리의 지석묘
(경남발전연구원)

밀양 상동 고래리 지석묘 개석에 새겨진 암각화
(경남발전연구원)

대구 달서구 진천동 입석
(사적 411호)

계급 사회로 인식되고 있다. 그러나 지석묘의 기원과 전파에 대하여는 연대와 형식의 문제점 때문에 현재로서는 구라파 쪽에서 전파된 것으로 보다 '韓半島 自生說' 쪽으로 기울어지고 있는 실정이다.

여기에 비해 한 장씩의 판석으로 짜 상자모양으로 만든 石棺墓 또는 돌널무덤(石箱墳)의 형식이 있다. 金元龍은 "이러한 석상분은 시베리아 청동기시대 안드로노보기에서부터 나타나 다음의 카라숙-타가르기에 성행하며 頭廣足狹의 형식과 屈葬法을 가지며 우리나라에 전파되어 청동기시대 지석묘에 선행하는 형식이다 그리고 이 분묘는 확장되어 북방식 지석묘로 그리고 지하에 들어가 남방식 지석묘로 발전해 나가는 한편 영남지방에서는 石槨墓로 발전해 삼국시대의 기본 분묘형식으로 굳히게 된다고 보고 있다." 즉 그는 석관묘(석상분)-지석묘(북방식/남방식)-석곽묘로 발전한다고 생각하며, 대표적인 석관묘의 유적으로 銅泡와 검은 긴 목항아리가 나온 江界市 豊龍里, 鳳山郡 德岩里, 丹陽 安東里를 들고 있다. 석관묘(석상분)와 지석묘의 기원과 전파에 대하여는 선후 문제, 문화 계통 등에 대해 아직 연구의 여지가 많다.

그러나 포항 인비동과 여수 오림동에서 보는 바와 같이 우리나라에 들어온 기존의 청동기(비파형 또는 세형동검)와 마제석검을 사용하던 청동기-철기시대 전기의 한국 토착사회를 이루던 지석묘사회 사회에 쉽게 융화되었던 모양이다. 우리의 암각화에서 보여주는 사회의 상징과 표현된 신화의 해독이 아무르강의 사카치 알리안의 암각화와 기타지역의 암각화와의 비교 연구, 그리고 결과에 따른 문화계통의 확인이 현재 한국문화의 기원을 연구하는데 필수적이다. 이들은 한반도의 동북지방의 유물들과 많은 연관성을 가지고 있다. 극동지역 및 서시베리아의 암각화도 최근에 남한에서 암각화의 발견이 많아지면서 그 관련성이 주목된다. 시베리아, 극동의 대표적인 암각화로는 러시아에서도 암각화의 연대에 대하여 이론이 많지

강원도 춘성군 내평리 출토 돌대문토기
(서울대학교 박물관)

강원도 정선군 북면 여량 2리(아우라지) 출토 돌대문토기
(강원문화재연구소)

경기도 가평 상면 연하리 출토 돌대문토기
(한백문화재연구원)

홍천 두촌면 철정리 출토 돌대문토기
(강원문화재연구소)

인천 계양구 동양동 출토 돌대문토기
(한국문화재보호재단)

홍천 화촌면 외삼포리 출토 돌대문토기
(강원문화재연구소)

경주 충효동 출토 돌대문토기
(신라문화유산조사단)

춘천 천전리 출토 돌대문토기
(한림대학교 박물관, 기원전 1440년)

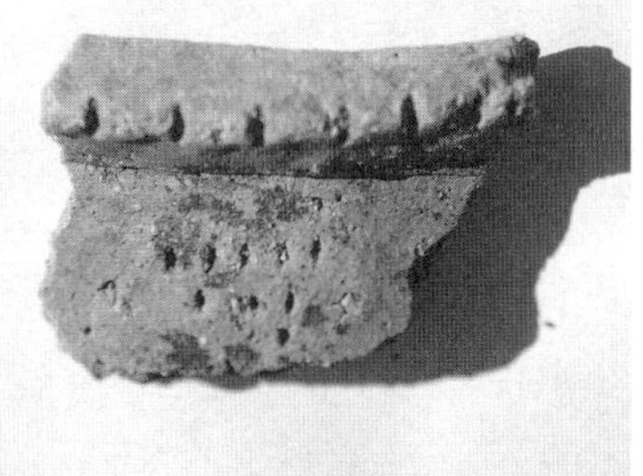

강릉 초당동 391번지 허균 · 허난설헌 자료관 건설부지 출토 돌대문토기
(강원문화재연구소)

진주 남강댐내 옥방 출토 돌대문토기
(남강유적발굴조사단)

길림 출토 미송리식 토기
(길림성 박물관)

강릉 교동 출토 청동기시대 전기 토기

대구 수성구 상동 출토 청동기시대 전기 토기
(경북문화재연구원)

만 대개 청동기시대의 대표적인 암각화 유적은 예니세이강의 상류인 손두기와 고르노알타이 우코크의 베르텍과 아무르강의 사카치 알리안 등을 들 수 있다. 이에 상응하는 우리나라의 대표적인 암각화는 울주군 두동면 천전리 각석(국보 147호), 울주 언양면 대곡리 반구대(국보 285호), 고령 양전동(보물 605호) 등을 들 수 있으며, 그 외에도 함안 도항리, 영일 인비동, 칠포리, 남해 양하리, 상주리, 벽연리, 영주 가흥리, 여수 오림동과 남원 대곡리등지를 들 수 있다. 울주 천전리의 경우 人頭(무당의 얼굴)를 비롯해 동심원문, 뇌문, 능형문(그물문)과 쪼아파기(탁

서산 응암 부장리 출토 청동기시대 전기 토기
(충청남도역사문화원, 2007년 9월부터 충청남도역사문화연구원으로 개칭)

계룡 두마 두계리 출토 청동기시대 전기 토기
(충청남도역사문화원)

속초 조양동 출토 청동기시대 전기 토기
(강원대학교 박물관)

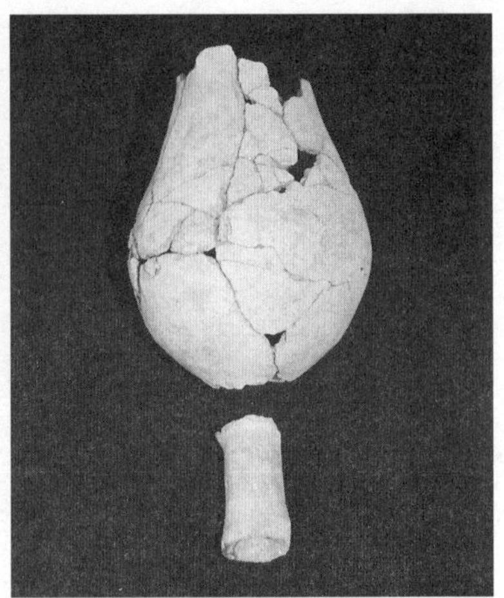

안성 공도 만정리 청동기시대 전기말 중기초 토기
(기전문화재연구원)

장기 제천리 출토 청동기시대 전기 토기
(충청남도역사문화원)

충남 서산 기지리 출토 청동기시대 중기 토기
(충청남도역사문화원)

춘천 서면 신매리 출토 청동기시대 중기 토기
(강원문화재연구소)

천안 백석동 고재미골 출토 청동기시대 전기말 토기
(충청문화재연구원)

천안 백석동 고재미골 청동기시대 중기 토기
(충청문화재연구원)

각, pecking technique)로 된 사슴 등의 동물이 보인다. 이들은 앞서 언급한 러시아의 손두기, 베르텍, 키르(하바로브스크시 동남쪽 Kir강의 얕은 곳이라는 의미의 초루도보 쁘레소에 위치)와 사카치 알리안의 암각화에서도 보인다. 이의 의미는 선사시대의 일반적인 사냥에 대한 염원, 어로, 풍요와 多産에 관계가 있을 것이다. 또 그들의 신화도 반영된다. 사카치 알리안 암각화의 동심원은 '아무르의 나선문(Amur spiral)으로 태양과 위대한 뱀 무두르(mudur)의 숭배와 관련이 있으며 뱀의 숭배 또한 지그재그(갈 '之' 字文)문으로 반영된다. 하늘의 뱀과 그의 자손들이 지상에 내려올 때 수직상의 지그재그(이때는 번개를 상징)로 표현된다. 이 두 가지 문양은 선의 이념(idea of good)과 행복의 꿈(dream of happiness)을 구현하는 동시에, 선사인들의 염원을 반영한다. 그리고 그물문(Amur net pattern)은 곰이 살해되기 전 儀式 과정 중에 묶인 끈이나 사슬을 묘사하며 이것은 최근의 아무르의 예술에도 사용되고 있다. 현재 이곳에 살고 있는 나나이(Nanai, Goldi)족의 조상이 만든 것으로 여겨지며 그 연대는 기원전 4000년~기원전 3000년경(이 연대는 그보다 후의 청동기시대로 여겨짐)으로 추론된다고 한다. 이들은 肅愼-挹婁-勿吉-靺鞨-黑水靺鞨生女眞-

金(서기 1115년~1234년)...滿州-淸(서기 1616년~1911년)으로 이어지는 역사상에 나타나는 種族名의 한 갈래로 현재 말갈이나 여진과 가까운 것으로 여겨지고 있다. 이들은 청동기시대에서 철기시대 전기에 속하는 것으로 볼 수 있다. 그리고 영일만(포항, 형산강구)에서부터 시작하여 남원에 이르는 내륙으로 전파되었음을 본다. 아마도 이들은 아무르강의 암각화 문화가 海路로 동해안을 거쳐 바로 영일만 근처로 들어온 모양이며 이것이 내륙으로 전파되어 남원에까지 이른 모양이다. 청동기 시대의 석관묘, 지석묘와 비파형 동검의 전파와는 다른 루트를 가지고 있으며, 문화 계통도 달랐던 것으로 짐

구례 봉북리 출토 청동기시대 중기 토기
(남도문화재연구원)

하남시 미사리(사적 269호) 출토 경질무문토기
(세종대학교 박물관)

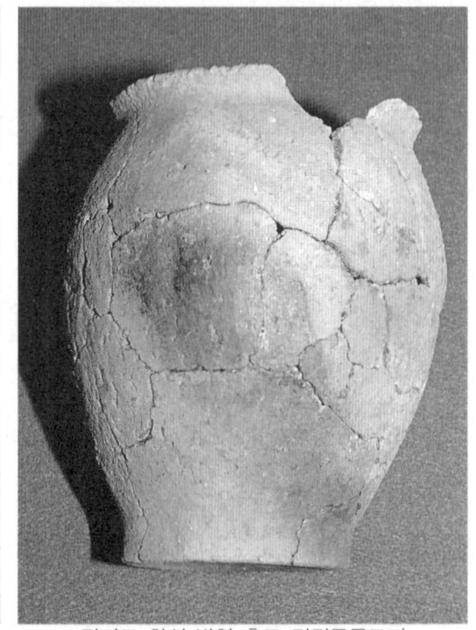

경기도 화성 발안 출토 경질무문토기
(기전문화재연구원)

수원 서둔동 출토 경질무문토기
(숭전대학교 박물관, 현 숭실대학교 박물관)

작이 된다.

아무르강 유역 하바로프스크시 근처 사카치 알리안 등지에서 발견되는 암각화가 울산 두동면 천전리석각(국보 제147호)과 밀양 상동 신안 고래리 지석묘 등에서 많이 확인되었다. 특히 여성의 음부 묘사가 천전리 석각과 밀양 상동 신안 고래리 지석묘 개석에서 확인된 바 있다. 후기 구석기시대 이후의 암각화나 민족지에서 성년식(Initiation ceremony) 때 소녀의 음핵을 잡아 늘리는 의식(girl' s clitoris-stretching ceremony)이 확인되는데, 이는 여성의 생식력이나 성년식과 관계가 깊다고 본다. 그리고 울주 언양면 대곡리 반구대의 암각화(국보 285호)에 그려져 있는 고래는 지금은 울주 근해에 잘 나타나지 않고 알라스카 일대에서 살고 있는 혹등고래(humpback whale) 중 귀신고래(the Korea specimens whale: 1916년 미국인 Roy Chapman Andrews가 명명, 그러나 최근 그 명칭이 Asian stock of the gray whale, Korean-Okhotsk western population 등으로 바뀌고 있다.)로 당시 바닷가에 면하고 있던 반구대 사람들의 고래잡이나 고래와 관련된 주술과 의식을 보여준다. 한반도 울산 앞바다(방어진

북제주군 금령읍 김녕사굴 출토 패제(貝製)鏃
(철기시대 전기, 제주대학교 박물관)

과 기장 등)에서 한국귀신고래의 사할린 필튼만에로의 회유가 12월 24일에서 1월 6일경 사이라는 것을 비롯해, 캘리포니아 귀신고래가 7월~9월 축치해(Chukchi Sea)와 베링해(Bering Sea)에로의 회유를 끝내고 10월 다시 출발점인 멕시코 바하(Baja California)까지 남하하기 전 주위 꼬략, 축치와 에스키모와 같은 원주민의 고래잡이와 관련된 축제, 그리고 고래의 출산시기 등을 고려하면 고래새끼를 등에 업은 모습이 생생한 반구대의 암각화는 고고학적으로 많은 시사를 준다. 이는 미국과 캐나다와 국경을 접하고 있는 벤쿠버섬과 니아만 바로 아래의 태평양 연안에서 1970년 발굴 조사된 오젯타의 마카족과도 비교된다. 그들은 주로 고래잡이에 생계를 의존했으며, 예술장식의 주제에도 고래의 모습을 자주 올릴 정도였다. 제사유적으로도 양평 양서 신원리, 하남시 덕풍동과 울산시 북구 연암동 등에서 발견되어 열등종교 중 다령교(polydemonism)에 속하는 정령숭배(animism), 토테미즘(totemism), 샤마니즘(무교, shamanism), 조상숭배(ancestor worship)과 蘇塗(asylum)와 같은 종교적 모습이 점차 드러나고 있다. 그리고 인류문명의 발달사를 보면 청동기시대에 국가가 발생하는 것이 일반적인데, 한반도의 경우는 이와는 달리 철기시대 전기에 이르러 衛滿朝鮮(기원전 194년~기원전 108년)이라는 최초의 국가가 등장한다. 참고로 우리나라에서의 국가 발생은 연대적으로는 수메르보다는 2800년, 중국의 상(商)보다는 약 1500년이 늦다.

마. 철기시대

철기시대전기는 점토대토기의 출현과 철기의 사용이 시작된 때부터 청동기가 완전히 소멸되고 전국적으로 본격적인 철 생산이 시작될 무렵까지의 시기로 절대연대로는 기원전 400년을 전후한 시기부터 기원을 전후한 시기에 해당된다. 이것은 최근 점토대토기 관계 유적의 출현과 관련하여 종래의 기원전 300년에서 기원전 400년으로 상한을 100년 더 올려 잡을 수 있다. 점토대 토기의 출현은 철기시대의 시작과 관련이 있다. 최근의 질량가속연대측정(AMS)에 의한 결과 강릉 송림리유적이 기원전 700년~기원전 400년경, 안성 원곡 반제리의 경우 기원전 875년~기원전 450년, 양양 지리의 경우 기원전 480년~기원전 420년(2430±50 BP, 2370±50 BP), 횡성군 갑천면 중금리 기원전 800년~기원전 600년 그리고 홍천 두촌면 철정리(A-58호 단조 철편, 55호 단면 직사각형 점토

속초 조양동 지석묘(사적376호) 출토 부채꼴 청동도끼

대토기)의 경우 기원전 640년과 기원전 620년이 나오고 있어 철기시대 전기의 상한 연대가 기원전 5세기에서 더욱더 올라 갈 가능성도 있다는 것이다. 철기시대는 점토대토기의 등장과 함께 시작되는데, 현재까지 가장 이른 유적은 심양 정가와자 유적이며 그 연대는 기원전 5세기까지 올라간다. 이 시기는 점토대토기의 단면의 원형, 직사각형과 삼각형의 형태에 따라 Ⅰ기(전기), Ⅱ기(중기)와 Ⅲ(후기)의 세 시기로 나누어진다. 그리고 마지막 Ⅲ기(후기)에 구연부 斷面 三角形 粘土帶토기와 함께 다리가 짧고 굵은 豆形토기가 나오는데 이 시기에 新羅와 같은 古代國家가 형성된다. 이 중 한반도 최초의 고대국가인 衛滿朝鮮(기원전 194년~기원전 108년)은 철기시대 전기 중 Ⅲ기(중-후기)에 속한다. 그 기원으로는 중국의 심양 정가와자 유적과 아울러 러시아 연해주의 뽈체

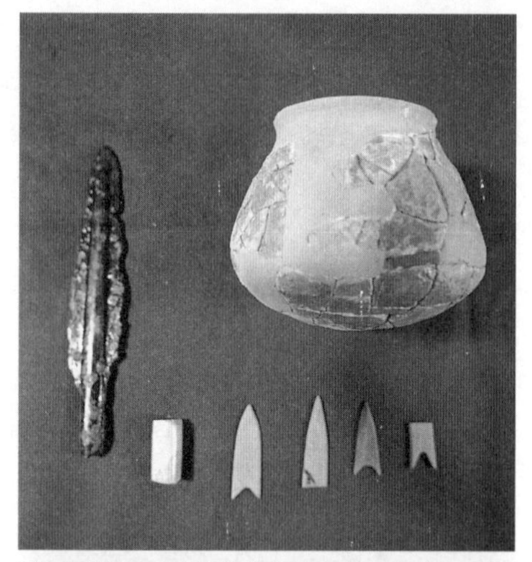

대전 대덕구 비례동 출토 일괄유물
(충남대학교 박물관)

강릉 송림리 출토 점토대토기
(단면 원형, 한림대학교 박물관)

아산 탕정면 명암리 출토 점토대토기
(단면 방형, 충청남도역사문화원)

제주시 삼양동(사적 416호) 출토 점토대토기
(단면 원형과 방형, 제주대학교 박물관)

(挹婁)문화가 주목된다. 철기시대 전기(기원전 400년~기원전 1년)는 衛滿朝鮮(기원전 194년~기원전 108년)의 국가 형성과 낙랑군의 설치(기원전 108년~서기 313년)가 중복되어 있어 한국에 있어 사실상 歷史考古學의 시작 단계이다. 이 시기에는 토광묘, 한자와 철기 문화가 들어오며 후일 철기시대 후기(서기 1년~300년)에 속하는 서기 372년(고구려 소수림왕 2년) 불교의 유입과 함께 한국의 문화는 조선시대 한일합방(1910년) 때까지 거의 전역이 중국권으로 접어들게 된다. 낙랑군의 설치와 이에 따른 중국 漢 문화의 확산은 경북 영일군 신광면 마조리에서 출토되었다고 전해지는 晋대의 湖巖美術館 소장 晋率濊伯長印과 함께 주로 철기시대 전기의 유적인 강릉시 병산동과 안인리, 춘천 우두동과 율문리, 정선 신동 예미리와 동해시 송정동의 凸자형 주거지에서 나오는 낙랑계통의 토기들은 東濊시대의 존재 가능성을 한층 높여준다. 최근 한식도기(낙랑도기)가 나오는 유적은 풍납동토성(사적 11호), 경기도 연천 초성리, 가평 대성리, 달전 2리와 상면 덕현리, 양주 양수리 상석정(2150±60 BP, 기원전 2세기~기원전 1세기가 중심연대), 하남시 이성산성(사적 422호), 화성 기안리, 광주읍 장지동, 강원도 강릉 안인리와 병산동, 동해 송정동, 정선 예미리, 춘천 거두리와 율문리, 충청남도 아산 탕정 명암리와 경상남도 사천 늑도 등 십여군데에 이른다. 주로 강원도와 경기도 지역에 집중해서 漢式陶器가 나오고 있다. 이 점은 樂浪과 현도(玄菟, 기원전 108년~기원전 82년)의 影響圈을 잘 보여 주고 있다 하겠다.

특히 경기도, 충청남북도와 전라북도서 발견되는 馬韓지역의 토실은 북쪽 읍루와의 관련성이 있다. 三國志 魏志 東夷傳 挹婁조에 보면 ...常穴居大家深九梯以多爲好土氣寒...(...큰 집은 사다리가 9계단 높이의 깊이이며 깊이가 깊을수록 좋다...)라는 기록에서 사다리를 타고 내려가 사는 토실에 대한 언급이 나온다. 또 1755년 Krasheninnikov나 1778년 James Cook

안성 원곡 반제리 출토 점토대토기
(단면 원형, 중원문화재연구소)

화성 동탄면 석우리 동학산 출토 점토대토기
(단면 방형, 기전문화재연구원)

안성 공도 만정리 출토 점토대토기
(단면 방형, 기전문화재연구원)

의 탐험대에 의해보고 된 바로는 멀리 북쪽 베링해(Bering Sea)근처 캄챠카(Kamtschatka)에 살고 있는 에스키모인 꼬략(Koryak)족과 오날라쉬카(Oonalaschka)의 원주민인 알류산(Aleut)인들은 수혈 또는 반수혈의 움집을 만들고 지붕에서부터 사다리를 타고 내려가 그 속에서 살고 있다고 한다. 이들 모두 기후환경에 대한 적응의 결과로 볼 수 있다. 아울러 우리 문화의 원류도 짐작하게 한다.

金元龍은 현 英國 大英博物館 소장의 '鳥形柄頭 細形銅劍'이 우리나라에서 철기시대 전기의 대표적인 유물인 세형동검의 자루 끝에 '鳥形 안테나'가 장식된 안테나식 검(Antennenschwert, Antennae sword)으로 보고, 그것이 오스트리아 잘쯔캄머구트 유적에서 시작하여 구라파의 철기시대의 대명사로 된 할슈탓트(Hallstat : A-기원전 12세기~기원전 11세기, B-

기원전 10세기~기원전 8세기, C-기원전 7세기, D-기원전 6세기) 문화에서 나타나는 소위 'winged chape'(날개달린 물미)에 스키타이식 동물문양이 가미되어 나타난 것으로 보았다. 이러한 예는 대구 비산동 유물(국보 137호)을 포함해 4점에 이른다. 이는 현재로서는 스키타이식 銅鍑과 青銅製 馬形帶鉤가 金海 大成洞, 永川 漁隱洞과 金海 良洞里에서 나타나는 점을 보아 앞으로 우리 문화의 전파와 수용에 있어서 의외로 다양한 가능성이 있을 것으로 보인다. 특히 銅鍑(동복)의 경우 러시아 시베리아의 우코크에서 발견된 스키타이 고분, 드네프로페트로프스크주 오르쥬노키제시 톨스타야 모길라 쿠르간 봉토분(1971년 모죠레브스키 발굴)과 로스토프지역 노보체르카스크 소코로프스키 계곡 5형제 3호분(1970년 라에프 발굴), 카스피해 북안의 사브라마트, 세미레치에, 투바의 우육과 미누신스크 분지의 카카르 문화 등과 중국 遼寧省 北票市 章吉 营子鄉 西沟村(喇嘛洞) 古墓 (1973년 발굴, 鮮卑문화)과 등지에서 볼 수 있는 북방계 유물인 것이다. 우리 문화에서 나타나는 북방계 요소는 철기시대 전기(기원전 400년~기원전 1년) 이후 동물형 문양의 帶鉤나 銅鍑(동복)의 예에서와 같이 뚜렷해진다.

울릉도 북면 현포 1리의 제단은 적석으로 만들어진 직사각형의 기단 위에 3열 15개의 입석으로 이루어져 있다. 입석의 높이는 1.5~2m이며 이 중 두 개는 이곳에서 빼내 이웃 현포 초등학교 건물입구의 계단 양측에 세워 놓았다. 이런 류의 제단은 한국 최초의 발견이다. 그러나 이와 유사한 제단은 몽고지방 청동기시대 중 카라숙 문화에서 이미 발견되고 있다. 이들은 사슴돌, 제단, 케렉수르로 불리우며 울릉도의 것과 비슷한 예로는 우쉬키인-우베르 제단 등을 들 수 있다. 울릉도에서는 현포 1리, 서면 남서리와 울릉읍 저동리에서 새로이 발견된 고인돌들, 그리고 현포 1리에서 발견된 무문토기, 紅陶편, 갈돌판과 갈돌들을 볼 때 입석이 서있는 제단 유적은 이들과 같은 시기에 이용된 적어도 철기시대 전기(기원전 400년~기원전 1

년)에 속할 수 있다고 추정된다.

그러나 주의해야 될 점도 있다. 우리의 청동기시대와 철기시대 전기의 문화 계통을 논할 때 빠질 수 없는 것이 미누신스크 청동기 문화 중 안드로노보(기원전 1700년~기원전 1200년), 카라숙(기원전 1200년~기원전 700년)과 타가르(기원전 700년~기원전 200년) 문화기이다. 그 중 카라숙 문화에서 돌널무덤(석상분, 석관묘, cist)이 받아들여진 것으로 생각된다. 그리고 그 다음의 타가르 문화는 전기의 청동기시대(기원전 7세기~기원전 5세기)와 후기의 철기시대(기원전 4세기~기원전 3세기)가 되는데 그곳 철기시대에도 우리의 철기시대 전기와 마찬가지로 청동거울을 쓰고 있다. 그런데 청동거울의 배면에 있는 꼭지가 우리 것은 둘인 多鈕細文鏡(잔무늬거울)으로 불리 우고 있는데 반해 타가르의 것은 하나인 單鈕鏡인 것이며, 또 칼도 곡검(琵琶形)이 아닌 날이 가운데가 휜, 彎入된 것이다. 타가르 문화의 청동검과 거울은 실제 만주와 한반도에서 보이는 고조선(요녕식, 비파형)동검이나 거친무늬와 잔무늬거울과는 다르다. 이는 우리가 종래 생각해오던 청동기와 철기시대의 기원과 직접 관련지어 생각할 때 고려의 여지를 두어야 할 것이다.

그리고 경기도 가평 외서면 청평4리, 경기도 광주시 장지동, 강원도 횡성 공근면 학담리와 춘천 거두리와 천전리에서 출토된 해무리굽과 유사한 바닥을 지닌 경질무문토기는 아무르강 중류 리도프카 문화와 끄로우노프까(沃沮) 문화에서도 보이므로 한반도의 철기시대에 러시아 문화의 영향을 고려할 필요가 있다. 여기에 추가하여 춘천 천전리, 신매리와 우두동 등지에서 최근 발견되는 따가르의 鐵刀子도 이와 관련해 주목을 받아야 한다. 또한 연해주지역에는 얀코브카기(페스찬느이 유적, 말라야 파투웨치카 유적 등), 끄로우노프까(크로우노브카유적, 알레니 A, 페트로브섬 유적, 세미파트노이유 유적 등), 라즈돌리기 등의 문화기들이 있다. 위에서 열거한

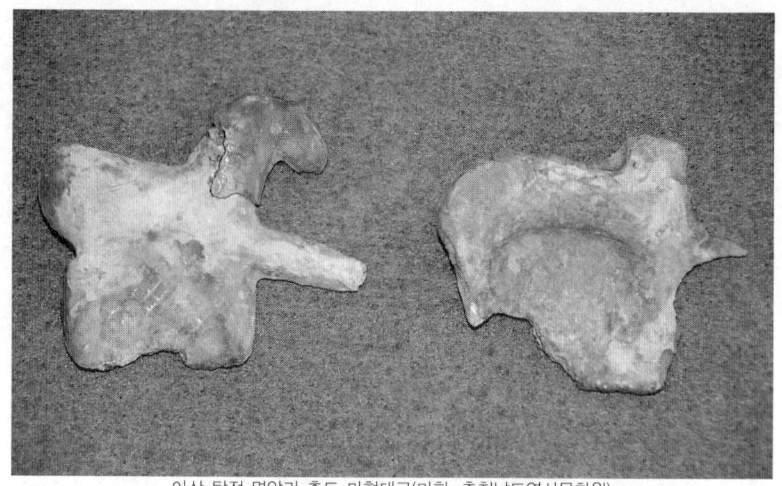

아산 탕정 명암리 출토 마형대구(마한, 충청남도역사문화원)

초기철기시대의 유적들은 서로 문화적인 상관관계를 가지고 있다. 또한 이 유적들의 주거양식 및 다양한 유물군은 비슷한 시기의 한반도 선사시대 문화상과 유사한 것들이 많아, 앞으로 활발한 연구가 기대된다. 이들 극동지역의 초기 철기시대의 여러 유적과 한반도의 연관 관계를 밝힌 논문이 발표되었다. 데레비안코는 아무르지역에 형성된 우릴기와 뽈체기의 골각기, 석기, 방추차, 철부 등을 근거로 會寧 五洞유적 및 羅津 草島유적과의 관련성을 밝혔다. 실제로 뽈체(挹婁)-우릴문화는 우리나라 동북지역과 지리적으로도 인접해 있어서 비슷한 문화를 영위할 수 있었던 것으로 보인다. 단, 우리나라에서는 초기 청동기시대에 해당하는 시기를 러시아에서는 초기 철기시대로 규정하고 있어서 이와 같은 시대구분의 문제에도 양국 간의 토론 및 연구가 심화되어야 할 것이다. 또한 이 유적들의 주거양식 및 다양한 유물군은 비슷한 시기의 한반도 선사시대 문화상과 유사한 것들이 많아, 앞으로 활발한 연구가 기대된다.

4. 한국문화의 다원성

한국의 문화는 시기와 지역에 따라 미세하나마 독자적인 편년 설정이 이루어져야 하며 최근 이의 성과는 강원도지역의 '中東部先史文化圈'으로 나타나고 있다. 또 강원도의 선사 시대에서 역사 시대로 넘어오는 과도기 시대인 原史時代는 東濊로 대표되는데, 이 시기는 아직 국가 단계 이전의 族長사회로 철기시대 전기(기원전 400년~기원전 1년)에 속한다. 한국의 고고학은 종래의 단선적인 편년관에서 벗어나 다원론적인 계통을 고려해야 하며 이는 강원도의 경우처럼 새로운 지역적 편년의 수립이 이루어져야 한다. 또 문화의 기원에 관한 한 지역과 시기에 따라 단일·단선적인 것이 아니라 다원·복합적인 것이다. 그만큼 한국 문화의 기원에 관한 한 아직까지 초보 단계에 불과하지만 이제까지의 고고학적 증거를 보면 생각보다 여러 계통의 문화가 시기적으로 지역적으로 달리 유입되는 현상을 볼 수 있다. 이는 한국 신석기시대의 기원이 제주도 한경면 고산리 유적(사적 412호)의 경우에서와 같이 아무르강의 오시포프카 문화와 연결될 가능성이 한층 높아졌으며 그 연대도 종래 생각했던 기원전 6000년이 아니라 기원전 8000년을 올라갈 수 있게 되었다. 그리고 또 아무르강 하류의 수추섬에서 보는 말르이쉐보 문화기는 한국의 웅기 굴포리 서포항 2~3기의 신석기 문화와 같은 유물이 출토되는 점은 아무르강의 수추섬-연해주의 보이즈만-함경북도 서포항·羅津 등을 연결할 수 있는 공동의 문화권 설정도 가능하다. 이는 이미 大貫靜夫의 '極東平底土器' 文化圈과도 맥을 같이 한다. 또 서해안 지구의 전형적인 즐문무늬 토기는 핀란드-아무르강의 쉴카-바이칼호-한반도로 이어지는 문화 계통보다 요녕성의 新樂과 小珠山 지구의 신석기 문화와의 관련성도 생각해야 한다. 따라서 종래 한국 신석기시대의 문화의 기원만을 국한해 이야기 할 때에도 단순히 북방계만으로 언급할 것

서울 풍납동 출토 경질무문토기
(국립문화재연구소 유적조사실 서울 · 중부권 문화유산 조사단)

서울 풍납동 197번지에서 출토된 경질무문토기
(국립문화재연구소 유적조사실 서울 · 중부권 문화유산 조사단)

이 아니라 신석기 자체 편년에 따른 다각도의 문화 기원설이 제기되어야 하는 것이다. 시베리아의 청동기문화에 앞선 가장 주목되는 것은 이 지역에서 일반적으로 발견되는 즐문토기문화이다. 이 토기는 핀란드에서부터 스웨덴, 북부독일, 서북러시아의 카렐리아, 흑해 북안의 오카와 볼가강 상류까지에 걸쳐 광범위한 분포를 보여 후지다 료사꾸(藤田亮策)와 같은 일인 학자들은 일찍이 우리 것을 북유럽에 연결시키고자 하는 시도를 해왔다. 그리고 이러한 토기는 주로 북위 55도선을 잇는 환북극(環北極)지역의 신석기시대 유적에서 많이 보이고, 최근 레나강 지류인 알단강 상류인 벨카친스크(기원전 4020년)와 바이칼호 동쪽 흑룡강 상류의 쉴카 동굴에서도 발견되고 있다. 또 카자흐의 잠푸르, 시베리아, 오브강 상류인 고르노 알타이의 우코크지역 등지에서도 발견된다. 이들 토기에는 한반도의 즐문토기에서 보이는 문양의 대부분의 요소가 보이며, 태토 또한 아주 유사하다. 우리의 토기가 북유럽에서 출발해 시베리아를 거쳐 왔다는 종래의 견해를 언뜻 수용하기에는 좀더 신중을 기하는 것이 좋을 듯하다. 왜냐하면 우리의 지역과 가장 가까운 요녕성과 길림성을 포함하는 만주 지역과 북경시를 포함하는 하북성 지역에서 나오는 즐문토기의 연대가 시베리아에서 나오는 토기들과 비슷하거나 좀더 올라가기 때문이다. 중국의 대

서울 풍납동 197번지에서 출토된 뾜체토기
(국립문화재연구소 유적조사실 서울 · 중부권 문화유산 조사단)

표적인 유적으로는 중국 요령성 신락(新樂, 기원전 4500년), 금주시 성내 제 2 유치원 근처(기원전 3500년, 금주박물관 소장), 하북성 무안현 자산(磁山, 7300년 전, 기원전 5300년)과 천서현 서채(西寨, 6500년 전, 기원전 4550년, 이상 하북성 박물관 소장)을 들 수 있다. 앞서 언급한 수추섬의 신석기 문화 중 말르이쉐보기는 함경북도 웅기 굴포리 서포항 2~3기와 같은 것으로 알려져 한국문화의 기원이 생각보다 복잡하고 다원론적인 것을 말해주고 있기 때문이다.

즉 종전의 빗살문 토기의 단순 시베리아의 기원설은 재고 내지 폐기를 요할 때가 온 것이다. 이와 아울러 우리의 고고학 편년 중 일제시대의 식민지 사관의 영향하에 만들어진 금석병용기(aneolithic, chalcolithic age)시대가 북한학자들의 노력으로 폐기되어 청동기시대로 대체된지 오래고 그 연대의 상한도 기원전 20세기 경을 오르게 되었다. 이것은 남쪽의 청동기시대 상한도 마찬가지이다. 최근 강원도 정선 북면 여량 2리 아우라지(기원전 1240년), 강원도 춘성군 내평, 춘천 천전리(기원전 1440년), 인천 계양구 동양동, 경기도 가평 상면 연하리 등지의 청동기시대 조기(기원전 2000년~기원전 1500년)와 강릉시 교동, 가평읍 달전 2리, 안성 원곡 반제리 등지의 청동기시대 전기(기원전 1500년~기원전 1000년)의 유적을 비롯한 여러 유적의 상한연대가 점차 이를 증명해 주고 있다. 시베리아의 청동기시대 및 초기 철기시대는 각 지역마다 다양하게 분포하지만, 특히 한국과 관련하여 주목되는 지역은 예니세이강 상류의 미누신스크 분지를 비롯하여 서시베리아와 우코크지역을 중심으로 한 알타이 전역이다. 이 지방은 다시 각 지역별로, 시기별로 다양한 문화기가 있다. 현재까지 발굴자료가 증가함에 따라서 새로운 문화기가 설정되기도 하고, 기존에 나누어진 문화를 하나로 묶기도 하는 등, 이 지역의 문화를 일목요연하게 묶어보기는 어렵다. 그 문화기 중 우리의 관심을 끄는 것은 시베리아 청동기시대의 기원을 밝힐 수 있는 아파나시에보 문화기(기원전 3000년~기원전 2000년), 청동기시대 전기의 안드로노보기(기원전 1500년~기원전 1000년) (페도로보기 : 기원전 1600년~기원전 1300년), 청동기시대 후기에 해당하는 카라숙기, 초기 철기시대에 해당하는 스키타이문화의 한 갈래인 파지리크문화기(기원전 700년~기원전 200년) 및 타가르의 문화기 등이다. 이들 문화가 분포하는 남시베리아는 한국과 지역적으로 상당히 떨어져 있으며, 두 지역 사이의 고고학적 유적이 많지 않은 탓에 전반적인 유물조합상에 따른 비교분석은 아직 이루어지기 어렵다. 또한 우리나라에서는 청동기시대가 되면서 무문토기가 쓰여지는데 반해서 시베리아지역은 청동기시대, 나아가서 역사시대에 이르러서도 계속 즐문토기의 전통을 유지하고 있다는 점도 생각해야 할 것이다. 따라서 단순히 전체적인 기형, 문양의 특징만으로 관련성을 논하기 이전에 태토분석과 같은 자연과학적인 분석을 시도해 보는 것도 바람직하다. 시베리아지역에 자주 나타나는 석관묘란 묘제로 보아 우리의 청동기시대의 기원을 카라숙(기원전 1000년~기원전 700년)과 타가르(기원전 700년~서기 100년)기와 연관시키려는 시도가 있으나, 석관묘는 우리나라뿐만 아니라 중국 동북지방, 오르도스 등 상당히 광범위한 지역에서 비슷한 형태로 존재한다. 또한 우리나라 및 중국 동북지방의 석관묘에서 나오는 비파형동검 및 조문경은 시베리아지역에서는 발견되지 않는다. 타가르문화에서 보이는 청동거울을 보면 거울의 배면에 꼭지가 하나인 單鈕이며 무늬도 다르다. 청동단검도 비파형의 형식을 가진 것은 발견된 바 없으며 검파부분의 장식도 다르다. 그런데, 우리나라 철기시대전기(기원전 400년~기원전 1년)에 쓰인 세형동검 중에는 손잡이에 새 두 마리가 있는 형태의 것이 있다(이를 안테나식 동검, 촉각식동검이라고도 한다). 그러한 손잡이 형태는 오스트리아의 할슈탓트에서 기원하여 남시베리아의 스키타이에서 흔히 보이는 것이다. 안테나식동검은 한반도뿐 아니라 길림지역의 세형화된 동검에서도 보이는 것으로, 이를 중심으로 시베리아에서의 구체적인 전파의 증거를 찾을 수 있다. 서 · 남부시베리아의 초기 철기시대를 대표하는 스키타이문화와 한국과의 관련성은 쿠르간, 즉 봉분이 있는 적석목곽분으로 대표된다. 이것은 스키타이문화의 대표적인 무덤으로 파지리크, 베렐, 울란드릭, 우스티드, 시베, 투에크타, 바샤다르, 카란다를 비롯해 우코크분지에서 모두 수 천기 이상 발견되었다. 스키타이인들은 초기인 기원전 9세기~기원전 7세기부터 초원에 거주해 왔는데, 기원전 2세기경이 되면 흑해 북안에 왕국을 세울 정도로 강성해진다. 쿠르간 봉토분은 앞에서 본 바와 같이 땅을 파고 안에 나무로 무덤방을 만들고 시체와 부장품들을 안치한 후에 위에는 돌로 둘레를 쌓고(護石) 흙으로 커다란 봉분을 만들었다. 그것의 형태와 구조는 신라의 수혈식적석목곽분과 거의 일치하는 것이다. 단지 쿠르간 봉토분의 경우 기원전 6세기~기원전 4세기이고 신라의 것은 서기 4세기~6세기의 것으로 연대적인 차이가 많이 나며, 또 중앙아시아와 우리나라 남부지방 사이의 중간지역에서 연결 고리로 볼 수 있는 비슷한 유적이 나오지 않았다는 한계가 있으나, 그 관련성은 충분히 짐작할 수 있다. 또한 쿠르간 봉토분에서 발견되는 銅鍑(동복)은 중앙아시아의 유목민족이 많이 사용한 것으로 음식을 조리할 때 쓰인 것으로 보인다. 이 동복은 스키타이뿐 아니라 중국의 북부초원지대에서도 보이며, 특히 길림지역의 楡樹 老河深(일부 학자들은 夫餘의 문화라고도 본다) 유적에서도 발견된 바가 있다. 그런데 이것과 아주 유사한 형태의 동복이 최근에 경상남도 김해의 가야시대 고분인 대성동유적에서 발견되었다. 이 발견은 우리나라에서도 북방계 유목문화의 요소가 일정기간에 어느 정도 흡수되어왔었음을 보여준다. 물론 이 유물은 스키타이뿐 아니라 북중국에서도 발견되는 점으로 미루어보아 북중국을 거쳐서 한국에 들어왔을 가능성도 있다. 그러나 스키타이문화는 기원전 9세기~기원전 7세기에 발생한 것으로 신라의 적석목곽분과는 적어도 수백 년 이상의 차이가 난다. 따라서 스키타이와 한국의 지리적, 시간적인 차이를 메워 줄 수 있는 유물이 없는 한, 선불리 문화의 전파를 논하기는 어렵다.

이상에서 살펴본 바와 같이 시베리아에는 한국의 청동기문화 또는 그 이후 시기의 유물과 유적에서 유사성이 상당히 많이 존재함을 알 수 있다. 그러나 이것을 단순히 우리의 기원문제와 직접적으로 연관시키는 것은 바람직하지 않다. 이것은 철기시대전기와 후기에서도 마찬가지일 것이다. 그러므로 이러한 부분적인 문화적 요소의 상사성을 어떻게 이해할 것인가 하는 것은 보다 체계적인 이론적인 바탕을 가지고 러시아측의 자료를 충분히 검토한 후에야 밝혀 질 수 있을 것이다. 앞으로 우리 청동기문화의 기원을 남부시베리아에 기원을 두려던 그 동안의 시도는 전면적으로 재검토를 해야 할 것이다.

그리고 극동지역 중 아무르지역은 타 지역에 비해 상대적으로 유적,유물이 적은 탓에 청동기시대라고 뚜렷이 구분할 만한 유적이 발견된 예는 아직 없고, 부분적으로 청동기유물이 발견되었다. 청동기유물은 안로강 하구, 스테파니하 골짜기, 칸돈, 사르골지역 등에서 발견되었다. 이들 지역에서는 청동기와 함께 원저토기와 청동기를 모방한 마제석기가 공반된다. 아무르강 하류의 에보론 호수를 비롯한 그 주변에서 청동기를 포함한 일련의 유적들이 발견되었는데 특히 칸돈(콘돈)유적의 신석기 유적 주변에서 청동기들이 처음 발견되었다. 오클라드니코프와 데레비안코는 이 유적들을 묶어 에보론문화기로 부르고 있다. 그리고 초기철기시대는 우릴기(기원전 20세기 후반~기원전 10세기 초반)와 뽈체기(기원전 5세기 : 挹婁)로 대표된다. 연해주지역, 특히 그 이 동쪽에는 시니가이기(하린스코이 근처, 시니가이유적, 키로브스코에 Ⅰ유적), 마르가리토브카기(페름스키 Ⅱ유적, 시니 스칼르이유적, 마략-리바로프유적, 키예브카유적 등), 리도브카기(블라가다트노예 Ⅱ유적, 리도브카 Ⅰ유적, 쿠르글라야 달리나유적, 루드노예강 둔덕에 있는 유적군) 등이 있다. 연해주지역의 초기철기시대의 문화기로는 얀코브카기(중국에서는 錫桀米, Sidemi 문화라고도 함, 기원전 8세기~기원전 1세기), 끄로우노프까(기원전 5세기~기원전 2세기, 北沃沮, 團結문화), 뽈체기(기원전 7세기~기원전 4세기, 挹婁), 라즈돌리기(기원전후) 등이 대표한다. 극동의 연해주에서의 마르가리토프카 문화기에서는 다양한 석재 용범과 청동무기가 발견되었다. 평저의 심발형, 단지형 호형토기들이 주를 이루며 빗살문, 점열문 등의 문양이 있다. 이 문화기에서는 신석기시대의 전통을 이은 양면잔손질을 한 석촉이 출토되었다. 시니가이 문화기도 역시 평저의 단지형, 발형, 심발형의 토기가 주를 이루며, 이들 토기상에 삼각문, 뇌문, 점열솔잎문 등의 문양이 시문되어있다. 그밖에 방추차, 부정형의 반월형석도 등도 이 문화기의 대표적인 유물이다. 리도브카문화기에서는 반월형 석도, 방추차, 돌괭이, 손잡이가 있는 석도, 청동기를 본뜬 석창을 비롯하여 단지형, 장경호 토기가 대표적으로 나타난다.

시베리아와 극동의 수많은 유적들을 이 짧은 글에 모두 설명할 수는 없다. 또한 개략적으로나마 정리한 유적들의 문화적 성격도 모두 검토할 수 없다. 하지만 현재까지의 연구를 검토해볼 때 생각보다 많은 요소에 공통점이 있음을 알 수 있다. 앞으로 관계 전공학자들에 의해 좀더 심도 있는 연구가 진행된다면 더욱더 많은 요소가 발견될 것임은 자명하다. 그럼에도 불구하고 한국문화는 시베리아로부터 단순히 단선적으로 전파되어온 것이 아니며 문화공동체적 구조 속에서 이동과 역이동을 통한 상호 문화적 교류가 활발하였다고 보인다. 극동지역을 중심으로 전 시대에 걸쳐 교류가 있었을 것으로 보이지만 구석기 · 신석기 · 철기시대 · 역사시대에 보다 활발한 교류가 있었을 가능성이 높다. 그러나 문화적인 교류를 확인하는데 있어서 그동안 양측이 제시한 시대구분과 연대에 현격한 차이가 있다는 문제가 있다. 이 문제를 해결하는 데에는 무엇보다 양측의 연대차에 대한 검토 및 정리가 우선적으로 있어야 할 것이며, 그러한 연구를 위해서는 우선 양 지역의 자료를 양측의 학자들이 공동으로 검토해야 한다. 지금까지의 자료를 통하여 대체적으로 문화적 교류경로를 정리하여 본다면 1) 바이칼-중국 동북지방(혹은 동부몽고-중국동북지방)-한반도 서북지방-중부지방, 바이칼과 2) 아무르지역-연해주-한반도 동북지방-동해-제주도-일본 구주 등으로 나누어 볼 수 있을 것이다. 이 교류경로는 단선적으로 위에서 아래로 온 것이 아니라 각 지역별로 끊임없는 문화적 교류 속에서 만들어진 것이다. 따라서 각 지역별로 나타나는 성격들은 대단히 복합적이며 혼합적인 특징이 나타나게 되었던 것이다. 문화의 기원에 관한 한 지역과 시기에 따라 단일 · 단선적인 것이 아니라 多源(多元) · 複合的인 것이다. 그만큼 한국 문화의 기원에 관한 한 아직까지 초보 단계에 불과하지만 이제까지의 고고학적 증거를 보면 생각보다 여러 계통의 문화가 시기적으로 지역적으로 달리 유입되는 현상을 볼 수 있다.

5. 후언

한반도의 문화형성은 시대와 지역에 따라 그 계통이 다양하다. 이는 한국문화의 계통을 다원적인 입장에서 살펴보아야 하며 전체적인 편년을 살피기 위해 지역편년의 수립도 필요하다. 그리고 현재로서는 일부 문화적 요소에 주목해서 문화적 상관관계를 단정하기보다는 시베리아와 극동지역의 문화의 본질적인 속성을 찾는 기초적인 연구에 주력해야 할 것이다. 결국 이동경로를 설정하는 데에는 앞으로 많은 공동조사를 진행함으로써 보다 명확히 밝혀낼 수 있을 것이다. 왜냐하면 그동안 그 경로를 이어주는 유적들에 대한 자료점검도 미흡했으며, 발굴된 유적도 풍부하지 않았기 때문이다. 그래서 이들 유적에 대한 관심과 아울러 후일 그 밖의 주변지역들에 대한 발굴조사를 위한 기초 공동조사를 현재보다 더 많이 다각도로 실시하는 것이 바람직하겠다. 또한 동북아시아의 문화를 이해함에 있어서 단순히 정치적인 경계선 속에서 파악하려는 시도는 옳지 않다고 생각한다. 올바른 역사적 복원이라는 과제에 접근하기 위해서는 이들의 문화적 相似性과 相異性을 어느 특정 지역과 시기에 관계없이 잘 검토함으로써 각 시대의 문화적 공동점을 찾아내야 하며 결국은 각 시대별로 인류역사의 지도는 다시 그려지게 될 것이다.

참/고/문/헌

강릉대학교 박물관

2000 발굴유적유물도록

강원문화재연구소

2003 강릉 허균 · 허난설헌 자료관 건립부지 문화유적 발굴조사 지도위원회의자료

2006 춘천 우두동유적-춘천 우두동 직업훈련원 진입도로 확장구간내 유적 발굴조사3차 지도위원회자료

2007 홍천 철정리 유적 Ⅱ -홍천 구성포-두촌간 도로 · 확포장공사내 유적 발굴조사 제4차 지도위원회자료-

경상남도 남강유적 발굴조사단

1998 남강선사유적

경주문화재연구소

1994 경주서악지역지표조사보고서, 학술연구총서 7

김재윤

2003 한반도 각목돌대문토기의 편년과 계보, 부산대학교 대학원 문학석사 학위논문

金貞培

1973 韓國民族文化의 起源, 고려대학교 출판부

김원용

1983 예술과 신앙, 한국사론 13, pp.306~333

교육부

2002 국사, 고등학교 국사교과서, p.19

대한민국 문화재청 국립문화재연구소 · 러시아 과학원시베리아분소 고고민족학연구소

2000~3 러시아 아무르강 하류 수추섬 신석시대 주거유적 발굴조사보고서

도유호

1960 조선원시고고학, 과학백과사전 출판사

문명대

1984 대곡리 암벽조각 반구대, 동국대학교

송화섭

1992 남원 대곡리 기하문 암각화에 대하여, 백산학보 42, pp.95~134

1994 선사시대 암각화에 나타난 석검·석촉의 양식과 상징, 한국고고학보 31, pp.45~74

수보티나 아나스타샤

2005 철기시대 한국과 러시아 연해주의 토기문화 비교연구, 서울대학교 대학원 석사학위 논문

신라대학교 가야문화재연구소

1998 산청 소남리유적 발굴현장설명회

신라문화유산조사단

2007 경주시 충효동 도시개발사업지구내 문화재 발굴조사 -지도위원회자료집-

연세대학교 박물관

2006 아시아·유럽의 인류와 문화

이은창

1971 고령 양전동 암각화조사보고, 고고미술 112, pp.24~40

임세권

1994 한국 선사시대 암각화의 성격, 단국대 박사학위논문

장명수

1992 영주 가흥동 암각화와 방패문 암각화의 성격고찰, 택와 허선도선생 정년기념 한국사학논총

정동찬

1988 울주 대곡리 선사바위그림의 연구, 손보기박사정년기념 고고인류학논총 pp. 329~434

정한덕

2000 중국고고학 연구, 학연문화사

최몽룡

1973 원시채석문제에 관한 일소고, 고고미술 119, pp.18~21

1987 欣岩里 先史聚落址の特性, 한국고고학보 20, pp.5~21

2002 고고학으로 본 문화계통-문화계통의 다원론적 입장-, 한국사 1, 국사편찬위원회

2006 최근의 고고학자료로 본 한국 고고학과 고대사의 신연구, 주류성

2006 衛滿朝鮮 硏究의 新局面을 맞아, 계간 한국의 고고학 창간호, 주류성

2007 동북아시아적 관점에서 본 한국청동기 · 철기시대 연구의 신경향-다원론적 입장에서 본 한국문화의 기원과 편년설정-, 제 35회 한국상고사학회 학술발표회, pp.1~48

최몽룡 · 이헌종 · 강인욱

2003 시베리아의 선사고고학, 주류성

최몽룡 · 김경택 · 홍형우

2004 동북아 청동기시대 문화연구, 주류성

최몽룡 · 김선우

2000 한국지석묘 연구 이론과 방법, 주류성

한국선사문화연구원

2007 청원 오송생명과학단지 조성부지내 문화유적(A-3구역) 만수리 구석기 유적 1-2(원평 I-가)지점 발굴조사 현장설명회(4차)자료

한국역사민속학회

1995 한국 암각화의 세계

한국토지공사 오송사업단

2007 청원 만수리 구석기유적(제1회 선사문화 세미나)

한림대학교 박물관

2006 춘천 천전리 121-16번지내 문화유적 발굴조사 지도위원회 자료집

홍미영 · 니나 코노넨코

2005 남양주 호평동 유적의 흑요석제 석기와 그 사용, 한국구석기학보 제12호

황용훈

1987 동북아시아의 암각화, 민음사

吉林省文物考古研究所 · 延邊朝鮮族自治州博物館

2001 和龍興城-新石器及青銅器時代遺址發掘報告-, 文物出版社

大貫靜夫

1992 豆滿江流域お中心とする日本海沿岸の極東平底土器 先史考古學論集 제2집, pp.42~78

1998 東北あじあの考古學, 同成社 p.38

藤田亮策

1930 櫛目文土器の分布に就いて, 青丘學叢 2號.

檀原 徹

2007 韓國 · 中國の旧石器遺跡で倹出された火山ガラスとそ広域テフラ対比の試み, 東アジアにおけゐ古環境変遷と旧石器編年, 同志社大学

松藤和人 · 麻柄一志 · 中川和哉 · 津村宏臣 · 黃昭姬

2007 レス-古土壤編年による東アジア旧石器編年の再構築, 東アジアにおけゐ古環境変遷と旧石器編年, 同志社大学

ユーリ · M.リシリエフ

2000 キア遺跡の岩面刻畵, 民族藝術 vol.16, 民族藝術學會, pp.71~78

Alexei Okladnikov

1981 *Art of Amur*, New York: Harry N.Abrams, INC., Pb. p.92

Arxeologia USSR

1987 *Bronze Period of Forest Region in USSR*, Moskva, p.357

A. P. Derevianko

1973 *Early Iron Age in Priamurie*, Novosibirsk

1976 *Priamurie* -BC 1st Millenium, Novosibirsk

E. I. Derevianko

1994 *Culturial Ties in the Past and the Development cultures in the Far Eastern Area*, 韓國上古史學報 第16號

Eric Deldon et al. ed.

2000 *Encyclopedia of Human Evolution and Prehistory*, New York & London: Garland Pb.co.

Glyn Daniel

1970 *A Hundred Years of Archaeology*, London: Gerald Duckworth & Co. Ltd

Timothy Taylor

1996 *The Prehistory of Sex*, New York, Toronto: Bantam Books

Yves Coppens & Henry de Lumley(Préface)

2001 *Histoire D'ancêtres*, Paris: Artcom

V. Medvedev

1994 ガシャ遺跡とロシア地區東部における土器出現の問題について, 小野昭・鈴木俊成編, 環日本海地域の土器出現の様相, 雄山閣, pp.9~20

張之恒・黃建秋・吳建民

2002 中國舊石器時代考古, 南京, 南京大學校出版社

제 2 장

동북아시아적 관점에서 본 한국청동기 · 철기시대의 연구방향

-한국문화기원의 다원성과 새로운 편년설정 -

1. 편년

21세기 한국고고학은 발굴의 증가, 연구 인력의 확대, 다양한 연구방법의 적용 등으로 그 연구주제는 다양화 되고 있다. 특히 청동기시대의 새로운 자료들은 기존에 설정되었던 여러 문화개념 및 편년을 재고하게끔 한다. 최근 여러 청동기시대 유적에서 측정된 절대연대를 감안하면 남한 청동기시대의 상한이 북한의 경우처럼 기원전 15세기까지 거슬러 올라가는 것이 분명하다. 그러나 최근 오히려 빗살문토기와의 공존하는 돌대문토기 등의 존재로 早期의 설정이 가능하며 청동기시대의 상한은 기원전 20세기까지, 철기시대전기의 상한은 기원전 400년으로 소급될 수 있다. 전반적인 연대소급은 단순한 절대연대치의 축척만을 의미하는 것은 아니다. 바로 한국과 인접한 북한, 중국 동북지방, 그리고 러시아의 체계적인 비교검토가 요구된다는 것을 의미한다.

필자는 청동기시대와 철기시대 전 · 후기의 고고학적 연구에서 노정된 여러 문제들에 꾸준히 관심을 가져오면서 다음과 같은 여러 사안들을 도출해 내게 되었다. 필자의 입장은 학계에서 통용되어 오던 여러 생각과는 매우 다른 새로운 것이었으나 이 중 상당 부분은 점진적으로 학계에 수용 되었으며, 많은 연구자들이 관심을 표명하고 있어 매우 다행스럽게 생각하고 있다. 필자의 견해는 주로 최근 4~5년 사이에 새로이 확인된 자료들을 토대로 이루어졌는데, 과거 필자의 입장들이 오히려 최근 발굴되는 자료들에 의해 뒷받침되고 있는 실정이다.

한국고고학에서 철기시대 전기의 연구 성과는 1997년도 국사편찬위원회에서 나온『한국사 3 : 청동기문화와 철기문화』의 수준을 넘지 못한다. 또 대부분의 최근 연구들도 이 시기에 해당하는 자료의 수집에 불과하여 철기시대 전기의 정치 · 사회 · 문화상을 뚜렷이 밝히기에는 매우 미흡하다.

즉, 『한국사』3권이 발행된 지 11년이 지난 오늘날에도 산발적인 자료 보고 이외에 이를 종합할만한 연구 성과는 찾아보기 어렵고 이를 대신할만한 것이 『최근의 고고학 자료로 본 한국고고학 · 고대사의 신연구』(최몽룡, 2006, 주류성)이다.

신석기시대에서 청동기시대로의 이행은 인천광역시 중구 용유도, 연평 모이도, 백령도 말등 패총, 경기도 시흥시 능곡동, 경주 신당동 희망촌, 김천 송죽리, 경남 진주 남강댐내 옥방지구, 산청 소남리, 대구 북구 사변동과 경기도 가평 상면 연하리, 강원도 영월 남면 연당 2리 쌍굴, 강릉 초당동 391번지 허균 · 허난설헌 자료관 부지, 정선 북면 여량 2리(아우라지), 춘천 천전리와 우두동 유적, 홍천 두촌면 철정리, 홍천 화촌면 외삼포리와 경주시 충효동 등 빗살문 토기와 무문토기가 공존하는 유적들에서 시작되었다. 즉 이들 유적들에서는 문양과 태토의 사용에 있어 서로의 전통에 구속됨 없이 서로의 문화적인 특징을 수용하고 있음이 확인된다. 이러한 현상은 신석기시대 후기, 즉 빗살/부분빗살문토기 시대부터 관찰되는데, 그 연대는 기원전 2000년~기원전 1500년경이다. 즉, 청동기시대는 돌대문토기(춘성 내평 출토 隆起帶附短斜集線文土器를 의미함)와 이중구연의 토기, 철기시대는 기원전 5세기 점토대토기의 등장을 기점으로 시작되었다고 할 수 있다.

최근 많은 청동기시대 유적들이 조사되고 있는데, 아직은 가설 수준이긴 하지만 청동기시대에는 가) 전면 또는 부분의 빗살문 토기와 공반하는 돌대문토기와 이중구연토기로의 이행과정에 있는 토기, 나) 단사선문이 있는 이중구연토기, 다) 공렬토기와 구순각목토기(이 기간에는 逆刺式 또는 유경석촉과 반월형석도도 공반한다), 라) 경질무문토기 등 네 가지 토기가 순서를 이루면서 등장했다고 생각된다. 각각의 토기가 성행하는 기간을 영어로 표현한다면 period/epoch 또는 미국식의 phase가 가장 적절한 것

인천광역시 소야도 출토 이중구연토기
(서울대학교 박물관)

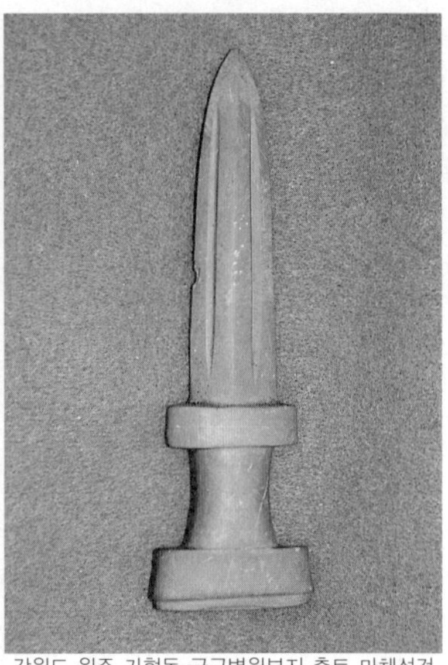

강원도 원주 가현동 국군병원부지 출토 마체석검
(강원문화재연구소)

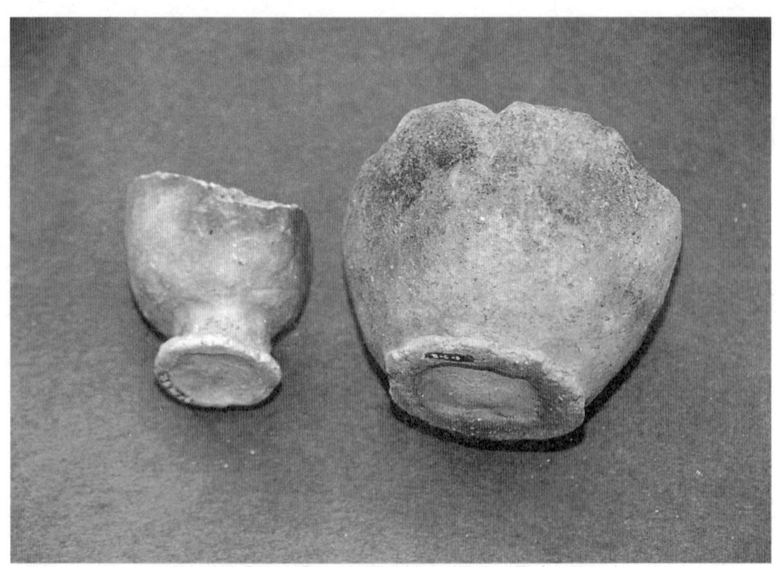

아산 탕정 용두리 출토 연해주 리도프카문화 계통의 무문토기
(충청남도역사문화원)

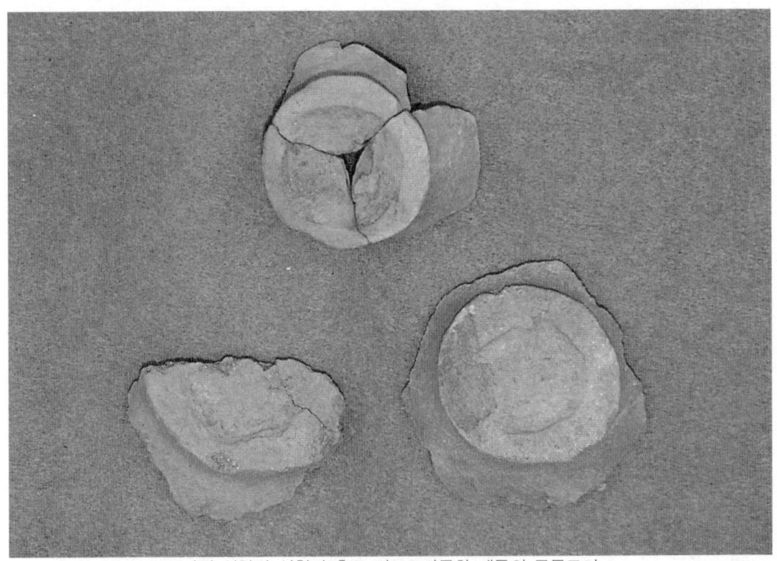

가평 설악면 신천리 출토 리도프카문화 계통의 무문토기
(한백문화재연구원)

가평 외서면 청평 4리 출토 무문토기의 바닥
(한림대학교 박물관)

으로 생각된다. 그런데 나)와 다)의 기간을 명확하게 나눌 수 있는 근거가 충분한지에 대해서는 좀더 자료를 검토해 볼 필요가 있다. 즉, 구순각목토기와 공렬문토기의 기원문제와 공반관계를 밝혀야 하기 때문이다.

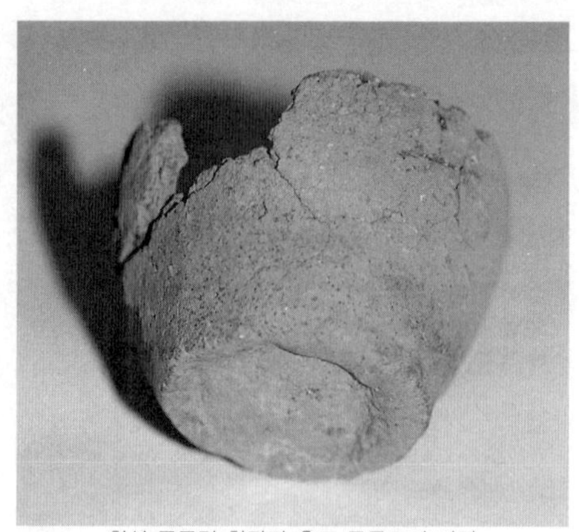
횡성 공근면 학담리 출토 무문토기 바닥
(한림대학교 박물관)

한편 700~850℃에서 소성된 경질무문토기는 청동기시대 후기에서 철기시대전기에 사용되었으며 그 하한 연대는 철기시대 전기의 말인 서력기원 전후라 생각된다. 그 구체적인 연대는 사적 11호 풍납토성을 축조했던 온조왕 41년, 즉 서기 23년으로 볼 수 있다. 이는 풍납토성 동벽과 서벽 바닥에서 출토된 매납용 경질무문토기의 존재를 통해 알 수 있다. 단면 원형의 점토대토기는 철기시대의 개시를 알려주는 고고학 자료로 인식되는데, 이는 중국 遼寧省 沈陽 鄭家窪子 유적부터 확인되기 시작한다. 철기시대 전기에는 단면 원형의 점토대토기와 함께 청동기시대와 철기시대에 걸쳐 제작 사용된 무문토기(경질무문토기 포함)가 보인다. 철기시대의 시작을 알리는 점토대토기는 그 단면형태가 원형, 직사각형, 삼각형의 순으로 발전함이 확인되어 이를 통한 세부 편년도 설정해 볼 수 있다. 아직 유물의 형식분류, 공반 관계 및 기원 등 해결해야 할 문제가 많이 남아 있지만 필자가 현장 자료들을 토대로 만들어본 청동기시대의 유적의 편년 試案은 다음과 같다.

가. 조기(기원전 20세기~기원전 15세기 : 돌대문토기)

강원도 강릉시 초당동 391(허균 · 허난설헌 자료관 건립부지)

강원도 춘천 천전리 샘밭 막국수집(기원전 1440년)

강원도 춘천 우두동 직업훈련원 진입도로

강원도 춘성군 내평리(현 소양강댐내 수몰지구)

강원도 영월 남면 연당 2리 피난굴(쌍굴, 신석기층의 연대는 2230년, 2270년, 청동기시대 층의 연대는 기원전 2010년이 나옴)

강원도 정선 북면 여량 2리(아우라지 1호 주거지: 기원전 1240년)

강원도 원주 가현동 국군병원

강원도 홍천 두촌면 철정리(철기시대 유물은 기원전 620년/640년이 나옴)

경기도 가평 상면 덕현리

경기도 가평 상면 연하리

경기도 파주 주월리 육계토성

경기도 시흥시 능곡동

인천광역시 계양구 동양동

인천광역시 중구 용유도

인천광역시 옹진군 백령도 말등패총

인천광역시 옹진군 연평 모이도(2790±60 BP, 기원전 1180년~기원전 820년)

충청북도 제천 신월리

충청남도 서산군 해미면 기지리

대구광역시 달서구 대천동(기원전 3090년~기원전 2900년, 기원전 3020년~기원전 2910년)

경상북도 경주 신당동 희망촌

경상북도 경주 충효동 640번지 일원

경상북도 금릉 송죽리

경상남도 산청 단성면 소남리

경상남도 진주 남강댐내 옥방(동아대 · 선문대 등 조사단 구역)

나. 전기(기원전 15세기~기원전 10세기 : 단사선문이 있는 이중구연토기)

경기도 강화도 내가면 오상리 고인돌(인천광역시 기념물 제5호)

경기도 가평 가평읍 달전 2리(가평역사부지)

경기도 성남시 분당구 판교동

경기도 평택 현곡 토진리

경기도 안성 원곡 반제리

경기도 안성 공도면 만정리

경기도 여주 점동면 흔암리[경기도 기념물 155호, 기원전 1650년~기원전 1490년 (12호), 기원전 1390년~기원전 1170년(12호) 기원전 1100년~기원전 780년 (8호) 등]

인천광역시 서구 검단 2지구

인천광역시 옹진군 덕적면 소야도(기원전 2085년, 기원전 2500년~기원전 1650년)

대전광역시 유성구 궁동 및 장대동

강원도 춘천 신매리(17호 : 기원전 1510년, 기원전 1120~840년)

강원도 강릉 교동(1호 : 기원전 1878~1521년/2호 : 기원전 1495~1219년/3호 기원전 1676~1408년)

강원도 원주 가현동 국군병원

강원도 고성 현내면 송현리

강원도 속초 대포동

충청북도 충주 동량면 조동리(1호 : 2700±165 BP, 2995±135 ; 기원전 11세기경)

충청남도 부여 구봉면 구봉리(기원전 1450년)

충청남도 청주 용암동

충청남도 서산군 음암 부장리

충청남도 공주시 장기면 제천리

충청남도 계룡시 두마면 두계리

충청남도 천안 백석동 고재미골

충청남도 아산 탕정면 LCD 단지 1지점

충청남도 아산 탕정면 용두리

경상남도 울산광역시 북구 신천동

경상남도 진주 대평 옥방지구

경상남도 밀양 산외면 금천리

경상북도 대구 수성구 상동

경산북도 경주 충효동 640번지 일원

경상북도 포항시 남구 구룡포읍 삼정리

전라북도 군산시 내흥동 군산역사

광주광역시 북구 동림동 2택지개발지구

전라남도 여천 적량동

다. 중기(기원전 10세기~기원전 7세기 : 공렬토기, 구순각목토기)

강원도 강릉 입압동

강원도 속초 조양동(사적 제376호)

강원도 양구군 양구읍 하리 및 고대리

강원도 정선 북면 여량 2리(아우라지, 기원전 970년)

강원도 영월 남면 연당 2리 피난굴(쌍굴, 공렬토기)

강원도 정선 신동읍 예미리

강원도 원주 가현동(국군병원) 및 태장동 4지구

강원도 춘성군 내평리(현 소양강댐내 수몰지구, 기원전 980년, 기원전 640년)

강원도 춘천 거두리(1리 및 2리)

강원도 춘천 신매리

강원도 춘천 율문리

강원도 춘천 천전리

강원도 화천 용암리

강원도 홍천 화촌면 외삼포리

강원도 춘천 우두동 직업훈련원 진입도로

강원도 춘천 삼천동

경기도 광주시 장지동

경기도 군포 부곡지구

경기도 가평 설악면 신천리

경기도 성남시 분당구 판교동

경기도 여주 점동면 흔암리(경기도 기념물 155호)

경기도 하남시 덕풍골(종교 · 제사유적, 기원전 1065년~기원전 665년)

경기도 하남시 미사동(사적 제269호 옆)

경기도 부천 고강동

경기도 안성 공도 만정리

경기도 안성 공도 마정리

경기도 연천 통현리 · 은대리 · 학곡리 지석묘

경기도 의왕시 고천동 의왕 ICD 부근(기원전 990년~기원전 870년)

경기도 양평군 개군면 공세리 대명콘도 앞

경기도 양평군 개군면 상자포리

경기도 양평군 양서면 도곡리

경기도 양평군 양수리

경기도 평택 지제동(기원전 830년, 기원전 789년)

경기도 평택 토진 현곡동

경기도 파주 옥석리 고인돌(기원전 640년경)

경기도 화성 천천리(공렬토기가 나오는 7호주거지는 기원전 950년~기원전 820년에 속함, 11호주거지는 기원전 1190년으로 연대가 가장 올라감)

경기도 화성 동탄 동학산

경기도 시흥 논곡동 목감중학교

경기도 시흥 능곡동

경기도 안양 관양동(1호 주거지 : 기원전 1276~1047년, 1375년~945년/5호 주거지 : 기원전 1185년~940년, 1255년~903년)

경기도 연천 삼거리(기원전 1130년)

경기도 가평 대성리

경기도 가평 설악면 신천리

인천광역시 연수구 선학동 문학산

인천광역시 서구 검단 2지구

인천광역시 서구 원당 4지구(풍산 김씨 묘역)

인천광역시 서구 불로지구(4구역)

대구광역시 달서구 진천동(사적 제411호 옆)

대구광역시 달서구 상인동, 대천동

대구광역시 수성구 상동

경상북도 경주 내남면 월산동(기원전 1530~1070년, 기원전 970~540년)

경상북도 경주 충효동 640번지와 100-41번지 일원(기원전 1010년~기원전 800년, 기원전 920년~기원전 810년)

경상북도 안동시 서후면 저전리(저수지, 관개수리시설, 절구공이)

경상북도 포항시 남구 지곡동

경상북도 포항 호동

경상북도 흥해읍 북구 대련리

경상북도 청도 송읍리

경상북도 청도 화양 진라리

울산광역시 북구 연암동(환호가 있는 종교 · 제사유적)

울산광역시 북구 신천동

울산광역시 남구 야음동

경상남도 울주 두동면 천전리(국보 제147호), 언양 반구대(국보 제285호) 진입로

경상남도 울주 검단리(사적 제332호)

경상남도 밀양 상동 신안 고래리

전라북도 군산 내흥동

전라북도 진안 오라동

전라북도 진안 모정리 여의곡

전라북도 진안 삼락리 풍암

광주광역시 북구 동림 2택지

전라남도 고흥 과역 석북리

전라남도 곡성 겸면 현정리

전라남도 광양 원월리

전라남도 구례군 구례읍 봉북리

전라남도 승주 대곡리

전라남도 승주 죽내리

전라남도 여수 적량동

전라남도 여수 봉계동 월암

전라남도 여수 월내동

전라남도 여천 화장동 화산

전라남도 순천 우산리와 곡천

전라남도 해남 현산 분토리 836번지

충청북도 청주 용암동(기원전 1119년)

충청북도 청주 내곡동

충청남도 천안 백석동(94-B : 기원전 900~600년, 95-B : 기원전 890~840년)

충청남도 천안 백석동 고재미골

충청남도 천안 운전리

충청남도 운산 여미리

충청남도 아산 명암리(기원전 1040~940년, 780~520년)

충청남도 아산 탕정면 LCD 단지 2지점

충청남도 아산 탕정면 제2일반지방산업단지 1지역 1지점

충청남도 아산 탕정면 용두리(기원전 11세기~기원전 10세기경)

충청남도 청양 학암리

충청남도 보령시 웅천면 구룡리

충청남도 대전 대덕구 비래동 고인돌(기원전 825, 795, 685년)

충청남도 대전 유성구 관평동 · 용산동

충청남도 대전 유성구 서둔동 · 궁동 · 장대동

충청남도 유성구 자운동 · 추목동

충청남도 대전 동구 가오동 · 대성동 일원

충청남도 서산군 해미면 기지리

제주도 남제주군 신천리 마장굴

라. 후기(기원전 7세기~기원전 5세기 : 경질무문토기)

경기도 성남 판교지구 9지점

경기도 양평 개군면 공세리

경기도 파주 덕은리(사적 148호, 기원전 640년)

강원도 춘천시 신북읍 발산리(기원전 640년)

강원도 춘천 중도 지석묘(서기 115년, 경질무문토기가 나오는 철기시대에 속함)

대구광역시 달서구 월성동 리오에셋

대구광역시 달서구 대천동

충청북도 제천 황석리 고인돌(기원전 410년)

충청남도 부여 송국리(사적 제249호, 장방형주거지의 목탄의 연대는 기원전 750년에서 기원전 150년경에 속한다.)

충청남도 부여 규암면 나복리

충청남도 서산군 해미면 기지리

충청남도 서천 도삼리

충청남도 대전 대정동

충청남도 계룡시 입암리

전라남도 나주 노안면 안산리, 영천리

전라남도 나주 다도면 판촌리

전라남도 나주 다도면 송학리(철기시대 전기의 지석묘)

전라남도 나주 마산리 쟁기머리

전라남도 화순 춘양면 대신리 고인돌(기원전 555년)

전라남도 순천시 해룡면 복성리

전라남도 여수 화양면 소장지구

전라남도 여수 화양면 화동리 안골 고인돌(고인돌은 기원전 480년~기원전 70년 사이로 철기시대에 속함)

전라남도 여천 화장동 고인돌(기원전 1005년)

전라남도 장흥 유치면 대리 상방촌

전라남도 장흥 유치면 오복동

전라남도 장흥 유치면 신풍리 마정(탐진댐 내 수몰지구)

전라남도 함평 학교면 월산리

전라남도 해남 현산 분토리 836번지

광주광역시 남구 송암동

인천광역시 서구 원당 1구역

한반도의 청동기시대와 철기시대 전기의 토착인은 지석묘를 축조하던 사람들로 이들은 중국 요녕성 · 길림성과 한반도 전역에서 기원전 1500년에서 기원을 전후로 한 시기까지 약 1500년 동안에 걸쳐 북방식, 남방식, 그리고 개석식 지석묘를 축조하였다. 요녕성과 길림성의 북방식 고인돌 사회는 미송리식 단지, 비파형동검, 거친무늬거울 등을 標識遺物로 하는 문화를 지닌 고조선의 주체세력으로 알려져 있다. 이들은 전문직, 재분배경제, 조상숭배(사천 이금동, 마산 덕천리와 진동리 지석묘가 대표적임)와 혈연을 기반으로 하는 계급사회를 형성했으며, 이러한 계급사회를 바탕으로 철기시대전기에 이르러 우리나라의 최초의 국가인 위만조선이 등장하게 되었다.

아무르강 유역 하바로프스크지 근처 사카치알리안 등지에서는 울산 두동면 천전리(국보 147호) 암각화와 같은 암각화가 많이 확인되었다. 여기에서 보이는 여성의 陰部 묘사가 최근 밀양 상동 신안 고래리 지석묘 개석에서 확인된 바 있다. 후기구석기시대 이후의 암각화나 민족지에서 성년식(Initiation ceremony) 때 소녀의 음핵을 잡아 늘리는 의식(girl' s clitoris-stretching ceremony)이 확인되는데 이는 여성의 생식력이나 성년식과 관계가 깊다고 한다. 그리고 울주 언양면 대곡리 반구대의 암각화(국보 285호)에 그려져 있는 고래는 지금은 울주 근해에 잘 나타나지 않고 알라스카 일대에서 살고 있는 흑등고래(humpback whale) 중 귀신고래(Korean specimen whale)로 당시 바닷가에 면하고 있던 반구대 사람들의 고래잡이나 고래와 관련된 주술과 의식을 보여준다. 이는 미국과 캐나

다와 국경을 접하고 있는 벤쿠버섬과 니아만 바로 아래의 태평양 연안에서 1970년 발굴조사된 오젯타의 마카족과도 비교된다. 그들은 주로 고래잡이에 생계를 의존했으며, 예술장식의 주제에도 고래의 모습을 자주 올릴 정도였다.

그리고 함경북도와 연해주에서는 이와 비슷한 시기에 끄로우노프까 문화와 뽈체 문화가 나타나는데 이들은 北沃沮(團結)와 挹婁에 해당한다. 같은 문화가 서로 다른 명칭으로 불리고 있는데, 이런 문제는 앞으로 한국과 러시아의 공동연구를 통해 해결되어나갈 것이다. 그 중 토기의 바닥이 해무리굽처럼 나타나는 경질무문토기도 경기도 가평 외서면 청평 4리, 가평 설악면 신천리, 춘천 천전리와 횡성 공근면 학담리에서 보이는데, 이들은 옥저와 관련 있는 끄로우노프까문화의 영향으로 볼 수 있으며 그 연대도 기원전 3세기~서기 1세기 정도가 된다. 한반도의 철기시대에 러시아 연해주 쪽으로부터 문화영향을 고려할 필요가 있다.

인류문명의 발달사를 보면 청동기시대에 국가가 발생하는 것이 일반적인데, 한반도의 경우는 이와는 달리 철기시대 전기에 이르러 국가가 등장한다. 참고로 우리나라에서의 국가 발생은 연대적으로는 수메르보다는 2800년, 중국의 商보다는 약 1500년이 늦다. 최근 발굴조사에서 확인된 이 시기 집자리의 규모에 주목할 필요가 있다. 각 유적에서 확인된 최대 규모 집자리의 장축 길이를 보면 평택 현곡 17m, 화성 천천리 29m, 화성 동탄면 석우리 동학산 18m, 부천 고강동 19m, 화천 용암리 19.5m, 보령 관산 24m, 시흥 논곡동 목감 15m, 청도 송읍리 18m, 화양 진라리 18m, 천안 백석동 고재미골 2지구 23m, 춘천 거두리 15m 등 15~29m에 이른다. 이들 대형 집자리의 조사 및 연구에서는 격벽시설의 유무와 격벽시설로 구분되는 각 방의 기능도 고려해야 할 것이다. 이는 기원전 5500년~기원전 5000년경의 유럽의 즐문토기문화(LBK, Linear Band Keramik)의 2~40m의 장방형

주거지에서 보이듯이 아직 모계사회의 잔재가 남아 있는 것으로 해석될 수 있다. 그런데 해발 60~90m의 구릉 정상부에 자리한 이들 집자리들은 혈연을 기반으로 하는 청동기시대 족장사회의 족장의 집 또는 그와 관련된 공공회의 장소/집무실 등으로 보는 것이 좋을 것 같으며, 이러한 예는 철기시대전기로 편년되는 제주시 삼양동(사적 416호) 유적에서 확인된 바 있다.

청동기시대 연구의 새 방향의 하나로 突帶文토기(융기대부단사집선문토기, 덧띠새김문토기, 돌대각목문토기 등으로도 지칭)가 전면 또는 부분빗살문토기와 함께 나타나는 문제에 주목할 필요가 있는데, 이러한 현상은 청동기시대에서 가장 이른 시기에 관찰된다. 그 연대는 기원전 2000년~기원전 1500년 사이로 추정되며, 진주 남강, 창원 쌍청리, 하남시 미사동, 강원도 춘성 내평리(소양강댐 내), 인천광역시 계양구 동양동 등의 유적에서 확인된 예가 있다. 이들은 청동기시대를 조기, 전기, 중기 후기의 4시기로 나눌 경우 早期에 해당된다. 또 아직 단정하기에는 약간 문제가 있지만 빗살문토기의 전통 및 영향이 엿보이는 연평도 모이도 패총, 경남 산청 소남리, 경주 신당동 희망촌 유적, 금릉 송죽리유적과 제천 신월리 유적들도 청동기시대 조기에 포함할 수 있다. 이들 유적들은 1991~1992년 조사된 김천 송죽리 유적과 연계성을 지닌다. 즉, 내륙지방으로 들어온 부분즐문토기와 이중구연의 토기가 공반되며, 그 연대는 기원전 15세기~기원전 10세기 정도가 될 것이다. 이들은 한반도 청동기시대 상한문제와 아울러, 앞선 전면 또는 부분빗살문토기와 부분적으로 공반하는 돌대문토기와 이중구연의 공반성, 그리고 신석기시대에서 청동기시대에로 이행 과정 중에 나타나는 계승성문제도 앞으로의 연구방향과 과제가 될 것이다. 그리고 아무르강 유역과 같은 지역에서 기원하는 청동기시대의 토기들에서 보이는 한국문화기원의 다원성 문제도 앞으로의 연구과제가 된다. 철기시대의 끄로노우프까(北沃沮, 團結)의 문화의 영향도 그 한 예로 들 수 있다.

철기시대는 점토대토기의 등장과 함께 시작되는데, 가장 이른 유적은 심양 정가와자 유적이며 그 연대는 기원전 5세기까지 올라간다. 그러나 앞으로 철기시대연구의 문제점은 최근의 질량가속연대측정(AMS)에 의한 결과 강릉 송림리유적이 기원전 700년~기원전 400년경, 안성 원곡 반제리의 경우 기원전 875년~기원전 450년, 양양 지리의 경우 기원전 480년~기원전 420년(2430±50 BP, 2370±50 BP)이 나오고, 횡성군 갑천면 중금리 기원전 800년~기원전 600년 그리고 홍천 두촌면 철정리(A-58호 단조 철편, 55호 단면 직사각형 점토대토기)의 경우 기원전 640년과 기원전 620년이 나오고 있어 철기시대 전기의 상한 연대가 기원전 5세기에서 더욱더 올라 갈 가능성도 있다는 것이다. 이 시기는 점토대토기의 단면의 원형, 직사각형과 삼각형의 형태에 따라 Ⅰ기(전기), Ⅱ기(중기)와 Ⅲ(후기)의 세 시기로 나누어진다. 그리고 마지막 Ⅲ기(후기)에 구연부 斷面 三角形 粘土帶토기와 함께 다리가 짧고 굵은 豆形토기가 나오는데 이 시기에 新羅와 같은 古代國家가 형성된다. 이 중 한반도 최초의 고대국가인 衛滿朝鮮(기원전 194년~기원전 108년)은 철기시대 전기 중 Ⅲ기(중-후기)에 속한다. 그 기원으로는 중국의 심양 정가와자 유적과 아울러 러시아 연해주의 뽈체(挹婁)문화가 주목된다. 철기시대 전기의 상한 연대가 기원전 5세기에서 더욱더 올라 갈 가능성이 있다는 것이다. 철기시대는 점토대토기의 등장과 함께 시작되는데, 현재까지 가장 이른 유적은 심양 정가와자 유적이며 그 연대는 기원전 5세기까지 올라간다. 따라서 한국의 철기시대의 시작은 현재 통용되는 기원전 4세기 보다 1세기 정도 상향 조정될 수 있는데, 이는 신석기시대 후기에 청동기시대의 문화 양상 중 국지적으로 전면/부분빗살문토기와 돌대문토기의 결합과 같은 것과 같은 맥락에서 이해될 수 있다. Ⅰ기(전기)는 Ⅰ식 세형동검(한국식동검), 정문식 세문경, 동부, 동과, 동모, 동착 등의 청동기류와 철부를 비롯한 주조 철제 농 · 공구류, 그리고 단면 원형의 점토대토기와 경질무문토기를 문화적 특색으로 한다. 그 연대는 기원전 4~3세기로부터 기원전 100년 전후로 볼 수 있다. Ⅱ기(후기)에는 Ⅱ식 세형동검과 단조철기가 등장하고, 세문경 대신 차마구가 분묘에 부장되고 점토대토기의 단면 형태는 삼각형으로 바뀐다. 또 철기시대 전기는 동과와 동검의 형식분류에 따라 세 시기로 구분될 수도 있다. 매우 이른 시기 철기시대의 유적의 예로 강원도 강릉 사천 방동리 과학일반 지방산업단지에서 확인된 유적을 들 수 있다. 점토대토기의 단면 형태는 원형, 직사각형, 삼각형의 순으로 변화한 것 같다. 원형에서 삼각형으로 바뀌는 과도기에 해당하는 점토대토기 가마가 경상남도 사천 방지리, 아산 탕정면 명암리와 강릉 사천 방동리 유적에서 확인된 바 있다. 단면 직사각형의 점토대토기는 원형에서 삼각형으로 바뀌는 과도기적 중간 단계 토기로 화성 동학산 및 안성 공도 만정리, 홍천 두촌면 철정리와 제주도 제주시 삼양동(사적 416호)에서도 확인된다. 최근 경주 금장리와 현곡 하구리, 경기도 부천 고강동, 화성 동탄 감배산, 안성 원곡 반제리와 공도 만정리, 오산시 가장동, 양평 용문 원덕리, 강릉 송림리, 완주 갈동 등 이 시기에 해당하는 점토대토기 유적들이 확인되었다. 철기시대 전기는 두 시기로 구분할 수 있다. 다시 말해서 동과와 동검, 그리고 점토대토기의 단면형태를 고려한다면 철기시대 전기를 두 시기가 아닌 세 시기로 구분할 수도 있다. 다시 말해서 동과와 동검 그리고 점토대토기의 단면형태를 고려한다면 철기시대 전기를 두 시기가 아닌 Ⅰ기(前) · Ⅱ기(中) · Ⅲ기(後) 세 시기의 구분이 가능할 수 있겠다. 최근 발견된 유적을 보면 완주 이서면 반교리 갈동에서는 동과 · 동검의 용범과 단면 원형 점토대토기가, 그리고 공주 의당면 수촌리에서 세형동검, 동모, 동부(도끼, 斧), 동사와 동착(끌, 鑿)이 토광묘에서 나왔는데, 이들은 논산 원북리, 가평 달전 2리와 함께 철기시대 전기 중 Ⅰ

기(전기)의 전형적인 유적 · 유물들이다. 다시 말해 세형동검 일괄유물, 끌을 비롯한 용범(거푸집), 토광묘 등은 점토대토기(구연부 단면원형)와 함께 철기시대의 시작을 알려준다. 특히 이들이 토광묘에서 출토되었다는 사실은 세형동검이 나오는 요양 하란 이도하자(遼陽 河欄 二道河子), 여대시 여순구구 윤가촌(旅大市 旅順口區 尹家村), 심양 정가와자(沈陽 鄭家窪子), 황해도 재령 고산리(高山里)를 비롯해 위만조선(기원전 194년~기원전 108년) 시기와 밀접한 관련이 있는 것으로 볼 수 있다. 그리고 화성 동학산에서는 철제 끌의 용범과 단면 직사각형의 점토대토기가, 안성 공도 만정리의 토광묘에서는 세형동검과 함께 단면 직사각형의 점토대토기가 나왔는데 이들은 철기시대 전기 중 Ⅱ기(중기)의 유물들이다. 여기에는 제주도 삼양동, 아산 탕정면 명암리와 홍성 두촌면 철정리 유적도 포함된다. 철기시대 전기 중 후기(Ⅲ기)에는 구연의 단면이 삼각형인 점토대토기와 다리가 굵고 짧은 豆形토기가 나오는데 여기에는 경주 蘿井(사적 245호), 月城(사적 16호), 파주 탄현면 갈현리, 수원 고색동유적 등이 포함된다. 그 중 안성 반제리와 부천 고강동유적은 환호로 둘러싸여 있어 제사유적으로 추측되고 있다.

2. 정치적 배경

철기시대 전기, 즉 기원전 400년에서 기원전 1년까지의 400년의 기간은 한국고고학과 고대사에 있어서 매우 복잡하고 중요한 시기이다. 이 기간 중에 중국으로부터 漢文이 전래되었고, 국가가 형성되는 등 역사시대가 시작되었다. 한반도의 역사시대는 衛滿朝鮮(기원전 194년~기원전 108년)으로부터 시작된다. 중국에서는 춘추시대(기원전 771년~기원전 475년)에서 전국시대(기원전 475년~기원전 221년)로 전환이 이루어졌고, 한반도의 경우는 기자조선(기원전 1122년~기원전 194년)에서 위만조선(기원전 194년~기원전 108년)으로 넘어가 고대국가가 시작되었다. 국제적으로도 정치적 유이민이 생기는 등 매우 복잡한 시기였으며, 한나라의 원정군은 위만조선을 멸망시킨 후 과거 위만조선의 영토에 낙랑 · 대방 · 임둔 · 현도군을 설치했다. 한반도에는 이미 마한이 존재하고 있었으며, 이어 辰韓과 弁韓 그리고 沃沮와 東濊가 등장하였다. 현재까지 확인된 고고학 자료와 문헌을 검토해 보았을 때 위만조선과 目支國을 중심으로 하는 마한은 정치진화상 이미 국가(state) 단계에 진입하였으며 나머지 사회들은 그보다 한 단계 낮은 계급사회인 족장단계(chiefdom)에 머물러 있었다고 여겨진다. 당시 한반도에 존재하던 이들 사회들은 서로 通商圈(interaction sphere; Joseph Caldwell이 제안한 개념)을 형성하여 활발한 교류를 가졌으며, 특히 위만조선은 중심지 무역을 통해 국가의 부를 축적하였고, 이는 漢武帝의 침공을 야기해 결국 멸망에 이르게 되었다.

위만조선이 멸망한 해는 『史記』의 편찬자인 司馬遷(기원전 145년~기원전 87년)이 37세 되던 해이며, 평양 근처 왕검성에 자리했던 위만조선은 문헌상에 뚜렷이 나타나는 한국 최초의 고대국가이다. 위만 조선은 위만-이름을 알 수 없는 아들-손자 우거-태자 장을 거치는 4대 87년간 존속하다가 중국 한나라 7대 무제(기원전 141년~기원전 87년, 사마천의 나이 37세 때)의 원정군에 의해 멸망했다. 오늘날 평양 낙랑구역에 낙랑이, 그리고 황해도와 경기도 북부에 대방이 설치되었는데 이들은 기원전 3세기경부터 존재하고 있던 마한과 기원전 18년 마한의 바탕 위에 나라가 선 백제 그리고 남쪽의 동예, 진한과 변한에 막대한 영향을 끼치었다.

다시 말해서 철기시대전기에 司馬遷의 『史記』 朝鮮列傳에 자세히 기술된 衛滿朝鮮이 성립되었으며 이는 한국 고대국가의 시작이 된다. Yale

Ferguson은 국가는 '경제 · 이념 · 무력의 중앙화, 그리고 새로운 영역(new territorial bounds)과 정부의 공식적인 제도로 특징 지워지는 정치진화 발전상의 뚜렷한 단계' 라 규정한 바 있으며, Timothy Earle은 국가를 '무력을 합법적으로 사용하고 통치권을 행사할 수 있는 지배체제의 존재와 힘/무력, 경제와 이념을 바탕으로 한 중앙집권화 되고 전문화된 정부제도' 라 정의하였다. 한편 Kent Flannery는 '법률, 도시, 직업의 분화, 징병제도, 세금징수, 왕권과 사회신분의 계층화' 를 국가를 특징짓는 요소들로 추가로 하였다. 『史記』 朝鮮列傳에는 계급을 지닌 직업적 중앙관료정부와 막강한 군사력, 계층화된 신분조직, 행정중심지로서의 왕검성, 왕권의 세습화 등 국가의 요소 여러 가지가 보이고 있으며, 위만조선은 초기에는 주위의 유이민 집단을 정복해 나가다가 차츰 시간이 흐르면서 보다 완벽한 국가체계를 갖춘 사회였으며, 이 과정에서 무역이 중요한 역할을 담당했던 것으로 보인다. 청동기시대에 도시 · 문명 · 국가가 발생하는 전 세계적인 추세에 비추어 우리나라에서는 이보다 늦은 철기시대 전기 말에 나타난다. 이는 우리나라의 문화가 이웃의 중국이나 다른 지역에 비해 발전 속도가 늦은 까닭이다.

종래 한국고대사학계에서는 청동기시대 및 철기시대의 사회발전을 부족사회-부족국가-부족연맹-고대국가로 이어지는 도식으로 설명하였으나, 부족과 국가는 결코 결합될 수 없는 상이한 개념임이 지적된 바 있다. 그리고 사회진화에 관한 인류학계의 성과 중에서 엘만 서비스(Elman Service)의 모델에 따르면 인류사회는 군집사회(band), 부족사회(tribe), 족장사회(chiefdom), 그리고 고대국가(ancient state)로 구분될 수 있는데, 한국의 청동기 및 철기시대 전기는 이 중 족장사회에 해당된다. 서비스는 족장사회를 잉여생산에 기반을 둔 어느 정도 전문화된 세습지위들로 조직된 위계사회이며 재분배 체계를 경제의 근간으로 한다고 규정한 바 있다. 족장사회에서는 부족사회 이래 계승된 전통적이며 정기적인 의식행위(calendric ritual, ritual ceremony, ritualism)가 중요한 역할을 하는데, 의식(ritualism)과 상징(symbolism)은 최근 후기/탈과정주의 고고학(post-processual)의 주요 주제이기도 하다. 국가단계 사회에 이르면, 이는 권력(power)과 경제(economy)와 함께 종교형태를 띤 이념(ideology)으로 발전한다. 족장사회는 혈연 및 지역공동체 개념을 기반으로 한다는 점에 있어서는 부족사회의 일면을 지니나 단순한 지도자(leader)가 아닌 지배자(ruler)의 지위가 존재하며 계급서열에 따른 불평등 사회라는 점에서는 국가 단계 사회의 일면을 지닌다. 족장사회는 하나의 정형화된 사회단계가 아니라 평등사회에서 국가사회로 나아가는 한 과정이라는 유동적 형태로 파악된다. 고인돌 축조사회를 족장사회 단계로 보거나 위만조선을 우리나라 최초의 고대국가로 본 사례는 이 모델을 한국사에 실제로 적용해 본 예들이다.

3. 사회 · 문화

청동기시대에서 철기시대 전기에 걸치는 환호는 크기에 관계없이 시대가 떨어질수록 늘어나 셋까지 나타난다. 그들의 수로 하나에서 셋까지 발전해 나가는 편년을 잡을 수도 있겠다. 울산 북구 연암동, 파주 탄현 갈현리, 안성 원곡 반제리, 부천 고강동, 강릉 사천 방동리, 화성 동탄 동학산 등 환호유적으로는 안성 원곡 반제리의 제사유적이 대표된다. 壕는 하나이며 시기는 단면원형의 점토대토기시대에 속한다. 연대도 기원전 5세기~기원전 3세기경 철기시대 전기 초에 해당한다. 이제까지 환호는 경남지역이 조사가 많이 되어 울산 검단리(사적 332호), 진주 대평리 옥방 1, 4, 7지구

창원 남산을 포함하여 17여 개소에 이른다. 청동기시대부터 이어져 철기시대에도 경기-강원도 지역에만 파주 탄현 갈현리, 화성 동탄 동학산, 강릉 사천 방동리, 부천 고강동, 송파 풍납토성(사적 11호)과 순천 덕암동 등에서 발견된다. 그 중에서 이곳 안성 반제리의 것은 철기시대 전기 중 앞선 것으로 보인다. 청동기시대의 것으로 제사유적으로 언급된 것은 울산시 북구 연암동이나, 철기시대의 것들 중

강화 삼산면 석모리 해골바위에 나타난 애니미즘 후면(한국국방문화재연구원)

강화 삼산면 석모리 해골바위 전면 (한국국방문화재연구원)

완도 장도(사적 308호)의 제사유적
(문화재연구소 유적조사실)

하남시 덕풍골의 제사유적
(세종대학교 박물관)

양평 신월리의 환상열석 · 제사유적
(경기대학교 박물관)

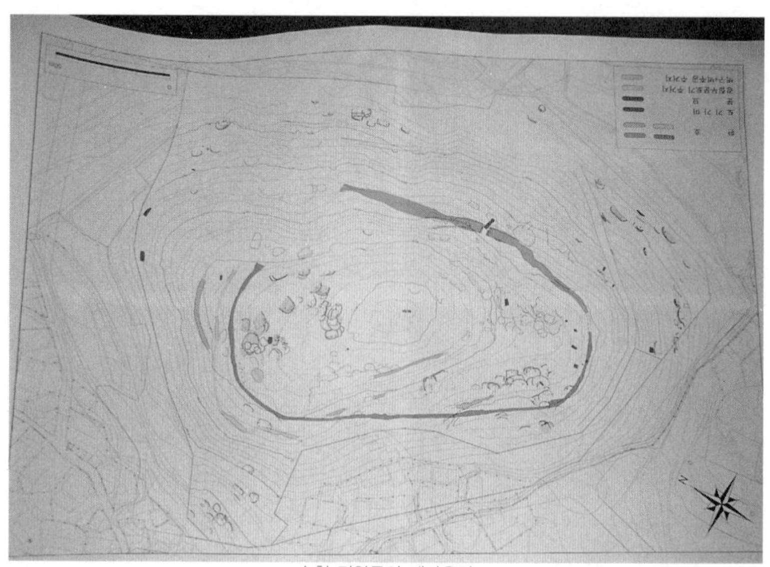

순천 덕암동의 제사유적
(남도문화재연구원)

구릉에 위치한 것은 거의 대부분 종교 · 제사유적으로 보인다. 이는 청동기시대의 전통에 이어 철기시대에는 환호와 관련된 지역이 주거지로 보다 종교 · 제사유적과 관계된 특수지구인 別邑으로 형성된 것 같다. 울주 검단리, 진주 옥방과 창원 서상동에서 확인된 청동기시대 주거지 주위에 설치된 환호(環壕)는 계급사회의 특징 중의 하나인 방어시설로 국가사회 형성 이전의 족장사회의 특징을 보여준다. 이는 청동기시대의 전통에 이어 철기시대에는 환호와 관련된 지역이 주거지로 보다 종교 · 제사유적과 관계된 특수지구인 別邑인 蘇塗로 형성된 것 같다. 다시 말해 청동기시대의 精靈崇拜(animism, 하남시 덕풍동과 강화도 삼산면 석모리)와 巫敎(shamanism)를 거쳐 철기시대에는 환호를 중심으로 전문 제사장인 天君이 다스리는 蘇塗가 나타난다. 소도도 일종의 무교의 형태를 띈 것으로 보인다. 이는 종교의 전문가인 제사장 즉 天君의 무덤으로 여겨지는 토광묘에서 나오는

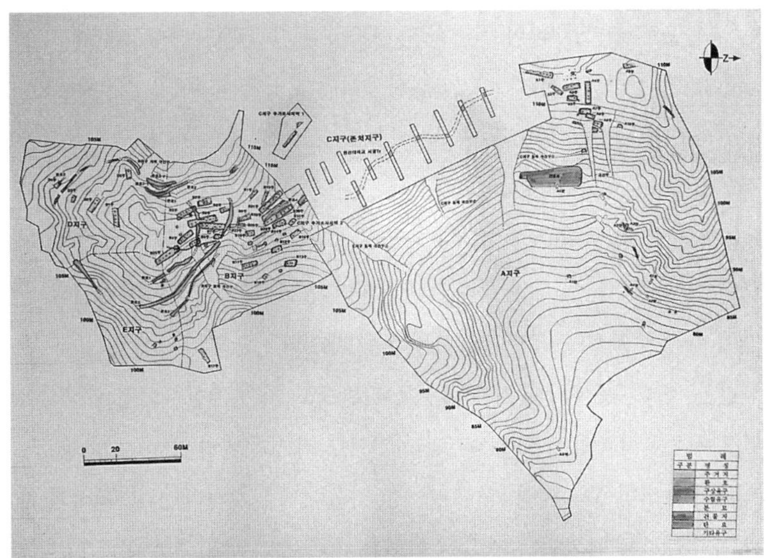

화성 동탄면 석우리의 동학산 제사유적
(기전문화재연구원)

청동방울, 거울과 세형동검을 비롯한 여러 巫具들로 보아 이 시기의 종교가 巫教(shamanism)의 일종이었을 것으로 짐작된다. 이는 三國志 魏志 弁辰條에 族長격인 渠帥(또는 長帥, 主帥라도 함)가 있으며 이는 격이나 규모에 따라 신지(臣智, 또는 秦支·踧支라고도 함), 검측(險側), 번예(樊濊), 살계(殺奚)와 읍차(邑借)로 불리고 있었음을 알 수 있다. 이는 정치 진화상 같은 시기의 沃沮의 三老, 東濊의 侯, 邑長, 三老, 그리고 挹婁의 酋長과 같은 國邑이나 邑落을 다스리던 혈연을 기반으로 하는 계급사회의 行政의 우두머리인 族長(chief)에 해당된다. 그러나 蘇塗는 당시의 복합·단순 족장사회의 우두머리인 세속정치 지도자인 신지, 검측, 번예, 살계와 읍차가 다스리는 영역과는 별개의 것으로 보인다. 울주 검단리, 진주 옥방과 창원 서상동에서 확인된 청동기시대 주거지 주위에 설치된 환호(環壕)는 계급사회의 특징 중의 하나인 방어시설로 국가사회 형성 이전의 족장사회의 특징으로 볼 수 있겠다. 이러한 별읍 또는 소도의 전신으로 생각되는 환호 또는 별읍을 중심으로 하여 직업적인 제사장이 다스리던 신정정치(theocracy)도 가능했을 것이다. 그 다음 삼국시대 전기에는 세속왕권정치(secularism)가 당연히 이어졌을 것이다. 즉 고고학자료로 본 한국의 종교는 정령숭배(animism)-토테미즘(totemism)-무교(shamanism)-조상숭배(ancestor worship)로 이어지면서 별읍의 환호와 같은 전문 종교인인 천군이 이 다스리는 소도의 형태로 발전한다. 앞으로 계급사회의 성장과 발전에 따른 종교적인 측면도 고려해야 될 때이다.

변한, 진한, 동예와 옥저는 혈연을 기반으로 하는 계급사회인 족장사회였으며(삼한사회의 경우 청동기와 철기시대 전기와 달리 complex chiefdom이란 의미에서 君長사회란 용어를 사용해도 무방하다), 위만조선과 마한을 대표하는 목지국의 경우는 혈연을 기반으로 하지 않는 국가 단계의 사회였다. 그 중 위만조선은 무력정변, 즉 쿠테타(coup d' etat)를 통해 정권을 획득한 국가 단계의 사회였다. 이들 사회에는 청동기와 토기의 제작, 그리고 무역에 종사하는 상인 등의 전문직이 형성되어 있었다. 또 이미 정치와 종교의 분리가 이루어졌으며, 무역은 국가가 주도하는 중심지무역이 주를 이루었다. 양평 신월리, 울산 야음동, 안성 반제리, 강릉 사천 방동리, 부천 고강동과의 제사유적도 이런 점에서 해석되어야 할 것이다. 또 위만

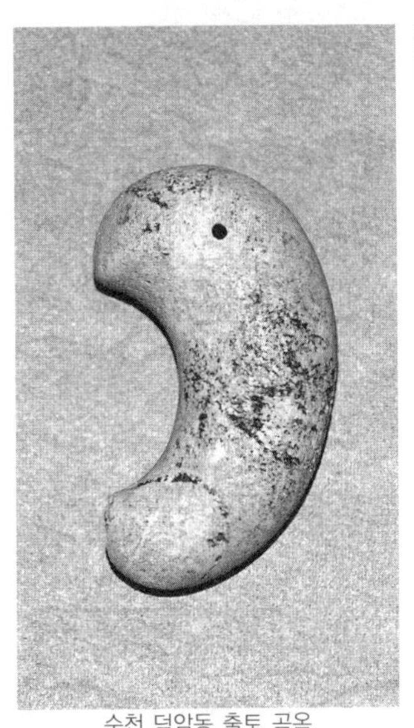

순천 덕암동 출토 곡옥
(남도문화재연구원)

순천 덕암동 출토 기대
(남도문화재연구원)

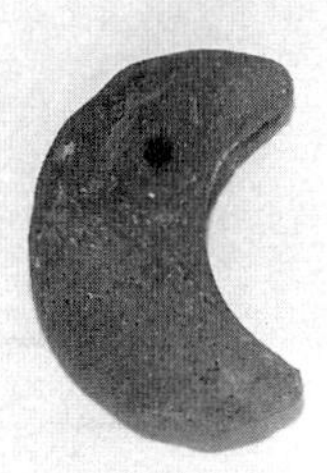

아산 탕정 명암리 출토 곡옥
(충청남도역사문화원)

아산 탕정 명암리 출토 오리 한 쌍
(충청남도역사문화원)

조선에는 전문화된 관료가 중심이 되는 정부 및 국가 기관들이 설치되어 있었는데, 이러한 내용들은 『사기』와 『삼국지 위지』 「동이전」의 여러 기록들을 통해 뒷받침된다.

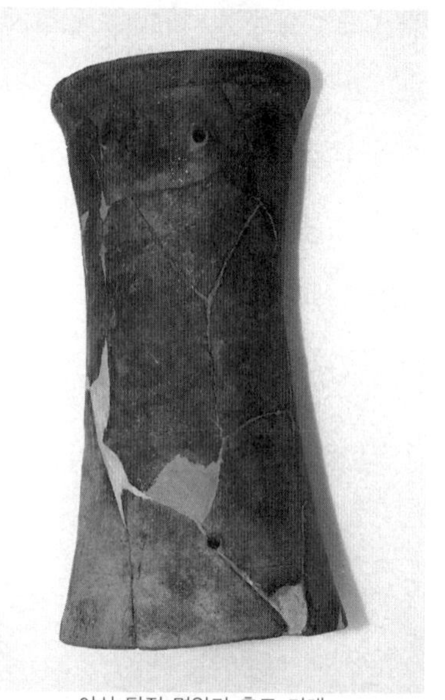
아산 탕정 명암리 출토 기대
(충청남도역사문화원)

창원 동면 덕천리, 보성 조동리, 사천 이금동과 마산 진동리에서 조사된 고인돌은 조상숭배를 위한 성역화 된 기념물로 당시 족장사회의 성격을 잘 보여준다 하겠다. 그리고 계급사회의 특징 중의 하나인 방어시설도 확인된 바 있는데 울주 검단리와 창원 서상동에서 확인된 청동기시대 주거지 주위에 설치된 環濠가 그 예이다.

한반도에 관한 최고의 民族誌(ethnography)라 할 수 있는 삼국지 위지 東夷傳에 실린 중국 측의 기록 이외에는 아직 이 시기의 문화를 구체적으로 논할 자료가 없다. 그러나 최근 확인된 고고학 자료를 통해 보건데 중국과의 대등한 전쟁을 수행했던 위만조선을 제외한 한반도내의 다른 세력들은 중국과 상당한 문화적 격차가 있었던 것으로 짐작된다. 한사군 설치 이후 한반도 내에서 중국문화의 일방적 수용이 있었다고 해도 과언은 아닐 것 같다. 이와 같은 배경을 고려하면 부천 고강동 제사유적은 울산 남구 야음동의 제사유적(반원형의 구상유구, 토기 매납 유구), 안성 원곡 반제리, 강릉 사천 방동리의 경우처럼 혈연을 기반으로 하는 청동기-철기시대의 족장사회를 형성하는 필수 불가결의 요소로 볼 수 있겠다. 시간적으로 고강동 제사 유적보다 2000년 이상 앞서고 규모도 훨씬 큰 紅山문화에 속하는 遼寧 凌源 牛河梁의 제사장이 주관하던 계급사회인 종교유적이 외관상 매우 비슷함은 많은 점을 시사해 준다. 이는 파주 주월리 유적에서 확인된 신석기시대 옥장식품이 멀리 능원 우하량과 喀左 東山嘴에서 왔을 것이며, 옥산지는 遼寧 鞍山市 岫岩이 될 것이라는 시사와도 맥을 같이 한다.

4. 통상권

통상권을 형성하고 있던 한반도내의 사회들은 중국과의 국제 무역 및 한반도 내부 나라(國)들 사이의 교역을 행하였다. 『三國志』 魏志 東夷傳 弁辰條와 倭人傳 里程 記事에는 낙랑 · 대방에서 출발하여 對馬國, 一支國, 末廬國, 奴國을 거쳐 일본의 佐賀縣 神埼 東背振 吉野け[요시노가]里에 위치한 邪馬臺國에 이르는 무역루트 또는 通商圈이 잘 나타나 있다. 해남 군곡리-김해 봉황동(회현동, 사적 2호)-사천 늑도-제주도 삼양동(사적 416호) 등 최근 확인된 유적들은 당시의 국제 통상권의 루트를 잘 보여주고 있다. 즉, 중국 하남성 南陽 密縣 獨山의 玉과, 半兩錢과 五洙錢을 포함한 중국 秦-漢대의 화폐는 오늘날의 달라(美貨)에 해당하는 당시 교역 수단으로 당시 활발했던 국제 무역에 관한 고고학적 증거들이다. 기원전 1세기경으로 편년되는 사천 늑도 유적은 당대의 국제 무역과 관련해 특히 중요한 유적이다. 동아대학교 박물관이 발굴한 지역에서는 경질무문토기, 일본 彌生토기, 낙랑도기, 한식경질도기 등과 함께 반량전이 같은 층위에서 출토되었다. 반량전은 기원전 221년 진시황의 중국 통일이후 주조되어 기원전 118년(7대 漢 武帝 5년)까지 사용된 동전으로 알려져 있다. 중국 화폐는 해남 군곡리, 나주 오량동 시량 제주 산지항 · 금성리, 고성과 창원 성산패총, 등지에서

삼천포 늑도 출토 반량전·오수전
(동아대학교 박물관)

제주도 애월 금성리 출토 화천
(제주대학교 박물관)

해남 군곡리 패총 출토 화천
(목포대학교 박물관)

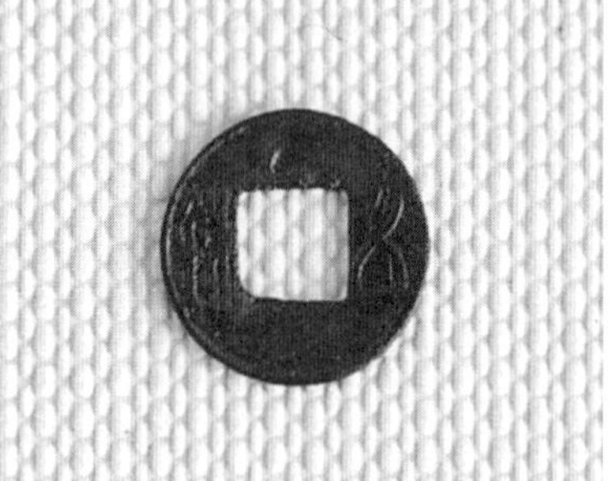
창원 외동 성산패총(사적 240호) 출토 오수전
(문화재관리국)

도 출토되었다. 사천 늑도는『三國志』魏志 東夷傳 弁辰條의 '國出鐵 韓濊倭皆從取之 諸市買皆用鐵如中國用錢又以供給二郡' 의 기사와 倭人傳에 보이는 樂浪(帶方)-金海(狗邪韓國)-泗川 勒島-對馬島-壹岐-邪馬臺國으로 이어지는 무역로의 한 기착지인 사물국(史勿國?)이 아닌가 생각된다. 이외에도 국가 발생의 원동력중의 하나인 무역에 관한 고고학 증거는 계속 증가하고 있다. 한편 역시 늑도 유적을 조사한 부산대 박물관 조사 지역에서는 중국 서안에 소재한 진시황(기원전 246년~기원전 210년 재위)의 무덤인 兵馬俑坑에서 보이는 三翼有莖銅鏃이 출토되었는데 이와 같은 것이 양평군 양수리 상석정에서는 두 점이나 출토된 바 있다. 진시황의 무덤에 부장된 이 동촉은 진시황릉 축조 이전에 제작된 것으로 보인다. 또 흥미로운 사실은 사천

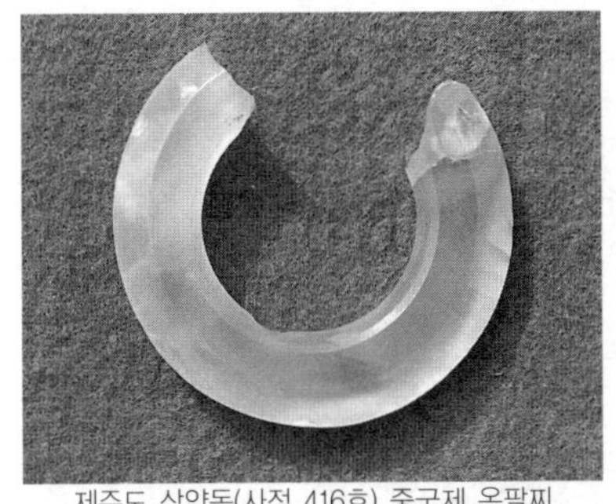
제주도 삼양동(사적 416호) 중국제 옥팔찌
(제주대학교 박물관)

늑도에서 출토된 일본 彌生토기편의 경우 형태는 일본의 야요이 토기이지만 토기의 태토(바탕흙)는 현지, 즉 한국산임이 밝혀졌다. 사천 늑도는 당시 낙랑 · 대방과 일본 邪馬臺國을 잇는 중요한 항구였다. 김해 예안리와 사천 늑도에서 나온 인골들의 DNA 분석을 실시해 보면 우리가 생각하고 있는 것보다 훨씬 더 복잡하고 대양한 인종교류가 있었음이 밝혀질 것으로 추측되며, 이들에 의한 무역-통상권 역시 상당히 국제적이었을 것으로 여겨진다. 이들 유적보다는 다소 시기가 떨어지는 마한 유적으로 이해되는 전남 함평군 해보면 大倉里 倉西에서 출토된 토기 바닥에 묘사된 코캐소이드(caucasoid)인의 모습은 이러한 맥락에서 이해할 수 있다. 이 점은 최근 조사된 강원도 정선 북면 2리(아우라지) 지석묘, 사천 늑도와 동해 추암동 고분 출토 인골들이 코캐소이드라는 비공식적인 견해들이 나오고 있어 형질인류학적 견지에서 본 한국인들의 기원에 관해 언급할 때 좀더 세심한 검토가 필요함을 느낀다.

최근 김해 봉황동(사적 2호) 주변 발굴이 경남발전연구원에 의해 이루어지고 있는데 목책시설이 확인되었을 뿐 아니라 바다로 이어지는 부두 · 접안 · 창고와 관련된 여러 유구가 조사되었다. 그리고 사천 늑도와 김해패총의 경우처럼 橫走短斜線文이 시문된 중국 한나라/낙랑의 회청색경질 토기(석기)가 출토되는데, 이는 중국제로 무역을 통한 것으로 보인다. 가락국(가야)은 서기 42년 건국되었는데, 그중 금관가야는 서기 532년(법흥왕 19년)에 신라에 합병되었다. 최근 사천 늑도 유적에서 고대 한 · 일 간의 무역의 증거가 확인되었는데, 철 생산을 통한 교역의 중심이었던 김해에서

동해 추암동고분 출토 인골과 동관
(관동대학교 박물관)

김해 봉황동(사적 2호)의 접안시설
(경남발전연구원)

완도 장도(사적 308호)의 접안시설 A
(문화재연구소 유적조사실)

완도 장도 접안시설 B
(문화재연구소 유적조사실)

는 서기 1세기경 이래의 고고학 자료가 많이 확인될 것으로 기대된다. 낙랑의 도기로 추정되는 회청색 경질토기(종래의 김해식 회청색 경질토기)가 출토되었는데, 그 연대는 기원전 1세기경까지 올라간다. 가속기질량연대분석(AMS)장치를 이용해 목책의 연대를 낸다면 현재 추정되고 있는 서기 4~5세기보다는 건국 연대 가까이로 올라갈 가능성이 많다. 한편 서울 풍납동 풍납토성(사적 11호)의 동벽과 서벽에서 성벽축조와 관련된 매납 의식의 일환으로 매장된 무문토기들은 성벽의 축조가 온조왕 41년, 즉 서기 23년 이루어졌다는『三國史記』기록을 고려할 때 그 하한연대가 서기 1세기 이후까지 내려가지 않을 것으로 생각된다. 참고로 전라남도 완도 장도의 청해진(사적 308호) 주위에서 발견된 목책의 연대는 서기 840년경으로 측정되어 진을 설치한 연대인 828년(흥덕왕 3년)에 매우 근사하게 나왔다. 이는 한국의 연대편년의 설정에 가속기질량연대분석에 의해도 무방하다는 이야기다.

5. 물질문화

지석묘의 형식상 후기 형식으로 이해되는 개석식 지석묘의 단계가 지나고, 토광묘가 이 시기의 주 묘제가 되었다. 가평 달전 2리, 안성 공도 만정리, 공주 의당면 수촌리, 논산 원북리, 완주 갈동, 예천의 성주리 토광묘가 이에 해당된다. 또 자강도에서 보이는 적석총이 연천 삼곶리, 학곡리와 군남리 등지에서 확인되었는데 특히 학곡리의 경우는 기원전 2세기~기원전 1세기대의 중국제 유리장식품과 한나라의 토기편이 출토되었다. 이들 묘제는 백제의 국가형성의 주체세력이 되었다. 이 시대에 이르면 청동기시대 후기(또는 말기) 이래의 평면 원형 수혈주거지에 凸字 및 呂字형의 주거

춘천 우두동 출토 낙랑도기
(강원문화재연구소)

춘천 율문리 凸형 집자리 출토 낙랑도기
(예맥문화재연구원)

연천 청산면 초성리 凸자형 집자리 출토 낙랑도기
(육군사관학교 화랑대연구소 국방유적연구실)

양평군 양수리 상석정 출토 낙랑도기
(성균관대학교 박물관)

지가 추가된다. 그리고 삼국시대전기(철기시대 후기)가 되면 풍납동(사적 11호), 몽촌토성(사적 297호)밖 미술관 부지, 포천 자작리와 영중면 금주리 등지에서 보이는 육각형의 집자리가 나타난다. 한/낙랑의 영향 하에 등장한 지상가옥, 즉 개와집은 백제초기에 보이기 시작한다. 온조왕 15년(기원전 4년)에 보이는 "儉而不陋 華而不侈"라는 기록은 풍납토성 내에 기와집

경기도 가평 대성리 출토 낙랑도기
(기전문화재연구원)

구조의 궁궐을 지었음을 뒷받침해 준다. 그리고 집락지 주위에는 垓子가 돌려졌다. 청동기시대 유적들인 울주 검단리, 창원 서상동 남산이나 진주 대평리의 경우보다는 좀 더 복잡한 삼중의 해자가 돌려지는데, 이는 서울 풍납토성이나 수원 화성 동학산의 점토대토기 유적에서 확인된다.

완주 이서면 반교리 갈동에서는 동과 · 동검의 용범과 단면 원형 점토대토기가, 화성 동학산에서는 철제 끌 용범과 단면 직사각형의 점토대토기가, 그리고 공주 수촌리에서 세형동검, 동모, 동부(도끼), 동사와 동착(끌)이 그리고 안성 공도 만정리에서는 세형동검이 토광묘에서 나왔는데, 이들은 철기시대 전기의 전형적인 유물들이다. 특히 이들이 토광묘에서 출토되었다는 사실은 위만조선 시기와 밀접한 관련이 있는 것으로 볼 수 있다. 그래서 최근 발견되고 있는 경기도 가평 달전 2리, 경기도 광주시 장지동, 충청남도 아산 탕정면 명암리, 전라북도 완주 이서면 반교리 갈동과 경상북도 성주군 성주읍 예산리유적 등은 매우 중요하다. 낙랑의 묘제는 토광묘, 귀틀묘, 전축분의 순으로 발전해 나갔는데, 토광묘의 경

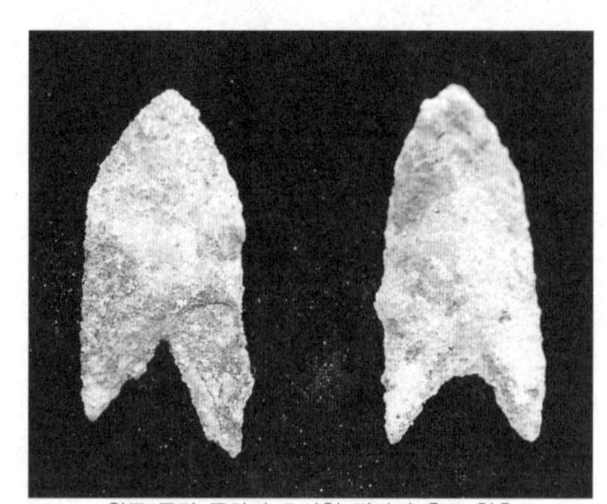
원주 문막 동하리 凸자형 집자리 출토 철촉
(연세대학교 원주캠퍼스 박물관)

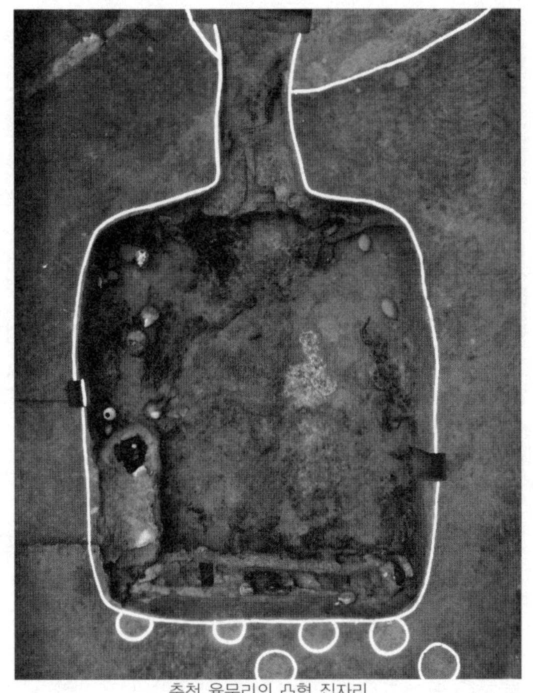
춘천 율문리의 凸형 집자리
(예맥문화재연구원)

우는 평양 대성리의 경우처럼 위만조선 시대의 것으로 볼 수 있다.

한 무제의 한사군 설치를 계기로 낙랑과 대방을 통해 고도로 발달한 한의 문물이 한반도로 도입되었다. 500~700℃(엄밀한 의미에서는 700~850℃)의 화도에서 소성된 무문토기 또는 경질토기를 사용하던 철기시대 전기의 주민들에게 화도가 1000~1100℃에 이르는 陶器와 炻器(stoneware)는 상당한 문화적 충격이었을 것이다. 송파구 풍납토성, 경기도 양평 양수리 상석정, 가평 대성리, 화성 기안리, 가평 달전 2리, 연천 초성리와 외서면 대성리, 강릉 안인리와 병산동, 동해 송정동과 횡성 공근면 학담리에서 확인된 한나라와 낙랑의 토기들을 통해 무문토기 사회에 여과되지 않은 채 직수입된 중국의 문물을 엿볼 수 있다. 진천 삼룡리(사적 344호)와 산수리(사적 325호)에서 확인되는 중국식 가마 구조의 차용과 그 곳에서 발견되는 한식 토기의 모방품에서 확인되듯이 토기제작의 기술적 차이를 극복하는데 적어도 2~300년간이 걸렸을 것이다. 한반도 주민들은 당시 사천 방지리나 안성 공도 만정리에서 확인되듯이 물레의 사용 없이 손으로 빚은

강릉 강문동의 몸자형 집자리
(강원문화재연구소)

토기를 앙천요(open kiln)에서 구워내고 있었다. 특히 경남 사천 방지리, 아산 탕정 명암리와 강릉 사천 방동리의 경우 전자 앙천요보다 한층 발전한 원형의 반수혈요에서 점토대 토기를 구운 것으로 확인된다. 3~4세기 마한과 백제유적에서 흔히 보이는 토기 표면에 격자문, 횡주단사선문, 타날문 또는 승석문이 시문된 회청색 연질 또는 경질토기(陶器로 보는 것이 좋음)들이 토기 제작 기술의 극복 결과인 것이다. 따라서 漢式陶器 또는 樂浪陶器가 공반되는 무문토기 유적의 연대는 낙랑이 설치되는 기원전 108년에서 가까운 시기가 될 것이다. 가평 달전리 토광묘에서 한식 도기와 西安 소재 陝西省歷史博物館 전시품과 똑같은 한대의 戈가 출토되었고, 양평 상석정[가장 연대가 올라가는 것은 A10-S1(A-10호 주거지 중앙기둥)으로 2150±60 BP 보정연대는 330 BC 또는 170 BC가 된다. 그러나 중심연대는 기원전 2세기~기원전 1세기가 될 것으로 추정된다]에서는 한대의 도기가 우리나라의 철기시대 전기 말에 등장하는 凸자형 집자리에서 무문토기와 공반되는 것으로 보아 그 연대는 기원전 1세기를 내려오지 않을 것이다. 경기대학교 박물관에서 시굴 조사한 가평 대성리의 凸자형 집자리 유적의 경우도 마찬가지로 볼 수 있다. 최근 한식도기(낙랑도기)가 나오는 유적은 풍납동토성(사적 11호), 경기도 연천 초성리, 가평 대성리, 달전 2리와 상면 덕현리, 양주 양수리 상석정, 하남시 , 하남시 이성산성(사적 422호), 화성 기안리, 광주읍 장지동, 강원도 강릉 안인리와 병산동, 동해 송정동, 정선 예미리, 춘천 거두리와 율문리, 충청남도 아산 탕정 명암리와 경상남도 사천 늑도 등 십여군데에 이른다. 주로 강원도와 경기도 지역에 집중해서 漢式陶器가 나오고 있다. 이 점은 樂浪의 影響圈을 잘 보여 주고 있다 하겠다. 철기시대 전기의 말기에 해당하는 기원전 108년 낙랑군이 설치된 이후 그 영향하에 한식 도기가 무문토기 사회에 유입되는데 漢式陶器 또는 樂浪陶

창원 외동 1호 주거지
(경남문화재연구원)

/土器의 공반 여부를 기준으로시기구분을 설정할 수도 있다. 일반적으로 통용되는 土器(pottery 또는 Terra-cotta)라는 용어 대신 陶器(earthenware)란 용어를 사용한 것은 토기는 소성온도의 차이에 따라 土器-陶器(earthenware)-炻器(stoneware)-磁器(백자 porcelain, 청자 celadon)로 구분되기 때문이다. 한나라 도기의 소성온도는 1000℃를 넘고 석기의 경우는 1200℃ 전후에 달하는데 소성온도는 토기의 제작기술을 반영하는 중요한 요소이다. 중국에서는 500~700℃ 정도 구워진 선사시대의 그릇을 土器라 부르고 춘추-전국시대와 한나라의 그릇은 이와 구분하여 도기라 지칭한다. 백제나 마한의 연질 · 경질의 토기는 陶器로, 회청색 신라토기는 炻器로 지칭되는 것이 보다 타당하다. 과학적 분석에 근거한 적확한 용어 선택은 우리 고고학계의 시급한 과제 중의 하나이다. 특히 시대구분의 표지가 되는 토기, 도기, 석기의 구분 문제는 보다 중요한데, 이는 이들을 구워내는 가마를 포함한 제작기술상의 문제와 이에 따른 사회발달상과 깊은 관련을 맺고 있기 때문이다.

6. 삼국시대 전 · 후기

원삼국시대라는 한국 고대사 기록과 부합되지 않는 애매한 시기 설정 대신에 마한과 백제라는 시기 구분이 등장하여 이 시기의 성격이 명확하게 설명되고 있음은 최근 우리 고고학계의 성과중의 하나이다. 『三國史記』 초기 기록대로 한성시대 백제(기원전 18년~서기 475년)는 마한의 영역을 잠식해 들어갔는데, 이는 최근 파주 주월리, 자작리, 여주 하거리 언양리, 진천 산수리 · 삼룡리, 진주 석장리, 원주 법천리와 충주 칠금리(사적 400호 장미산성과 탄금대 백제토성) 등 백제초기 강역에서 확인된 유적들을 통해서 잘 드러난다. 백제보다 앞선 마한의 중심지는 오늘날 천안 용원리 일대이었는데 백제가 강성해짐에 따라 마한의 영역은 축소되어 전라남도 나주시 반남면 대안리, 덕산리, 신촌리(사적 76 · 77 · 78호)와 복암리(사적 404호) 일대로 밀려났다. 그리고 目支國이란 국가체제를 갖춘 사회로 대표되던 마한 잔여세력은 5세기 말/6세기 초에 백제로 편입되었던 것 같다. 나주시 금천면 당가리 요지에 의해서도 확인된다. 청주 정북동토성(사적 415호)은 대표적인 마한의 토성인데, 그 연대는 서기 130년(서문터 : 40~220년)경이 중심이 된다. 백제는 풍납동토성(사적 11호)과 몽촌토성(사적 297호)의 경우에서 보이듯이 판축토성을 축조했으나 근초고왕이 漢山城(서기 371~391년 근초고왕 21년~진사왕 1년)으로 도읍을 옮긴 서기 371년부터는 석성을 축조했던 것 같다. 그 대표적인 예가 하남시 이성산성(사적 422호)이며, 이천 설봉산성(사적 423호)도 그러한 예로 볼 수 있다. 아직 가설적인 수준이긴 하지만, 백제와 마한의 고고학적 차이도 언급할 수 있다. 즉, 한성시대의 백제는 판축토성을 축조하다가 서기 371년경부터 석성을 축조하기 시작했고, 기원전부터 사용되었던 중도계 경질무문토기와 타날문 토기를 주로 사용했던 반면에 마한은 판축을 하지 않은 토성과 굴립주, 鳥足文과 鋸齒文이 보이는 회청색 연질토기, 경질토기와 타날문토기 등을 사용했고, 묘제로는 토광묘(청주 송절동)와 周溝墓(익산 영등동) 등을 채택하였다.

청동기시대-철기시대 전기의 토착세력, 즉 지석묘 축조자들과 1500여 년에 이르는 지석묘 축조 기간 동안 공존했거나, 이들이 동화시킨 여러가지 다른 문화 계통의 묘제 다시 말해 석관묘, 토광묘와 옹관묘 등과의 문화 접촉 관계는 앞으로 연구되어야 할 중요한 과제이다. 그리고 청동기시대의 세장방형-장방형-방형-원형의 수혈움집을 거쳐 나타나는 철기시대전기-철기시대후기(삼국시대전기)의 凸자-呂자-육각형 수혈움집의 변천과정과 아울러 토광묘-주구토광묘-옹관묘의 발달과정, 그리고 최근 공주 탄천면 장선리(사적 433호), 기흥읍 구갈리와 논산 원북리의 토실과의 상호 문화적 관계를 좀더 구체적으로 살펴보면 철기시대 전기와 후기에 걸쳐 나타나는 동예, 옥저, 변한, 진한, 마한 그리고 이들을 기반으로 하여 형성된 고구려 백제, 신라와 가야 등 기록에 나타나는 구체적이고 역사적인 국가의 형성과 발전도 고고학적으로 입증해 낼 수 있을 것이다. 최근 포천 반월성(사적 403호), 연천 호루고루성(사적 467호), 당포성(사적 468호), 은대리성(사적 469호), 하남 이성산성(사적 422호), 이천 설봉산성(경기도 기념물 76호), 연기 주류성과 청주 부강리 남산골산성(340년~370년, 470년~490년의 두 연대측정치가 나옴)의 발굴은 백제 초축(근초고왕 26년)-고구려 증축(서기 475년: 고구려 장수왕 63년)-신라 보축(553년: 진흥왕 14년)-통일신라-고려-조선 등 여러 역사적 사건이 얽혀진 맥락을 보여 준다. 다시 고고학 유적의 발굴 결과가 『삼국사기』 초기 기록의 신빙성을 높여주고 있다 하겠다.

결론적으로 기원전 2000년에서 서기 300년 사이의 기간, 즉 한국 고고학의 시대구분상 청동기, 철기시대 전기와 후기에 대한 연구는 아래와 같이 정리될 수 있겠으며 이와 같은 생각들이 밑받침되어야 앞으로의 연구에 대한 새로운 방향과 전망이 성립될 수 있겠다.

1) 한국 고고학과 고대사의 연구는 통시적 관점, 진화론적 입장, 역사적 맥락 및 통상권의 바탕 위에서 이루어져야 한다.

2) 한국 문화의 계통은 각 시대에 따라 서로 다른 多元(源)的인 입장에서 파악되어야 한다. 최근 확인된 고고학 자료들은 유럽, 중국(요령성, 길림성, 흑룡강성 등 동북삼성 포함)과 시베리아 아무르강 유역 등 한국문화의 기원이 매우 다양했음을 보여준다.

3) 남한의 청동기시대는 요령성과 북한 지역의 경우처럼 기원전 1500년

경까지 거슬러 올라가는데 그 시발점은 기원전 20세기~기원전 15세기경 인 신석기시대 후기(말기)의 빗살-부분빗살문토기가 나타는 유적들, 즉 진주 남강 옥방일대, 강원도 춘성군 내평(소양강 수몰지구), 춘천 천전리, 강릉 초당동 391번지 허균 · 허난설헌 자료관 건립부지, 정선 북면 여량 2리(아우라지), 경기도 가평 상면 연하리와 인천 계양구 동양동 유적 등 돌대문토기가 공반되는 빗살문토기 유적까지 거슬러 올라간다. 그리고 그 다음에 나타나는 이중구연토기, 공렬문토기/ 구순각목토기와 경질무문토기의 편년과 공반관계, 문화적 주체와 수용, 다양한 기원 등은 앞으로 학계의 중요한 연구방향이 될 것이다.

4) 신석기시대에서 청동기시대에로의 이행은 문화 계통의 다원적 기원과 함께 국지적인 문화의 수용 내지는 통합을 통해 이루어졌으며, 문화의 자연스런 계승도 엿보인다. 이러한 양상은 인천광역시 백령도 · 용유도, 원주 가현동, 영월 남면 연당 쌍굴, 경남 산청 소남리, 시흥 능곡동 그리고 대구 북구 서변동 유적을 포함한 내륙지역에서 확인되는 전면/부분 빗살문토기 유적들에서 확인된다.

5) 우리 문화의 주체를 형성한 토착인들은 한국고고학 시대구분상 청동기시대와 철기시대 전기, 즉 기원전 1500년경에서 기원전 1년까지 한반도 전역에 산재해 있던 지석묘(고인돌) 축조인들이다. 지석묘는 그 형식상 북방식, 남방식과 개석식으로 나누어지는데, 각 형식은 서로 다른 문화 수용 현상을 보인다. 즉, 북방식과 남방식 지석묘사회는 최근 발굴조사 된 마산 진동리의 지석묘처럼 한반도 북쪽의 카라수크에서 내려온 석관묘나 중국계의 토광묘 문화를 수용하기도 했으며, 한반도 남부의 지석묘 사회에서는 보다 늦게 등장한 개석식 지석묘를 기반으로 馬韓이 형성되기도 했다.

6) 청동기시대의 精靈崇拜(animism), 토테미즘(totemism)과 巫敎(shamanism)를 거쳐 철기시대에는 환호를 중심으로 전문제사장인 天君

이 다스리는 별읍(別邑)인 蘇塗가 나타난다. 이것도 일종의 무교의 형태를 띈 것으로 보인다. 마한의 고지에는 기원전 3세기~기원전 2세기부터의 단순 족장사회에서 좀더 발달한 복합족장사회인 마한이 있었다. 이는『三國志』魏志 弁辰條에 族長격인 渠帥가 있으며 이는 격이나 규모에 따라 신지(臣智), 검측(險側), 번예(樊濊), 살계(殺奚)와 읍차(邑借)로 불리고 있었음을 알 수 있다. 그리고 마한에도 마찬가지 경우로 생각되나, 이들을 대표하는 王이 다스리는 국가단계의 目支國도 있었다. 동시기에 존재했던 沃沮의 三老, 東濊의 侯, 邑長, 三老 그리고 挹婁의 酋長도 같은 족장에 해당한다. 그러나 天君이 다스리는 종교적 別邑인 蘇塗는, 당시의 복합 · 단순 족장사회의 우두머리인 渠帥의 격이나 규모에 따른 이름인 신지, 검측, 번예, 살계와 읍차가 다스리는 세속적 영역과는 별개의 것으로 보인다.

7) 철기시대의 상한은 기원전 5세기경까지 올라가며 이 시기에는 점토대토기가 사용된다. 철기시대 전기 중 말기인 기원전 1세기경에는 다리가 짧고 두터운 두형(豆形)토기가 나타나며, 이 시기 남쪽 신라에서는 나정(사적 245호)에서 보여주는 바와 같이 국가가 형성된다. 철기시대 전기와 후기(삼국시대전기)에 보이는 점토대토기 · 흑도 · 토실과 주구묘를 포함한 여러 가지 고고학 자료와 문헌에 보이는 역사적 기록들은 당시의 정치 · 사회 · 문화가 매우 복잡했음을 보여준다. 이 시기의 역사 서술은 이들을 바탕으로 이루어져야 하는데, 이는 일찍부터 기정사실로 인식되고 있는 고구려사와 같은 역사적 맥락에서 파악되어야 한다.

8) 한반도의 歷史時代가 시작되는 衛滿朝鮮의 멸망과 漢四郡의 설치는『史記』의 편찬자인 司馬遷(기원전 145년~기원전 87년)이 37세에 일어난 사건으로, 위만조선과 낙랑 · 대방의 존재는 역사적 사실로 인정되어야 한다. 위만조선의 王儉城과 樂浪은 오늘날의 평양 일대로 보아야 한다.

9) 백제는 기원전 3세기~기원전 2세기에 이미 성립된 마한의 바탕 위에

서 성립되었으므로 백제초기의 문화적 양상은 마한의 경우와 그리 다르지 않다. 백제의 건국연대는 『삼국사기』「백제본기」의 기록대로 기원전 18년으로 보아야 한다. 마한으로부터 할양받은 한강유역에서 출발한 백제가 강성해져 그 영역을 확장해 나감에 따라 마한의 세력 범위는 오히려 축소되어 천안-익산-나주로 그 중심지가 이동되어졌다. 백제 건국 연대를 포함한 『삼국사기』의 초기기록을 인정해야만 한국고대사를 무리 없이 풀어 나갈 수 있다. 그래야만 최근 문제가 되고 있는 고구려와 신라 · 백제와의 초기 관계사를 제대로 파악해 나갈 수 있다. 따라서 『삼국사기』의 신라, 고구려와 백제의 국가형성 연대는 그대로 인정해도 무방하다 하겠다. 그리고 앞으로 이들 국가 형성에 미친 漢/樂浪의 영향도 고려해야 한다. 따라서 삼국사기의 초기 기록을 무시하고 만든 원삼국시대란 용어의 적용은 적합하지 않다. 여기에 대해 삼국시대전기(서기 1년~서기 300년)란 용어를 대체해 쓰는 것이 좋겠다. 최근 고구려사의 연구가 활발하며 『삼국사기』에 기록된 고구려 관계 기사는 그대로 인정이 되고 있다. 고구려, 백제와 사의 연구가 활발하며 『삼국사기』에 기록된 고구려 관계 기사는 그대로 인정이 되고 있다. 고구려, 백제와 신라의 역사적 맥락으로 볼 때 고구려의 主敵은 백제와 신라이지 원삼국이 아니라는 점이다.

10) 한성시대 백제(기원전 18년~서기 475년)도 석성을 축조했는데, 하남 이성산성(사적 422호), 이천 설봉산성(사적 423호)과 설성산성(경기도 기념물 76호), 그리고 안성 죽주산성(경기도 기념물 69호) 등이 그 좋은 예들이다. 그 석성 축조의 기원은 제 13대 근초고왕대인 서기 371년 고구려 고국원왕과의 평양 전투에서 찾을 수 있다. 고구려는 일찍이 제 2대 유리왕 22년(서기 3년) 즙안의 國內城을 축조했고, 제10대 산상왕 2년(서기 198년)에는 丸都山城을 축조한 바 있음으로 이들은 역사적 기정사실로 받아들여지고 있다.

참/고/문/헌

강인욱 · 천선행

2003 러시아 연해주 세형동검 관계유적의 고찰, 한국상고사학보 42집

강릉대학교 박물관

1998 강릉 병산동 공항대교 접속도로 건설부지내 문화유적 발굴조사 지도위원회 자료

2000 발굴유적유물도록

2001 양양 지리 주거지

강원문화재연구소

2002 춘천시 신북읍 발산리 253번지 유구확인조사 지도위원회자료

2003 화천 생활체육공원 조성부지내 용암리유적

2003 영월 팔괘 I. C. 문화재 시굴조사 지도위원회자료

2004 국군 원주병원 주둔지 사업예정지역 시굴조사

2004 동해 송정지구 주택건설사업지구내 문화유적-시굴조사 지도위원회 자료-

2004 강릉 과학일반지방산업단지 문화유적 발굴조사

2004 춘천 우두동직업훈련원 진입도로 확장구간내 유적발굴조사지도위원회자료

2004 천전리 유적

2005 춘천 천전리 유적: 동면-신북간 도로 확장 및 포장공사구간내 유적 발굴조사 4차 지도위원회자료

2005 정선 아우라지 유적-정선 아우라지 관광단지 조성부지 시굴조사 지도위원회의 자료-

2005 국군 원주병원 문화재 발굴조사

2005 춘천 천전리 유적 : 동면~신북간 도로확장 및 포장공사구간 내 유적발굴

조사 4차 지도위원회자료

2005 고성 국도 7호선(남북연결도로) 공사구간 내 유적조사 지도위원회 자료

2005 속초 대포동 롯데호텔 건립부지 내 유적시굴조사 지도위원회 자료

2005 국도 38호선(연하-신동간)도로 확 · 포장공사구간 내 유적 발굴조사 지도위원회 자료

2005 강릉 입암동 671-3번지리 3필지 아파트 신축부지 내 유적 발굴조사 지도위원회 자료

2005 춘천 율문리 생물 산업단지 조성사업부지 유적

2005 춘천 신매리 373-6번지 유적

2006 홍천 철정리 유적Ⅱ 지도위원회 자료

2006 춘천-동홍천간 고속도로건설공사 문화유적 지도위원회 자료

2006 서울-춘천 고속도록 7공구 강촌 I.C.구간 내 유적 발굴조사 지도위원회 자료

2006 춘천 우두동 유적-춘천 우두동 직업훈련원 진입도로 확장구간 내 유적 발굴조사 3차 지도위원회의 자료

2006 춘천 거두 2지구 택지개발사업지구 내(북지구) 유적 발굴조사 2차 지도위원회의 자료

2007 원주 가현동 유적-국군변원 문화재 발굴조사-

2007 정선 아우라지 유적-정선 아우라지 관광단지 조성부지 내 2차 발굴조사

2007 원주 가현동 유적-국군병원 문화재 발굴조사 제 4차 지도위원회의 자료-

2007 홍천 철정리 유적 II -홍천 구성포-두촌간 도로 · 확포장공사내 유적 발굴조사 제4차 지도위원회자료-

경기대학교 박물관

2004 화성 동탄면 풍성주택 신미주아파트 건축부지 문화유적 발굴조사 현장설명회자료

경기도 박물관

1999 파주 주월리 유적

2001 포천 자작리유적 긴급발굴조사-지도위원회자료-

2004 포천 자작리 II-시굴조사보고서-

경남문화재연구원

2003 창원 외동 택지개발사업지구내 발굴조사 지도위원회자료

2004 울산 연암동 유적발굴 지도위원회자료

경남발전연구원 역사문화센터

2001 김해 봉황동 시굴조사 지도위원회자료

2003 가야인 생활체험촌 조성부지내 김해 봉황동 발굴조사 지도위원회 자료집

2005 마산 진동 유적

경상남도 남강유적 발굴조사단

1998 남강 선사유적

경상북도 문화재연구원

2001 대구 상동 정화 우방 팔레스 건립부지내 발굴조사 지도위원회 및 현장설명회 자료

2002 경주 신당동 희망촌 토사절취구간내 문화유적 시굴지도위원회자료

2003 대구-부산간 고속도로 건설구간(제4 · 5공구) 청도 송읍리 I · III 유적 발굴조사 지도위원회자료

2003 포항시 호동 쓰레기 매립장 건설부지내 포한 호동취락유적 발굴조사-지도위원회 및 현장설명회자료-

2003 성주 · 백전 · 예산 토지구획정리사업지구내 성주 예산리유적 발굴조사 지도위원회 및 현장설명회자료

계명대학교 박물관

2004 개교 50주년 신축박물관 개관 전시도록

고려대학교 매장문화재연구소

2001 대전 대정동 유적

2003 서천 도삼리유적

공주대학교 박물관

1998 백석동유적

2000 용원리 고분군

국립문화재연구소 유적조사연구실

1999 '98-'99 고성문암리 신석기유적발굴조사 성과발표: 문화관광 보도자료

2001 풍납토성 I

2001 나주 복암리 3호분

2002 올림픽 미술관 및 조각공원 건립부지 발굴조사 현장지도회의 자료

2003 연평 모이도 패총

국립중앙박물관

2000 원주 법천리 고분군-제 2차 학술발굴조사-

2002 원주 법천리 유적발굴조사 보고서

2007 요시노가리, 일본 속의 고대 한국

군산대학교 박물관

2002 군산 산월리 유적

기전문화재연구원

2001 기흥 구갈(3)택지개발 예정 지구내 구갈리 유적발굴조사 설명회자료(8)

2002 용인 보정리 수지빌라트 신축공사부지내 유적 시 · 발굴조사 4차 지도위원회 자료

2002 안양시 관양동 선사유적 발굴조사 지도위원회자료

2002 연천 학곡제 개수공사지역 내 학곡리 적석총 발굴조사

2003 화성 발안리마을 유적 · 기안리 제철유적발굴조사, 현장설명회자료 14

2004 평택 현곡지방산업단지내 문화유적 발굴조사 3차 지도위원회 자료집

2004 안성 공도 택지개발 사업부지내 유적 발굴조사, 1차지도위원회자료(5 · 6 지점)

2004 경춘선 복선전철 사업구간(제 4공구)내 대성리유적 발굴조사

2004 안양 관양동 선사유적 발굴조사보고서

2004 오산 가장 지방산업단지내 문화유적 시굴조사

2004 안성 공도 택지개발 사업지구내 유적발굴조사:2차 지도위원회 자료(1 · 3 · 5지점)

2005 안성 공도 택지개발 사업지구내 유적 발굴조사: 3차 지도위원회 회의자료(3지점 선공사지역 · 4지점)

2006 성남~장호원 도로공사(2공구)문화유적 시굴조사 지도위원회자료

2007 시흥 능곡택지지구개발지구내 능곡동유적 발굴조사 현장설명회자료 30

김권구

2003 청동기시대 영남지역의 생업과 사회, 영남대학교 대학원 박사학위 청구논문

김민구

2007 부여 송국리유적 장방형주거지 출토 탄화목재의 연구, 한국상고사학보 55호

김재윤

2003 한반도 각목돌대문토기의 편년과 계보, 부산대학교 대학원 문학석사 학위논문

단국대학교 매장문화재연구소

1999 & 2001 이천 설봉산성 1 · 2차 발굴조사보고서

대동문화재연구원

2006 대구 상인동 98-1번지 일원 아파트 신축부지내 문화재 발굴조사

동아대학교 박물관

2000 사천 늑도 유적 3차 발굴조사자료

목포대학교 박물관

2001 탐진 다목적(가물막이)댐 수몰지역내 문화유적 발굴조사 개요

2002 탐진다목적댐 수몰지역내 문화유적발굴조사(2차) 지도위원회 및 현장설명회자료

목포대학교 박물관 · 동신대학교 박물관

2001 금천-시계간 국가지원지방도시사업구간내 문화재발굴조사 지도위원회와 현장설명회자료

문화공보부 문화재관리국

1974 팔당 · 소양댐 수몰지구유적발굴

밀양대학교 박물관 · 동의대학교 박물관

2001 울산 야음동 유적

방유리

2001 이천 설봉산성 출토 백제토기연구, 단국대사학과 석사학위논문

서울대학교 박물관

2002 용유도 유적

서울역사박물관

2003 풍납토성

선문대학교 역사학과 발굴조사단

2000 강화 내가면 오상리 고인돌 무덤 발굴조사 현장 설명회 자료

2002 강화 오상리 지석묘 발굴 및 복원보고서

성균관대학교 박물관

2000 여수 화장동 유적 제 2차 조사 현장설명회 사진자료

2004 경기도 양평군 양수리 상석정마을 발굴조사, 3차 지도위원회자료

2004 경기도 양평군 양수리 상석정마을 발굴조사 약보고서

석광준 · 김종현 · 김재용

2003　강안리 고연리 구룡강, 백산자료원

세종대학교 박물관

2000　평택 지제동 유적

2001　하남 미사동 선사유적 주변지역 시굴조사

2002　연천 고인돌조사 현장설명회자료

2003　포천-영중간 도로확장 구간내 유적(금주리 유적) 문화유적 발굴조사 약보고

2005　하남 덕풍골 유적 -청동기시대의 집터 · 제의유적 및 고분조사-

2005　하남 덕풍-감북간 도로확포장구간 중 4차 건설구간 문화유적 발굴조사 약보고서

2006　하남 덕풍골 유적

수보티나 아나스타샤

2005　철기시대 한국과 러시아 연해주의 토기문화 비교연구, 서울대학교 대학원 석사학위 논문

순천대학교 박물관

2000　여수 화장동 문화유적 발굴조사(2차)

2001　광양 용강리 택지개발지구 2차 발굴조사회의자료

2002　여천 화양경지정리지구 문화유적 발굴조사

2003　고흥 석봉리와 중산리 지석묘 -국도 27호선(고흥~벌교간) 확장구간 문화유적 발굴조사-

2006　여수 화동리 · 관기리 유적, 순천대학교 학술자료총서 제57책

신라대학교 가야문화연구소

1998　산청 소남리유적 발굴현장설명회

신라문화유산조사단

2007 경주시 충효동 도시개발사업지구내 문화재 발굴조사 -지도위원회자료집-

심재연 · 김권중 · 이지현

2004 춘천 천전리 유적, 제 28회 한국고고학 전국대회 발표요지

안재호

2000 한국농경사회의 성립, 한국고고학보 43

연세대학교 박물관

2004 영월 연당리 피난굴(쌍굴)유적 시굴조사 현장설명회자료

2004 연당 쌍굴: 사람, 동굴에 살다. 2004년 연세대학교 박물관 특별전 도록

연세대학교 원주박물관

2004 안창대교 가설공사 부지내 문화유적 시굴조사 지도위원회자료

2004 춘천 삼천동 37-12번지 주택건축부지내 문화유적시굴조사 지도위원회자료

2005 원주 태장 4지구 임대주택 건설부지 문화유적 발굴조사 2차지도위원회 자료

영남대학교 민족문화연구소

2003 대구 월성동 리오에셋아파트 건립부지내 문화유적 발굴조사 지도위원회 및 현장설명회자료집

영남문화재연구원

2001 진천 코오롱아파트 신축부지내 대구 진천동 유적 발굴조사

2002 청도 진라리유적 발굴조사 현장설명회자료

2006 대구 대천동 공동주택 신축부지내 대구 대천동 511-2번지 유적 발굴 조사

예맥문화재연구원

2007 영월 영월 온천 진입도로부지내 유적 발굴조사 2차 지도위원회자료

울산문화재연구원

2003 울주 반구대 암각화 진입도로 부지내 유적 시굴 · 발굴조사 지도위원회자료집

윤덕향

1986 남원 세전리유적 지표수습 유물보고, 전남문화논총 1집

원광대학교 박물관

2000 익산 영등동 유적

이숙임

2003 강원지역 점토대토기 문화연구, 한림대학교 대학원 문학석사 학위논문

이청규

2007 선사에서 역사로의 전환-원삼국시대 개념의 문제-, 한국고대사학회, 한국고대사연구 46

이훈 · 강종원

2001 공주 장선리 토실유적에 대한 시론, 한국상고사학보 34호

이훈 · 양혜진

2004 청양 학암리 유적, 제 28회 한국고고학 전국대회 발표요지

인하대학교 박물관

2000 인천 문학경기장내 청동기유적 발굴조사 현장설명회자료

제주대학교 박물관

1999 제주 삼양동 유적

제주문화예술재단 문화재연구소

2001 신제주-외도간 도로개설구간내 외도동 시굴조사 보고서

2003 제주 국제공항확장부지내 문화유적 발굴조사-지도위원회 및 현장설명회자료-

전남문화재연구원

2007 해남 남창-삼산간 국도 확 · 포장 공사구간내 문화유적 발굴조사 -해남 분토리 유적-

정한덕

2000 중국고고학 연구, 학연문화사

중앙문화재연구원
2001 논산 성동지방 산업단지 부지내 논산 원북리 유적
2002 대전 테크노밸리 사업부지내 문화재 발굴조사 지도위원회자료
2003 가오 주택지 개발사업지구내 대전 가오동 유적-지도 · 자문위원회자료-

중원문화재연구소
2004 고속국도 40호선 안성-음성간(제5공구)건설공사 사업부지내 안성 반제리 유적 발굴조사
2006 청원 I.C.~부용간 도로공사 구간내 남성골 유적 시 · 발굴조사 -지도위원회 및 현장설명회자료

최몽룡
1976 대초 · 담양댐 수몰지구 발굴조사보고서, 전남대학교
1985 고고분야, 일본 對馬 · 壹岐島종합학술조사보고서, 서울신문사
1986 여주 흔암리 선사취락지, 삼화사
1993 한국문화의 원류를 찾아서, 학연문화사
1997 청동기시대와 철기시대, 한국사 3, 국사편찬위원회
1999 나주지역 고대문화의 특성, 복암리고분군, 전남대학교 박물관
1999 철기문화와 위만조선, 고조선문화연구, 한국정신문화연구원
2000 21세기의 한국고고학, 21세기의 한국사학, 한국사론 30,
2000 흙과 인류, 주류성
2002 선사문화와 국가형성, 고등학교 국사, 교육인적자원부
2002 고고학으로 본 문화계통, 한국사 1, 국사편찬위원회
2006 최근의 고고학 자료로 본 한국고고학 · 고대사의 신연구, 주류성
2006 위만조선 연구의 신국면을 맞아, 계간 한국의고고학 창간호
2007 인류문명발달사, 주류성
2007 경기도의 고고학, 주류성

최몽룡 · 김경택

2005 한성시대 백제와 마한, 주류성

최몽룡 · 김선우

2000 한국지석묘연구 이론과 방법-계급사회의 발생-, 주류성

최몽룡 외

1999 덕적군도의 고고학적 조사연구, 서울대학교 박물관

최몽룡 · 유한일

1987 삼천포시 늑도 토기편의 과학적 분석, 삼불김원용교수정년퇴임기념논총 I

최몽룡 · 신숙정 · 이동영

1996 고고학과 자연과학-토기편-, 서울대학교 출판부

최몽룡 · 최성락 · 신숙정

1998 고고학연구방법론-자연과학의 응용-, 서울대학교 출판부

최몽룡 · 최성락

1997 한국고대국가형성론, 서울대학교 출판부

최몽룡 · 이청규 · 김범철 · 양동윤

1999 경주 금장리 무문토기유적, 서울대학교 박물관

최몽룡 · 이헌종 · 강인욱

2003 시베리아의 선사고고학, 주류성

최성락

2001 고고학여정, 주류성

2002 삼국의 성립과 발전기의 영산강유역, 한국상고사학보 37호

최성락 · 김건수

2002 철기시대 패총의 형성배경, 호남고고학보 15집

최정필 · 하문식 · 황보경

2000 평택 지제동 유적, 세종대학교 박물관

충남대학교 박물관

1999 대전 궁동유적 발굴조사

2001 대전 장대지구 문화유적 발굴조사 지도위원회 회의자료

2001 아산 테크노 콤플렉스 지방산업단지 조성부지내 아산 명암리 유적

충청남도 역사문화원(2007년 9월부터 충청남도 역사문화연구원으로 개칭)

2002 부여 백제역사재현단지 조성부지내 문화유적조사 발굴약보고, 부여 합정리 Ⅱ

2003 공주 의당농공단지 조성부지내 발굴조사: 공주 수촌리 유적

2004 서산 음암 대여 아파트 신축공사부지내 서산 부장리 유적 현장설명회자료

2005 공주 우성씨에스 장기공장 신축부지내 문화유적 발굴조사 개략보고서

2005 계룡 포스코 The#아파트 신축공사부지내 문화유적 시굴조사 현장설명회

2006 아산 탕정 LCD단지 조성부지내(2구역)내 문화유적 발굴조사 1차 현장설명회 [2-1 지점 발굴조사 및 1지점 시굴조사]

2007 아산 탕정 LCD단지 조성부지 [2구역]내 2-2 지점 문화유적 발굴조사

2007 아산 탕정 T/C 일반산업단지 확장부지내 II지점 문화유적 발굴조사

2007 아산 탕정 LCD단지 조성부지[2구역]내 문화유적 발굴조사 5차 현장설명회자료[3지점 발굴조사]

2008 아산 탕정 제2일반지방산업단지 조성부지내 1지역 1지점 문화유적 시굴조사 현장설명회자료

충북대학교 박물관

2000 박물관안내

2001 청원 I.C.~부용간 도로확장 및 포장공사구간 남산골산성 및 주변 유적발굴조사 현장설명회 자료

충북대학교 중원문화연구소

1999 청주 정북동토성 I

충청매장문화재연구원(2006년부터 충청문화재연구원으로 개칭)

2001 대전 월평동 산성

2002 천안 운전리유적 현장설명회자료

2002 대전 자운대 군사시설공사 사업부지내 자운동 · 추목동 유적 발굴조사 현장설명회자료

2002 장항-군산간 철도연결사업 구간내 군산 내흥동 유적

2002 국도 32호선 서산-당진간 국도확장 및 포장공사구간내 문화유적 발굴조사-1차 현장설명회 회의자료

2008 천안 백석동 고재미골 유적

한국문화재보호재단

2000 청주 용암유적(I · II)

2000 청주 송절동유적

2001 하남 천왕사지 시굴조사-지도위원회자료-

2002 제천 신월토지구획 정리사업지구내 문화유적발굴조사 지도위원회자료

2002 인천 원당지구 1 · 2구역 문화유적 발굴조사-1차 지도위원회자료-

2002 인천 검단 2지구 1 · 2구역 문화유적 시굴조사-지도위원회자료

2002 시흥 목감중학교 시설사업 예정부지 문화유적 발굴조사-지도위원회자료-

2003 울산권 확장 상수도(대곡댐)사업 평입부지내 3차 발 및 4차 시굴조사 약보고서

2003 인천 검단 2지구 2구역 문화유적 발굴조사-지도위원회 자료-

2003 인천 불로지구 문화유적 시굴조사-지도위원회자료-

2003 인천 원당지구 4구역 문화유적 발굴조사-4차 지도위원회자료-

2004 인천 원당지구 4구역 문화유적 발굴조사-6차 지도위원회자료-

2004 인천 동양택지개발사업지구(1지구)문화유적 발굴조사 지도위원회자료

2005/2006 신갈-수지간 도로 확 · 포장공사 예정구간 문화유적 발굴조사-3차 및

6차 지도위원회의 자료
2006 성남 판교지구 문화유적 1차 발굴조사-3차 지도위원회의 자료-
2007 성남판교지구 문화유적 1차 발굴조사-4차 지도위원회자료-
2007 울산 북구 신천동 공동주택부지내 문화유적 발굴(시굴)조사 지도위원회 자료

한국국방문화재연구원
2007 강화 석모도 자연휴양림 및 수목원 조성부지 문화재지표조사 지도위원회 자료집

한국토지공사 토지박물관
2001 연천 군남제 개수지역 문화재 시굴조사 지도위원회자료
2005 개성공업지구 1단계 문화유적 남북공동조사보고서
2006 연천 호루고루(2차 발굴조사 현장 설명회자료)

한림대학교 박물관
2002 경춘선 복선전철 제 6공구 가평역사부지 문화유적 시굴조사
2003 동해고속도로 확장 · 신설구간(송림리)문화유적 발굴조사보고서
2003 경춘선 복선전철 제6공구 가평역사부지내 문화유적 발굴조사 지도위원회 자료
2003 동해 고속도로 확장 · 신설구간(송림리) 문화유적 발굴조사보고서
2004 경춘선 복선전철 제5공구내 청평리유적 문화재 시굴조사 지도위원회 자료집
2005 공근 문화마을 조성사업 문화재 발굴조사 지도위원회 자료집
2005 청평-현리 도로공사 중 매장문화재 발굴조사지구(C지구) 지도위원회 자료집
2005/2006 춘천 천전리 121-16번지 내 문화유적 발굴조사 지도위원회 자료집

한백문화재연구원

2006 서울-춘천고속도로 5공구 내 유적발굴조사 1차 지도위원회 자료집

2006 청평-현리 도로공사 예정구간 문화재 발굴조사(A지구)지도위원회 자료집

2007 청평-현리 도로공사 예정구간 A지구 2차 연장발굴조사 지도위원회 자료집

2006 청평-현리 도로공사 예정구간 문화재 연장 발굴조사(A-다지구)지도위원회 자료집

2007 서울-춘천 고속도로 5공구 I,J,K지구 시(발)굴조사 2차 지도위원회자료집

2007 청평-현리 도로공사 예정구간 A지구 2차 연장발굴조사 지도위원회 자료집

한신대학교 박물관

2002 화성 천천리유적

한양대학교 박물관

1996 부천 고강동 선사유적 발굴조사보고서, 한양대학교 박물관/문화인류학과 총서 제 9집

1998 부천 고강동 선사유적 제 2차 발굴조사보고서, 한양대학교 박물관/문화인류학과 총서 제 11집

1999 부천 고강동 선사유적 제 3차 발굴조사보고서, 한양대학교 박물관/문화인류학과 총서 제 13집

2000 이성산성(제8차 발굴조사보고서)

2001 이성산성 제9차 발굴조사 현장설명회

2000 부천 고강동 선사유적 제4차 발굴조사보고서, 한양대학교 박물관/문화인류학과 총서 제 17집

한양대학교 문화재연구소

2002 부천 고강동 선사유적 제5차 발굴조사 보고서

2004 부천 고강동 선사유적 제6차 발굴조사 지도위원회자료

2005 부천 고강동 선사유적 제7차 발굴조사 지도위원회자료

호남문화재연구원

2003 전주시 관내 국도대체 우회도로(이서-용정) 건설구간내 완주갈동 유적 현장설명회자료

Keiji Imamura

1996 *Prehistoric Japan*, Honolulu: University of Hawai' Press

Kent Flannery

1972 The Cultural Evolytion of Civilization, *Annual Review of Ecology & Systematics* vol.3 pp.399~426.

Melvin Aikens & Takyasu Higuchi

1982 *Prehistory of Japan*, New York: Academic Press

Timothy Earle

1991 *Chiefdom: Power, Economy, and Ideology*, Cambridge: Cambridge University Press

1997 *How Chiefs come to power*, California: Stanford University Press

Timothy Taylor

1996 *The Prehistory of Sex*, New York, Toronto: Bantam Books

William Sanders & Joseph Marino

1970 *New World Prehistory*, Englewood Cliffs, New Jersey: Prentice-Hall, INC

William W. Fitzhugh & Aron Crowell

1988 *Crossroads of Continents*, Washington D.C.: Smithonian Institution Press

Yale H. Ferguson

1991 Chiefdom to city-states: The Greek experience in Chiefdoms: *Power, Economy & Ideology* ed. by Timothy Earle Cambridge:

Cambridge University Press, pp. 169~192

Prudence Rice

1987 *Pottery Analysis* -A source book-, Chicago & London: University of Chicago

藤尾愼一郎

2002 朝鮮半島의 突帶文土器, 韓半島考古學論叢, 東京

中山淸隆

2002 縄文文化と大陸系文物, 縄文時代の渡來文化, 雄山閣

제 3 장

청동기시대

- 개관 -

1.

구리장신구로서 최초의 금속은 이미 샤니다르(기원전 8700년), 챠이외뉘(기원전 7200년), 알리 코쉬(기원전 6500년), 챠탈휘윅(기원전 6500년~기원전 5650년), 그리고 하순나(Hassuna, 야림 테페유적, 기원전 6000년~기원전 5250년)유적 등지에서 확인된다. 이렇게 단순히 구리만으로 간단한 장신구 등을 만들어 사용한 일은 신석기시대부터 있었다. 그러나 세계적으로 볼 때 구리와 주석(또는 약간의 비소와 아연)의 합금인 청동이 나타나는 청동기시대는 대략 기원전 4000년에서 기원전 1000년 사이에 시작되었다.

청동기시대가 가장 먼저 시작된 곳은 기원전 3500년의 이란고원 근처이며 터키나 메소포타미아지역도 대략 이와 비슷한 시기에 시작되었다. 이집트는 중왕국(기원전 2050년~기원전 1786년 : 실제는 15 · 16왕조 힉소스의 침입 이후 본격화되었다고 한다) 시기에 청동기가 제작되기 시작하였으며, 기원전 2500년경 모헨죠다로나 하라파 같은 발달된 도시를 이루고 있던 인더스문명에서도 이미 청동기를 사용하고 있었다. 또한 최근에 주목받는 태국의 논녹타(Non Nok Tha)유적은 기원전 2700년, 그리고 반창(Ban Chiang)유적은 기원전 2000년경부터 청동기가 시작된 것이 확인됨으로써 동남아시아지역에서도 다른 문명 못지않게 일찍부터 청동기가 제작 발달되었음을 알 수 있다.

유럽의 경우 에게해 크레테섬의 미노아 문명[초기 미노아 문명기 기원전 3400년~기원전 2100년, 초기 청동기시대(pre-palatial Minoan period)~기원전 2200년경]은 기원전 3000년경에 청동기시대로 진입해 있었으며, 아프리카의 경우 북아프리카는 기원전 10세기부터 청동기시대가 발달했으나 다른 지역에서는 유럽인 침투 이전까지 석기시대로 남아 있는 경우도 있었다. 아메리카대륙에서는 중남미의 페루에서 서기 11세기부터 청동 주조기술이 사용되어 칠레 · 멕시코 등에 전파되었으며, 대부분의 북미 인디안들은 서기 13세기~서기 15세기까지도 대량의 청동기를 제작 사용하였다.

중국은 龍山文化나 齊家文化와 같이 신석기시대 말기에 홍동(순동) 및 청동 야금기술이 발달했다. 즉 甘肅省 東鄕 林家(馬家窯期)에서 기원전 2500년까지 올라가는 鑄造칼이 나오고 있다. 그러나 본격적인 청동기시대로 진입한 것은 二里頭文化 때이다. 이리두문화의 연대는 기원전 2080년~기원전 1580년 사이이며(방사성탄소연대 기준) 山東省과 河北省의 后李/靑蓮崗(北辛)-汶口文化를 이은 岳石文化, 요서와 내몽고 일대의 夏家店 下層文化도 거의 동시기에 청동기시대로 진입했다고 보인다. 이러한 청동기 개시연대가 기록상의 夏代(기원전 2200년~기원전 1750년)와 대략 일치하므로 청동기의 시작과 夏문화를 동일시하는 주장도 있다. 한편 최근 遼寧省 凌源縣과 建平縣의 牛河梁과 喀左縣의 東山嘴에서 보이는 紅山(기원전 3000년~기원전 2500년경)문화와 四川省 廣漢 三星堆(기원전 1200년~기원전 1000년), 및 成都 龍馬寶墩 古城(기원전 3000년~기원전 2500년) 등과 같이 중국문명의 중심지역이 아니라 주변지역으로 여겨왔던 곳에서도 청동기의 제작이 일찍부터 시작되었다는 새로운 사실들이 밝혀지고 있어 중국 청동기문화의 시작에 대한 연구를 매우 복잡하게 만들고 있다. 앞으로 중국의 중심 문명뿐 아니라 주변지역에 대한 청동기문화 연구가 진행됨에 따라 청동기의 제작과 사용에 대한 이해는 점차 바뀌어 나갈 것으로 보인다.

2.

청동기시대 다음으로는 철기시대가 이어진다. 전 세계적으로 가장 오래된 철기는 서남아시아의 아나톨리아(Anatolia)를 중심으로 한 주변지역에서 발견되는데, 그 연대는 대략 기원전 3000년~기원전 2000년 무렵이며, 그 분포 범위는 이후 고대문명이 발생한 비옥한 초생달 지역보다도 넓다. 그런데 최초의 철기들은 주로 隕鐵(meteorites)製로서 隕石으로부터 추출되는 自然鐵이라는 재료의 성격상 수량이 매우 적고 제작도 산발적이었다. 또한 제작된 도구의 종류나 장신구나 칼(刀子) 정도에 지나지 않는다.

야철기술을 개발하여 인류가 본격적으로 人工鐵 즉, 鋼鐵(steeling iron)을 제작하여 이를 사용함으로써 철기가 청동기와 동등해지거나 그보다 우월해져 청동기를 대체하기 시작한 것은 히타이트(Hittite)제국(기원전 1450년~기원전 1200년)부터이며, 제국이 멸망하는 기원전 1200년경부터는 서남아시아 각지로 전파되었다. 대체로 메소포타미아지방에는 기원전 13세기, 이집트와 이란지역은 기원전 10세기, 유럽은 기원전 9세기~기원전 8세기에 들어서 철이 보급되었다.

동아시아 철기문화 발생과 관련이 있다고 생각되는 스키타이문화(Scythian culture)는 기원전 8세기 무렵 흑해 연안에 존재한 스키타이주민들의 騎馬遊牧文化를 통해 그들의 철기 제조기술을 동쪽으로 이동시킨 결과로 나타난 것이다. 그리고 철기시대의 사회 정치적 특징은 종전의 청동기시대에 발생한 국가단위에서 벗어나 국가연합체인 제국이 출현하는데 있다. 이는 사회가 그만큼 더 발전했다는 이야기가 된다.

중국의 경우 殷 · 周時代에 운철로 제작된 철기가 몇 개 발견된 예는 있으나 인공철의 제작은 春秋時代 말에서 戰國時代 초기에 이르러서야 이루어진다. 전국시대 후반이 되면 철기의 보급이 현저해지는데, 주류는 鑄造

技術로 제작된 농기구류이다.

우리나라의 철기시대의 상한은 러시아의 아무르강 유역과 연해주의 뾜체(挹婁)와 끄로우노프까(沃沮, 團結)문화의 영향하에 늦어도 기원전 5세기경으로 올라간다. 그리고 중국 전국시대 철기의 영향을 받아 중국과 마찬가지로 鑄造鐵斧를 위시한 농공구류가 우세하였다. 이는 최근 홍천 두촌면 철정리의 철기시대 연대가 기원전 620년과 기원전 640년의 연대가 나옴으로 더욱더 신빙성을 갖게 된다. 戰國계 철기의 영향을 받았던 우리나라 철기문화가 본격적으로 자체생산이 가능하고 원재료를 수출할 정도의 단계에 이른 것은 기원전 4세기에서 기원전 2세기를 전후한 무렵부터인데, 이때부터는 鍛造鐵器가 제작되기 시작하였다. 철기생산의 본격화와 현지화 및 제조기술의 발전은 다른 부분에까지 영향을 끼쳐 새로운 토기문화를 출현시켰으며 나아가 생산력의 증대를 가져왔다. 이를 바탕으로 사회통합이 가속화되니 그 결과 우리나라 최초의 고대국가인 위만조선(기원전 194년~기원전 108년)이 등장하게 되었다. 다시 말하여 위만조선이라는 국가는 철기시대 전기(종래의 초기철기시대)에 성립된 것이다.

3.

신석기시대에 이어 한반도와 만주에서는 기원전 2000년~기원전 1500년경부터 청동기가 시작되었다. 그 시기는 신석기시대와 청동기시대 早期인들이 약 500년간 공존하면서 신석기인들이 내륙으로 들어와 농사를 짓거나 즐문토기의 태토나 기형에 무문토기의 특징이 가미되는 또는 그 반대의 문화적 복합양상이 나타기도 한다. 이는 通婚圈(intermarrige circle, marriage ties or links)과 通商圈(interaction shpere)의 결과에 기인

한다. 최근의 발굴 조사에 의하면 한반도의 청동기시대의 시작이 기원전 20세기~기원전 15세기를 오를 가능성이 한층 높아졌다. 이는 이중구연토기와 공렬토기에 앞서는 돌대문(덧띠새김무늬)토기가 강원도 춘성 내평, 강릉시 초당동 391번지 허균 · 허난설헌 자료관 건립부지, 정선 북면 여량 2리(아우라지, 기원전 1240년), 춘천 천전리(기원전 1440년), 홍천 두촌면 철정리, 홍천 화촌면 외삼포리, 진주 남강댐내 옥방지구, 경기도 가평 상면 연하리, 인천 계양구 동양동과 경주 충효동 유적을 비롯한 여러 곳에서 새로이 나타나고 있기 때문이다. 각목돌대문(덧띠새김무늬)토기의 경우 中國 遼寧省 小珠山유적의 상층과 같거나 약간 앞서는 것으로 생각되는 大連市 郊區 石灰窯村, 遼東彎연안 交流島 蛤皮址, 長興島 三堂유적(기원전 2450년~기원전 1950년경으로 여겨짐), 吉林省 和龍縣 東城鄕 興城村 三社(早期 興城三期, 기원전 2050년~기원전 1750년), 그리고 연해주의 자이사노프카의 올레니와 시니가이유적(이상 기원전 3420년~기원전 1550년)에서 발견되고 있어 서쪽과 동쪽의 두 군데에서 영향을 받았을 가능성이 많다. 이들 유적들은 모두 신석기시대 말기에서 청동기시대 초기에 속한다. 이중구연토기와 공렬토기가 나오는 강원도 춘천시 서면 신매리 주거지 17호 유적(1996년 한림대학교 발굴, 서울대학교 '가속기질량분석(AMS)' 결과 3200±50 BP 기원전 1510년, 문화재연구소 방사성탄소연대측정결과는 2840±50 BP 기원전 1120년~기원전 840년이라는 연대가 나옴), 경기도 평택 지제동(기원전 830년, 기원전 789년), 청주 용암동(기원전 1119년), 경주시 내남면 월산리(기원전 970년~기원전 540년, 기원전 1530년~기원전 1070년 사이의 두 개의 측정연대가 나왔으나 공반유물로 보아 기원전 10세기~기원전 8세기에 속할 가능성이 높다. 실제 중간연대도 기원전 809년과 기원전 1328년이 나왔다), 충주 동량면 조동리(1호 집자리 2700±165 BP, 1호집자리 불땐 자리 2995±135 BP 기원전 10세기경), 대구시 수성구 상동 우방 아파트

(구 정화여중 · 고)와 속초시 조양동 유적(사적 376호)들이 기원전 10세기~기원전 7세기경으로, 그리고 강릉시 교동의 집자리 경우 청동기시대 전기에서 중기로 넘어오는 과도기적인 것으로 방사성 탄소측정 연대도 기원전 1130년~기원전 840년 사이에 해당한다. 여기에서는 구연부에 短斜線文과 口脣刻目文이 장식된 孔列二重口緣土器가 주류를 이루고 있어 서북계의 角形土器와 동북계의 공열 토기가 복합된 양상을 보여준다. 이는 하바로프스크 고고학박물관에서 볼 수 있다시피 얀꼽스키나 리도프카와 같은 연해주지방의 청동기문화에 기원한다 하겠다. 최초의 예로 이제까지 청동기시대 전기(기원전 15세기~기원전 10세기)말에서 청동기시대 중기(기원전 10세기~기원전 7세기)에 걸치는 유적으로 여겨져 왔던 경기도 여주군 점동면 흔암리 유적(경기도 기념물 155호)을 들었으나 이곳 강릉 교동 유적이 앞서는 것으로 밝혀졌다. 서북계와 동북계의 양계의 문화가 복합된 최초의 지역이 남한강 유역이라기보다는 태백산맥의 동안인 강릉일 가능성은 앞으로 문화 계통의 연구에 있어 많은 시사점을 제공해준다. 또 속초시 조양동(사적 376호)에서 나온 扇形銅斧는 북한에서 평안북도 의주군 미송리, 황해북도 신계군 정봉리와 봉산군 송산리, 함경남도 북청군 토성리 등지에서 출토 례가 보고되어 있지만 남한에서는 유일한 것이다. 청동기시대의 시작은 기원전 20세기까지 올라가나 청동기와 지석묘의의 수용은 그 연대가 약간 늦다. 이는 청동기시대 전기와 중기 이중구연토기와 공열 토기의 사용과 함께 청동기가 북으로부터 받아들여졌다고 보기 때문이다. 속초 조양동의 경우 바로 위쪽의 함경남도의 동북 지방에서 전래되었을 가능성이 많다.

우리나라의 거석문화는 지석묘(고인돌)와 입석(선돌)의 두 가지로 대표된다. 그러나 기원전 4500년 전후 세계에서 제일 빠른 거석문화의 발생지로 여겨지는 구라파에서는 지석묘(dolmen), 입석(menhir), 스톤써클

(stone circle : 영국의 Stonehenge가 대표), 연도(널길) 있는 석실분(passage grave, access passage), 연도(널길) 없는 석실분(gallery grave, allé couverte)의 5종 여섯 가지 형태가 나타난다. 이 중 거친 활석으로 만들어지고 죽은 사람을 위한 무덤의 기능을 가진 지석묘는 우리나라에서만 약 29000기가 발견되고 있다. 중국의 요녕성 절강성의 것들을 합하면 더욱 더 많아질 것이다. 남한의 고인돌은 北方式, 南方式과 蓋石式의 셋으로 구분하고 발달 순서도 북방식-남방식-개석식으로 생각되고 있다. 그러나 북한의 지석묘는 황주 침촌리와 연탄 오덕리의 두 형식으로 대별되고, 그 발달 순서도 변형의 침촌리식(황해도 황주 침촌리)에서 전형적인 오덕리(황해도 연탄 오덕리)식으로 보고 있다. 우리나라의 지석묘 사회는 일반적으로 전문직의 발생, 재분배 경제, 조상 숭배와 혈연을 기반으로 하는 계급사회로 인식되고 있다. 그리고 우리나라의 지석묘가 만들어진 연대는 기원전 1500년~기원전 400년의 청동기시대이나 전라남도나 제주도 등지에서는 기원전 400년~기원전 1년의 철기시대전기에까지 토착인들의 묘제로 사용되고 있었다. 전남지방에 많은 수의 지석묘는 철기시대까지 사용된 정치 · 경제적 상류층의 무덤이며 그곳이 당시 농경을 기반으로 하는 청동기 · 철기시대의 가장 좋은 생태적 환경이었던 것이다. 이 토착사회가 해체되면서 마한사회가 나타나게 된 것이다. 최근 여수 화양면 화동리 안골 고인돌의 축조가 기원전 480년~기원전 70년이라는 사실은 이를 입증해주는 좋은 자료이다. 그러나 지석묘의 기원과 전파에 대하여는 연대와 형식의 문제점 때문에 현재로서는 구라파 쪽에서 전파된 것으로 보다 '韓半島 自生說' 쪽으로 기울어지고 있는 실정이다.

여기에 비해 한 장씩의 판석으로 짜 상자모양으로 만든 石棺墓 또는 돌널무덤(石箱墳)의 형식이 있다. 이러한 석상분은 시베리아 청동기시대 안드로노보기에서부터 나타나 다음의 카라숙-타가르기에 성행하며 頭廣足狹

여수 화양 화동리 안골 지석묘
(순천대학교 박물관)

우리나라의 서포항3기 토기와 같은 수추섬의 선사토기

의 형식과 屈葬法을 가지며 우리나라에 전파되어 청동기시대 지석묘에 선행하는 형식이다 그리고 이 분묘는 확장되어 북방식 지석묘로 그리고 지하에 들어가 남방식 지석묘로 발전해 나가는 한편 영남지방에서는 石槨墓로 발전해 삼국시대의 기본 분묘형식으로 굳히게 된다. 즉 석관묘(석상분)-지석묘(북방식/남방식)-석곽묘로 발전한다고 생각되며, 대표적인 석관묘의 유적으로 銅泡와 검은 긴 목항아리가 나온 江界市 豊龍里, 鳳山郡 德岩里, 丹陽 安東里를 들고 있다. 석관묘(석상분)와 지석묘의 기원과 전파에 대하여는 선후 문제, 문화 계통 등에 대해 아직 연구의 여지가 많다.

사카치 알리안의 암각화

그러나 포항 인비동과 여수 오림동에서 보는 바와 같이 우리나라에 들어온 기존의 청동기(비파형 또는 세형동검)와 마제석검을 사용하던 청동기-철기시대 전기의 한국 토착사회를 이루던 지석묘사회 사회에 쉽게 융화되었던 모양이다. 우리의 암각화에서 보여주는 사회의 상징과 표현된 신화의 해독이 아무르강의 사카치알리안(또는 시카치알리안)의 암각화와 기타 지역의 암각화와의 비교 연구, 그리고 결과에 따른 문화계통의 확인이 현재 한국문화의 기원을 연구하는데 필수적이다. 이들은 한반도의 동북지방의 유물들과 많은 연관성을 가지고 있다. 극동지역 및 서시베리아의 암각화도 최근에 남한에서 암각화의 발견이 많아지면서 그 관련성이 주목된다. 시베리아, 극동의 대표적인 암각화로는 러시아에서도 암각화의 연대에 대하여 이론이 많지만 대개 청동기 시대의 대표적인 암각화 유적은 예니세이강의 상류인 손두기와 고르노알타이 우코크의 베르텍과 아무르강의 사카치 알리안 등을 들 수 있다. 이에 상응하는 우리나라의 대표적인 암각화는 울주군 두동면 천전리 각석(국보 147호), 울주 언양면 대곡리 반구대(국보 285호), 고령 양전동(보물 605호) 등을 들 수 있으며, 그 외에도 함안 도항리, 영일 인비동, 칠포리, 남해 양하리, 상주리, 벽연리, 영주 가흥리, 여수 오림동과 남원 대곡리 등지를 들 수 있다. 울주 천전리의 경우 人頭(무당의 얼굴)를 비롯해 동심원문, 뇌문, 능형문(그물문)과 쪼아파기(탁각, pecking technique)로 된 사슴 등의 동물이 보인다. 이들은 앞서 언급한 러시아의 손두기, 베르텍, 키르(하바로브스크시 동남쪽 Kir강의 얕은 곳이라는 의미의 초루도보 쁘레소에 위치)와 사카치 알리안의 암각화에서도 보인다. 이의 의미는 선사시대의 일반적인 사냥에 대한 염원, 어로, 풍요와 多産에 관계가 있을 것이다. 또 그들의 신화도 반영된다. 사카치 알리안 암각화의 동심원은 '아무르의 나선문(Amur spiral)으로 태양과 위대한 뱀 무두르(mudur)의 숭배와 관련이 있으며 뱀의 숭배 또한 지그재그(갈 '之'字文)문으로 반영된다. 하늘의 뱀과 그의 자손들이 지상에 내려올 때 수직상의 지그재그(이때는 번개를 상징)로 표현된다. 이 두 가지 문양은 선의 이념(idea of good)과 행복의 꿈(dream of happiness)을 구현하는 동시에, 선사인들의 염원을 반영한다. 그리고 그물문(Amur net pattern)은 곰이 살해되기 전 儀式 과정 중에 묶인 끈이나 사슬을 묘사하며 이것은 최근의 아무르의 예술에도 사용되고 있다. 현재 이곳에 살고 있는 나나이(Nanai, Goldi)족의 조상이 만든 것으로 여겨지며 그 연대는 기원전 4000년~기원전 3000년경(이 연대는 그보다 후의 청동기시대로 여겨짐)으로 추론된다고 한다. 이들은 肅愼-挹婁-勿吉-靺鞨-黑水靺鞨-生女眞-金(서기 1115년-1234년)...滿州-淸(서기 1616년~1911년)으로 이어지는 역사상에 나타나는 種族名의 한 갈래로 현재 말갈이나 여진과 가까운 것으로 여겨지고 있다. 이들은 청동기시대에서 철기시대 전기에 속하는 것으로 볼 수 있다. 그리고 영일만(포항)에서부터 시작하여 남원에 이르는 내륙으로 전파되었음을 본다. 아마도 이들은 아무르강의 암각화 문화가 海路로 동해안을 거쳐 바로 영일만 근처로 들어온 모양이며 이것이 내륙으로 전파되어 남원에까지 이른 모양이다. 청동기시대의 석관묘, 지석묘와 비파형 동검의 전파와는 다른 루트를 가지고 있으며, 문화 계통도 달랐던 것으로 짐작이 된다.

아무르강 유역 하바로프스크시 근처 사카치 알리안 등지에서 발견되는 암각화가 울산 두동면 천전리석각(국보 제147호)과 밀양 상동 신안 고래리 지석묘 등에서 많이 확인되었다. 특히 여성의 음부 묘사가 천전리 석각과 밀양 상동 신안 고래리 지석묘 개석에서 확인된 바 있다. 후기 구석기시대 이후의 암각화나 민족지에서 성년식(Initiation ceremony) 때 소녀의 음핵을 잡아 늘리는 의식(girl' s clitoris-stretching ceremony)이 확인되는데, 이는 여성의 생식력이나 성년식과 관계가 깊다고 본다. 제사유적으로도 양평 양서 신원리, 하남시 덕풍동과 울산시 북구 연암동 등에서 발견되어 열등종교 중 다령교(polydemonism)에 속하는 정령숭배(animism), 토테미즘(totemism), 샤마니즘(무교, shamanism), 조상숭배(ancestor worship)와 蘇塗(asylum)와 같은 종교적 모습이 점차 들어나고 있다. 그리고 울주 언양면 대곡리 반구대의 암각화(국보 285호)에 그려져 있는 고래는 지금은 울주 근해에 잘 나타나지 않는 혹등고래(humpback whale) 중 귀신고래(Korean specimen whale)로 당시 바닷가에 면하고 있던 반구대사람들의 고래잡이나 고래와 관련된 주술과 의식을 보여준다.

그리고 인류문명의 발달사를 보면 청동기시대에 국가가 발생하는 것이 일반적인데, 한반도의 경우는 이와는 달리 철기시대 전기에 이르러 衛滿朝

鮮(기원전 194년~기원전 108년)이라는 최초의 국가가 등장한다. 참고로 우리나라에서의 국가 발생은 연대적으로는 수메르보다는 2800년, 중국의 상(商)보다는 약 1500년이 늦다. 현재 북한에서는 우리나라 청동기시대의 개시에 대해, 최초의 국가이자 노예소유주 국가인 古朝鮮(단군조선: 唐古, 堯 즉위 50년 庚寅年, 기원전 2333년)을 중심으로 하여 기원전 30세기에 시작되었다고 보고 있다. 즉 청동기시대가 되면서 여러 가지 사회적인 변화를 거치는데, 그러한 변화상이 고조선이라는 국가의 발생까지 이어지는 것으로 본 것이다. 한편 남한에서는 대체로 기원전 2000년~기원전 1500년을 전후하여 청동기시대가 시작되었다고 보고 있다. 그리고 남한은 鐵器時代前期의 衛滿朝鮮이 이제까지 문헌상의 최초의 국가로 보고 있다.

이처럼 남북한에서 각자 보고 있는 청동기시대의 상한과 최초의 국가 등장 및 그 주체 등이 매우 다르기는 하나 우리나라의 청동기문화상은 비파형단검, 거친무늬거울, 고인돌과 미송리식토기로 대표되는데, 이들은 한반도뿐만 아니라 요동·길림지방에까지 널리 분포되어 있어 우리나라 청동기문화의 기원에 대한 여러 가지 시사를 준다. 이후 비파형동검문화는 세형동검문화와 점토대토기문화로 이어지게 되면서 철기의 사용이 시작되었다.

현재까지 청동기시대의 문화상에 대해 합의된 점을 꼽아 보자면, 청동기시대가 되면 전 세계적으로 사회의 조직 및 문화가 발전되며, 청동기의 제작과 이에 따른 기술의 발달, 그리고 전문직의 발생, 관개농업과 잉여생산의 축적, 이를 통한 무역의 발달과 궁극적으로 나타나는 계급발생과 국가의 형성 등이 대표적인 특징이 된다. 이들은 결국 도시·문명·국가의 발생으로 축약된다.

4.

필자는 청동기, 철기시대 전기와 후기(삼국시대 전기)의 고고학과 고대사의 흐름의 일관성에 무척 관심을 가져 몇 편의 글을 발표한 바 있다. 1988년~2008년의 제5 · 6 · 7차 고등학교 국사교과서에서부터 1997년~2002년 국사편찬위원회에서 간행한 한국사 1, 3과 4권에 이르기까지 초기 철기시대와 원삼국시대란 용어대신 새로운 編年을 設定해 사용해오고 있다. 한국고고학 편년은 구석기시대-신석기시대-청동기시대(기원전 2000년~기원전 400년)-철기시대 전기(기원전 400년~기원전 1년)-철기시대 후기(삼국시대전기 또는 삼한시대 : 서기 1년~서기 300년: 종래의 원삼국시대)-삼국시대 후기(서기 300년~서기 660/668년)로 설정된다.

참/고/문/헌

최몽룡

1997 청동기시대개요, 한국사 3 청동기문화와 철기문화, 국사편찬위원회

2006 최근의 고고학자료로 본 한국고고학 · 고대사의 신연구, 주류성

2007 인류문명발달사, 주류성

2007 경기도의 고고학, 주류성

제 4 장

한국의 청동기 · 철기시대와 지석묘

1. 한국고고학의 편년

1988년~2008년의 제5 · 6 · 7차 고등학교 국사교과서에서부터 1997년~2002년 국사편찬위원회에서 간행한 한국사 1, 3과 4권에 이르기까지 초기 철기시대와 원삼국시대란 용어대신 새로운 編年을 設定해 사용해오고 있다. 한국고고학 편년은 구석기시대-신석기시대-청동기시대(기원전 2000년~기원전 400년)-철기시대 전기(기원전 400년~기원전 1년)-철기시대 후기(삼국시대전기 또는 삼한시대 : 서기 1년~서기 300년: 종래의 원삼국시대)-삼국시대 후기(서기 300년~서기 660/668년)-통일신라시대(서기 668년~서기 918년)로 설정된다.

2. 청동기시대

신석기시대에 이어 한반도와 만주에서는 기원전 20세기~기원전 15세기경부터 청동기가 시작되었다. 그 시기는 신석기시대와 청동기시대 조기인들이 약 500년간 공존하면서 신석기인들이 내륙으로 들어와 농사를 짓거나 즐문토기의 태토나 기형에 무문토기의 특징이 가미되는 또는 그 반대의 문화적 복합양상이 나타나기도 한다. 이는 通婚圈(intermarrige circle, marriage ties or links)과 通商圈(interaction shpere)의 결과에 기인한다. 최근의 발굴 조사에 의하면 한반도의 청동기시대의 시작이 기원전 20~기원전 15세기를 오를 가능성이 한층 높아졌다. 이는 이중구연토기와 공렬토기에 앞서는 돌대문토기가 강원도 춘성군 내평, 정선 북면 여량 2리(아우라지), 춘천 천전리, 홍천 두촌면 철정리, 홍천 화촌면 외삼포리, 경주 충효동, 경기도 가평 상면 연하리와 인천 계양구 동양동 유적을 비롯한

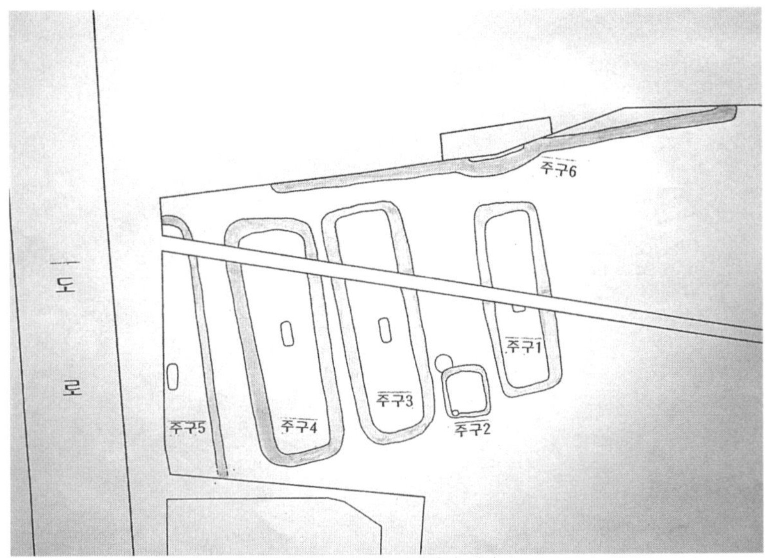

춘천 신북 천전리 성역화된 석관묘
(강원문화재연구소)

대구 달서구 진천동 지석묘하 석실
(영남문화재연구원)

진주 남강의 석관묘
(동아대학교 박물관)

보성 조성면 동호리 1호
(국립광주박물관)

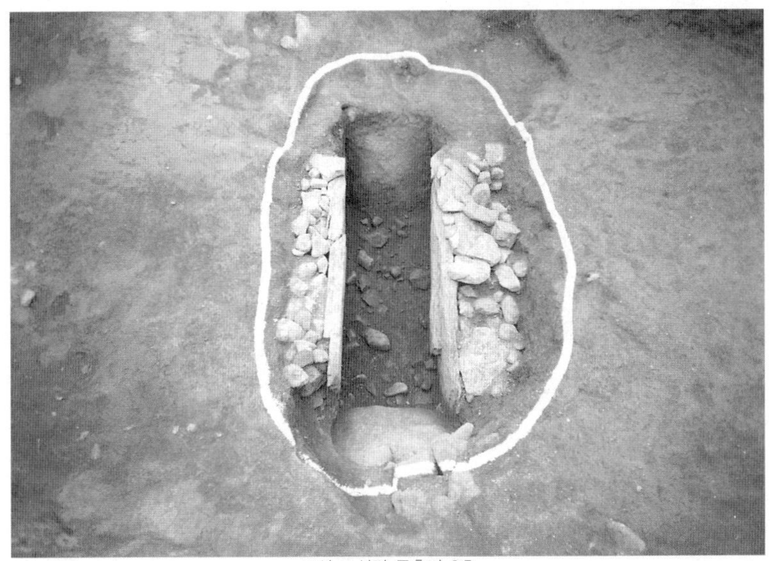

보성 조성면 동촌리 2호
(국립광주박물관)

대구 수성구 상동 4 · 5호 지석묘 하부구조
(경북문화재연구원)

여러 곳에서 새로이 나타나고 있기 때문이다. 각목돌대문토기의 경우 小珠山유적의 상층에 해당하는 大連市 石灰窯村, 交流島 蛤皮地, 長興島 三堂유적(이상 기원전 2450년~기원전 2040년)과 吉林省 和龍縣 東城鄕 興城村 三社(早期 興城三期, 기원전 2050년~기원전 1750년)에서, 그리고 연해주의 자이사노프카의 시니가이와 올레니 유적(이상 기원전 3420년~기원전 1550년)에서 발견되고 있어 서쪽과 동쪽의 두 군데에서 영향을 받았을 가능성이 많다. 이들 유적들은 모두 신석기시대 말기에서 청동기시대 초기에 속한다. 이중구연토기와 공렬토기가 나오는 강원도 춘천시 서면 신매리 주거지 17호 유적(1996년 한림대학교 발굴, 서울대학교 '가속기질량분석(AMS)' 결과 3200±50 BP 기원전 1510년, 문화재연구소 방사성탄소연대측정결과는 2840±50 BP 기원전 1120년~기원전 840년이라는 연대가 나옴), 경기도 평택 지제동(기원전 830년, 기원전 789년), 청주 용암동(기원전 1119년), 경주시 내남면 월산리(기원전 970년~기원전 540년, 기원전 1530년~기원전 1070년 사이의 두 개의 측정연대가 나왔으나 공반유물로 보아 기원전 8세기~기원전 10세기에 속할 가능성이 높다. 실제 중간연대도 기원전 809년과 기원전 1328년이 나왔다), 충주 동량면 조동리(1호 집자리 2700±165 BP, 1호집자리 불땐 자리 2995±135 BP 기원전 10세기경), 대구시 수성구 상동 우방 아파트(구 정화여중 · 고)와 속초시 조양동 유적(사적 376호)들이 기원전 10세기~기원전 7세기경으로, 그리고 강릉시 교동의 집자리 경우 청동기시대 전기에서 중기로 넘어오는 과도기적인 것으로 방사성 탄소측정 연대도 기원전 1130년~기원전 840년 사이에 해당한다. 여기에서는 구연부에 短斜線文과 口脣刻目文이 장식된 孔列二重口緣土器가 주류를 이루고 있어 서북계의 角形土器와 동북계의 공열 토기가 복합된 양상을 보여준다. 이는 하바로프스크 고고학박물관에서 볼 수 있다시피 얀꼽스키나 리도프카와 같은 연해주지방의 청동기문화에 기원한다 하겠다. 최초의 예로 이

경주 분황사 앞 지석묘

장흥 탐진댐내 신풍리 마전 지석묘 하부구조
(목포대학교 박물관)

제까지 청동기시대 전기(기원전 15세기~기원전 10세기)말에서 중기(기원전 10세기~기원전 7세기)의 유적으로 여겨져 왔던 경기도 여주군 점동면 흔암리 유적(경기도 기념물 155호)을 들었으나 이곳 강릉 교동 유적이 앞서는 것으로 밝혀졌다. 서북계와 동북계의 양계의 문화가 복합된 최초의 지역이 남한강 유역이라기보다는 태백산맥의 동안인 강릉일 가능성은 앞으로 문화 계통의 연구에 있어 많은 시사점을 제공해준다. 또 속초시 조양동(사적 376호)에서 나온 扇形銅斧는 북한에서 평안북도 의주군 미송리, 황해북도 신계군 정봉리와 봉산군 송산리, 함경남도 북청군 토성리 등지에서 출토 례가 보고되어 있지만 남한에서는 유일한 것이다. 청동기시대의 시작은 기원전 20세기까지 올라가나 청동기와 지석묘의의 수용은 그 연대가 약간 늦다. 이는 청동기시대 전기와 중기 이중구연토기와 공열 토기의 사용과 함께 청동기가 북으로부터 받아들여졌다고 보기 때문이다. 속초 조양동의 경우 바로 위쪽의 함경남도의 동북 지

나주 마산 다도면 쟁기머리 지석묘 하부구조
(전남대학교 박물관)

방에서 전래되었을 가능성이 많다.

신석기시대에서 청동기시대로의 이행은 인천광역시 중구 용유도, 연평 모이도, 백령도 말등 패총, 시흥 능곡동, 경주 신당동 희망촌, 김천 송죽리, 경남 산청 소남리, 대구 북구 사변동과 강원도 영월 남면 연당 2리 쌍굴, 정선 북면 여량 2리(아우라지), 춘천 천전리와 우두동 유적 등 빗살문 토기와 무문토기가 공존하는 유적들에서 시작되었다. 즉 이들 유적들에서는 문양과 태토의 사용에 있어 서로의 전통에 구속됨 없이 서로의 문화적인 특징을 수용하고 있음이 확인된다. 이러한 현상은 신석기시대 후기, 즉 빗살/부분빗살문토기시대부터 관찰되는데, 그 연대는 기원전 2000년~기원전 1500년경이다. 즉, 청동기시대는 돌대문토기(춘성 내평 출토 隆起帶附短斜集線文土器를 의미함, 이 유적을 파괴하고 지은 무문토기시대의 집자리의 연대는 기원전 940년과 기원전 640년의 연대가 나와 이 유적은 아마도 공

나주 다도면 판촌리 지석묘 하부구조
(전남대학교 박물관)

나주 다도면 판촌리 지석묘 하부구조
(전남대학교 박물관)

무안 성동리 안골 지석묘 하부구조
(전남대학교 박물관)

렬토기의 집자리로 생각된다.)와 이중구연의 토기, 철기시대는 기원전 5세기 단면 원형의 점토대토기의 등장을 기점으로 시작되었다고 할 수 있다.

최근 많은 청동기시대 유적들이 조사되고 있는데, 아직은 가설 수준이긴 하지만 청동기시대에는 가) 전면 또는 부분의 빗살문 토기와 공반하는 돌대문토기와 이중구연토기로의 이행과정에 있는 토기, 나) 단사선문이 있는 이중구연토기, 다) 공렬토기와 구순각목토기(이 기간에는 逆刺式 또는 유경석촉과 반월형석도도 공반한다), 라) 경질무문토기 등 네 가지 토기가 순서를 이루면서 등장했다고 생각된다. 각각의 토기가 성행하는 기간을 영어로 표현한다면 time(적용례: prehistory)-age(stone)-period(bronze)-epoch(chellean) 순서 중 epoch 또는 phase에 속하는 것이 가장 적절한 것으로 생각된다. 그런데 나)와 다)의 기간을 명확하게 나눌 수 있는 근거가 충분한지에 대해서는 좀더 자료를 검토해 볼 필요가 있다. 왜냐하면 앞으로의 문제점은 구순각목토기와 공렬문토기가 별개로 또는 함께 나타나기도 해서 기원문제와 공반관계를 밝혀야 할 필요도 있기 때문이다.

한편 700~850℃에서 소성된 경질무문토기는 청동기시대후기에서 철기시대전기에 사용되었으며 그 하한 연대는 철기시대전기의 말인 서력기원 전후라 생각된다. 그 구체적인 연대는 사적 11호 풍납토성을 축조했던 온조왕 41년, 즉 서기 23년으로 볼 수 있다. 이는 풍납토성 동벽과 서벽 바닥에서 출토된 매납용 경질무문토기의 존재를 통해 알 수 있다. 이들은 위만조선의 화분형 토기와도 밀접한 관련이 있을 것이다. 그리고 미래마을 197번지 일대(영어체험마을)의 발굴조사에서 경질무문토기 3점과 함께 기체 표면에 원점을 압인한 뾜체(捁婁)의 단지형 토기도 나오고 있어 주목된다. 이는 백제의 초기 문화기원을 알려주는 중요한 단서가 된다. 구연부 단면 원형의 점토대토기는 철기시대의 개시를 알려주는 고고학 자료로 인식되는데, 이는 중국 遼寧省 沈陽 鄭家窪子 유적부터 확인되기 시작한다. 철기시대 전기에는 단면 원형의 점토대토기와 함께 청동기시대와 철기시대에 걸쳐 제작 사용된 무문토기(경질무문토기 포함)가 보인다. 점토대토기는 그 단면형태가 원형, 직사각형, 삼각형의 순으로 발전함이 확인되어 이를 통한 세부 편년도 설정해 볼 수 있다. 아직 유물의 형식분류, 공반 관계 및 기원 등 해결해야 할 문제가 많이 남아 있다.

3. 철기시대

철기시대는 점토대토기의 등장과 함께 시작되는데, 가장 이른 유적은 심양 정가와자 유적이며 그 연대는 기원전 5세기까지 올라간다. 그러나 앞으로 철기시대연구의 문제점은 최근의 질량가속연대측정(AMS)에 의한 결과 강릉 송림리유적이 기원전 700년~기원전 400년경, 안성 원곡 반제리의 경우 기원전 875년~기원전 450년, 양양 지리의 경우 기원전 480년~기원전 420년(2430±50 BP, 2370±50 BP) 그리고 횡성군 갑천면 중금리 기원전 800년~기원전 600년, 홍천 두촌면 철정리에서 기원전 640년, 기원전 620년이 나오고 있어 철기시대 전기의 상한 연대가 기원전 5세기에서 더욱더 올라갈 가능성이 있다는 것이다. 철기시대는 점토대토기의 등장과 함께 시작되는데, 현재까지 가장 이른 유적은 심양 정가와자 유적이며 그 연대는 기원전 5세기까지 올라간다. 따라서 한국의 철기시대의 시작은 현재 통용되는 기원전 4세기보다 1세기 정도 상향 조정될 수 있는데, 이는 신석기시대 후기에 청동기시대의 문화 양상 중 국지적으로 전면/부분빗살문토기와 돌대문토기의 결합과 같은 것과 같은 맥락에서 이해될 수 있다. 그리고 철기시대 전기의 특징적인 주거지인 凸자형 집자리는 자이사노프카의 올레니 A에서, 呂자형 집자리는 끄로우노프까(북옥저, 團結) 유적이 기원이 되고

고흥 남양 증산리 지석묘 하부구조
(순천대학교 박물관)

있음이 최근 밝혀지고 있어 철기시대의 상한은 현재의 생각보다 더 올라갈 수도 있다. 철기시대 전기 중 Ⅰ기(전기)는 Ⅰ식 세형동검(한국식동검), 정문식 세문경, 동부, 동과, 동모, 동착 등의 청동기류와 철부를 비롯한 주조 철제 농 · 공구류, 그리고 단면 원형의 점토대토기와 경질무문토기를 문화적 특색으로 한다. 그 연대는 기원전 4세기~기원전 3세기로부터 기원전 100년 전후로 볼 수 있다. Ⅱ기(후기)에는 Ⅱ식 세형동검과 단조철기가 등장하고, 세문경 대신 차마구가 분묘에 부장되고 점토대토기의 단면 형태는 삼각형으로 바뀐다. 또 철기시대 전기는 동과와 동검의 형식분류에 따라 세 시기로 구분될 수도 있다. 매우 이른 시기 철기시대의 유적의 예로 강원도 강릉 사천 방동리 과학일반 지방산업단지에서 확인된 유적을 들 수 있다. 점토대토기의 단면 형태는 원형, 직사각형, 삼각형의 순으로 변화한 것 같다. 원형에서 삼각형으로 바뀌는 과도기에 해당하는 점토대토기 가마가 경상남도 사천 방지리, 아산 탕정면 명암리와 강릉 사천 방동리 유적에서 확인된 바 있다. 단면 직사각형의 점토대토기는 원형에서 삼각형으로 바뀌는 과도기적 중간 단계 토기로 화성 동학산 및 안성 공도 만정리, 아산 탕정 명암리, 홍천 두촌면 철정리와 제주도 제주시 삼양동(사적 416호)에서도 확인된다. 최근 경주 금장리와 견현 하구리, 경기도 부천 고강동, 화성 동탄 감배산, 안성 원곡 반제리와 공도 만정리, 오산시 가장동, 양평 용문 원덕리, 강릉 송림리, 완주 갈동 등 이 시기에 해당하는 점토대토기 유적들이 확인되었다. 철기시대 전기는 두 시기로 구분할 수 있다. 다시 말해서 동과와 동검, 그리고 점토대토기의 단면형태를 고려한다면 철기시대 전기를 두 시기가 아닌 세 시기로 구분할 수도 있다. 다시 말해서 동과와 동검 그리고 점토대토기의 단면형태를 고려한다면 철기시대 전기를 두 시기가 아닌 Ⅰ기(前) · Ⅱ기(中) · Ⅲ기(後) 세 시기의 구분이 가능할 수 있겠다. 최근 발견된 유적을 보면 완주 이서면 반교리 갈동에서는 동과 · 동검의 용범과 단면 원형 점토대토기가, 그리고 공주 의당면 수촌리에서 세형동검, 동모, 동부(도끼, 斧), 동사와 동착(끌, 鑿)이 토광묘에서 나왔는데, 이들은 논산 원북리, 가평 달전 2리와 함께 철기시대 전기 중 Ⅰ기(전기)의 전형적인 유적 · 유물들이다. 다시 말해 세형동검 일괄유물, 끌을 비롯한 용범(거푸집), 토광묘 등은 점토대토기(구연부 단면원형)와 함께 철기시대의 시작을 알려준다. 특히 이들이 토광묘에서 출토되었다는 사실은 세형동검이 나오는 요양 하란 이도하자(遼陽 河欄 二道河子), 여대시 여순구구 윤가촌(旅大市 旅順口區 尹家村), 심양 정가와자(沈陽 鄭家窪子), 황해도 재령 고산리(高山里)를 비롯해 위만조선(기원전 194년~기원전 108년) 시기와 밀접한 관련이 있는 것으로 볼 수 있다. 그리고 화성 동학산에서는 철제 끌의 용범과 단면 직사각형의 점토대토기가, 안성 공도 만정리의 토광묘에서는 세형동검과 함께 단면 직사각형의 점토대토기가 나왔는데 이들은 철기시대 전기 중 Ⅱ기(중기)의 유물들이다. 여기에는 제주도 삼양동(사적 416호), 아산 탕정 명암리와 홍성 두촌면 철정리 유적도 포함된다. 철기시대 전기 중 후기(Ⅲ기)에는 구연의 단면이 삼각형인 점토대토기와 다리가 굵고 짧은 豆形토기가 나오는데 여기에는 경주 蘿井(사적 245호), 月城(사적 16호), 파주 탄현면 갈현리, 수원 고색동유적 등이 포함된다. 그 중 안성 반제리와 부천 고강동유적은 환호로 둘러싸여 있어 제사유적으로 추측되고 있다.

4. 한국의 지석묘

전 세계적으로 지석묘(고인돌)는 선사시대 돌무덤의 하나로 거석문화에 속한다. 성격은 무덤으로서의 구실이 크다. 대표적인 집단무덤의 예로는 석실 속에서 성별 · 연령의 구별 없이 약 3백개체의 뼈가 발견된 남부 프랑스 카르카송(Carcasonne) 근처에서 발견된 집단묘와 185구의 성인과 18개체분의 어린아이의 뼈가 나온 아베이롱(Aveyron)을 들 수 있다. 유럽의 고인돌은 프랑스 · 남부 스웨덴 · 포르투칼 · 덴마크 · 네덜란드 · 영국 등지에 두루 분포하고 있는데, 그 연대가 지금까지는 대개 기원전 2500년~기원전 2000년에 속하는 것으로 알려져 왔다. 영국의 스톤헨지만을 보더라도 처음에는 그 연대는 기원전 1900년(Stewart Pigott), 기원전 2350년(Richard Atkinson)이 나왔으나, 최근 영국의 고고학자인 콜린 렌프루(Collin Renfrew)가 보정탄소연대를 적용해 본 결과 기원전 2750년이 나와 구라파의 고인돌은 이집트 쿠푸왕의 피라밋 제작연대인 기원전 2600년경보다 약 150년이 앞서고 있다. 따라서 구라파의 거석문화의 기원이 이집트라는 Graffton Elliot Smith와 같은 전파론자들의 주장은 설득력을 잃어버리게 되었다. 구라파에서 지석묘는 기원전 4000년대까지 올라가며, 또 영국이나 프랑스의 경우 가장 오래된 고인돌의 연대는 기원전 4800년까지 나오고 있다. 최근에는 기원전 4000년~기원전 3000년대에 이미 고인돌이 유럽 전역에서 축조되었다는 것이 정설로 되었다. 고인돌은 또한 마요르카(Majorca) · 미노르카(Minorca) · 말타(Malta) · 사르디니아(Sardinia) · 불가리아 · 카프카스(Kavkaz) · 다카(Dacca)지방에서도 보이며, 에티오피아 · 수단 등 아프리카에서도 나타난다. 이들은 지중해연안을 끼고 있는 지역 일대에 중점을 두어 나타나고 있는 것이 특징이며, 멀리 팔레스타인 · 이란 · 파키스탄 · 티베트와 남부 인도에까지도 분포하고 있다. 인도의 경우 일반적으로 인도고고학 편년 상 철기시대에 나타나고, 실 연대는 기원전 10세기경인데 어떤 것은 서기 2세기까지 내려오는 것도 있다. 대체적으로 인도의 고인돌은 기원전 1000년~기원전 550년 사이 드라비다족에 의해 만들어진 것으로 알려져 있다. 또한, 고인돌은 인도네시아 · 보르네오 · 말레이시아에서도 계속 나타나는데, 그 연대에 대해서는 아직 정설이 없다. 그러나 피코크(Peacock, J. L.)는 농업의 단계, 즉 화전민식 농경(火田民式農耕)에서 수전식 농경(水田式農耕)에로의 변천과정에 착안하여, 인도네시아지역의 오래된 고인돌은 기원전 2500년~기원전 1500년경에 해당하는 것으로 보고, 늦은 것은 악기의 일종인 청동제 드럼(drum)을 특징으로 하는 동손문화(Dongson 文化)와 철기가 유입된 기원전 5세기~기원전 4세기경으로 보고 있다. 고인돌은 일본에서도 나타나고 있는데, 우리나라에서 전파된 구주지방(九州地方)의 고인돌은 조몽시대(繩文時代) 말기 즉 기원전 5세기~기원전 4세기까지 올라가는 것도 있으나, 보편적으로 야요이시대[彌生時代]에 속한다.

그러나 기원전 4500년 전후 세계에서 제일 빠른 거석문화의 발생지로 여겨지는 구라파에서는 지석묘(dolmen), 입석(menhir), 스톤써클(stone circle : 영국의 Stonehenge가 대표), 연도(널길) 있는 석실분(passage grave, access passage), 연도(널길) 없는 석실분(gallery grave, allé couverte)의 크게 5종 여섯 가지 형태가 나타난다. 이들 거석문화의 대표례들은 영국 Avebury의 Stnehenge, Cornwall의 Porthole, 스웨덴의 Sonderholm, 스페인의 Los Millares, 영연방인 Malta의 Tarxien, Gian Tija(Ggantija, Gozo), Mnajidra, Hagar Quim(Hagar Quimand), 프랑스 Brittany의 Carnac, Locmariaquer, Morbihan, Dissignac, Gavrinis와 아일랜드의 Newgrange, Meath, Haroldtown, Punchtown, Knowth 등이다. 특히 말타(Malta)와 이웃 고조(Gozo)섬에는 다른 곳들의 거석문화와는 달리 특이한 3~6葉型의 반원형 회랑(apse)들을 가진 사원(temple)이 24개소나 있으며, 이들은 기원전 3500년~기원전 2500년에 속한다. 이들은 유럽의 거석문화를 연구하는 학자들로부터 거석문화의 하나로 불린다. 또 이들 사원들은 Minorca, Majorca와 Ibiza 섬이 포함되는 스페인령 Balearic islands(발레아레스 제도)의 기원전 2000년경의 Talayot문화의 거석으로 축조된 사원들과도 비교된다.

우리나라의 거석문화는 지석묘(고인돌)와 입석(선돌)의 두 가지로 대표된다. 거친 활석으로 만들어지고 죽은 사람을 위한 무덤의 기능을 가진 지석묘는 우리나라에서만 약 29,510기가 발견되고 있다. 현재까지 알려진 한국의 지석묘는 강원도 338, 경기도 502, 경상북도 2,800, 경상남도 1,238, 전라북도 1,597, 전라남도 19,068, 충청북도 478, 제주도 140, 북한 3,160의 모두 29,510기나 된다. 특히 전라남도는 청동기시대 중기(기원전 10세기~기원전 7세기) 공렬토기가 나오는 단계에 수전경작과 함께 인구가 급격히 증가하면서 지석묘의 수가 전국의 약 2/3가 될 정도로 증가한다. 이는 영산강과 압록강으로 합치는 보성강-섬진강을 중심으로 주위의 비옥한 자연환경(niche)을 적극 이용하여 농사를 해서 잉여생산물을 많이 만들었기 때문이다. 다시 말해 주위의 환경에 적응과 개발을 잘한 것이다. 중국의 요녕성 절강성의 것들을 합하면 더욱더 많아질 것이다. 남한의 고인돌은 北方式, 南方式과 蓋石式의 셋으로 구분하고 발달 순서도 북방식-남방식-개석식으로 생각되고 있다. 그러나 북한의 지석묘는 황주 침촌리와 연탄 오덕리의 두 형식으로 대별되고, 그 발달 순서도 변형의 침촌리식(황해도 황주 침촌리)에서 전형적인 오덕리(황해도 연탄 오덕리)식으로 보고 있다. 우리나라의 지석묘 사회는 일반적으로 전문직의 발생, 재분배 경제, 조상 숭배와 혈연을 기반으로 하는 계급 사회로 인식되고 있다. 그러나 지석묘의 기원과 전파에 대하여는 연대와 형식의 문제점 때문에 현재로서는 구라파 쪽에서 전파된 것으로 보다 '韓半島 自生說' 쪽으로 기울어지고 있는 실정이다.

한반도에서 청동기-철기시대 묘제는 고인돌이다. 그러나 그 시작은 청동기시대부터이며 기원전 15세기부터 한반도 토착사회의 중심 묘제인 지석묘(고인돌)가 사용되었으며 그 형식은 북방식, 남방식과 개석식이다. 그러면서도 이들 지석묘는 여수 화동리 안골의 지석묘(기원전 480년에서 기원전 70년까지 사용)처럼 철기 시대에 까지 계속 사용되어 오다가 이를 바탕으로 마한을 비롯한 삼한 사회로 이행되었다. 한반도의 청동기시대와 철기시대 전기의 토착인은 지석묘를 축조하던 사람들로 이들은 중국 요녕성 · 길림성과 한반도 전역에서 기원전 1500년에서 기원을 전후로 한 시기까지 약 1500년 동안에 걸쳐 북방식, 남방식, 그리고 개석식 지석묘를 축조하였다. 요녕성과 길림성의 북방식 고인돌 사회는 미송리식 단지, 비파형동검, 거친무늬거울 등을 標識遺物로 하는 문화를 지닌 고조선의 주체세력으로 알려져 있다. 이들은 전문직, 재분배경제, 조상숭배[사천 이금동, 마산 덕천리와 진동리(사적 472호), 보성 조성면 동촌리, 무안읍 성동리와 광주 충효동 지석묘가 대표적임]와 혈연을 기반으로 하는 계급사회를 형성했으며,

이러한 계급사회를 바탕으로 철기시대전기에 이르러 우리나라의 최초의 국가인 위만조선이 등장하게 되었다. 인류문명의 발달사를 보면 청동기시대에 국가가 발생하는 것이 일반적인데, 한반도의 경우는 이와는 달리 철기시대 전기에 이르러 국가가 등장한다. 참고로 우리나라에서의 국가 발생은 연대적으로는 수메르보다는 2800년, 중국의 商보다는 약 1500년이 늦다.

우리나라에 있어 고인돌은 크게 세 가지 형식, 즉 북방식 · 남방식 · 개석식으로 나누어진다. 일반적으로 남방식 고인돌은 매장시설의 주요부분이 지하에 설치되어 있는 것으로, 우선 매장시설이 지상에 있는 북방식 고인돌과 형태상으로 구분된다. 남방식 고인돌은 판석(板石), 할석(割石)이나 냇돌을 사용하여 지하에 돌방(石室)을 만들고 그 위에 거대한 뚜껑돌(蓋石)을 올려놓은 것으로, 청동기시대에서 철기시대 전기(기원전 400년~기원전 1년) 초에 걸쳐 유행한 거석분묘이다. 남방식 고인돌은 크게 받침돌(支石)이 있는 것과 없는 것으로 나누어지는데, 앞의 것은 남방식(기반식 · 바둑판식)으로, 뒤의 것은 개석식(무지석식 · 변형고인돌)으로 세분된다. 남방식은 주로 전라도 · 경상도 등 한강 이남지역에 분포되어 있고, 개석식은 한반도 전역에 분포되어 있다. 북방식(탁자식) 고인돌은 네 개의 판석을 세워서 평면이 장방형인 돌방을 구성하고 그 위에 거대한 뚜껑돌을 올려놓은 것으로, 돌방이 지상에 노출되어 있다. 고인돌에 대한 형식분류는 학자에 따라 다르고, 또 지하석실구조에 따라 다시 세분된다. 즉, 돌방 뚜껑의 유무와 돌널(石棺) · 돌방 · 덧널(土壙) 등 돌방의 구조, 그리고 돌방의 수 또는 학자들의 분류기준에 따라 다양하게 분류된다. 우리나라 고인돌의 기원으로, 시베리아의 카라스크 돌널무덤계통(石箱墳系統)의 거석문화의 영향을 받은 것으로 보는 북방설, 세골장과 함께 동남아시아에서 왔다고 보는 남방설, 한반도에서 독립적으로 발생했다고 보는 자생설 등이 있다. 고인돌의 변천이나 편년에 대해서도 아직 확실한 정설은 없다. 한반도 북부에서 북방식 고인돌이 먼저 나타나서 그것이 점차로 남부로 퍼지고, 이어 개석식 고인돌이 파생되었다고 보는 것이 가장 전통적인 견해이다. 그러나 남부에만 있는 남방식 고인돌을 말기적 형식으로 보는 설도 있다. 또한 개석식 고인돌을 원초적인 것으로 보고 이를 기반으로 하여 북부에서는 북방식 고인돌로, 남부에서는 남방식 고인돌로 발전하였다고 하는 제3의 설도 있다. 즉 북한에서 침촌형(황해북도 황주군 침촌리에서 따옴, 변형 고인돌)과 오덕형(황해북도 연탄군 오덕리에서 따옴, 전형 고인돌)으로 나누고 변형 고인돌(남방식 · 개석식)에서 전형고인돌(탁상식 · 북방식)과 묵방리식 고인돌(평안남도 개천 묵방리, 기원전 7세기~기원전 5세기, 수혈식에서 무덤 안길이 있는 횡혈식의 형태와 또 개별 무덤구역으로 발전)로 발전해 나갔다고 하는 견해가 바로 그것이다. 그중에서 북방식 고인돌은 네 개의 판석을 세워서 장방형의 돌방을 구성하고 그 위에 거대하고 편평한 돌을 뚜껑돌로 올려놓은 것으로, 유해가 매장되는 돌방을 지상에 노출시키고 있는 것이 뚜렷한 특징이다. 돌방의 긴 변에 세운 두 개의 받침돌은 거대한 뚜껑돌의 무게를 직접 받고 있으므로 두꺼운 판석을 사용하고 있으며, 하부는 땅 속에 깊이 묻혀 돌방 내부 바닥보다 훨씬 뿌리가 깊다. 또한, 밑뿌리의 형태는 되도록 지하에 깊이 박을 수 있도록 삼각형이나 반달형을 이루고 있다. 돌방의 짧은 변에 세우는 받침돌은 긴 변 받침돌 내부에 들어와 'v' 모양으로 세워진다. 이 짧은 받침돌들은 뚜껑돌의 중량을 직접 받고 있지 않기 때문에 입구를 여닫기가 비교적 용이하다. 그러나 북방식 고인돌 중에는 네 개의 받침돌 중 한두 개가 없어진 경우도 많다. 돌방 내부 바닥에는 자갈이나 판석을 깐 것도 있으나, 그냥 맨땅(생토)으로 된 것이 보통이다. 받침돌 하부에는 기초를 튼튼히 하기 위해 돌덩이로 보강하고 있는 것이 보통이다. 그러나 돌방 바깥쪽에 돌을 깐 경우는 거의 없다. 뚜껑돌 크기는 대개의 경우 2~4m 정도가 보통이나 황해도 은율 관산리나 오덕리 에서처럼 8m 이상이며, 전체 높이가 2m 이상인 경우도 있다. 돌방은 대개 하나로 구성되어 있으나, 황주군 송신동의 예처럼 남북 장축의 돌방 안에 세장의 판석을 동서방향으로 세워 네 개의 칸을 만들고, 각 칸에 시체를 동서방향으로 눕혔던 흔적이 있는 형식도 있다. 북방식 고인돌은 전라북도 고창읍 도산리(사적 391호), 전라남도 나주군 만봉리와 회진읍 회진성내에서 발견되기도 하나 주로 한강 이북에 분포하고 있으며, 평안남도와 황해도지방의 대동강 · 재령강 · 황주천 일대에 집중되어 있다. 평안남도 용강군 석천산 일대에는 동서 2㎞, 남북 3㎞의 면적 안에 무려 120여 기가 밀집되어 있기도 한다. 그러나 평안북도와 함경도에는 분포가 드물다. 강원도 산악지대에는 고성과 춘천을 연결하는 북한강 유역을 한계로 북방식 고인돌의 분포가 끝난다. 종전에 전라남도나 경상도에서도 발견된 북방식 고인돌들은 개석식 고인돌의 지하돌방이 노출된 것으로 오인되었다. 그러나 이제는 이러한 북방식 고인돌이 전국에서 발견될 수 있는 것으로 보아도 되겠다. 북방식 고인돌은 돌방이 지상에 노출되어 일찍이 도굴 당했을 가능성이 커 부장품이 거의 발견되지 않고 있다. 부장품은 대개 화살촉과 돌검(石劍)이 주이나 최근 옥(玉)류와 청동검도 나오고 있다. 황해도 연탄군 오덕리 두무동 4호에서는 한 곳에서만 9개의 화살촉이 나왔다. 이들은 대부분 화살촉 몸의 단면이 마름모꼴을 이룬 슴베화살촉(有莖石鏃)이다. 그 밖에 반달형돌칼 · 대팻날도끼 · 둥근도끼 · 대롱옥(관옥) 및 토기조각이 소수 출토되고 있다. 북방식 고인돌의 편년 및 연대에 대해 일치된 의견은 아직 없으나, 기원전 1500년 이후 한반도에서 축조되었으며, 하한에 대하여서는 북한지구에 철기가 들어오기 전, 늦어도 기원전 5세기 이전에 그리고 남쪽지역에서는 철기시대 전기 말인 기원전 1년까지 존속하였던 것으로 보고 있다. 최근 철기시대의 상한이 강원도 홍천 두촌면 철정리 유적에서 기원전 620년과 640년이 나오고 전라남도 화양면 화동리 안골 지석묘들의 연대가 기원전 480년~기원전 70년 사이로 지석묘가 철기시대에도 토착사회의 중요한 묘제의 하나로 존재하고 있었다. 이들 지석묘사회가 해체하면서 삼한사회로 이행이 되었다. 그러한 예로 전라남도 장흥 유치면 신풍의 마정과 나중 다도면 송학리 등지의 지석묘와 이웃 집자리에서 볼 수 있다. 남방식 고인돌은 '바둑판식'이라고도 불리는 것으로, 판석 · 할석 · 냇돌 등을 사용하여 지하에 돌방을 만들고 뚜껑돌과 돌방 사이에 3, 4매 또는 그 이상의 받침돌이 있는 형식으로서, 주로 전라도 · 경상도 등 한강 이남지역에 분포되어 있다. 지하 널방의 구성은 여러 가지 방법이 사용되어 왔으나, 이들은 반드시 그 윗면을 덮는 자신의 뚜껑을 가지고 있다. 뚜껑으로는 판석을 이용하기도 하였으나 나무로 만든 뚜껑을 덮었을 가능성도 많다. 일부에서는 개석식 고인돌을 남방식 고인돌에 포함시키기도 하나, 양자는 분포와 형식상 차이가 많아 구별하여야 한다고 생각된다. 남방식 고인돌은 평지나 구릉 위에 분포하고 있으나, 때로는 좁은 평지가 있는 계곡 사이나 산의 경사면 또는 산정상부에서도 발견되고 있는데, 대개 일정한 형식이 없이 거대한 뚜껑돌을 구하기 쉽고 운반하기 용이한 곳을 택하고 있다. 그래서 고인돌은 그 당시 인구문제, 뚜껑돌의 채석이나 이동문제에 따른 사회적 · 경제적 및 정치적인 측면과 밀접한 관계가 있다. 개석식 고인돌은 뚜껑돌과 각종 지하 돌방 사이에 받침돌이 없이 뚜껑돌이 직접 돌방을 덮고 있는 형식으로 '무지석식' 또는 '놓인형 고인돌'이라고 불리기도 하는데, 이를 남방식 고인돌에 포함시키기도 한다. 개석식 고인돌의 또 하나의 일반적인 특징은 돌무지시설(積石施設)인데, 대개의 경우 돌방을 중심으로 주위 사면에 얇고 납작한 돌을 평탄하게 깔았다. 경상북도 월성군 경석리, 광주광역시 충효동과 무안읍 성동리의 경우는 원형의 형태를 보인다. 이러한 돌깔이는 뚜껑돌의 무게에서 돌방을 보호하기 위한 보강책으로서, 돌방 상부주위의 지면을 견고히 하려는 의도라고 생각되나, 또 한편으로는 묘역을 나타내는 것으로도 여겨진다. 대부분 돌무지는 돌방주위의 지면에 설치되고 있으나 대구광역시 대봉동이나 경상남도 창원군 곡안리의 고인돌에서는 돌방의 상부까지도 완전히 돌을 덮은 특수한 양식이 나타나는데, 이는 경상도지방에서만 보이는 지방적 특성으로 볼 수 있다. 개석식 고인돌은 광복 이후 한강 이북에서도 많이 발견되어, 한반도에 전면적으로 분포되어 있는 것으로 알려지고 있다. 서북쪽으로는 청천강을 넘어 독로강 유역까지, 동북쪽으로는 동해안을 따라 고성지방과 마천령을 넘어 김책 덕인리와 동흥리, 길주군 문암리와 옥천리에서도 발견되고 있다. 특히 황해도 황주와 봉산군의 서홍천 유역, 평안남도 강서군 태성리, 개천군 묵방리에서는 무리를 지어 많은 수가 발견되었으며, 전라남도에서 최근에 발견된 약 19,000기의 고인돌 중 대부분이 개석식으로 밝혀져, 개석식 고인돌은 분포상으로나 숫자상으로 미루어보아 우리나라 고인돌의 대표적인 형식으로 볼 수 있겠다.

고인돌의 규모와 수에 비하여 껴묻거리(副葬品)가 나온 것은 비교적 적고, 그나마 출토된 유물의 수와 종류도 매우 한정되어 있다. 지금까지 조사된 껴묻거리에는 주로 화살촉과 돌검이 중심을 이루고 있으며, 그밖에 돌도끼 · 가락바퀴 등의 석기와 민무늬토기계통의 토기류, 옥으로 된 장식품과 소수의 청동기 등이 있다. 최근 전남 승주 우산리, 보성 덕치리, 여천 봉계동 · 적량동 · 평여동, 여수 오림동, 경남 창원군 동면 덕천리, 대전광역시 대덕구 비래동 등지에서 변형 비파형 동검이 나왔으며, 황해남도 은천군 은천읍 약사동 지석묘에서 청동활촉, 그리고 강원도 속초시 조양동(사적 376호)에서는 부채꼴 청동도끼(扇形銅斧) 등의 출토례가 보고되어 청동유물의 수가 점차 증가하고 있는 추세이다. 이는 지석묘의 중심연대가 청동기시대임을 입증하고 있는 것이다. 그러나 고인돌의 껴묻거리를 대표할 수 있는 유물은 돌검과 화살촉으로서 출토된 껴묻거리의 대부분을 차 지하고 있다. 화살촉의 분포를 보면, '마름모꼴 슴베형'은 전국적인 분포를 보이고 있으며, '마름모 납작 슴베형'과 긴 마름모형은 중부이남, 버들잎형은 황해도 · 평안남도를 중심으로 한 서부지방, 슴베 없는 세모꼴촉은 중부지방에 분포되어 있다. 돌검은 자루달린 식과 슴베달린 식의 두 종류가 모두 나오고 있으며, 이들은 주거지에서도 차츰 발견되고 있다. 반달돌칼은 주로 개석식 고인돌에서, 양면날 돌도끼는 북방식에서, 대팻날 돌도끼는 남방식에서, 또 둥근도끼는 북방식에서 주로 나온다. 그밖에 별도끼 · 홈자귀 · 석창 · 숫돌 · 가락바퀴 등의 석기류도 나온다. 적갈색 민무늬토기의 조각들이 고인돌 주위에서 자주 발견되나 고인돌 내부에서는 매우 드물게 나타난다. 토기의 종류로는 팽이토기 · 적갈색 민무늬토기 · 붉은 간토기가 있고, 김해토기와 묵방리형 토기가 나온 곳도 있다. 장식품으로는 대롱구슬과 드리게구슬(요녕 안산시 수암옥일 가능성이 많다)이 있는데 대부분 개석식에서 나오고 있다.

우리나라의 고인돌은 거의 국토전역에 걸쳐 나타나고 있다. 이제까지 보고되지 않은 함경북도지방 뿐만 아니라 강화도 하점면 부근리 지석묘(사적 137호), 파주 덕은리(사적 148호), 부안 하서면 구암리(사적 103호), 고창 성송면과 대산면 일대(상갑리, 죽림리와 도산리. 사적 391호), 화순 춘양 대산리와 도산 효산리 일대(사적 410호)와 마산 진동리(사적 472호)를 포함하는 해안도서나 또는 육지에서 멀리 떨어진 제주도와 흑산도에서도 발견되고 있다. 대체적으로 이들은 서해 및 남해의 연해지역과 큰 하천의 유역에 주로 분포되어 있으며, 특히 전라도 · 황해도에 가장 밀집되어 있다. 그러나 동해지방으로 가면 그 분포가 희박해지며 산악지대에서 가끔 발견되는 경우도 있다. 이들의 위치는 서해로 흘러가는 강줄기 근처로 결국 우리나라 고인돌은 서해지역과 밀집한 관계를 가지고 있다. 고인돌이 분포하고 있는 상황은 무리를 지어 있는 것이 보통이다. 황해남도 개천군 묵방리,

황해남도 은율군 관산리, 배천군 용동리, 안악군 노암리, 평안남도 성천군 용산리 고인돌(순장묘)과 같은 서북지방의 경우를 보면 1, 2기의 고인돌이 독립적으로 나타나는 경우도 있으나 대부분은 5, 6기 내지 10여 기를 중심으로, 한 지역에 1백~2백여 기씩 무리를 지어 있다. 또한, 이곳의 고인돌의 방향은 보통 고인돌이 있는 골짜기의 방향과 일치한다. 전라남도에서도 고인돌은 예외 없이 무리를 지어 발견된다. 전국적인 분포를 가진 것으로 추정되는 북방식 고인돌 중 서해안지대에서는 전라북도 고창지방(고창읍 죽림리, 상갑리와 도산리 일대의 지석묘군은 현재 사적 391호로 지정됨), 황해남도 은천군 은천읍과 평안북도 남포시 용강군 용강읍의 것들이 대표적이다. 그러나 고창의 고인돌의 대부분은 개석식으로 추정된다. 어떻든 한강 이남으로 내려가면 전라남도의 몇례를 제외하고는 북방식 고인돌의 분포는 매우 희박해진다. 반도 중심부에서는 북한강 상류의 춘천을 한계로 하며, 동해안에서는 고성지방에서 남방식과 같이 발견되고 있다. 남방식 고인돌은 한강과 북한강유역 아래에서부터 분포하기 시작하나 주로 경상도와 전라도의 남부지방에 그 분포가 국한되고 있다. 개석식 고인돌은 국토 전역에 걸쳐 분포하고 있으며 숫자상으로도 가장 많다. 또 북방식의 경우 중국의 요녕성 요동반도 지역, 즉 보란점 석붕구(普蘭店 石棚溝), 盖州 石棚山, 와방점 화동강(瓦房店 華銅壙), 대자(台子), 대석교 석붕치(大石橋 石棚峙), 안산시 수암(鞍山市 岫岩), 해성 석목성(海城 昔牧城), 대련시(大蓮市) 금주구(金州區) 향응향(向應鄉) 관가둔(關家屯) 에서도 나오고 있어, 고인돌의 전체 분포 범위는 한반도와 중국의 동북부지방까지 확대되고 있다.

지석묘의 뚜껑돌은 자연암석을 그대로 이용하거나 큰 바위에서 일부를 떼낸 것으로, 실제로 그러한 채석장이 서북지방에서 여러 군데 발견되고 있다. 돌을 떼어내는 방법으로는 바위틈이나 인공적인 구멍에 나무쐐기를 박아서 물로 불리어 떼어내는 방법이 일반적으로 이용되었을 것이다. 운

평택 토진 현곡
(기전문화재연구원)

화천 용암리
(강원문화재연구소)

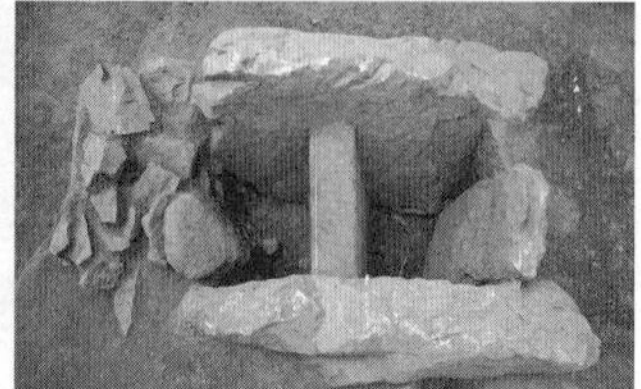

춘천 발산리
(강원문화재연구소)

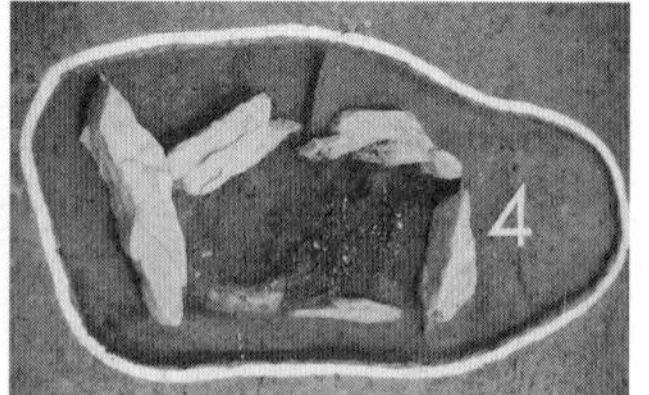

안성 공도 만정리
(기전문화재연구원)

지석묘의 하부구조에서 보이는 화장 흔적의 지석묘 하부구조

반은 지렛대와 밧줄을 이용하거나 수로를 이용했을 것이며, 뚜껑돌을 들어올릴 때에는 받침돌을 세우고 그것과 같은 높이의 봉토를 쌓아 경사면을 이용, 끌어올린 다음 봉토를 제거하는 방법이 이용되었을 것이다. 최근의 프랑스에서 행한 실험고고학에서는 개석을 운반하는 방법 중 개석 밑에 받친 통나무의 양쪽 끝에 홈을 파 그 구멍에 지랫대를 끼어 앞으로 힘을 주면 통나무가 쉽게 굴러 개석의 운반도 용이해진다는 것을 알려준다. 고인돌의 돌방은 길이가 1.5m 이상 되는 것도 있지만 1m 미만의 돌방도 상당수가 있어, 이들은 어린아이의 무덤으로도 보인다. 그러나 어른의 시

신을 일단 가매장하고 살이 썩으면 뼈만 추려 묻는 세골장(洗骨葬, 二次葬)도 있었던 것 같다. 최근 화장의 예도 춘천 신북면 발산동(기원전 640년), 춘천 중도, 화천 용암리, 홍천 두촌 철정리, 평택 토진 현곡동, 안성 공도 만정리 등지에서 보고되고 있다. 거의 모두가 공렬토기가 나오는 청동기 중기에서 경질무문토기의 후기에 속한다. 고인돌에 관한 또 하나의 문제는 뚜껑돌에 파여진 원형이나 사각형의 구멍들이다. 이들은 생산의 풍요성을 비는 성혈(性穴, cupmark), 또는 돌을 떼어낼 때 나무를 박았던 구멍으로 보아지기도 한다.

고인돌에 대한 연대문제는 주로 출토 유물 중 돌검을 통해 연구되어 오고 있다. 종래에는 돌검이 세형동검을 모방하였다고 하여 소위 금석병용기시대에 속한다는 이론적 근거로 삼고 고인돌을 이 시기에 속한다고 본 적이 있으나, 현재 고고학의 성과로 보아 돌검이 세형동검보다 앞서므로 이를 부인하고 있다. 즉, 옥석리(玉石里) 고인돌 밑에서 발견된 움집에서 나온 이단자루식 돌검이 방사선 탄소연대 측정에 의해 기원전 640년경에 제작되었고, 또 황석리 고인돌 출토 돌검의 연대가 기원전 410년으로 알려져, 돌검이 세형동검보다 연대가 앞서는 것으로 알려지고 있다. 그 결과 고인돌은 금석병용기의 묘제가 아니라 청동기시대의 묘제로 밝혀진 것이다. 이는 최근 고인돌의 발굴에서 비파형동검이 자주 발견되는 것으로도 입증이 된다. 그러나 그 상한연대와 하한연대에 관해서는 이론이 많다. 그러나 청동기시대(기원전 2000년~기원전 400년)에 나타나는 고인돌 축조사회는 늦어도 기원전 1500년 이후 한반도 내의 토착을 이루던 사회로서 여기에서 철기시대까지 이어져 삼한사회로 발전하게 된다. 이러한 배경을 가진 고인돌은 고대국가발생 이전의 계급사회인 혈연, 조상숭배, 그리고 재분배경제를 기반으로 하는 족장사회 상류층의 공동묘지였다. 그리고 나주 판촌리(板村里)에서 나타나는 어린아이의 무덤은 고인돌 사회에서 신분이 세습되었음을 보여주는 증거이다. 전라북도 진안 용담동 내 여의곡, 전라남도 보성 조성면 동촌리, 경상남도 마산시 동면 덕천리와 진동리의 고인돌, 경상남도 사천시 이금동의 신전은 지석묘가 철기시대에까지 지속하면서 조상숭배 및 제사의식과도 연관되었음을 시사해주는 증거들이다. 고인돌은 미송리형단지, 거친무늬거울 및 비파형 동검과 같이 고조선의 강역과 문화를 연구하는데 중요한 표식적 유물이다. 북한에서도 고인돌 사회를 정치체와 연결시켜 무덤의 주인공이 군사령관 또는 추장(족장)이며 지석묘 축조자들의 후예가 고조선의 주민을 형성했다는 견해를 제시하고 있다. 한편 최근의 북한학자들은 1993년 평양시 강동구 대박산에서 단군릉을 발굴하고 이의 연대를 기원전 3000년으로 올려 그때부터 단군조선이 있어 왔다고 주장한다. 따라서 이는 고인돌사회=단군조선=청동기시대의 시작 = 노예순장제사회 = 한국 최초의 국가성립이란 등식이라는 견해가 성립되어 앞으로의 연구과제가 된다. 고인돌의 연구는 앞에서 언급한 바와 같이 그 기원문제와 더불어 형식 간의 선후관계, 편년 · 출토 유물간의 관계 등에서 아직도 해결해야 할 몇몇 문제를 안고 있다.

5. 한국문화기원과 관련된 지석묘

우리나라에서의 신석기시대 말-청동기시대(기원전 2000년~기원전 1500년)는 빗살문토기와 무문토기가 서로 융합해 사용된다. 그러나 시베리아와 요녕성 지역에서는 청동기시대, 나아가서 역사시대에 이르러서도 계속 신석기시대의 토기 전통을 유지하고 있다는 점도 생각해야 할 것이다. 청동기시대의 유적과 유물도 마찬가지이다. 따라서 단순히 전체적인 기형, 문양의 특징만으로 기원과 관련성을 논하기 이전에 태토분석과 같은 자연과학적인 분석을 시도해 보는 것도 바람직하다. 시베리아지역에 자주 나타나는 석관묘란 묘제로 보아 우리의 청동기시대의 기원을 까라숙(기원전 1000년~기원전 700년)과 따가르(기원전 700년~서기 100년)기와 연관시키려는 시도가 있으나, 석관묘는 우리나라뿐만 아니라 중국 동북지방, 오르도스 등 상당히 광범위한 지역에서 비슷한 형태로 존재한다. 또한 우리나라 및 중국 동북지방의 석관묘에서 나오는 비파형동검 및 조문경은 시베리아지역에서는 발견되지 않는다. 따가르문화에서 보이는 청동거울을 보면 거울의 배면에 꼭지가 하나인 單鈕이며 무늬도 다르다. 청동단검도 비파형의 형식을 가진 것은 발견된 바 없으며 검파부분의 장식도 다르다. 그런데, 우리나라 철기시대전기(기원전 400년~기원전 1년)에 쓰인 세형동검 중에는 손잡이에 새 두 마리가 있는 형태의 것이 있다(이를 안테나식 동검, 촉각식동검 이라고도 한다). 그러한 손잡이 형태는 오스트리아의 할슈탓트에서 기원하여 남시베리아의 스키타이에서 흔히 보이는 것이다. 안테나식동검은 한반도뿐 아니라 길림지역의 세형화 된 동검에서도 보이는 것으로, 이를 중심으로 시베리아에서의 구체적인 전파의 증거를 찾을 수 있다. 여기에 비해 한 장씩의 판석으로 짜 상자모양으로 만든 石棺墓 또는 돌널무덤(石箱墳)의 형식이 있다. 金元龍은 "이러한 석상분은 시베리아 청동기시대 안드로노보기에서부터 나타나 다음의 까라숙-따가르기에 성행하며 頭廣足狹의 형식과 屈葬法을 가지며 우리나라에 전파되어 청동기시대 지석묘에 선행하는 형식이다. 그리고 이 분묘는 확장되어 북방식 지석묘로 그리고 지하에 들어가 남방식 지석묘로 발전해 나가는 한편 영남지방에서는 石槨墓로 발전해 삼국시대의 기본 분묘형식으로 굳히게 된다고 보고 있다." 즉 그는 석관묘(석상분)-지석묘(북방식/남방식)-석곽묘로 발전한다고 생각하며, 대표적인 석관묘의 유적으로 銅泡와 검은 긴 목항아리가 나온 江界市 豊龍里, 鳳山郡 德岩里, 丹陽 安東里를 들고 있다. 석관묘(석상분)와 지석묘의 기원과 전파에 대하여는 선후 문제, 문화 계통 등에 대해 아직 연구의 여지가 많다.

그러나 포항 인비동과 여수 오림동에서 보는 바와 같이 우리나라에 들어온 기존의 청동기(비파형 또는 세형동검)와 마제석검을 사용하던 청동기-철기시대 전기의 한국 토착사회를 이루던 지석묘사회 사회에 쉽게 융화되었던 모양이다. 우리의 암각화에서 보여주는 사회의 상징과 표현된 신화의 해독이 아무르강의 사카치 알리안의 암각화와 기타지역의 암각화와의 비교 연구, 그리고 결과에 따른 문화계통의 확인이 현재 한국문화의 기원을 연구하는데 필수적이다. 이들은 한반도의 동북지방의 유물들과 많은 연관성을 가지고 있다. 극동지역 및 서시베리아의 암각화도 최근에 남한에서 암각화의 발견이 많아지면서 그 관련성이 주목된다. 시베리아, 극동의 대표적인 암각화로는 러시아에서도 암각화의 연대에 대하여 이론이 많지만 대개 청동기시대의 대표적인 암각화 유적은 예니세이강의 상류인 손두기와 고르노알타이 우코크의 베르텍과 아무르강의 사카치 알리안 등을 들 수 있다. 이에 상응하는 우리나라의 대표적인 암각화는 울주군 두동면 천전리 각석(국보 147호), 울주 언양면 대곡리 반구대(국보 285호), 고령 양전동(보물 605호) 등을 들 수 있으며, 그 외에도 함안 도항리, 영일 인비동, 칠포리, 남해 양하리, 상주리, 벽연리, 영주 가흥리, 여수 오림동과 남원 대곡리등지를 들 수 있다. 울주 천전리의 경우 人頭(무당의 얼굴)를 비롯해 동심원문, 뇌문, 능형문(그물문)과 쪼아파기(탁각, pecking technique)로 된 사슴 등의 동물이 보인다. 이들은 앞서 언급한 러시아의 손두기, 베르텍, 키르[하바로브스크시 동남쪽 키아(Kir)강의 얕은 곳이라는 의미의 초루도보 쁘레소에 위지]와 사카치 알리안의 암각화에서도 보인다. 이의 의미는 선사시대의 일반적인 사냥에 대한 염원, 어로, 풍요와 多産에 관계가 있을 것이다. 또 그들의 신화도 반영된다. 사카치 알리안 암각화의 동심원은 '아무르의 나선문(Amur spiral)으로 태양과 위대한 뱀 무두르(mudur)의 숭배와 관련이 있으며 뱀의 숭배 또한 지그재그(갈 '之' 字文)문으로 반영된다. 하늘의 뱀과 그의 자손들이 지상에 내려올 때 수직상의 지그재그(이때는 번개를 상징)로 표현된다. 이 두 가지 문양은 선의 이념(idea of good)과 행복의 꿈(dream of happiness)을 구현하는 동시에, 선사인들의 염원을 반영한다. 그리고 그물문(Amur net pattern)은 곰이 살해되기 전 儀式 과정 중에 묶인 끈이나 사슬을 묘사하며 이것은 최근의 아무르의 예술에도 사용되고 있다. 현재 이곳에 살고 있는 나나이(Nanai, Goldi)족의 조상이 만든 것으로 여겨지며 그 연대는 기원전 4000년~기원전 3000년경(이 연대는 그보다 후의 청동기시대로 여겨짐)으로 추론된다고 한다. 이들은 肅愼-挹婁-勿吉-靺鞨-黑水靺鞨-生女眞-金(서기 1115년~1234년)...滿州-淸(서기 1616년~1911년)으로 이어지는 역사상에 나타나는 種族名의 한 갈래로 현재 말갈이나 여진과 가까운 것으로 여겨지고 있다. 이들은 청동기시대에서 철기시대 전기에 속하는 것으로 볼 수 있다. 그리고 영일만(포항)에서부터 시작하여 남원에 이르는 내륙으로 전파되었음을 본다. 아마도 이들은 아무르강의 암각화 문화가 海路로 동해안을 거쳐 바로 영일만 근처로 들어온 모양이며 이것이 내륙으로 전파되어 남원에까지 이른 모양이다. 청동기 시대의 석관묘, 지석묘와 비파형 동검의 전파와는 다른 루트를 가지고 있으며, 문화 계통도 달랐던 것으로 짐작이 된다. 그러나 지석묘의 기원과 전파에 대하여는 연대와 형식의 문제점 때문에 현재로서는 구라파 쪽에서 전파된 것으로 보다 '韓半島 自生說' 쪽으로 기울어지고 있는 실정이다.

앞서 언급한 바와 같이 아무르강 유역 하바로프스크지 근처 사카치 알리안 등지에서는 울산 두동면 천전리(국보 147호) 암각화와 같은 암각화가 많이 확인되었다. 여기에서 보이는 여성의 陰部 묘사가 최근 밀양 상동 신안 고래리 지석묘 개석에서 확인된 바 있다. 후기구석기시대 이후의 암각화나 민족지에서 성년식(Initiation ceremony) 때 소녀의 음핵을 잡아 늘리는 의식(girl' s clitoris-stretching ceremony)이 확인되는데 이는 여성의 생식력이나 성년식과 관계가 깊다고 한다. 그리고 울주 언양면 대곡리 반구대의 암각화(국보 285호)에 그려져 있는 고래는 지금은 울주 근해에 잘 나타나지 않고 알라스카 일대에서 살고 있는 흑등고래(humpback whale) 중 귀신고래(the Korea specimens whale: 1916년 미국인 Roy Chapman Andrews가 명명, 그러나 최근 그 명칭이 Asian stock of the gray whale, Korean-Okhotsk western population 등으로 바뀌고 있다.)로 당시 바닷가에 면하고 있던 반구대 사람들의 고래잡이나 고래와 관련된 주술과 의식을 보여준다. 한반도 울산 앞바다(방어진과 기장 등)에서 한국귀신고래의 사할린 필튼만에로의 회유가 12월 24일에서 1월 6일경 사이라는 것을 비롯해, 캘리포니아 귀신고래가 7월~9월 축치해(Chukchi Sea)와 베링해(Bering Sea)에로의 회유를 끝내고 10월 다시 출발점인 멕시코 바하(Baja California)까지 남하하기 전 주위 꼬략, 축치와 에스키모와 같은 원주민의 고래잡이와 관련된 축제, 그리고 고래의 출산시기 등을 고려하면 고래새끼를 등에 업은 모습이 생생한 반구대의 암각화는 고고학적으로 많은 시사를 준다. 이는 미국과 캐나다와 국경을 접하고 있는 벤쿠버섬과 니아만 바로 아래의 태평양 연안에서 1970년 발굴 조사된 오젯타의 마카족과도 비교된다. 그들은 주로 고래잡이에 생계를 의존했으며, 예술장식의 주제에도 고래의 모습을 자주 올릴 정도였다.

그리고 함경북도와 연해주에서는 이와 비슷한 시기에 끄로우노프까 문화와 뾜체 문화가 나타나는데 이들은 北沃沮(團結)와 挹婁에 해당한다. 같은 문화가 서로 다른 명칭으로 불리고 있는데, 이런 문제는 앞으로 한국과 러시아의 공동연구를 통해 해결되어나갈 것이다. 그 중 토기의 바닥이 해무리굽처럼 나타나는 경질무문토기도 경기도 가평 외서면 청평 4리, 춘천 천전리와 횡성 공근면 학담리에서 보이는데, 이들은 옥저와 관련 있는 끄로우노프까문화의 영향으로 볼 수 있으며 그 연대도 기원전 3세기~서기 1세기 정도가 된다. 또 연대가 기원전 10세기 전후로 올라가는 아산 탕정면 용두리와 경기도 가평 설악면 신천리에서도 나타나 한반도의 청동기 · 철기시대에 러시아 연해주 쪽으로부터 문화영향을 고려할 필요가 있다.

최근 발굴조사에서 확인된 이 시기 집자리의 규모에 주목할 필요가 있다. 각 유적에서 확인된 최대 규모 집자리의 장축 길이를 보면 평택 현곡 17m, 화성 천천리 29m, 화성 동탄면 석우리 동학산 18m, 부천 고강동 19m, 화천 용암리 19.5m, 보령 관산 24m, 시흥 논곡동 목감 15m, 천안 백석동 고재미골 2지구 23m, 청도 송읍리 18m, 화양 진라리 18m, 춘천 거두리 15m 등 15~29m에 이른다. 이들 대형 집자리의 조사 및 연구에서는 격벽시설의 유무와 격벽시설로 구분되는 각 방의 기능도 고려해야 할 것이다. 이는 기원전 5500년~기원전 5000년경의 유럽의 즐문토기문화(LBK, Linear Band Keramik)의 2~40m의 장방형 주거지에서 보이듯이 아직 모계사회의 잔재가 남아 있는 것으로 해석될 수 있다. 그런데 해발 60~90m의 구릉 정상부에 자리한 이들 집자리들은 혈연을 기반으로 하는 청동기시대 족장사회의 족장의 집 또는 그와 관련된 공공회의 장소/집무실 등으로 보는 것이 좋을 것 같으며, 이러한 예는 철기시대 전기로 편년되는 제주시 삼양동(사적 416호) 유적에서도 확인된 바 있다.

청동기시대 연구의 새 방향의 하나로 突帶文토기 (융기대부단사집선문토기, 덧띠새김문토기, 돌대각목문토기 등으로도 지칭)가 전면 또는 부분빗살문토기와 함께 나타나는 문제에 주목할 필요가 있는데, 이러한 현상은 청동기시대에서 가장 이른 시기에 관찰된다. 그 연대는 기원전 2000년~기원전 1500년 사이로 추정되며, 진주 남강, 창원 쌍청리, 하남시 미사동, 강원도 춘성 내평리(소양강댐 내), 경기도 시흥시 능곡동, 인천광역시 계양구 동양동과 경주 충효동 등의 유적에서 확인된 예가 있다. 이들은 청동기시대를 조기, 전기, 중기 후기의 4시기로 나눌 경우 早期에 해당된다. 또 아직 단정하기에는 약간 문제가 있지만 빗살문토기의 전통 및 영향이 엿보이는 연평도 모이도 패총, 시흥시 능곡동, 경남 산청 소남리, 경주 신당동 희망촌 유적, 금릉 송죽리유적과 제천 신월리 유적들도 청동기시대 조기에 포함할 수 있다. 이들 유적들은 1991~1992년 조사된 김천 송죽리 유적과 연계성을 지닌다. 즉, 내륙지방으로 들어온 부분즐문토기와 이중구연의 토기가 공반되며, 그 연대는 기원전 15세기~기원전 10세기 정도가 될 것이다. 이들은 한반도 청동기시대 상한문제와 아울러, 앞선 전면 또는 부분빗살문토기와 부분적으로 공반하는 돌대문토기와 이중구연의 공반성, 그리고 신석기시대에서 청동기시대에로 이행 과정 중에 나타나는 계승성문제도 앞으로의 연구방향과 과제가 될 것이다. 그리고 아무르강 유역과 같은 지역에서 기원하는 청동기시대의 토기들에서 보이는 한국문화기원의 다원성 문제도 앞으로의 연구과제가 된다. 양양 가평리, 동해 송정동과 춘천 신매리 등지에서 발견되는 철기시대의 끄로우노프까(北沃沮, 團結)의 문화의 토기 영향도 그 한 예로 들 수 있다.

서 · 남부시베리아의 초기 철기시대를 대표하는 스키타이문화와 한국과의 관련성은 쿠르간, 즉 봉분이 있는 적석목곽분으로 대표된다. 이것은 스키타이문화의 대표적인 무덤으로 파지리크, 베렐, 울란드릭, 우스티드, 시베, 투에크타, 바샤다르, 카란다를 비롯해 우코크분지에서 모두 수 천기 이상 발견되었다. 스키타이인들은 초기인 기원전 9~기원전 7세기부터 초원에 거주해 왔는데, 기원전 2세기경이 되면 흑해 북안에 왕국을 세울 정도로 강성해진다. 쿠르간 봉토분은 앞에서 본 바와 같이 땅을 파고 안에 나무로 무덤방을 만들고 시체와 부장품들을 안치한 후에 위에는 돌로 둘레를 쌓고(護石) 흙으로 커다란 봉분을 만들었다. 그것의 형태와 구조는 신라의 수혈식적석목곽분과 거의 일치하는 것이다. 단지 쿠르간 봉토분의 경우 기원전 6세기~기원전 4세기이고 신라의 것은 서기 4세기~6세기의 것으로 연대적인 차이가 많이 나며, 또 중앙아시아와 우리나라 남부지방 사이의 중간지역에서 연결 고리로 볼 수 있는 비슷한 유적이 나오지 않았다는 한계가 있으나, 그 관련성은 충분히 짐작할 수 있다. 또한 쿠르간 봉토분에서 발견되는 銅鍑(동복)은 중앙아시아의 유목민족이 많이 사용한 것으로 음식을 조리할 때 쓰인 것으로 보인다. 이 동복은 스키타이뿐 아니라 중국의 북부초원지대에서도 보이며, 특히 길림지역의 楡樹 老河深(일부 학자들은 夫餘의 문화라고도 본다) 유적에서도 발견된 바가 있다. 그런데 이것과 아주 유사한 형태의 동복이 최근에 경상남도 김해의 가야시대 고분인 대성동유적에서도 발견되었다. 이 발견은 우리나라에서도 북방계 유목문화의 요소가 일정기간에 어느 정도 흡수되어왔었음을 보여준다. 물론 이 유물은 스키타이 뿐 아니라 북중국에서도 발견되는 점으로 미루어보아 북중국을 거쳐서 한국에 들어왔을 가능성도 있다. 그러나 스키타이문화는 기원전 9세기~기원전 7세기에 발생한 것으로 신라의 적석목곽분과는 적어도 수백 년 이상의 차이가 난다. 따라서 스키타이와 한국의 지리적, 시간적인 차이를 메꾸어 줄 수 있는 유물이 없는 한, 섣불리 문화의 전파를 논하기는 어렵다. 이상에서 살펴본 바와 같이 시베리아에는 한국의 청동기문화 또는 그 이후 시기의 유물과 유적에서 유사성이 상당히 많이 존재함을 알 수 있다. 그러나 이것을 단순히 우리의 기원문제와 직접적으로 연관시키는 것은 바람직하지 않다. 이것은 철기시대전기와 후기에서도 마찬가지일 것이다. 그러므로 이러한 부분적인 문화적 요소의 상사성을 어떻게 이해할 것인가 하는 것은 보다 체계적인 이론적인 바탕을 가지고 러시아측의 자료를 충분히 검토한 후에야 밝혀질 수 있을 것이다. 앞으로 우리 청동기문화의 기원을 남부시베리아에 기원을 두려던 그 동안의 시도는 전면적으로 재검토를 해야 할 것이다. 그리고 극동지역 중 아무르지역은 타 지역에 비해 상대적으로 유적,유물이 적은 탓에 청동기시대라고 뚜렷이 구분할 만한 유적이 발견된 예는 아직 없고, 부분적으로 청동기유물이 발견되었다. 청동기 유물은 안로강 하구, 스테파니하 골짜기, 칸돈, 사르골지역 등에서 발견되었다. 이들 지역에서는 청동기와 함께 원저토기와 청동기를 모방한 마제석기가 공반된다. 아무르강 하류의 에보론 호수를 비롯한 그 주변에서 청동기를 포함한 일련의 유적들이 발견되었는데 특히 콘돈유적의 신석기 유적 주변에서 청동기들이 처음 발견되었다. 오클라드니코프와 데레비안코는 이 유적들을 묶어 에보론문화기로 부르고 있다. 그리고 초기철기시대는 우릴기(기원전 20세기 후반~기원전 10세기 초반)와 뽈체기(기원전 5세기 : 읍루)로 대표된다. 연해주지역, 특히 그 이 동쪽에는 시니가이기(하린스코이 근처, 시니가이유적, 키로브스코에 Ⅰ유적), 마르가리토브카기(페름스키 Ⅱ유적, 시니 스칼르이유적,마략-리바로프유적, 키예브카유적 등), 리도브카기(블라가다트노예 Ⅱ유적, 리도브카 Ⅰ유적, 쿠르글라야 달리나유적, 루드노예강 둔덕에 있는 유적군) 등이 있다. 연해주지역의 초기철기시대의 문화기로는 얀코브카기(중국에서는 錫桀米, Sidemi 문화라고도 함, 기원전 8세기~기원전 1세기), 끄로우노프까(기원전 5세기~기원전 2세기, 北沃沮, 團結문화), 뽈체기(기원전 7세기~기원전 4세기, 挹婁), 라즈돌리기(기원전후) 등이 대표한다. 극동의 연해주에서의 마르가리토프카 문화기에서는 다양한 석재 용범과 청동무기가 발견되었다. 평저의 심발형, 단지형 호형토기들이 주를 이루며 빗살문, 점열문 등의 문양이 있다. 이 문화기에서는 신석기시대의 전통을 이은 양면잔손질을 한 석촉이 출토되었다. 시니가이 문화기도 역시 평저의 단지형, 발형, 심발형의 토기가 주를 이루며, 이들 토기상에 삼각문, 뇌문, 점열솔잎문 등의 문양이 시문되어있다. 그밖에 방추차, 부정형의 반월형석도 등도 이 문화기의 대표적인 유물이다. 리도브카문화기에서는 반월형 석도, 방추차, 돌괭이, 손잡이가 있는 석도, 청동기를 본뜬 석창을 비롯하여 단지형, 장경호의 토기가 대표적이다.

특히 철기시대의 시작에는 끄로우노프까(북옥저, 단결)가 밀접한 관련이 있을 것으로 추정된다. 마한의 토실에 영향을 준 뾜체(挹婁)도 그러하다. 뿐만 아니라 키토이-이자코보-세로보-아파나시에보-오꾸네보-안드로노보-까라스크-따가르를 잇는 문화계통 중 까라스크와 따가르의 석관묘도 북방 초원지대에서 몽고와 바이칼 루트를 따라 내려와 한반도 청동기-철기시대의 지석묘 사회에 합류했다. 또 아무르 강 유역에서 발현한 암각화문화 역시 울주 언양 대곡리(국보 제285호)와 울주 두동면 천전리(국보 제147호), 고령 양전동(보물 제605호), 포항 인비동, 밀양 상동 안인리를 거쳐 남원 대곡리에 이르면서 기존의 토착 지석묘사회에 융합 · 동화되었다.

지금까지의 청동기-철기시대의 여러 자료를 통하여 본 문화적 교류경로를 정리하여 본다면 1) 바이칼-중국 동북지방(혹은 동부몽고-중국동북지방)-한반도 서북지방-중부지방, 바이칼과 2) 아무르지역-연해주-한반도 동북지방-동해-제주도-일본 구주 등으로 나누어 볼 수 있을 것이다. 이 교류경로는 단선적으로 위에서 아래로 온 것이 아니라 각 지역별로 끊임없는 문화적 교류 속에서 만들어진 것이다. 따라서 각 지역별로 나타나는 성격들은 대단히 복합적이며 혼합적인 특징이 나타나게 되었던 것이다. 문화의 기원에 관한 한 지역과 시기에 따라 단일 · 단선적인 것이 아니라 多源(多元) · 複合的인 것이다. 그만큼 한국 문화의 기원에 관한 한 아직까지 초보 단계에 불과하지만 이제까지의 고고학적 증거를 보면 생각보다 여러 계통의 문화가 시기적으로 지역적으로 달리 유입되는 현상을 볼 수 있다. 한국 문화는 마치 문화 전파라는 철도의 종착역에 다다른 듯한 복합적이고 다원적인 요소를 갖추고 있다.

6. 청동기 · 철기시대와 종교

원시종교적 측면에서 다루어진 한국의 종교는 고구려의 소수림왕 2년(서기 372년), 백제의 침류왕 원년(서기 384년), 그리고 신라의 법흥왕 14년(서기 527년) 불교를 공식적으로 수용하여 국가의 지배 이데올로기로 삼기 이전을 말한다. 한국의 토착신앙에 대한 제사의례는 제천의례, 시조묘제사와 산천제사로 나누어 볼 수 있다.

제천의례 : 부여의 영고, 고구려의 동맹, 예의 무천, 삼한의 계절제 및 별읍(소도)

시조묘제사 : 고구려 졸본의 시조묘, 백제의 동명묘와 구태묘, 신라의 시조묘, 국조묘, 묘, 선조묘, 조고묘, 오묘 등

산천제사 : 고구려의 산천제사, 백제 무녕왕의 매지권(국보 163호), 신라의 3산 5악 제사 등

그러나 최근 발견 · 조사된 종교 · 제사유적은 종래 문헌에 의거한 제천의례, 시조묘제사와 산천의례제사의 분류와는 달리 고고학적 측면에서 시대 순으로 보면 다음과 같이 분류된다. 이것은 최근 발견된 영세한 고고학 자료에 의거한 시작 단계에 불과하다. 그리고 좀 더 발전된 분류체계를 얻기 위해서는 문화의 기원의 다원성과 다양화가 반드시 고려되어야 한다.

1) 야외 자연 지형물을 이용한 산천제사

精靈崇拜(animism)의 장소, 하남시 덕풍골, 강화 삼삼면 석모리 당집 옆

과 서울 강남구 세곡동 대모산 등이 포함된다. 이 시기에 충남 아산 탕정면 명암리에서와 같이 再生과 復活을 상징하는 달(上弦달)모양의 목걸이 장신구가 나타난다. 하남시 덕풍골과 강화도 삼삼면 석모리는 정령숭배(animism)를 잘 보여주는 바위유적으로 그 주위에 제사와 관련된 사람들이 살던 사람들의 세장방형 집자리가 나오고 출토된 토기들도 공렬문과 구순각목이 있는 청동기시대 중기로 기원전 10세기에서 기원전 7세기에 해당한다. 석모리 해골바위는 자연 암반에 성혈을 만들고 그 주위의 암반을 다듬어 인위적으로 성역을 조성한 흔적이 뚜렷하다. 하남시 덕풍골집자리의 가속기질량분석 AMS연대측정도 기원전 1065년~기원전 665년(기원전 1065, 1045, 970, 960, 945, 855, 665년)으로 그 중심연대도 기존의 편년과 같이 청동기시대 중기의 기원전 10세기~기원전 7세기에 속한다. 우리 나라에서는 처음 발견된 유적이다. 이 시기에 속하는 충청남도 아산군 탕정면 명암리 LCD단지에서 발견된 遼寧 鞍山市 岫岩玉(이외에도 新疆省 和田, 甘肅省 酒泉, 陝西省 藍田과 河南省 密縣 獨山도 가능성이 있음)으로 추정되는 목걸이 장신구가 나왔는데 上弦달을 모방했다. 그 의미는 재생과 부활을 상징했을 것이다. 이는 종전의 동물의 송곳니(canine)를 어린아이의 목에 걸어 壽命長壽를 비는 呪術的인 것과는 다른 의미를 지니는 것으로 보인다. 이는 춘천 거두 2리를 거쳐 순천 덕암동에 이르면 점차 신라시대의 曲玉의 형태로 형성된다. 곡옥의 기원도 달(月)에서 찾아야 할 것으로 보인다.

2) 암각화

多産기원의 주술적 聖所 또는 成年式(initiation ceremony)場, 고령 양전동(보물 605호), 울주 두동면 천전리(국보 147호), 울주 언양 대곡리 반구대(국보 285호), 밀양 신안 상동 고래리의 경우 지석묘이면서 성년식의 장소로도 활용된 것으로 보인다. 반구대 유적의 경우 人面의 존재로 샤마니즘(巫敎)도 보여준다. 아무르강 유역에서 발현한 암각화 문화는 울주 언양 대곡리(국보 제285호)와 울주 두동면 천전리(국보 제147호), 고령 양전동(보물 제605호), 포항 인비동, 밀양 상동 안인리를 거쳐 남원 대곡리에 이르면서 기존의 토착 지석묘사회에 융화되었다. 아무르강 유역 하바로프스크시 근처 사카치 알리안 등지에서는 울산 두동면 천전리(국보 제147호) 암각화에서 보이는 요소가 많이 확인되었다. 여기에서 보이는 여성의 음부묘사가 천전리 암각화와 최근 밀양 상동 신안 고래리 지석묘 개석에서도 확인된 바 있다. 후기 구석기시대 이후의 암각화나 민족지에서 성년식(Initiation ceremony) 때 소녀의 음핵을 잡아 늘리는 의식(girl's clitoris-stretching ceremony)이 확인되는데, 이는 여성의 생식력이나 성년식과 관계가 깊다고 한다. 그리고 울주 언양면 대곡리 반구대의 암각화(국보 285호)에 그려져 있는 고래는 지금은 울주 근해에 잘 나타나지 않고 알라스카 일대에서 살고 있는 흑등고래(humpback whale) 중 귀신고래(Korean specimen whale)로 당시 바닷가에 면하고 있던 반구대 사람들의 고래잡이나 고래와 관련된 주술과 의식을 보여준다. 이는 미국과 캐나다와 국경을 접하고 있는 벤쿠버섬과 니아만 바로 아래의 태평양 연안에서 1970년 발굴 · 조사된 오젯타의 마카족과도 비교된다. 그들은 주로 고래잡이에 생계를 의존했으며, 예술장식의 주제에도 고래의 모습을 자주 올릴 정도였다.

3) 환상열석

지석묘와 결합된 원형의 의식장소: 양평 신원리 유적이 해당된다. 외경 16m와 그 내부의 내경 10m의 이중의 環狀 구조를 갖고 있는 유구가 경기도 양평 양서 신월리에서 발견되었다. 여기에서는 주위 이웃 양평 개군면 상자포리와 양평 양서 도곡리에서와 같이 공렬토기와 관련된 지석묘가 발견된다. 그 시기는 공열토기가 나타나는 청동기시대 중기로 기원전 10세기에서 기원전 7세기에 속한다. 이런 유적은 하남시 덕풍동과 마찬가지로 우리나라에서 처음 타나는 것이다. 그리고 최근 계속된 조사로 이 유적은 정령숭배와 조상숭배가 병행하고 있는 곳으로 보인다. 하남시 덕풍동 유적의 정령숭배에서 마산 진동리, 덕천리와 사천 이금동 유적의 조상숭배로 넘어가는 과도기적인 것으로 볼 수 있다. 유사한 환상의 제사유적과 제단은 중국 요녕성 凌源, 建平과 喀左縣의 牛河梁과 東山嘴유적의 紅山문화에서 보이며, 그 연대는 기원전 3600년~기원전 3000년경이다. 일본에서도 이러한 성격의 環狀列石이 繩文時代後期末에 北海道 小樽市 忍路, 青森縣 小牧野, 秋田縣 鹿角市 大湯, 野中堂과 万座, 鷹巢町 伊勢堂垈, 岩木山 大森, 岩手縣 西田와 風張, 靜岡縣 上白岩 등 동북지역에서 발굴 · 조사된 바 있다. 그 중 秋田縣 伊勢堂유적이 양평 신월리 것과 비슷하나 앞으로 유적의 성격 및 선후관계를 밝힐 조사연구가 필요하다.

4) 지석묘

지석묘는 조상숭배(ancestor worship)의 성역화 장소이다. 특히 창원 동면 덕천리, 마산 진동리(사적 472호), 사천 이금동, 보성 조성면 동촌리, 무안 성동리, 용담 여의곡, 광주 충효동 등, 그리고 최근 밝혀지고 있는 춘천 천전리, 홍천 두촌면 철정리, 서천 오석리와 진주 대평 옥방 8지구의 주구석관묘 등은 무덤 주위를 구획 또는 성역화한 특별한 구조를 만들면서 祖上崇拜를 잘 보여준다. 이것도 중국 요녕성 凌源, 建平과 喀左縣의 牛河梁과 東山嘴유적의 紅山문화가 기원으로 보인다. 이 시기에 계급사회도 발전하게 된다. 우리나라에서 고인돌 축조사회를 족장사회 단계로 보거나 위만조선을 최초의 고대국가로 설정하는 것은 신진화론의 정치 진화 모델을 한국사에 적용해 본 사례라 할 수 있다. 그렇게 보면 경남 창원 동면 덕천

제천 도화리 적석총 출토 철제유물
(서울대학교 박물관)

사천 이금동 61호 제사유적 건물지
(경남고고학연구소)

리, 마산 진동리(사적 472호), 사천 이금동, 여수 화동리 안골과 보성 조성리에서 조사된 고인돌은 조상숭배를 위한 성역화 된 기념물로 당시 복합족장사회의 성격(complex chiefdom)을 잘 보여준다 하겠다.

5) 환호

청동기시대에서 철기시대 전기에 걸친다. 환호는 크기에 관계없이 시대가 떨어 질수록 늘어나 셋까지 나타난다. 그들의 수로 하나에서 셋까지 발전해 나가는 편년을 잡을 수도 있겠다. 이는 巫敎(shamanism)의 일종으로 보인다. 울산 북구 연암동, 파주 탄현 갈현리, 안성 원곡 반제리, 부천 고강동, 강릉 사천 방동리, 화성 동탄 동학산, 순천 덕암동 등이 속한다. 제5항의 환호는 안성 원곡 반제리의 제사유적이 대표된다. 壕는 하나이며 시기는 단면원형의 점토대토기시대에 속한다. 연대도 기원전 5세기~3세기경 철기시대 전기 초에 해당한다. 이제까지 환호는 경남지역이 조사가 많이 되어 울산 검단리(사적 332호), 진주 대평리 옥방 1, 4, 7지구창원 남산을 포함하여 17여 개소에 이른다. 청동기 시대부터 이어져 철기시대에도 경기-강원도 지역에만 파주 탄현 갈현리, 화성 동탄 동학산, 강릉 사천 방동리, 부천 고강동, 송파 풍납토성(사적 11호)과 순천 덕암동 등지에서 발견된다. 그 중에서 이곳 안성 반제리의 것은 철기시대 전기 중 앞선 것으로 보인다. 청동기시대의 것으로 제사유적으로 언급된 것은 울산시 북구 연암동이나, 철기시대의 것들 중 구릉에 위치한 것은 거의 대부분 종교 · 제사유적으로 보인다. 이는 청동기시대의 전통에 이어 철기시대에는 환호와 관련된 지역이 주거지로 보다 종교 · 제사유적과 관계된 특수지구인 別邑인 蘇塗로 형성된 것 같다. 다시 말해 청동기시대의 종교는 劣等自然宗敎 중 精靈崇拜(animism), 토테미즘(totemism), 巫敎(shamanism)와 조상숭배(ancestor worship)를 거치며 철기시대에는 환호를 중심으로 전문 제사장인 天君이 다스리는 蘇塗가 나타난다. 1872년 Edward B. Tylor의 저서 『Primitive Culture』에서 언급한 미개사회에서 보편적인 초자연관인 정령숭배(animism)는 식물 · 무생물 · 자연적 현상에까지 靈이 있다는 것이다. 그리고 토테미즘(totemism)은 북아메리카 Superior 호수를 포함하는 오대호 북쪽 Algonquin 언어를 사용하는 Ojibwa 인디언들의 ototeman에서 따온 것으로 '나의 친척' ("he is a relative of mine")을 의미한다. 모든 동물의 이름을 따서 집단을 분류하는데 둘 다 劣等自然敎 중 多靈敎(polydemonism)에 속한다. 계급사회가 심화되고 국가가 성립되면 이들 열등종교는 무교(shamanism)와 조상숭배로 바뀌고 나중에 고등자연교의 多神敎(ploytheism)와 一神敎(monotheism/unitarianism)로 정착하게 된다. 이념 · 종교가 사회구조를 밝히는데 중요성이 여기에 있다. 소도도 일종의 무교의 형태를 띤 것으로 여기에는 조상숭배가 강화된다. 이는 종교의 전문가인 제사장 즉 天君의 무덤으로 여겨지는 토광묘에서 나오는 청동방울, 거울과 세형동검을 비롯한 여러 巫具들로 보아 이 시기의 종교가 巫敎(shamanism)의 일종이었을 것으로 짐작된다. 이는 『三國志』 魏志 弁辰條에 族長격인 渠帥가 있으며 이는 격이나 규모에 따라 신지(臣智), 검측(險側), 번예(樊濊), 살계(殺奚)와 읍차(邑借)로 불리고 있었음을 알 수 있다. 이는 『三國志』 魏志 弁辰條에 族長격인 渠帥(또는 長帥, 主帥라도 함)가 있으며 이는 격이나 규모에 따라 신지(臣智, 또는 秦支 · 踧支라고도 함), 검측(險側), 번예(樊濊), 살계(殺奚)와 읍차(邑借)로 불리고 있었음을 알 수 있다. 이는 정치 진화상 같은 시기의 沃沮의 三老, 東濊의 侯, 邑長, 三老, 그리고 挹婁의 酋長과 같은 國邑이나 邑落을 다스리던 혈연을 기반으로 하는 계급사회의 行政의 우두머리인 族長(chief)에 해당된다. 그러나 蘇塗는 당시의 복합 · 단순 족장사회의 우두머리인 세속 정치 지도자인 신지, 검측, 번예, 살계와 읍차가 다스리는 영역과는 별개의 것으로 보인다. 울주

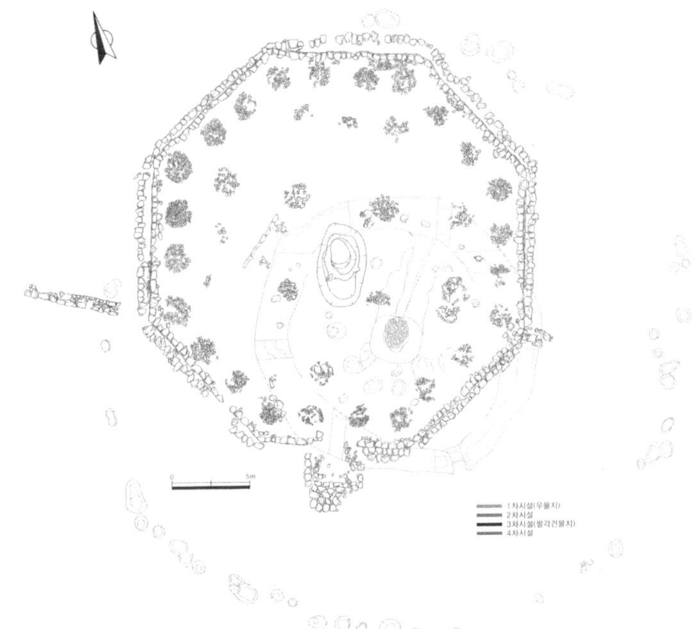

나정(사적245호, 중앙문화재연구원)

검단리, 진주 옥방과 창원 서상동에서 확인된 청동기시대 주거지 주위에 설치된 환호(環壕)는 계급사회의 특징 중의 하나인 방어시설로 국가사회 형성 이전의 족장사회의 특징으로 볼 수 있겠다. 그러나 그 기능에 대하여는 앞으로의 연구과제이다.

학계에서 위서(僞書)로 보고 있는 『환단고기』(桓檀古記, 桂延壽 1911년)에는 신라의 건국에 대한 이야기가 수록되어 있다. 같은 책의 고구려국 본기(高句麗國本紀)에 따르면 신라의 시조 혁거세(赫居世)는 선도산(仙桃山) 성모(聖母)의 아들인데 부여제실(扶餘帝室)의 딸 파소(婆蘇)가 남편 없이 임신을 하여 남들의 의심을 받게 되자 눈수(嫩水)에서 동옥저(東沃沮)를 거쳐 배를 타고 진한(辰韓)의 내을촌(奈乙村)에 이르렀다. 그 곳에서 소벌도리(蘇伐都利)의 양육 하에 지내다가 13세에 이르러 서라벌에 도읍을 정하고 사로(斯盧)라는 나라를 세웠다. 이에 근거하여 혁거세를 도래신(渡來神)으로 보고 부여(夫餘)-동옥저(東沃沮)-형산강구(兄山江口)로 온 경로를 추정한 연구도 있었다. 이는 혁거세가 서술성모(西述聖母)가 낳은 아이라는 『삼국유사』 기록에 근거하여 파소(婆蘇)=서술(西述)로 보고 혁거세가 출현할 때 나정(蘿井, 사적 245호), 옆에 있던 백마를 북방계의 기마민족(騎馬民族)과 연결시켜 주몽신화와 같은 계열로 보는 입장이라 하겠다. 박혁거세는 유이민 세력과 토착 세력 사이의 일정한 관계 속에서 국가를 형성하고 임금이 된 것으로 여겨진다. 나정은 발굴 결과 철기시대 전기의 유적으로, 수원 고색동, 파주 탄현, 갈현리 등지의 점토대토기 유적에서 나오는 대각(台脚)에 굵은 두형(豆形)도 보이는 점토대토기 문화가 바탕 되었음이 들어났다. 따라서 기원전 57년 신라가 건국했던 연대도 이들의 시기와 일치한다. 또 실제 그곳에는 박혁거세의 신당(神堂), 또는 서술성모의 신궁이 팔각(八角)형태의 건물로 지어져 있었음으로 신라의 개국연대가 기원전 57년이라는 것도 새로이 믿을 수 있게 되었다. 신화에 가려져 있는 신라 초기의 역사가 점차 역사적 사실로 받아들여지고 있다. 그러나 박혁거세의 부인이 된 알영(閼英)은 사량리(沙梁里) 알영정[閼英井, 사적 172호 오능(五陵) 내]에 나타난 계룡(鷄龍)의 옆구리에서 나온 동녀(童女)라 전해지고 있다. 이로서 점토대토기 문화와 건국신화가 어떻게 이어지는지를 엿볼 수 있는 중요한 대목이다.

6) 건물지(신전)

철기시대 전기의 지석묘 단계부터 나타나며 대부분 삼국시대 이후의 것들이다. 경남 사천시 이금동, 하남시 이성산성(사적 422호), 광양 마노산성(전남 기념물 173호), 안성 망이산성(경기도 기념물 138호) 등이 속한다. 건물지(신전)는 처음 팔각형으로부터 시작되는 것 같다. 고구려의 경우 원오리사지, 청암리사지, 상오리사지, 정릉사지, 토성리사지와 환도산성내의 2

강화 삼삼면 석모리 당집 석마

호와 3호 건축지가 팔각형으로 알려지고 있다. 백제의 경우 순천 검단산성(사적 418호)과 하남시 이성산성(사적 422호, 이 경우 신라 24대 진흥왕의 신주를 세운 이후 551년 이후의 것으로도 생각됨), 신라의 것은 경주 나정(사적 245호), 그리고 신라 말-고려 초의 것은 안성 망이산성(경기도 기념물 173호) 등이 알려지고 있다. 삼국시대부터 절, 기념물과 산성 등에서 신성시되는 제사유적으로 이용되어 온 것 같다. 여기에 산천제사도 포함된다. 강화도 마니산 塹星壇(사적 136호), 울릉도 聖人峯(1988년 필자 확인), 영암 월출산 천황봉 등이 이에 해당한다. 그리고 산성내 또는 산성의 기능과 무관하게 神堂을 짓고 그 안에 土馬나 鐵馬를 모셔놓은 예들이 하남시 이성산성, 성남시 분당 판교, 강화 삼산면 석모리 당집과 광양 마노산성(사적 475호, 해발 208.9m)에서 발견된다. 마노산성의 경우 건물지는 뚜렷치 않지만 성이 폐기된 후 고려말-조선조초의 昇州牧(府)의 공식적인 제사를 위한 장소로 여겨지며, 그곳에서 204점의 토마, 한점의 철마와 6점의 청동마가 나왔다. 그리고 바닷길 편안을 위해 기도하는 제사터는 부안 죽막동 수성당(전라북도 유형문화재 58호)과 제주 용담동 등지에서 발견된다. 이곳은 일본에서 '바다의 正倉院 또는 섬으로 된 정창원' 으로 불리우는 구주 앞바다의 오끼노시마[冲島]와 유사한 양상을 보인다. 이들은 모두 발견된 현재의 고고학자료 상 대부분 삼국시대를 오르지 못하고 통일신라-조선시대에 속한다.

7) 기타

완도 장도 청해진유적(흥덕왕 3년 828년 설진, 문성왕 13년 851년 폐지. 사적 제 308호) 매납유구, 제주도 용담시 등이 속한다. 완도의 사당 서편 경사면 건물지 대지상에서 발견된 埋納遺溝는 지경 1m, 깊이 70cm 정동의 원형 구덩이 안에 경질 대옹을 똑바로 안치하고, 대옹과 수혈벽과의 사이에 토기 偏瓶 한점, 철제 솥 2점을 그리고 철제 반 1점, 청동병 한점 그리고 용도 불명의 철기 2점을 각각 반으로 절단하여 매납하였다. 이들은 모두 제사용기로 특히 세발달린 솥은 고대국가에서 공식적인 제사에 사용된 祭器로 보인다. 이는 아마도 『三國史記』 권 32 잡지 1 제사조에 언급된 淸海鎭 助音島의 中祀에 관한 기록을 반영한 것으로 보인다. 그리고 또 신라 문성왕 13년 서기 851년 청해진 폐기와 관련된 마지막 제사 흔적일 가능성도 있다. 대중 12년 명(신라 헌안왕 2년, 서기 858년)이 있는 편병이 익산 미륵사지에서, 그리고 그와 유사한 것이 영암 구림리 요지(사적 338호) 등지에서 발견된다. 그리고 제주시 용담동 제사유적은 바닷길의 안녕을 비는 제사뿐만 아니라 신라 30대 문무왕 2년(서기 662년) 탐라국이 신라의 속국이 된 후 일어난 신라의 국가제사와도 관련이 있을 것이다.

7. 맺음말

결론적으로 한국의 지석묘가 나타나는 시기가 포함되는 기원전 1500년에서 기원전 1년 사이의 기간, 즉 한국 고고학의 시대구분상 청동기시대와 철기시대 전기에 대한 연구는 아래와 같이 정리될 수 있겠으며 이와 같은 생각들이 밑받침되어야 앞으로의 연구에 대한 새로운 방향과 전망이 성립될 수 있겠다.

1) 한국 고고학과 고대사의 연구는 통시적 관점, 진화론적 입장, 역사적 맥락 및 통상권의 바탕 위에서 이루어져야 한다.

2) 한국 문화의 계통은 각 시대에 따라 서로 다른 多元(源)的인 입장에서 파악되어야 한다. 최근 확인된 고고학 자료들은 유럽, 중국(요령성, 길림

요녕성 객좌현 우하량 2호 무덤

성, 흑룡강성 등 동북삼성 포함)과 시베리아의 연해주와 아무르강 유역 등 한국문화의 기원이 매우 다양했음을 보여준다.

3) 남한의 청동기시대는 요령성과 북한 지역의 경우처럼 기원전 1500년경까지 거슬러 올라가는데 그 시발점은 기원전 20세기~기원전 15세기경인 신석기시대 후기(말기)의 빗살-부분빗살문토기가 나타는 유적들, 즉 강원도 춘성군 내평(소양강 수몰지구), 춘천 천전리, 홍천 두촌면 철정리와 화촌면 외삼포리, 정선 북면 여량 2리(아우라지), 경기도 가평 상면 연하리, 경주 충효동, 인천 계양구 동양동 유적 등 돌대문토기가 공반되는 빗살문토기 유적까지 거슬러 올라간다. 그리고 그 다음에 나타나는 이중구연토기, 공렬문토기/ 구순삭목토기와 경실무문토기의 편년과 공반관계, 문화적 주체와 수용, 다양한 기원 등은 앞으로 학계의 중요한 연구방향이 될 것이다.

4) 신석기시대에서 청동기시대에로의 이행은 문화 계통의 다원적 기원과 함께 국지적인 문화의 수용 내지는 통합을 통해 이루어졌으며, 문화의 자연스런 계승도 엿보인다. 이러한 양상은 인천광역시 백령도 · 용유도, 원주 가현동, 영월 남면 연당 쌍굴, 경남 산청 소남리, 그리고 대구 북구 서변동 유적을 포함한 내륙지역에서 확인되는 전면/부분 빗살문토기 유적들에서 확인된다.

5) 우리 문화의 주체를 형성한 토착인들은 한국고고학 시대구분상 청동기시대와 철기시대 전기, 즉 기원전 1500년경에서 기원전 1년까지 한반도 전역에 산재해 있던 지석묘(고인돌) 축조인들이다. 지석묘는 그 형식상 북방식, 남방식과 개석식으로 나누어지는데, 각 형식은 서로 다른 문화 수용 현상을 보인다. 즉, 북방식과 남방식 지석묘사회는 최근 발굴조사 된 마산 진동리의 지석묘처럼 한반도 북쪽의 까라수크에서 내려온 석관묘나 중국의 요녕성 凌源, 建平과 喀左縣의 牛河梁과 東山嘴유적의 紅山문화가 기원으로 보여 지는 주구석관묘도 수용하고 있다. 그리고 철기시대전기에 와서는 중국계의 토광묘 문화도 수용하기도 하였다. 그리고 한반도 남부의 지석묘 사회에서는 보다 늦게 등장한 개석식 지석묘를 기반으로 馬韓이 형성되기도 했다. 그러나 지석묘의 기원과 전파에 대하여는 연대와 형식의 문제점 때문에 현재로서는 구라파 쪽에서 전파된 것으로 보다 '韓半島 自生說' 쪽으로 기울어지고 있는 실정이다.

6) 청동기시대의 精靈崇拜(animism), 토테미즘(totemism)과 巫敎(shamanism)를 거쳐 철기시대에는 환호를 중심으로 전문제사장인 天君이 다스리는 별읍(別邑)인 蘇塗가 나타난다. 이것도 일종의 무교의 형태를 띈 것으로 보인다. 마한의 고지에는 기원전 3~2세기부터의 단순 족장사회에서 좀더 발달한 복합족장사회인 마한이 있었다. 이는 『三國志』 魏志 弁辰條에 族長격인 渠帥가 있으며 이는 격이나 규모에 따라 신지(臣智), 검측(險

側), 번예(樊濊), 살계(殺奚)와 읍차(邑借)로 불리고 있었음을 알 수 있다. 이는 정치 진화상 같은 시기의 沃沮의 三老, 東濊의 侯, 邑長, 三老, 그리고 挹婁의 酋長과 같은 國邑이나 邑落을 다스리던 혈연을 기반으로 하는 계급사회의 行政의 우두머리인 族長(chief)에 해당된다. 그리고 마한에도 마찬가지 경우로 생각되나, 이들을 대표하는 王이 다스리는 국가단계의 目支國도 있었다. 이는 羅州 潘南面 대안리, 신촌리(9호분은 국보 295호로 지정된 금동관이 나옴, 표지사진)와 덕산리 고분군(사적 76, 77, 78호)에서 보인다. 그러나 天君이 다스리는 종교적 別邑인 蘇塗는, 당시의 복합 · 단순 족장사회의 우두머리인 渠帥의 격이나 규모에 따른 이름인 신지, 검측, 번예, 살계와 읍차가 다스리는 세속적 영역과는 별개의 것으로 보인다.

7) 철기시대의 상한은 기원전 5세기경까지 올라가며 이 시기에는 점토대토기가 사용된다. 철기시대 전기 중 말기인 기원전 1세기경에는 다리가 짧고 두터운 두형(豆形)토기가 나타나며, 이 시기 남쪽 신라에서는 나정(사적 245호)에서 보여주는 바와 같이 국가가 형성된다. 철기시대 전기와 후기(삼국시대전기)에 보이는 점토대토기 · 흑도 · 토실과 주구묘를 포함한 여러 가지 고고학 자료와 문헌에 보이는 역사적 기록들은 당시의 정치 · 사회 · 문화가 매우 복잡했음을 보여준다. 이 시기의 역사 서술은 이들을 바탕으로 이루어져야 하는데, 이는 일찍부터 기정사실로 인식되고 있는 고구려사와 같은 역사적 맥락에서 파악되어야 한다.

8) 한반도의 歷史時代가 시작되는 衛滿朝鮮의 멸망과 漢四郡의 설치는 『史記』의 편찬자인 司馬遷(기원전 145년~기원전 87년)이 37세에 일어난 사건으로, 위만조선과 낙랑 · 대방의 존재는 역사적 사실로 인정되어야 한다. 위만조선의 王儉城과 樂浪은 오늘날의 평양 일대로 보아야 한다. 그리고 백제는 기원전 3세기~기원전 2세기에 이미 성립된 마한의 바탕 위에서 성립되었으므로 백제초기의 문화적 양상은 마한의 경우와 그리 다르지 않다.

21세기 한국고고학은 발굴의 증가, 연구 인력의 확대, 다양한 연구방법의 적용 등으로 그 연구주제는 다양화 되고 있다. 특히 청동기시대의 새로운 자료들은 기존에 설정되었던 여러 문화개념 및 편년을 재고하게끔 한다. 최근 여러 청동기시대와 철기시대의 유적에서 측정된 절대연대를 감안하면 남한 청동기시대의 상한이 북한의 경우처럼 기원전 15세기까지 거슬러 올라가는 것이 분명하다. 그러나 최근 오히려 빗살문토기와의 공존하는 돌대문토기 등의 존재로 早期의 설정이 가능하며 청동기시대의 상한은 기원전 20세기까지, 철기시대의 상한은 늦어도 기원전 400년으로 소급될 수 있다. 전반적인 연대소급은 단순한 절대연대치의 축척만을 의미하는 것은 아니다. 바로 한국과 인접한 북한, 중국 동북지방, 그리고 러시아의 체계적인 비교검토가 요구된다는 것을 의미한다. 이 시기에 한반도의 토착세력인 지석묘사회가 꽃피웠고, 이들 지석묘 축조인들이 다음의 三韓社會와 三國時代의 주인공으로 이어져나갔다.

참/고/문/헌

강인욱 · 천선행

2003 러시아 연해주 세형동검 관계유적의 고찰, 한국상고사학보 42집

강릉대학교 박물관

1998 강릉 병산동 공항대교 접속도로 건설부지내 문화유적 발굴조사 지도위원회 자료

2000 발굴유적유물도록

2001 양양 지리 주거지

강원문화재연구소

2002 춘천시 신북읍 발산리 253번지 유구확인조사 지도위원회자료

2003 화천 생활체육공원 조성부지내 용암리유적

2003 영월 팔괘 I. C. 문화재 시굴조사 지도위원회자료

2004 국군 원주병원 주둔지 사업예정지역 시굴조사

2004 동해 송정지구 주택건설사업지구내 문화유적-시굴조사 지도위원회 자료-

2004 강릉 과학일반지방산업단지 문화유적 발굴조사

2004 춘천 우두동직업훈련원 진입도로 확장구간내 유적발굴조사지도위원회자료

2004 천전리 유적

2005 춘천 천전리 유적: 동면-신북간 도로 확장 및 포장공사구간내 유적 발굴조사 4차 지도위원회자료

2005 정선 아우라지 유적-정선 아우라지 관광단지 조성부지 시굴조사 지도위원회의 자료-

2005 국군 원주병원 문화재 발굴조사

2005 춘천 천전리 유적 : 동면~신북간 도로확장 및 포장공사구간 내 유적발굴

조사 4차 지도위원회자료

2005 고성 국도 7호선(남북연결도로) 공사구간 내 유적조사 지도위원회 자료

2005 속초 대포동 롯데호텔 건립부지 내 유적시굴조사 지도위원회 자료

2005 국도 38호선(연하-신동간)도로 확 · 포장공사구간 내 유적 발굴조사 지도위원회 자료

2005 강릉 입암동 671-3번지리 3필지 아파트 신축부지 내 유적 발굴조사 지도위원회 자료

2005 춘천 율문리 생물 산업단지 조성사업부지 유적

2005 춘천 신매리 373-6 번지 유적

2006 홍천 철정리 유적Ⅱ 지도위원회 자료

2006 춘천-동홍천간 고속도로건설공사 문화유적 지도위원회 자료

2006 서울-춘천 고속도록 7공구 강촌I.C.구간 내 유적 발굴조사 지도위원회 자료

2006 춘천 우두동 유적-춘천 우두동 직업훈련원 진입도로 확장구간 내 유적 발굴조사 3차 지도위원회의 자료

2006 춘천 거두 2지구 택지개발사업지구 내(북지구) 유적 발굴조사 2차 지도위원회의 자료

2006 홍천 철정리 유적 Ⅱ-홍천 구성포-두촌간 도로 확 · 포장공사내 유적발굴조사 2차 지도위원회자료

2006 외삼포리유적-고속국도 제 60호선 춘천-동홍천간(4공구)건설공사구간내 지도위원회 자료

2006 정선 아우라지 유적-정선아우라지 선사유적공원 조성부지 2차 발굴조사 1차 지도위원회자료

2007 영월 동강리조트 조성부지내 유적 발굴(1차)조사 지도위원회자료

경기대학교 박물관

2004 화성 동탄면 풍성주택 신미주아파트 건축부지 문화유적 발굴조사 현장설

명회자료

경기도 박물관

1999 파주 주월리 유적

2001 포천 자작리유적 긴급발굴조사-지도위원회자료-

2004 포천 자작리 Ⅱ-시굴조사보고서-

경남고고학연구소

1999 사천 이금동 유적

경남대학교

1993 창원 덕천리 유적 발굴조사

경남문화재연구원

2003 창원 외동 택지개발사업지구내 발굴조사 지도위원회자료

2004 울산 연암동 유적발굴 지도위원회자료

경남발전연구원 역사문화센터

2001 김해 봉황동 시굴조사 지도위원회자료

2003 가야인 생활체험촌 조성부지내 김해 봉황동 발굴조사 지도위원회 자료집

2005 마산 진동리 유적

경상남도 남강유적 발굴조사단

1998 남강 선사유적

경상북도 문화재연구원

2001 대구 상동 정화 우방 팔레스 건립부지내 발굴조사 지도위원회 및 현장설명회 자료

2002 경주 신당동 희망촌 토사절취구간내 문화유적 시굴지도위원회자료

2003 대구-부산간 고속도로 건설구간 (제4 · 5공구) 청도 송읍리 Ⅰ · Ⅲ 유적 발굴조사 지도위원회자료

2003 포항시 호동 쓰레기 매립장 건설부지내 포한 호동취락유적 발굴조사-지

도위원회 및 현장설명회자료-

2003 성주 · 백전 · 예산 토지구획정리사업지구내 성주 예산리유적 발굴조사 지도위원회 및 현장설명회자료

계명대학교 박물관

2004 개교 50주년 신축박물관 개관 전시도록

고려대학교 매장문화재연구소

2001 대전 대정동 유적

2003 서천 도삼리유적

공주대학교 박물관

1998 백석동유적

2000 용원리 고분군

국립문화재연구소 유적조사연구실

1999 '98-'99 고성문암리 신석기유적발굴조사 성과발표: 문화관광 보도자료

2001 풍납토성 I

2001 나주 복암리 3호분

2002 올림픽 미술관 및 조각공원 건립부지 발굴조사 현장지도회의 자료

2003 연평 모이도 패총

2006 풍납토성-197번지 일대 3차 발굴조사

국립중앙박물관

2000 원주 법천리 고분군-제 2차 학술발굴조사-

2001 보성 동촌리 유적

2002 원주 법천리 유적발굴조사 보고서

군산대학교 박물관

2002 군산 산월리 유적

기전문화재연구원

2001 기흥 구갈(3)택지개발 예정 지구내 구갈리 유적발굴조사 설명회자료(8)

2002 용인 보정리 수지빌라트 신축공사부지내 유적 시 · 발굴조사 4차 지도위원회 자료

2002 안양시 관양동 선사유적 발굴조사 지도위원회자료

2002 연천 학곡제 개수공사지역 내 학곡리 적석총 발굴조사

2003 화성 발안리마을 유적 · 기안리 제철유적발굴조사, 현장설명회자료 14

2004 평택 현곡지방산업단지내 문화유적 발굴조사 3차 지도위원회 자료집

2004 안성 공도 택지개발 사업부지내 유적 발굴조사, 1차지도위원회자료(5 · 6지점)

2004 경춘선 복선전철 사업구간(제 4공구)내 대성리유적 발굴조사

2004 안양 관양동 선사유적 발굴조사보고서

2004 오산 가장 지방산업단지내 문화유적 시굴조사

2004 안성 공도 택지개발 사업지구내 유적발굴조사:2차 지도위원회 자료(1 · 3 · 5지점)

2005 안성 공도 택지개발 사업지구내 유적 발굴조사: 3차 지도위원회 회의자료(3지점 선공사지역 · 4지점)

2006 성남~장호원 도로공사(2공구)문화유적 시굴조사 지도위원회자료

2007 시흥 능곡택지지구개발지구내 능곡동유적 발굴조사 현장설명회자료 30

김권구

2003 청동기시대 영남지역의 생업과 사회, 영남대학교 대학원 박사학위 청구논문

金元龍

1962 南式支石墓의 發生, 考古美術 3-1.

1974 韓國의 古墳, 교양국사총서

金載元 · 尹武炳

1967 韓國支石墓硏究, 국립박물관

김재윤

2003 한반도 각목돌대문토기의 편년과 계보, 부산대학교 대학원 문학석사 학위논문

니오라쩨, 이홍직 역

1976 시베리아 제민족의 원시종교, 신구문화사

단국대학교 매장문화재연구소

1999 & 2001 이천 설봉산성 1 · 2차 발굴조사보고서

2007 의왕 ICD진입로 개설공사 구간내 의왕 이동 청동기유적 발굴조사보고서

대동문화재연구원

2006 대구 상인동 98-1번지 일원 아파트 신축부지내 문화재 발굴조사

도유호

1959 조선거석문화연구 문화유산 59-2

동북아시아지석묘연구소

2007 아시아 거석문화와 고인돌 제2회 아시아권 문화유산(고인돌) 국제심포지엄

동아대학교 박물관

2000 사천 늑도 유적 3차 발굴조사자료

마한문화연구원

2007 나주 남양 골프장 조성사업부지내 문화유적조사

목포대학교 박물관

2001 탐진 다목적(가물막이)댐 수몰지역내 문화유적 발굴조사 개요

2002 탐진다목적댐 수몰지역내 문화유적발굴조사(2차) 지도위원회 및 현장설명회자료

목포대학교 박물관 · 동신대학교 박물관

2001 금천-시계간 국가지원지방도시사업구간내 문화재발굴조사 지도위원회와

현장설명회자료

목포대학교 박물관 · 全羅南道

1997 全南의 古代墓制

문화공보부 문화재관리국

1974 팔당 · 소양댐 수몰지구 유적 발굴 종합조사보고서

밀양대학교 박물관 · 동의대학교 박물관

2001 울산 야음동 유적

방유리

2001 이천 설봉산성 출토 백제토기연구, 단국대사학과 석사학위논문

서울대학교 박물관

2002 용유도 유적

서울역사박물관

2003 풍납토성

석광준

1979 우리나라 서북지방 고인돌에 관한 연구, 고고민속논문집 7

2002 조선의 고인돌 무덤 연구, 중심

석광준 · 김종현 · 김재용

2003 강안리 고연리 구룡강, 백산자료원

선문대학교 역사학과 발굴조사단

2000 강화 내가면 오상리 고인돌 무덤 발굴조사 현장 설명회 자료

2002 강화 오상리 지석묘 발굴 및 복원보고서

성균관대학교 박물관

2000 여수 화장동 유적 제 2차 조사 현장설명회 사진자료

2004 경기도 양평군 양수리 상석정마을 발굴조사, 3차 지도위원회자료

2004 경기도 양평군 양수리 상석정마을 발굴조사 약보고서

세종대학교 박물관

2000 평택 지제동 유적

2001 하남 미사동 선사유적 주변지역 시굴조사

2002 연천 고인돌조사 현장설명회자료

2003 포천-영중간 도로확장 구간내 유적(금주리 유적) 문화유적 발굴조사 약보고

2005 하남 덕풍골 유적 -청동기시대의 집터 · 제의유적 및 고분조사-

2005 하남 덕풍-감북간 도로확포장구간 중 4차 건설구간 문화유적 발굴조사 약보고서

2006 하남 덕풍골 유적

2006 남양주 가운동 고인돌 유적-주변지역 지표조사 보고서-

수보티나 아나스타샤

2005 철기시대 한국과 러시아 연해주의 토기문화 비교연구, 서울대학교 대학원 석사학위 논문

순천대학교 박물관

2000 여수 화장동 문화유적 발굴조사(2차)

2001 광양 용강리 택지개발지구 2차 발굴조사회의자료

2002 여천 화양경지정리지구 문화유적 발굴조사

신라대학교 가야문화연구소

1998 산청 소남리유적 발굴현장설명회

신라문화유산조사단

2007 경주시 충효동 도시개발사업지구내 문화재 발굴조사 -지도위원회자료집-

沈奉謹

1979 日本 支石墓의 一考察, 부산사학 3

심재연 · 김권중 · 이지현

2004 춘천 천전리 유적, 제 28회 한국고고학 전국대회 발표요지

안재호

2000 한국농경사회의 성립, 한국고고학보 43

연세대학교 박물관

2004 영월 연당리 피난굴(쌍굴)유적 시굴조사 현장설명회자료

2004 연당 쌍굴: 사람, 동굴에 살다. 2004년 연세대학교 박물관 특별전 도록

연세대학교 원주박물관

2004 안창대교 가설공사 부지내 문화유적 시굴조사 지도위원회자료

2004 춘천 삼천동 37-12번지 주택건축부지내 문화유적시굴조사 지도위원회자료

2005 원주 태장 4지구 임대주택 건설부지 문화유적 발굴조사 2차지도위원회 자료

영남대학교 민족문화연구소

2003 대구 월성동 리오에셋아파트 건립부지내 문화유적 발굴조사 지도위원회 및 현장설명회자료집

영남문화재연구원

2001 진천 코오롱아파트 신축부지내 대구 진천동 유적 발굴조사

2002 청도 진라리유적 발굴조사 현장설명회자료

2006 대구 대천동 공동주택 신축부지내 대구 대천동 511-2번지 유적 발굴 조사

울산문화재연구원

2003 울주 반구대 암각화 진입도로 부지내 유적 시굴 · 발굴조사 지도위원회자료집

유태용

2003 한국 지석묘 연구, 주류성

윤덕향

1986 남원 세전리유적 지표수습 유물보고, 전남문화논총 1집

원광대학교 박물관

2000 익산 영등동 유적

이숙임

2003 강원지역 점토대토기 문화연구, 한림대학교 대학원 문학석사 학위논문

이영문

2002 한국 지석묘 사회연구 학연문화사

이청규

2007 선사에서 역사로의 전환-원삼국시대 개념의 문제-, 한국고대사학회, 한국고대사연구 46

이해영 · 안정모

1958 인류학개론, 정연사

이훈 · 강종원

2001 공주 장선리 토실유적에 대한 시론, 한국상고사학보 34호

이훈 · 양혜진

2004 청양 학암리 유적, 제 28회 한국고고학 전국대회 발표요지

인하대학교 박물관

2000 인천 문학경기장내 청동기유적 발굴조사 현장설명회자료

제주대학교 박물관

1999 제주 삼양동 유적

제주문화예술재단 문화재연구소

2001 신제주-외도간 도로개설구간내 외도동 시굴조사 보고서

2003 제주 국제공항확장부지내 문화유적 발굴조사-지도위원회 및 현장설명회자료-

정한덕

2000 중국고고학 연구, 학연문화사

조선유적유물도감 편찬위원회

1990 조선유적유물도감 1 · 2, 동광

중앙문화재연구원

2001 논산 성동지방 산업단지 부지내 논산 원북리 유적

2002 대전 테크노밸리 사업부지내 문화재 발굴조사 지도위원회자료

2003 가오 주택지 개발사업지구내 대전 가오동 유적 -지도 · 자문위원회자료-

중원문화재연구소

2004 고속국도 40호선 안성-음성간(제5공구)건설공사 사업부지내 안성 반제리 유적 발굴조사

2006 청원 I.C.~부용간 도로공사 구간내 남성골 유적 시 · 발굴조사 -지도위원회 및 현장설명회자료

최몽룡

1978 전남지방소재 지석묘의 형식과 분류, 역사학보 78

1981 全南地方支石墓社會와 階級의 發生, 韓國史研究 35

1985 고고분야, 일본 對馬 · 壹岐島종합학술조사보고서, 서울신문사

1986 여주 흔암리 선사취락지, 삼화사

1993 한국문화의 원류를 찾아서, 학연문화사

1997 청동기시대와 철기시대, 한국사 3, 국사편찬위원회

1999 나주지역 고대문화의 특성, 복암리고분군, 전남대학교박물관

1999 철기문화와 위만조선, 고조선문화연구, 한국정신문화연구원

2000 21세기의 한국고고학, 21세기의 한국사학, 한국사론 30,

2000 흙과 인류, 주류성

2002 선사문화와 국가형성, 고등학교 국사, 교육인적자원부

2002 고고학으로 본 문화계통, 한국사 1, 국사편찬위원회

2006 최근의 고고학 자료로 본 한국고고학 · 고대사의 신연구, 주류성

2006 위만조선 연구의 신국면을 맞아, 계간 한국의고고학 창간호, pp.6~13

2006 다원론의 입장에서 본 한국문화의 기원과 시베리아 한 · 러공동발굴특별 전 아무르 · 연해주의 신비 강연회 자료집, pp.3~30

2006 영산강유역의 고대문화, 영산강문화권 발전을 위한 연구와 과제, 동신대학교, pp.7~36

2006 철기시대연구의 새로운 경향, 강원고고학회, pp.7~35

2007 인류문명발달사, 주류성

2007 경기도의 고고학, 주류성

최몽룡 · 김경택

2005 한성시대 백제와 마한, 주류성

최몽룡 · 김선우

2000 한국지석묘연구 이론과 방법-계급사회의 발생-, 주류성

최몽룡 외

1999 덕적군도의 고고학적 조사연구, 서울대학교 박물관

최몽룡 · 유한일

1987 삼천포시 늑도 토기편의 과학적 분석, 삼불김원용교수 정년퇴임 기념논총 I

최몽룡 · 신숙정 · 이동영

1996 고고학과 자연과학-토기편-, 서울대학교 출판부

최몽룡 · 최성락 · 신숙정

1998 고고학연구방법론-자연과학의 응용-, 서울대학교 출판부

최몽룡 · 최성락

1997 한국고대국가형성론, 서울대학교 출판부

최몽룡 · 이청규 · 김범철 · 양동윤

1999 경주 금장리 무문토기유적, 서울대학교 박물관

최몽룡 · 이헌종 · 강인욱

2003 시베리아의 선사고고학, 주류성

최성락

2001 고고학여정, 주류성

2002 삼국의 성립과 발전기의 영산강유역, 한국상고사학보 37호

최성락 · 김건수

2002 철기시대 패총의 형성배경, 호남고고학보 15집

최정필 · 하문식 · 황보경

2000 평택 지제동 유적, 세종대학교 박물관

충남대학교 박물관

1999 대전 궁동유적 발굴조사

2001 대전 장대지구 문화유적 발굴조사 지도위원회 회의자료

2001 아산 테크노 콤플렉스 지방산업단지 조성부지내 아산 명암리 유적

충청남도 역사문화원(2007년 9월 이후 충청남도 역사문화연구원으로 개칭)

2002 백제역사재현단지 조성부지내 문화유적조사 발굴약보고, 부여 합정리 Ⅱ

2003 공주 의당농공단지 조성부지내 발굴조사: 공주 수촌리 유적

2004 서산 음암 대여 아파트 신축공사부지내 서산 부장리 유적 현장설명회자료

2005 공주 우성씨에스 장기공장 신축부지내 문화유적 발굴조사 개략보고서

2005 계룡 포스코 The #아파트 신축공사부지내 문화유적 시굴조사 현장설명회

2006 아산 탕정 LCD단지 조성부지내(2구역)내 문화유적 발굴조사 1차 현장설명회 [2-1 지점 발굴조사 및 1지점 시굴조사]

충북대학교 박물관

2000 박물관안내

2001 청원 I.C.~부용간 도로확장 및 포장공사구간 남산골산성 및 주변 유적발굴조사 현장설명회 자료

충북대학교 중원문화연구소

1999 청주 정북동토성 I

충청매장문화재연구원(2006년 이후 충청문화재연구원으로 개칭)

2001 대전 월평동 산성

2002 천안 운전리유적 현장설명회자료

2002 대전 자운대 군사시설공사 사업부지내 자운동 · 추목동 유적 발굴조사 현장설명회자료

2002 장항-군산간 철도연결사업 구간내 군산 내흥동 유적

2002 국도 32호선 서산-당진간 국도확장 및 포장공사구간내 문화유적 발굴조사-1차 현장설명회 회의자료

하문식

1999 고조선 지역의 고인돌 연구, 백산자료원

한국국방문화재연구원

2007 강화 석모도 자연휴양림 및 수목원 조성부지 문화재 지표조사 지도위원회 자료집

한국문화재보호재단

2000 청주 용암유적(I · II)

2000 청주 송절동유적

2001 하남 천왕사지 시굴조사-지도위원회자료-

2002 제천 신월토지구획 정리사업지구내 문화유적발굴조사 지도위원회자료

2002 인천 원당지구 1 · 2구역 문화유적 발굴조사-1차 지도위원회자료-

2002 인천 검단 2지구 1 · 2구역 문화유적 시굴조사-지도위원회자료

2002 시흥 목감중학교 시설사업 예정부지 문화유적 발굴조사-지도위원회자료-

2003 울산권 확장 상수도(대곡댐)사업 평입부지내 3차 발 및 4차 시굴조사 약보고서

2003 인천 검단 2지구 2구역 문화유적 발굴조사-지도위원회 자료-

2003 인천 불로지구 문화유적 시굴조사-지도위원회자료-

2003 인천 원당지구 4구역 문화유적 발굴조사-4차 지도위원회자료-

2004 인천 원당지구 4구역 문화유적 발굴조사-6차 지도위원회자료-

2004 인천 동양택지개발사업지구(1지구)문화유적 발굴조사 지도위원회자료

2006 성남-판교지구 문화유적 1차 발굴조사-3차 지도위원회 자료집-

2007 성남 판교지구 문화유적 1차 발굴조사-4차 지도위원회 자료-

한국선사문화연구원

2007 청원 오송 생명과학단지 조성부지내 문화유적(A-3) 만수리 구석기 유적 1-2(원평 I-가)지점 발굴조사 현장설면회(4차)자료

한국토지공사 토지박물관

2001 연천 군남제 개수지역 문화재 시굴조사 지도위원회자료

2005 개성공업지구 1단계 문화유적 남북공동조사보고서

2006 연천 호루고루(2차 발굴조사 현장 설명회자료)

한림대학교 박물관

2002 경춘선 복선전철 제 6공구 가평역사부지 문화유적 시굴조사

2003 동해고속도로 확장 · 신설구간(송림리)문화유적 발굴조사보고서

2003 경춘선 복선전철 제6공구 가평역사부지내 문화유적 발굴조사 지도위원회 자료

2004 경춘선 복선전철 제5공구내 청평리유적 문화재 시굴조사 지도위원회 자료집

2005 공근 문화마을 조성사업 문화재 발굴조사 지도위원회 자료집

2005 청평-현리 도로공사 중 매장문화재 발굴조사지구(C지구) 지도위원회 자료집

2005/2006 춘천 천전리 121-16번지 내 문화유적 발굴조사 지도위원회 자료집

한백문화재연구원

2006 서울-춘천고속도로 5공구 내 유적발굴조사 1차 지도위원회 자료집

2006 청평-현리 도로공사 예정구간 문화재 발굴조사(A지구)지도위원회 자료집

2006 청평-현리 도로공사 예전구간 문화재 연장 발굴조사(A-다 지구)지도위원회

2007 서울-춘천 고속도로 5공구 I,J,K지구 시(발)굴조사 2차 지도위원회자료집

한신대학교 박물관

2002 화성 천천리유적

한양대학교 박물관

1996 부천 고강동 선사유적 발굴조사보고서, 한양대학교 박물관/문화인류학과 총서 제 9집

1998 부천 고강동 선사유적 제 2차 발굴조사보고서, 한양대학교 박물관/문화인류학과 총서 제 11집

1999 부천 고강동 선사유적 제 3차 발굴조사보고서, 한양대학교 박물관/문화인류학과 총서 제 13집

2000 이성산성(제8차 발굴조사보고서)

2001 이성산성 제9차 발굴조사 현장설명회

2000 부천 고강동 선사유적 제4차 발굴조사보고서, 한양대학교 박물관/문화인류학과 총서 제 17집

한양대학교 문화재연구소

2002 부천 고강동 선사유적 제5차 발굴조사 보고서

2004 부천 고강동 선사유적 제6차 발굴조사 지도위원회자료

2005 부천 고강동 선사유적 제7차 발굴조사 지도위원회자료

한창균 · 신숙정 · 장호수

1995 북한의 선사문화 연구, 백산자료원, 서울

韓興洙

1935 朝鮮巨石文化研究, 震檀學報 3

호남문화재연구원

2003 전주시 관내 국도대체 우회도로(이서-용정) 건설구간내 완주갈동 유적 현장설명회자료

홍형우

2006 아무르강 유역 및 연해주의 철기시대, 한·러공동발굴특별전 아무르·연해주의 신비 강연회 자료집

藤尾愼一郎

2002 朝鮮半島의 突帶文土器, 韓半島考古學論叢, 東京

中山淸隆

2002 縄文文化と大陸系文物, 縄文時代の渡來文化, 雄山閣

甲元眞之

1973 朝鮮支石墓の編年, 朝鮮學報 66

三上次男

1961 滿鮮原始墳墓の研究, 吉川弘文館

西谷正 外

1997 東アジアにおける支石墓の總合的 研究, 九州大学教 文学部 考古学研究室

有光敎一

1969 朝鮮支石墓の系譜に關する一考察, 古代學 16

大貫靜夫

1998 東北 ァシァ 考古學, 同成社

遼寧省文物考古研究所

1994 遼東半島石棚, 遼寧科學技術出版社

Christie, A. H

1979 *The Megalithic Problem in Southeast Asia*, In Early Southeast Asia : Essays in Archaeology, History and Historical Geography, edited by R. B. Smith and W. Watson, New York: Oxford University Press.

Daniel, G.

1963 *The Megalith Builders of Western Europe*, Middlesex: Penguin Books.

Joussame, R.

1998 *Dolmens for Dead*: Megalith-building through the World. translated by A. Chippindale and C. Chippindale. Ithaca: Cornwell University Press.

Lévi-Strauss, Claude

1963 *Totemism*, Boston: Beacon Press

Peacock, J. E.

1962 Pasema Megalithic Historical, Functional and Conceptual Interrelationship. *Bulletin of the Institute of Ethnology* No. 19.

Prudence Rice

1987 *Pottery Analysis*-A source book-, Chicago & London: University of Chicago

제 5 장

철기시대의 새로운 연구 방향

한국고고학상 鐵器時代는 前期(기원전 400년~기원전 1년)와 後期(三國時代 전기:서기 1년~서기 300년)로 나누어진다. 이 시기에는 한국 최초의 古代國家인 衛滿朝鮮(기원전 194년~기원전 108년)이 형성되며, 뒤이어 樂浪을 포함한 漢四郡(기원전 108년~서기 313년)의 설치 및 新羅(기원전 57년), 高句麗(기원전 37년), 百濟(기원전 18년), 伽倻(서기 42년)가 나타난다. 그래서 이 시기는 韓國史중 歷史時代가, 韓國考古學상 歷史考古學이 始作된다. 그리고 종교도 서기 372년(고구려 소수림왕 2년)佛敎가 한국에 유입되기 이전 精靈崇拜(animism)와 토테미즘(totemism)의 단계를 지나 祖上崇拜(ancestor worship)가 바탕이 되는 전문화된 巫敎(shamanism)가 나타나 血緣을 기반으로 하는 階級社會인 族長段階(chiefdom)의 政治進化와 竝行하게된다. 그리고 이 시기에는 王을 정점으로 하는 혈연을 기반으로 하지 않는 계급사회인 우리나라 최초의 국가인 衛滿朝鮮도 성립된다. 그리고 이 시기는 족장사회와 국가단계로 발전하는 原動力(prime mover)의 하나가 되는 宗敎的인 側面도 강조되어야한다. 이 점이 앞으로의 철기시대의 기원, 계급사회의 발전과 함께 새로운 연구방향이 될 것이다.

1. 철기시대 : 전기와 후기

철기시대연구의 문제점은 최근의 질량가속연대측정(AMS)에 의한 결과 강릉 송림리유적이 기원전 700년~기원전 400년 경, 안성 원곡 반제리의 경우 기원전 875년~기원전 450년, 양양 지리의 경우 기원전 480년~기원전 420년(2430±50 BP, 2370±50 BP)이 나오고, 횡성군 갑천면 중금리 기원전 800년~기원전 600년 그리고 홍천 두촌면 철정리(A-58호 단조 철편, 55호 단면 직사각형 점토대토기)의 경우 기원전 640년과 기원전 620년이 나오고 있어 철기시대 전기의 상한 연대가 기원전 5세기에서 더욱더 올라 갈 가능성도 있다는 것이다. 이제까지 철기시대 전기는 두 시기로 구분되어 왔다. Ⅰ기(전기)는 Ⅰ식 세형동검(한국식 동검), 정문식 세문경, 동부, 동과, 동모, 동착 등의 청동기류와 철부를 비롯한 주조 철제 농·공구류 그리고 단면 원형의 점토대토기와 700~850℃ 사이에서 구워진 경질무문토기를 특색으로 한다. 그 연대는 기원전 400년부터 기원전 200년 전후로 볼 수 있다. Ⅱ기(후기)에는 Ⅱ식 세형동검과 단조철기가 등장하고, 세문경 대신 차마구가 분묘에 부장되고 점토대토기의 단면 형태는 삼각형으로 바뀐다. 그리고 철기시대 전기는 동과와 동검의 형식분류에 따라 세 시기로 구분될 수도 있다. 그러나 최근의 자료로 보면 점토대토기의 아가리 단면 형태로 원형, 직사각형 그리고 삼각형의 세 종류가 확인되는데, 이들은 Ⅰ기(전기), Ⅱ기(중기)와 Ⅲ기(후기)의 세 시기로 구분된다. 점토대토기의 단면 형태로 보면 원형, 직사각형, 삼각형의 순으로 변화한 것 같다. 매우 이른 시기에 속하는 철기시대의 단면 원형의 점토대토기(Ⅰ기)유적의 예로 강원도 강릉 사천 방동리 과학일반 지방산업단지 등을 포함하여 경주 금장리와 현곡 하구리, 인천 서구 원당리, 수원 고색동, 울주 검단리, 경기도 부천 고강동, 화성 동탄 감배산과 동학산, 안성 공도면 만정리와 원곡면 반제리, 아산 배방면 갈매리, 양평 용문 원덕리, 삼성리, 강릉 송림리, 고성 현내면 송현리, 파주 탄현 갈현리, 완주 갈동과 순천 덕암동 등지에서 상당수 확인되고 있다. 단면 직사각형의 점토대토기는 원형에서 삼각형으로 바뀌는 과도기적 중간 단계 토기(중기 Ⅱ기)로 제주시 삼양동(사적 416호), 화성 동학산과 안성 공도 만정리, 아산, 탕정 명암리, 강원도 춘천 거두 2리(2지구)와 홍천 두촌면 철정리 등지에서 확인된다. 원형에서 삼각형으로 바뀌는 과도기에 해당하는 점토대토기 가마가 경상남도 사천 방지리와 경주 나정(사적 245호)에서 확인된 바 있다. 다시 말해서 동과와 동검 그리고 점토대토기의 단면형태를 고려한다면 철기시대 전기를 두 시기가 아닌 세 시기의 구분이 가능할 수 있겠다.

그리고 최근 발견된 유적을 보면 보면 완주 이서면 반교리 갈동에서는 동과 · 동검의 용범과 단면 원형 점토대토기(Ⅰ기)가, 화성 동학산에서는 철제 끌의 용범과 단면 직사각형의 점토대토기(Ⅱ기)가, 논산 원북리, 가평 달전 2리와 안성 공도 만정리의 토광묘에서는 세형동검, 그리고 공주 수촌리에서 세형동검, 동모, 동부(도끼, 斧), 동사와 동착(끌, 鑿)이 토광묘에서 나왔는데, 이들은 철기시대 전기의 전형적인 유적 · 유물들이다. 특히 이들이 토광묘에서 출토되었다는 사실은 세형동검이 나오는 요양 하란 이도하자(遼陽 河欄 二道河子), 여대시 여순구구 윤가촌(旅大市 旅順口區 尹家村), 심양 정가와자(沈陽 鄭家窪子), 황해도 재령 고산리(高山里)를 비롯해 위만조선(기원전 194~기원전 108년) 시기와 밀접한 관련이 있는 것으로 볼 수 있다. 다시 말해 세형동검 일괄유물, 끌을 비롯한 용범(거푸집), 토광묘 등은 점토대토기(구연부 단면원형)와 함께 철기시대의 시작을 알려준다. 낙랑의 묘제는 토광묘, 귀틀묘, 전축분의 순으로 발전해 나갔는데, 토광묘의 경우는 평안남도 강서군 대(태)성리의 경우처럼 樂浪에 앞선 위만조선 시대(기원전 194년~기원전 108년)의 것으로 볼 수 있다. 이와 유사한 것은 경기도 가평 달전 2리, 완주 이서 반교리 갈동과 충남 아산 탕정면 명암리 등지에서 확인된다.

토기제작을 보면 한 무제의 한사군 설치를 계기로 낙랑과 대방을 통해 고도로 발달한 한의 문물이 한반도로 유입되었다. 앞선 청동기시대 전통의 500~700℃의 화도에서 소성된 무문토기와 700~850℃에서 구워진 경질무문토기를 함께 사용하던 철기시대 전기의 주민들에게 화도가 1,000~1,100℃에 이르는 陶器와 炻器(stoneware)는 상당한 문화적 충격이었을 것이다. 철기시대 전기의 말기에 해당하는 기원전 108년 낙랑군이 설치된 이후 그 영향하에 한식 도기가 무문토기 사회에 유입되는데 한식도기(漢式陶器) 또는 낙랑도기(樂浪陶器)/토기의 공반 여부를 기준으로 시기구분을 설정할 수도 있다. 일반적으로 통용되는 토기(pottery 또는 Terra-cotta)라는 용어 대신 도기(陶器, earthenware)란 용어를 사용한 것은 토기는 소성온도의 차이에 따라 토기-도기-석기(炻器, stoneware)-자기(磁器, 백자 porcelain, 청자celadon)로 구분되기 때문이다. 한나라 도기의 소성온도는 1,000℃를 넘고 석기의 경우는 1,200℃ 전후에 달하는데 소성온도는 토기의 제작기술을 반영하는 중요한 요소이다. 중국에서는 500~700℃ 정도 구워진 선사시대의 그릇을 토기라 부르고 춘추-전국시대와 한나라의 그릇은 이와 구분하여 도기라 지칭한다. 백제나 마한의 연질 · 경질의 토기는 도기로, 회청색 신라토기는 석기라 지칭되는 것이 보다 타당하다. 과학적 분석에 근거한 적확한 용어 선택은 우리 고고학계의 시급한 과제 중의 하나이다. 특히 시대구분의 표지가 되는 토기, 도기, 석기의 구분 문제는 보다 중요한데, 이는 이들을 구워 내는 가마를 포함한 제작기술상의 문제와 이에 따른 사회발달상과도 깊은 관련을 맺고 있기 때문이다. 송파구 풍납동토성, 경기도 양평 양수리 상석정, 가평 상면 덕현리, 화성 기안리, 가평 달전 2리와 가평 대성리, 강원도 정선 신동읍 예미리, 강릉 안인리와 병산동, 동해 송정동 등지에서 확인된 漢나라 또는 樂浪의 도기들은 무문토기 사회에 여과되지 않은 채 직수입된 중국의 문물이 끼친 영향이 어떠했는가를 엿볼 수 있는 좋은 자료들이다. 한반도 청동기시대 주민들은 당시 안성 공도 만정리에서 확인되듯이 물레의 사용 없이 손으로 빚은 경질무문토기를 앙천요(open kiln)에서 구워 내었지만 그 후 철기시대가 되면 강릉 사천 방동리, 파주 탄현 갈현리와 경남 사천 방지리와 아산 탕정 명암리에서 보여주다시피 직경 1.5m 내외 원형의 반수혈(半竪穴)의 좀더 발전한 가마에서 점토대토기를 구워내고 있었다. 진천 삼룡리(사적 제344호)와 산수리(사적 제325호)에서 확인되는 중국식 가마 구조의 차용과 그 곳에서 발견되는 한식도기의 모방품에서 확인되듯이 도기제작의 기술적 차이를 극복하는데 적어도 2~300년의 기간이 걸렸을 것이다. 서기 3~4세기 마한과 백제유적에서 흔히 보이는 토기 표면에 격자문, 횡주단사선문, 타날문 또는 승석문이 시문된 회청색 연질 또는 경질토기(도기로 보는 것이 좋음)들이 도기 제작에 있어서 기술 극복의 결과로 볼 수 있을 것이다. 따라서 낙랑의 설치와 아울러 중국 漢나라 본토에서 직접 가져온 한식도기(漢式陶器) 또는 낙랑도기(樂浪陶器)가 공반되는 무문토기 유적의 연대는 낙랑이 설치되는 기원전 108년과 가까운 시기가 될 것이다. 가평 달전 2리 토광묘에서 한식 도기와 중국 서안(西安) 소재 섬서성 역사박물관 전시품과 똑같은 한대의 과(戈)가 출토되었고, 및 가평 대성리와 양평 양수리 상석정의 '철(凸)'자와 '여(呂)' 자형 집자리 유적의 경우(2150±60, 1920±80, 1840±60 BP 등의 연대가 나왔다. 기원전 2세기~기원전 1세기를 전후한 연대가 중심이 되고 있다)도 마찬가지로 볼 수 있으며, 그 연대도 기원전 1세기를 내려오지 않을 것이다. 또 포천 영중면 금주리 유적에서도 기원전 20년~서기 10년이라는 연대가 확인되어 이들과 비슷한 시기의 유적임이 확인된 바 있다. 러시아의 연해주의 올레니 A와 끄로우노브까(北沃沮, 團結문화)에서 기원하는 凸자형과 呂자형집자리가 나와 앞으로의 기원과 연대문제도 정립되어야한다. 최근 한식도기(낙랑도기)가 나오는 유적은 풍납동토성(사적 11호), 경기도 연천 초성리, 가평 대성리, 달전 2리와 상면 덕현리, 양주 양수리 상석정, 하남시 이성산성(사적 422호), 화성 기안리, 광주읍 장지동, 강원도 강릉 안인리와 병산동, 동해 송정동, 정선 예미리, 춘천 우두동과 거두 2리와 율문리, 충청남도 아산 탕정 명암리와 경상남도 사천 늑도 등 십여군데에 이른다. 주로 강원도(臨屯, 濊, 東濊 지역)와 경기도(樂浪, 帶方 지역) 지역에 집중해서 漢式陶器가 나오고 있다. 이 점은 樂浪의 影響圈을 잘 보여 주고 있다 하겠다. 이런 점에서 철기시대 전기 중 단면 삼각형이 나오는 Ⅲ기(후기) 기원전 2세기~기원전 1세기의 고고학적 유적과 유물의 검토가 필요하다. 그리고 경기도 가평 외서면 청평4리, 경기도 광주시 장지동, 강원도 횡성 공근면 학담리와 춘천 거두리와 천전리에서 출토된 해무리굽과 유사한 바닥을 지닌 경질무문토기는 아무르강 중류 리도프카 문화와 끄로우노프까(沃沮, 團結) 문화에서도 보이므로 한반도의 철기시대에 러시아 문화의 영향을 고려할 필요가 있다. 그리고 춘천 천전리, 신매리와 우두동 등지에서 최근 발견되는 따가르의 鐵刀子도 이와 관련해 주목을 받아야한다.

철기시대 전기 중 후기(기원전 3세기~기원전 1년)에는 위만조선-낙랑-마한-동예 등의 정치적 실체들이 서로 깊은 관계를 맺어 역사적 맥락을 형성하고 있다. 따라서 원삼국시대라는 한국 고대사 기록과 부합되지 않는 애매한 시기 설정 대신에 마한과 백제라는 시기와 지역의 구분이 등장하여 이 시기의 성격이 명확하게 설명되고 있다. 문헌으로 볼 때에도 高句麗, 百濟와 新羅는 신화와 역사적 사건으로 서로 얽히어 있다. 그러나 한국의 고대사에서는 백제와 신라의 초기 역사를 인정하지 않고 있다. 그래서 삼국시대 초기에 대한 기본적인 서술은 通時的, 進化論的과 아울러 歷史的 脈絡을 고려해야 한다. 한국의 역사고고학 시작은 衛滿朝鮮(기원전 194년~기원전 108년)때부터 이다. 그 중 철기시대 전기에 속하는 기원전 400년에서 기원전 1년까지의 약 400년의 기간은 한국고고학과 고대사에 있어서 매우 복잡하다. 이 시기에는 한국고대사에 있어서 중국의 영향을 받아 漢字를 알게 되고 국가가 형성되는 등 역사시대가 시작되고 있다. 청동기시대에 도시 · 문명 · 국가가 발생하는 전 세계적인 추세에 비추어 우리나라에서는 국가가 이보다 늦은 철기시대 전기에 나타난다. 최초의 고대국가인 衛滿朝鮮은 漢나라 7대 武帝(기원전 141년~기원전 87년)가 보낸 원정군에 의해 망한다. 이 때는 사기의 저자인 사마천의 나이 37세이다. 그의 기록에 의하면 평양 근처의 왕검성에 자리하던 위만조선이 문헌상에 뚜렷이 나타나는 한국 최초의 고대국가를 형성하고 있었다. 위만 조선은 위만-이름을 알 수 없는 아들-손자 右渠-太子 長을 거치는 4대 87년간 존속하다가 중국 한나라에 의해 망한다. 그리고 樂浪, 臨屯, 眞番(이상 기원전 108년 설치)과 玄菟(기원전 107년 설치)의 한사군이 들어서는데, 오늘날 평양 낙랑구역에 樂浪이, 그리고 황해도와 경기도 북부에 帶方(처음 낙랑군에 속하다가 獻帝 建安 서기 196년~220년간에 대방군이 됨)이 위치한다. 이들은 기원전 3~2세기경부터 존재하고 있던 마한과 기원전 18년 마한의 바탕 위에 나라가 선 백제, 그리고 동쪽의 東濊, 남쪽의 辰韓과 弁韓.에 막대한 영향을 끼치었다. 이러한 점에서 비추어 볼 때 최근 발굴 조사된 경기도 가평 달전 2리, 경기도 광주시 장지동, 충청남도 아산 탕정면 명암리, 전라북도 완주 이서면 반교리 갈동과 경상북도 성주군 성주읍 예산리유적에서 나오는 토광묘, 화분형토기, 한식도기 등의 존재는 매우 중요하다. 이들은 이제까지 司馬遷의 『史記』와 같은 문헌에 주로 의존하고 있었으며 고고학 자료는 매우 零細했던 衛滿朝鮮의 硏究에 新局面을 맞게 해주었다.

그 다음 시기인 철기시대 후기인 삼국시대 전기(서기 1년~서기 300년)에는 『삼국사기』 초기 기록대로 한성시대 백제(기원전 18년~서기 475년)는 마한의 영역을 잠식해 들어갔는데, 이는 최근 경기도 강화 대룡리, 파주 주월리, 자작리, 여주 하거리와 연양리, 진천 산수리 · 삼룡리, 진천 석장리와 원주 법천리 등 백제 초기 강역에서 확인된 유적들을 통해서 잘 들어난다. 백제보다 앞선 마한의 중심지는 오늘날 천안 용원리 일대였는데 백제가 강성해짐에 따라 마한의 영역은 축소되어 익산과 전라남도 나주시 반남면 대안리, 덕산리, 신촌리(사적 76 · 77 · 78호)와 복암리(사적 404호) 일대로 밀려났다. 그리고 목지국이란 국가체제를 갖춘 사회로 대표되던 마한 잔여세력은 5세기 말/6세기 초에 백제로 편입되었던 것 같다. 이는 동신대 박물관에 의해 발굴된 나주시 금천면 당가리 요지에 의해서도 확인된다. 청주 정북동토성(사적 제415호)은 대표적인 마한의 토성인데, 그 연대는 서기 130년(서문터: 서기 40년~220년)경이 중심이 된다. 이 시대에 이르면 청동기시대 후기(또는 말기) 이래의 평면 원형 수혈주거지에 '철(凸)'자형 및 '여(呂)' 자형의 주거지가 추가된다. 그리고 삼국시대 전기(철기시대 후기)가 되면 풍납동토성(사적 제11호), 몽촌토성(사적 제297호) 밖 미술관 부지, 포천 자작리와 영중면 금주리 등지에서 보이는 육각형의 집자리가 나타난다. 한/낙랑의 영향 하에 등장한 지상가옥, 즉 개와집은 백제 초기에 보이기 시작한다. 온조왕 15년(기원전 4년)에 보이는 '검이부루(儉而不陋) 화이부치(華而不侈)' 라는 기록은 풍납동토성 내에 기와집 구조의 궁궐을 지었음을 뒷받침해 준다. 그리고 집락지 주위에는 해자가 돌려졌다. 청동기시대 유적들인 울주 검단리, 울산시 북구 연암리, 창원 서상동 남산이나 진주 대평리의 경우보다는 좀더 복잡한 삼중의 해자가 돌려지는데, 이는 서울 풍납동토성, 안성 원곡 반제리, 강릉 사천 방동리나 수원 화성 동학산의 점토대토기 유적에서 확인된다. 그리고 백제는 풍납동토성(사적 제11호)과 몽촌토성(사적 제297호)의 경우에서 보이듯이 판축토성을 축조했으나 근초고왕이 한산성(서기 371~391년, 근초고왕 26년~진사왕 1년)으로 도읍을 옮긴 서기 371년부터는 고구려의 영향을 받아 석성을 축조했던 것 같다. 그 대표적인 예가 하남시 이성산성(사적 422호)이며, 이천 설봉산성(경기도 기념물 76호, 서기 370년~410년)과 설성산성(사적 423호), 안성 죽주산성(경기도 기념물 69호)도 그러하다. 아직 가설적인 수준이긴 하지만, 백제와 마한의 고고학적 차이도 언급할 수 있겠다. 즉, 한성시대의 백제는 판축토성을 축조하다가 서기 371년 근초고왕 26년경부터 석성을 축조하기 시작했고, 기원전부터 사용되었던 경질무문토기와 타날문토기를 주로 사용했던 반면에, 마한은 판축을 하지 않은 토성과 굴립주, 조족문과 거치문이 보이는 회청색 연질토기, 경질무문토기와 타날문토기 등을 사용했고, 묘제로는 토광묘(청주 송절동)와 주구묘(익산 영등동) 등을 채택하였던 것으로 보인다.

통상권을 형성하고 있던 한반도 내의 사회들은 중국과의 국제 무역 및 한반도 내부 나라(國)들 사이의 교역을 행하였다. 『삼국지』 위지 동이전 변진조와 왜인전 이정기사(里程記事)에는 낙랑 · 대방에서 출발하여 쯔지마고꾸[對馬國], 이끼고꾸[一支國], 마쯔로고꾸[末盧國], 나고구[奴國]를 거쳐 일본의 사가현 간자끼군 히사시세부리손 요시노가리[佐賀縣 神埼 東背振 吉野け里]에 위치한 야마다이고꾸[邪馬臺國]에 이르는 무역루트 또는 통상권이 잘 나타나 있다. 해남 군곡리-김해 봉황동(회현동, 사적 2호)-사천 늑도-제주도 삼양동(사적 제416호) 등 최근 확인된 유적들은 당시의 국제 통상권의 루트를 잘 보여주고 있다. 즉, 중국 하남성 남양 독산 또는 밀현의 옥과 반량전과 오수전을 포함한 중국 진나라와 한나라의 화폐는 오늘날의 달라[美貨]에 해당하는 당시 교역 수단으로 당시 활발했던 국제 무역에 관한 고고학적 증거들이다. 기원전 1세기경으로 편년되는 사천 늑도 유적은 당대의 국제 무역과 관련해 특히 중요한 유적이다. 동아대학교 박물관이 발굴한 지역에서는 경질무문토기, 일본 야요이 토기, 낙랑도기, 한식경질도기 등과 함께 반량전이 같은 층위에서 출토되었다. 半兩錢은 기원전 221년 진시황의 중국 통일 이후 주조되어 기원전 118년(7대 漢武帝 5년)까지 사용된 중국화폐로 알려져 있다. 중국 화폐는 해남 군곡리, 제주 산지항 · 금성리, 고성과 창원 성산패총(사적 240호) 등지에서도 출토되었다. 사천 늑도는 『삼국지』 위지 동이전 변진조의 '국출철(國出鐵) 한예왜개종취지(韓濊倭皆從取之) 제시매개용철여중국용전우이공급이군(諸市買皆用鐵如中國用錢又以供給二郡)'의 기사와 왜인전에 보이는 '樂浪(帶方)-金海(狗邪韓

國)-泗川 勒島-對馬島-壹岐-邪馬臺國' 으로 이어지는 무역로의 한 기착지인 사물국(史勿國?)이 아닌가 생각된다. 이외에도 국가 발생의 원동력 중의 하나인 무역에 관한 고고학 증거는 계속 증가하고 있다. 한편 역시 늑도 유적을 조사한 부산대학교 박물관 조사 지역에서는 중국 서안에 소재한 진시황(재위: 기원전 246년~기원전 210년)의 무덤인 병마용갱(兵馬俑坑)에서 보이는 삼익유경동촉(三翼有莖銅鏃)이 출토되었는데 이와 같은 것이 양평군 양수리 상석정에서는 두 점, 가평 대성리에서도 두 점이 출토된 바 있다. 진시황의 무덤에 부장된 이 동촉은 진시황릉 축조 이전에 제작된 것으로 보인다. 또 흥미로운 사실은 사천 늑도에서 출토된 일본 야요이 토기편의 경우 형태는 일본의 야요이 토기이지만 토기의 태토(바탕흙)는 현지, 즉 한국산임이 밝혀졌다. 사천 늑도는 당시 낙랑 · 대방과 일본 야마다이고꾸(邪馬臺國)를 잇는 중요한 항구였다. 김해 예안리와 사천 늑도에서 나온 인골들의 DNA 분석을 실시해 보면 우리가 생각하고 있는 것보다 훨씬 더 복잡하고 다양한 인종교류가 있었음이 밝혀질 것으로 추측되며, 이들에 의한 무역-통상권 역시 상당히 국제적이었을 것으로 여겨진다. 이들 유적보다는 다소 시기가 떨어지는 마한 유적으로 이해되는 전남 함평군 해보면 대창리 창서에서 출토된 토기 바닥에 묘사된 코캐소이드(caucasoid)인의 모습은 이러한 맥락에서 이해할 수 있다. 이 점은 경남 사천 늑도, 김해 예안리, 김해 예안리, 정선 북면 여량 2리(아우라지)와 동해 추암동의 인골에서도 충분히 보일 가능성이 있어 앞으로 선사시대의 국제화 문제도 염두에 두어야 할 것이다.

김해 봉황동(사적 제2호) 주변 발굴이 경남발전연구원에 의해 이루어졌는데 목책시설이 확인되었을 뿐 아니라 바다로 이어지는 부두 · 접안 · 창고와 관련된 여러 유구가 조사되었다. 그리고 사천 늑도와 김해패총의 경우처럼 횡주단사선문(橫走短斜線文)이 시문된 회청색경질도기가 출토되는데, 이는 중국제로 무역을 통한 것으로 보인다. 가락국(가야)은 서기 42년 건국되었는데, 그 중 금관가야는 서기 532년(법흥왕 19년), 대가야는 562년(진흥왕 23년)에 신라에 합병되었다. 최근 사천 늑도 유적에서 고대 한·일 간의 무역의 증거가 확인되었는데, 철 생산을 통한 교역의 중심이었던 김해에서는 서기 1세기경 이래의 고고학 자료가 많이 확인될 것으로 기대된다. 낙랑의 회청색 경질도기(종래의 김해식 회청색 경질토기)가 출토되었는데, 그 연대는 기원전 1세기경까지 올라간다. 가속기질량연대분석(AMS)장치를 이용해 목책의 연대를 낸다면 현재 추정되고 있는 서기 4~5세기보다는 건국 연대 가까이로 올라갈 가능성이 많다. 한편 서울 풍납동토성(사적 제11호)의 동벽과 서벽에서 성벽 축조와 관련된 매납 의식의 일환으로 매장된 무문토기들은 성벽의 축조가 온조왕 41년, 즉 서기 23년 이루어졌다는『삼국사기』기록을 고려할 때, 그 하한 연대가 서기 1세기 이후까지 내려가지 않을 것으로 생각된다. 참고로 전라남도 완도 장도의 청해진(사적 제308호) 주위에서 발견된 목책의 연대는 서기 840년경으로 측정되어 진을 설치한 연대인 828년(흥덕왕 3년)에 매우 근사하게 나와 연대 측정의 신빙성을 말해준다.

청동기시대-철기시대 전기의 토착세력, 즉 지석묘 축조자들과 1,500여 년에 이르는 지석묘 축조 기간 동안 공존했거나, 이들이 동화시킨 여러 가지 다른 문화 계통의 묘제 다시 말해 석관묘, 석곽묘, 토광묘와 옹관묘 등과의 문화 접촉 관계는 앞으로 연구되어야 할 중요한 과제이다. 이는 마산 진동리 지석묘 발굴의 경우에서 잘 보인다. 청동기시대의 세장방형-장방형-와 방형-원형의 수혈움집을 거쳐 나타나는 철기시대 전기-철기시대 후기(삼국시대 전기)의 '철(凸)' 자형-'여(呂)' 자형-육각형 수혈움집의 변천과정과 아울러 토광묘-주구토광묘-옹관묘의 발달과정, 그리고 최근 발굴조사되고 그 수가 증가하고 있는 공주 탄천면 장선리(사적 제433호), 가평 대성리, 기흥읍 구갈리, 논산 원북리, 화성 동탄지구내 석우리 먹실, 화성 동탄 반월리, 안성 용두리 토실들과의 상호 문화적 관계를 좀더 구체적으로 살펴보면 철기시대 전기와 후기에 걸쳐 나타나는 동예, 옥저, 변한, 진한, 마한의 족장사회(chiefdom) 그리고 이들을 기반으로 하여 형성된 고구려 백제, 신라와 가야 등 기록에 나타나는 구체적이고 역사적인 고대국가(ancient state)의 형성과 발전도 고고학적으로 입증해 낼 수 있을 것이다. 최근 포천 반월성(사적 403호), 연천 호로고루성(사적 467호), 하남 이성산성(사적 422호), 이천 설봉산성(사적 423호), 연기 주류성과 청주 부용면 부강리 남성골산성(서기 340년~370년과 서기 470년~490년의 두 연대가 나와 마한-백제-고구려의 관계를 파악하 수 있다) 등의 발굴은 백제 초축(근초고왕 26년)-고구려 증축(서기 475년: 고구려 장수왕 63년)-신라 보축(551년: 진흥왕 12년)-통일신라-고려-조선 등 여러 역사적 사건이 얽혀진 맥락을 보여 준다. 다시 말하여 고고학 유적의 발굴 결과가 삼국사기 초기 기록의 신빙성을 더욱더 높여주고 있다 하겠다.

그리고 문헌과 신화상으로 볼 때 고구려 및 백제와 같은 계통이라는 추정이 가능하다. 이는 고고학 자료로도 입증된다. 석촌동에서 제일 거대한 3호분은 방형 기단형식의 돌무덤이다. 계단은 3단까지 확인되었으며, 그 시기는 3세기 중엽에서 4세기에 축조된 것으로 보인다. 4호분은 방형으로 초층을 1면 세 개 미만의 護石(받침돌, 보강제 등의 명칭)으로 받쳐놓아 將軍塚과 같은 고구려의 계단식 적석총 축조수법과 유사하다(신라의 경우 31대 신문왕릉〈사적 181호〉과 33대 성덕왕릉〈사적 28호〉에서 이와 같은 호석들이 보인다). 석촌동 4호분의 연대는 서기 198년(산상왕 2년)에서 서기 313년(미천왕 14년) 사이에 축조된 것으로 추정된다. 그러나 그 연대는 3호분과 비슷하거나 약간 늦은 것으로 추측된다. 왜냐하면 적석총보다 앞선 시기부터 존재했을 토광묘와 판축기법을 가미하여 축조했기 때문에 순수 고구려 양식에서 약간 벗어난 모습을 보여주기 때문이다. 여기에는 사적 11호 풍납토성의 경당지구에서 출토된 것과 같은 漢-樂浪 계통으로 보이는 기와 편이 많이 수습되었다. 이는 集安의 太王陵, 將軍塚과 千秋塚 등의 석실이 있는 계단식 적석총의 상부에서 발견된 건물터나 건물의 지붕에 얹은 기와 편들로부터 구조상 상당한 유사점을 찾을 수 있다. 즉 고구려의 적석총은 무덤(墓)인 동시에 제사를 지낼 수 있는 廟의 기능인 享堂의 구조를 무덤의 상부에 가지고 있었다. 이런 점에서 연도가 있는 석실/석곽을 가진 석촌동 4호분 적석총도 축조 연대만 문제가 될 뿐 고구려의 적석총과 같은 기능을 가지고 있었던 고구려 계통의 무덤 양식인 것이다. 석촌동 1호분의 경우 왕릉급의 대형 쌍분임이 확인되었다. 그 쌍분 전통은 압록강 유역의 환인현 고력묘자촌에 보이는 이음식 돌무지무덤과 연결되고 있어 백제 지배세력이 고구려와 관계가 깊다는 것에 또 하나의 증거를 보태준다. 자강도 시중군 로남리, 집안 양민과 하치 등지의 고구려 초기의 무기단식 적석총과 그 다음에 나타나는 집안 통구 禹山下, 환도산성하 洞溝와 자강도 자성군 서해리 등지의 기단식 적석총들은 서울 석촌동뿐만 아니라 남한강 및 북한강의 유역에서 많이 발견되고 있다. 남한강 상류에는 평창군 여만리와 응암리, 제천시 양평리와 도화리 등에서 발견된 바 있으며, 북한강 상류에서는 화천군 간척리와, 춘성군 천전리, 춘천 중도에서도 보고되었다. 또한 경기도 연천군 삼곶리를 비롯해, 군남리와 학곡리에서도 백제시대의 초기 적석총이 발견되었다. 임진강변인 연천 중면 횡산리에서도 적석총이 발견되었다는 것은 백제 적석총이 북에서 남하했다는 설을 재삼 확인시켜 주는 것이며, 아울러 백제 적석총에 대한 많은 시사를 한다고 볼 수 있다. 그러나 고구려인이 남한강을 따라 남하하면서 만든 것으로 추측되는 단양군 영춘면 사지원리〈傳 溫達(?~서기 590년 영양왕 1년)장군묘〉의 적석총이 발굴되었는데 이것은 山淸에 소재한 가야의 마지막 왕인 仇衡王陵(사적

214호)의 기단식 적석구조와 같이 편년이나 계통에 대한 아직 학계의 정확한 고증을 받지 못하고 있다. 그러나 한강유역의 각지에 퍼져있는 적석총의 분포상황으로 볼 때 고구려에서 나타나는 무기단식, 기단식과 계단식 적석총이 모두 나오고 있다. 이들은 당시 백제는 『三國史記』 溫祚王代(13년, 기원전 6년)의 기록에서 보이는 바와 같이 동으로는 走壤(춘천), 남으로는 熊川(안성천), 북으로는 浿河(예성강)에까지 세력을 확보하고 있었음을 확인시켜준다. 이와 같이 한강유역에 분포한 백제 초기의 적석총들은 이러한 백제초기의 영역을 알려주는 고고학적 자료의 하나이며, 이는 오히려 고구려와 백제와의 역사적 맥락에 대한 문헌과 신화의 기록을 보충해 주고 있다 하겠다.

한성백제(기원전 18년~서기 475년)는 마한의 바탕 위에서 성립하였다. 마한을 특징짓는 고고학 자료로는 토실과 주구묘, 조족문 및 거치문 등의 문양이 시문된 토기 등을 들 수 있다. 마한의 존속 시기는 기원전 3세기~기원전 2세기에서 서기 5세기 말~6세기 초로 볼 수 있으며, 공간적으로는 경상도 지역을 제외한 한반도 중남부 지역, 즉 경기도에서 전남에 걸친 지역에 걸쳐 분포하는 것으로 알려져 있다. 구체적으로는 고양 멱절산, 화성 동탄 오산리 감배산, 남한산성 행궁지(사적 57호내 경기도 기념물 164호 옆), 용인 죽전과 보정리 수지 빌라트, 화성 태안읍 반월리 신영통과 동탄 석우리 능리, 안성 공도읍 용두리, 용인 구성면 마북리, 기흥 구갈리, 가평 대성리와 인천 계양구 동양동 등지에서부터 멀리 군산 내흥동과 전북 익산 왕궁면 구덕리 사덕에 이르는 경기도, 충청도와 전라도의 전 지역에서 마한의 특징적인 土室과 주구묘(분구묘)가 확인되었다. 이들은 마한 54국을 대표하는 주거지와 묘제이다. 이들은 북쪽 읍루와도 관련성이 있다. 『三國志』 魏志 東夷傳 挹婁조에 보면 …常穴居大家深九梯以多爲好土氣寒…(…큰 집은 사다리가 9계단 높이의 깊이이며 깊이가 깊을수록 좋다…)라는 기록에서 사다리를 타고 내려가 사는 토실에 대한 언급이 나온다. 또 1755년 Krasheninnikov나 1778년 James Cook의 탐험대에 의해 보고된 바로는 멀리 북쪽 베링해(Bering Sea) 근처 캄챠카(Kamtschatka)에 살고 있는 에스키모인 꼬략(Koryak)족과 오날라쉬카(Oonalaschka)의 원주민인 알류산(Aleut)인들은 수혈 또는 반수혈의 움집을 만들고 지붕에서부터 사다리를 타고 내려가 그 속에서 살고 있다고 한다. 이들 모두 기후환경에 대한 적응의 결과로 볼 수 있다. 아울러 우리 문화의 원류도 짐작하게 한다. 한편 마한 54국 상호 간의 지역적 통상권 및 그 고고학적 증거를 확인하는 작업은 매우 중요하며, 또 그 내부에서 발전해 나온 백제와 마한과의 문화적 상사성과 상이성을 밝혀내는 작업 역시 매우 중요하다. 이러한 관점에서 볼 때 전남 함평 대창리 창서 유적에서 발견된 토기바닥에 그려진 인물도는 매우 흥미롭다. 그 인물은 우리 마한인의 전형적인 모습이라기보다는 코가 큰 백인종에 가까운데, 이는 당시 마한의 통상권이 한반도와 중국을 포함한 동북아시아에 국한되지는 않았음을 의미하며, 앞으로 이에 대한 연구가 진행되어야 할 것이다. 우리나라 철기시대의 시작을 알리는 지표로 인식되는 점토대토기는 기원전 5세기로 편년되는 중국 심양(瀋陽) 정가와자(鄭家窪子) 토광묘나 러시아 연해주의 뾜체문화에서 기원한 것으로 이해되는데, 최근 양평 미금리와 용문 삼성리, 화성 동탄 동학산, 안성 원곡 반제리와 공도 만정리, 수원 고색동, 파주 탄현면 갈현리, 그리고 전라북도 완주 이서 반교리 갈동, 경남 사천 방지리에 이른다. 그리고 강원도만 국한해 보더라도 강릉 사천 방동리와 송림리, 홍천 철정리, 춘천 우두동과 칠전동, 양양 지리, 고성 송현리 등 여러 유적들이 나타나고 있다. 이러한 양상들을 통해 한반도의 청동기 및 철기시대 전기에 북방계통의 문화들이 폭넓게 수용되었음을 알 수 있다. 그러나 앞으로 철기시대연구의 문제점은 최근의 질량가속연대측정(AMS)에 의한 결과 강릉 송림리 유적이 기원전 700년~기원전 400년경, 안성 원곡 반제리의 경우 기원전 875년~기원전 450년, 양양 지리의 경우 기원전 480년~기원전 420년(2430±50 BP, 2370±50 BP) 그리고 홍천 두촌면 철정리에서 기원전 640년과 기원전 620년이 나오고 있어 철기시대 전기의 상한 연대가 기원전 5세기에서 더 욱더 올라 갈 가능성이 있다는 것이다. 철기시대는 점토대토기의 등장과 함께 시작되는데, 현재까지 가장 이른 유적은 심양 정가와자 유적이며 그 연대는 기원전 5세기까지 올라간다. 따라서 한국의 철기시대의 시작은 현재 통용되는 기원전 5세기보다 상향 조정될 수 있는데, 이는 신석기시대 후기에 청동기시대의 문화 양상과 국지적으로 공존하는 것과 같은 맥락에서 이해될 수 있겠다.

2. 한반도 종교 · 제사유적의 의의

한반도에 관한 최고의 민족지(民族誌, ethnography)라 할 수 있는 『三國志』 魏志 東夷傳에 실린 중국 측의 기록 이외에는 아직 이 시기의 문화를 구체적으로 논할 자료가 없다. 그러나 최근 확인된 고고학 자료를 통해 보건데, 중국과의 대등한 전쟁을 수행했던 위만조선을 제외한 한반도 내의 다른 세력들은 중국과 상당한 문화적 격차가 있었던 것으로 짐작된다. 한사군 설치 이후 한반도 내에서 중국문화의 일방적 수용이 있었다고 해도 과언은 아닐 것 같다. 이와 같은 배경을 고려하면 부천 고강동 제사유적과 울산 남구 야음동의 제사유적(반원형의 구상유구, 토기 매납 유구)들은 혈연을 기반으로 하는 청동기-철기시대의 족장사회를 형성하는 필수 불가결의 요소로 볼 수 있겠다. 시간적으로 청동기시대 중기의 울산 북구 연암동, 하남시 덕풍골과 양평 신월리의 종교 · 제사유적은 철기시대 전기의 부천 고강동, 파주 탄현 갈현리, 화성 동탄 동학산, 강릉 사천 방동리와 안성 원곡 반제리의 제사 유적에까지 그 전통을 이어가는데 이들보다도 2,000년 이상이나 앞서고 규모도 훨씬 큰 홍산문화 유적인 요녕성 능원 · 건평현 우하량의 제사유적이 이들과 외관상 매우 비슷함은 그 기원에서 많은 점을 시사해 준다. 특히 이곳에서 발굴되는 龍의 선행양식인 저룡(猪龍)과 같은 옥제품으로 상징되는 종교 권력을 바탕으로 하는 계급의 분화가 우리 나라에서보다 훨씬 앞서는 시기부터 진행되고 있었음을 알 수 있다. 이는 파주 주월리 유적에서 확인된 신석기시대 옥 장식품도 멀리 능원 · 건평현 우하량과 객좌(喀左) 동산취(東山嘴)의 옥제품 공급처인 요녕 수암에서 왔을 것이라는 추측과 맥을 같이 한다. 그리고 강원도 고성 현내면 송현리 청동기시대 전기 말에서 중기 초(기원전 12세기~기원전 10세기경)에 걸치는 집자리 5호 및 6호에서 옥기(玉器)를 제작하던 도구가 출토되고 있어 앞으로 옥(玉)의 기원과 제작도 문제가 되고 있다. 일제시대에 조성된 한국문화의 식민사관을 대표하는 단어로 타율성, 사대성, 정체성과 반도성이 있다. 그 중 반도성은 한반도의 지정학상 문화의 교량 역할을 의미한다. 그러나 한반도에서 확인되는 고고학 자료는 한반도 지역이 '문화가 통과하여 남의 나라에 전파만 시켜 주었던 단순한 다리' 역할만을 수행하였다기보다는 선사시대 이래 북방 초원지대, 중국 동북삼성(요녕성, 길림성과 흑룡강성)과 러시아의 바이칼호-아무르강 지역에서부터 시대에 따른 여러 지역의 다양한 문화를 수용해 왔으며, 또 이를 토대로 나름대로 특징 있는 문화를 형성하였음을 보여준다. 비록 이러한 증거들이 아직은 영세하고 구체적이지 못하나 최근 발굴 · 조사된 자료들은 선사시대 이래 한반도 지역에서 발생했던 문화의 전파 및 수용 과정을 시대별로 파악하는 것을 가능하게 한다. 일본에로의 문화 전파를 고려하지 않더라도, 한국 문화는 마치 문화 전파라는 철도의 종착역에 다다른 듯한 복합적이고 다원적인 요소를 갖추고 있다. 특히 끄로우노프까(북옥저,단결)가 밀접한 관련이 있을 것으로 추정된다. 마한의 토실에 영향을 준 읍루도 그러하다. 뿐만 아니라 키토이-이자코보-세로보-아파나시에보-오꾸네보-안드로노보-카라스크-따가르를 잇는 문화계통 중 카라스크와 따가르의 석관묘도 북방 초원지대에서 몽고와 바이칼 루트를 따라 내려와 한반도 청동기시대 지석묘 사회와 합류했다. 또 아무르강 유역에서 발현한 암각화문화 역시 울주 언양 대곡리(국보 제285호)와 울주 두동면 천전리(국보 제147호), 고령 양전동(보물 제605호), 포항 인비동, 밀양 상동 안인리를 거쳐 남원 대곡리에 이르면서 기존의 토착 지석묘사회에 융합 · 동화되었다.

환호의 대부분은 안성 반제리 유적 등과 같이 철기시대 전기(기원전 400년~기원전 1년)에 속한다. 여기에는 단면 원형의 점토대 토기가 중심이 된다. 최근 점토대토기의 상한 연대가 기원전 5세기까지 올라가나, 이곳 반제리에서는 강릉 송림동과 같이 기원전 8세기~기원전 7세기까지 좀더 연대가 올라간다. 그리고 만약 그 상한 연대가 그대로 인정 된다면 기원전 2,000년~기원전 1,500년경 신석기시대 말기에 청동기시대 조기와 약 500년간 공존했듯이 청동기시대 후기에도 철기시대 전기의 점토대토기와 공존했다고도 해석해 볼 수 있겠다. 그렇다면 환호와 관련된 종교유적은 울산 북구 연암동의 경우와 같이 청동기시대부터 그대로 이어져 내려오는 전통으로 볼 수 있겠다. 이 점 앞으로 연구 과제로 현재로서는 기원전 5세기를 철기시대의 상한으로 보는 것이 무난하다. 또 그리고 환호 안팎에 형성된 집자리들은 전문직의 제사장과 제사에 관련된 사람들이 살던 특수구역인 別邑으로 이것이 삼국지 위지 동이전에 나오는 蘇塗일 가능성이 많다. 大木을 세운 蘇塗는 邑落의 경계표시이고, 신성지역인 別邑(asylum)으로 여겨져 왔으며, 天君을 중심으로 다스리던 祭政分離의 사회를 반영한다. 철기시대 전기에는 북쪽 평양근처에 위만조선(기원전 194년~기원전 108년)

이라는 최초의 국가가 형성되었고 남쪽 마한의 고지에는 기원전 3세기~기원전 2세기부터의 단순 족장사회와 좀더 발달한 복합족장사회가 공존하던 마한이 있었다. 이는 族長격인 거수(渠帥)내에 격에 따른 신지(臣智), 검측(險側), 번예(樊濊), 살계(殺奚)와 읍차(邑借)의 순이 있었음으로도 알 수 있다. 그리고 이들을 대표하는 王이 다스리는 국가단계의 目支國도 있었다. 이는 기원전 18년 백제의 국가형성 당시 溫祚가 영역을 할당받기 위해 사신을 보낸 나라는 마한왕이 다스리던 목지국이었고 이러한 관계 속에서 마한과 백제와의 역사적 맥락이 형성되었던 것이다. 비록 철기시대 전기에 祭 · 政이 기록상으로는 분리되고 있었지만 행정의 우두머리인 족장격인 渠帥와 別邑인 蘇塗의 전신으로 생각되는 환호내의 주인인 天君이 함께 다스리던 신정정치(theocracy)도 가능했을 것이다. 그 다음 삼국시대 전기에는 세속왕권정치(secularism)가 당연히 이어졌을 것이다. 안성 원곡 반제리 유적을 포함한 종교 · 제사유적들은 한국고고학 · 고대사에 있어서 철기시대 전기의 종교 · 제사유적이라는 점과 이의 정치 · 문화사적 배경은 앞으로 연구할 만한 가치가 매우 크다.

3. 종교와 문명 · 국가

세계의 종교를 통관하면 唯一神敎(monotheism, unitarianism)의 발생에 앞서 나타난 원시종교는 劣等自然敎와 高等自然敎로 나누며 이들을 각기 多靈敎期와 多神敎期로 칭하기도 한다. “그 중 열등자연교인 多靈敎는 신이라고 이름할 수 없는 물건을 숭배의 대상으로 하여 그 本尊目的物로 하는 종교로, 혼백숭배 혹은 精靈崇拜라고도 한다. 이는 인간에 길흉화복을 주는 힘이 있는 것으로 사람의 혼백과 같은 영혼을 숭배의 대상으로 삼는 것이다. 이것을 多靈敎(polydemonism)이라 한다. 여기에서 더 나아간 것을 多神敎(polytheism)라고 한다."(서경보, 1969) 열등자연교 또는 다령교에는 천연숭배, 주물숭배(fetishism), 정령숭배(animism), 토테미즘(totemism)과 巫敎(shamanism)와 원시적 유일신교 등이 속한다. 정령의 힘을 통제할 수 있는 방법을 기준으로 주술의 유형은 呪物崇拜(fetishism), 무교(shamanism)와 민간주술(popular magic)의 셋으로 나뉜다. 주술숭배는 "不活性의 사물에도 어떤 힘이 존재한다고 생각하고 그 힘에 의지하려는 태도"를 말한다. 샤마니즘은 "신에 들린 사람이 정령을 마음대로 다루는 힘을 갖게 되어 필요에 따라 정령을 사람의 몸속으로 들어가거나 몸밖으로 빠져 나가게 한다." 그리고 민간주술은 "개인이나 집단에 정령이 해를 끼치지 못하도록 방지하거나 개인이나 집단의 이익을 위해 그 정령의 도움을 받기위한 것이며.....속죄 양, 풍요와 다산을 위한 생산주술 등이 포함된다"(노스, 윤이흠역, 1986). 그리고 사회진화에 관한 인류학계의 성과중에서 엘만 서비스(Elman Service)의 경제와 기술이 아닌 조직과 구조에 의한 사회발전 모델에 따르면 인류사회는 군집사회(band), 부족사회(tribe), 족장사회(chiefdom), 그리고 고대국가(ancient state)로 구분될 수 있는데, 서비스는 족장사회를 잉여생산에 기반을 둔 어느 정도 전문화된 세습지위들로 조직된 위계사회이며 재분배 체계를 경제의 근간으로 한다고 규정한 바 있다. 족장사회와 국가는 같은 계급사회이면서도 혈연을 기반으로 하면 족장사회 그렇지 않으면 국가단계로 한 단계 높이 간주한다. 족장사회에서는 '부족사회의 기회가 될 때 임시로 갖는 특별한 의식(Ad hoc ritual)' 을 계승한 전통적이며 계획적이고 지속적인 의미를 가진 정기적인 의식행위(calendaric ritual, ritual ceremony, ritualism)가 중요한 역할을 하는데, 의식(ritualism)과 상징(symbolism)은 최근 후기/탈과정주의 고고학(post-processual archaeology)의 주요 주제가 되기도 한다. 국가단계 사회에 이르면, 이는 권력(power)과 경제(economy)와 함께 종교형태를 띤 이념(ideology)으로 발전한다. 족장사회는 혈연 및 지역공동체 개념을 기반으로 한다는 점에 있어서는 부족사회의 일면을 지니나 단순한 지도자(leader)가 아닌 지배자(ruler)의 지위가 존재하며 계급서열에 따른 불평등 사회라는 점에서는 국가 단계 사회의 일면도 아울러 지닌다. 족장사회는 하나의 정형화된 사회단계가 아니라 평등사회에서 국가사회로 나아가는 한 과정인 지역정치체(regional polity)라는 유동적 형태로 파악된다. 그리고 여기에는 기념물(monument)과 위세품(prestige goods) 등이 특징으로 나타난다.

도시와 문자의 존재로 대표되는 문명의 발생에 神政政治 (theocracy)와 그에 뒤이어 世俗王權政治(secularism)가 나타난다. 여기에는 만신전(pantheon of gods)과 함께 이에 필요한 공식적인 藝術樣式도 나타난다. "....Such a religion typically has a pantheon of gods with an hier-arch and task-differentiation as complex as that of human soci-ety itself. In addition, many states use an 'official' art style to portray these gods(and secular rulers who serve them) through-out the area they control or influence, even when those areas are ethnically diverse"(Kent Flannery, 1972) 이는 夏 · 商 · 周과 같은 고대중국에 있어서 藝術, 神話와 儀式 등은 모두 政治体 또는 정치적 권위에 이르는 과정을 언급한 張光直의 견해와도 일치한다. 都市, 文明과 國家는 거의 동시에 발전하고 나타난다. 이들의 연구는 歐美학계에서 1960년 대 이후 신고고학(New Archaeology)에서 Leslie White와 Julian Steward의 新進化論(neo-evolutionary approach; a systems view of culture)과 체계이론(system theory)을 받아들임으로서 더욱더 발전하게 된다. 이들 연구의 주제는 農耕의 起源과 文明의 發生으로 대표된다. 이들의 관점은

生態學的인 接近에서 나타난 自然全體觀(holistic view)으로 物理的環境(physical environment), 生物相(biota; fauna, flora)과 文化(culture)들이 相互 적응하는 생태체계(ecosystem)에 바탕을 둔다. 따라서 文化는 인간이 환경에 적응해 살아남기 위한 전략의 結果이다. 그리고 이러한 보편적인 문화에서 양적 · 질적으로 한 단계 높아져 도시와 문자가 나타나는 文明의 發生은 수메르(Sumer)로부터 잉카(Inca)에 이르기까지 時 · 空을 超越한다. 그 범위는 西亞細亞에서 南美에 이르기까지 全世界的이며, 時間도 紀元前 3,100년에서 西紀 1532년(아즈텍은 1325년~1521년, 잉카는 1438년~1532년)까지 約 4,500년간의 時差가 있다. 즉 都市와 文字로 특징 짓는 문명에서 武力을 合法的으로 使用하고 中央集權體制가 갖추어져 있거나, 힘/武力(power), 경제(economy)와 이념(ideology)이 함께 나타나는 國家段階의 出現을 엿 볼 수 있다. 따라서 都市, 文明과 國家는 거의 동시에 나타난다고 본다. Yale Ferguson은 국가를 '경제 · 이념 · 무력의 중앙화, 그리고 새로운 영역(new territorial bounds)과 정부의 공식적인 제도로 특징 지워지는 정치진화 발전상의 뚜렷한 단계' 라 규정한 바 있으며, Timothy Earle(1991)은 국가를 '무력을 합법적으로 사용하고 통치권을 행사할 수 있는 지배체제의 존재와 힘/무력, 경제와 이념을 바탕으로 한 중앙집권화되고 전문화된 정부제도' 라 정의하였다. 한편 Kent Flannery는 '법률, 도시, 직업의 분화, 징병제도, 세금징수, 왕권, 사회신분의 계층화와 정기적인 제사(calendric ritual)' 를 국가를 특징짓는 요소들로 언급하였다. 혈연을 기반으로 하는 계급사회인 족장사회와 그 다음의 발전된 국가단계에서 이념(ideology), 종교(religion)와 의식(ritual)은 사회를 유지하는 중요한 원동력(prime mover)중의 하나였다. 우리나라의 경우 한국의 청동기시대와 철기시대 전기는 족장사회에 해당된다. 특히 기원전 1,500년에서 기원전 1년까지의 약 1,500년간 한반도의 토착사회를 이루던 지석묘사회는 혈연을 기반으로 하는 계급사회인 족장사회로서, 교역, 재분배(redistribution)경제, 직업의 전문화, 조상숭배(ancestor worship)등을 바탕으로 하고 있었다. 그리고 그 다음의 고대국가의 기원은 앞으로 고고학적인 자료의 증가에 따라 더욱더 소급 될 수 있으나, 현재로는 사회조직, 직업적인 행정관료, 조직화된 군사력, 신분의 계층화, 행정 중심지로서의 왕검성(평양 일대로 추정)의 존재, 왕권의 세습화, 전문적인 직업인의 존재 등으로 보아서 위만조선이 한반도내 최초의 국가체제를 유지하고 있었던 것으로 보인다. 또한 국가형성에 중요한 역할을 차지하는 무역의 경우를 보면 위만조선 이전의 고조선에서도 교역이 있었으며, 변진과 마한, 왜, 예 등은 철을 중심으로 교역이 행해졌던 것으로 보인다. 위만조선의 경우 한반도 북쪽의 지리적인 요충지에 자리 잡음으로 해서, 그 지리적인 이점을 최대한으로 이용한 '중심지무역' 으로 이익을 얻고, 이것이 국가를 성립시키고 성장하는데 중요한 요인이 되었을 것으로 추정된다.

4. 철기시대 전기와 위만조선의 국가형성

철기시대 전기, 즉 기원전 400년에서 기원전 1년까지의 300년의 기간은 한국고고학과 고대사에 있어서 매우 복잡하고 중요한 시기이다. 이 기간 중에 중국으로부터 한문이 전래되었고, 국가가 형성되는 등 역사시대가 시작되었다. 중국에서는 춘추시대(기원전 771년~기원전 475년)에서 전국시대(기원전 475년~기원전 221년)로 전환이 이루어졌고, 한반도의 경우는 기자조선(기원전 1122년~기원전 194년)에서 위만조선(기원전 194년~기원전 108년)으로 넘어가 고대국가가 시작되었다. 국제적으로도 정치적 유이민이 생기는 등 매우 복잡한 시기였으며, 한나라의 원정군은 위만조선을 멸망시킨 후 과거 위만조선의 영토에 낙랑 · 진번 · 임둔 · 현도군을 설치했다. 한반도에는 이미 마한이 존재하고 있었으며, 이어 진한(辰韓)과 변한(弁韓) 그리고 옥저와 동예가 등장하였다. 현재까지 확인된 고고학 자료와 문헌을 검토해 보았을 때 위만조선과 목지국을 중심으로 하는 마한은 정치진화상 이미 국가(state) 단계에 진입하였으며 나머지 사회들은 그보다 한 단계 낮은 계급사회인 족장단계(chiefdom)에 머물러 있었다고 여겨진다. 당시 한반도에 존재하던 이들 사회들은 서로 통상권(Interaction Sphere, Joseph Caldwell이 제안한 개념)을 형성하여 활발한 교류를 가졌으며, 특히 위만조선은 중심지 무역을 통해 국가의 부를 축적하였고, 이는 한나라 무제의 침공을 야기해 결국 멸망에 이르게 되었다.

다시 말해서 철기시대 전기에 司馬遷의 『史記』 朝鮮列傳에 자세히 기술된 위만조선이 성립되었으며 이는 한국 고대국가의 시원이 된다. 사기 조선열전에는 계급을 지닌 직업적 중앙관료정부와 막강한 군사력, 계층화된 신분조직, 행정중심지로서의 왕검성, 왕권의 세습화 등 국가의 요소 여러 가지가 보이고 있으며, 위만조선은 초기에는 주위의 유이민 집단을 정복해 나가다가 차츰 시간이 흐르면서 보다 완벽한 국가체계를 갖춘 사회였으며, 이 과정에서 무역이 중요한 역할을 담당했던 것으로 보인다. 청동기시대에 도시 · 문명 · 국가가 발생하는 전 세계적인 추세에 비추어 우리나라에서는 이보다 늦은 철기시대 전기에 나타난다. 이는 우리나라의 문화가 다른 지역에 비해 발전 속도가 늦은 까닭이다. 그리고 변한, 진한, 동예와 옥저는 혈연을 기반으로 하는 계급사회인 족장사회였으며, 위만조선과 마한을 대표하는 목지국의 경우는 혈연을 기반으로 하지 않는 국가 단계의 사회였다. 그 중 위만조선은 무력정변, 즉 쿠데타(coup dé tat)를 통해 정권을 획득한 국가 단계의 사회였다. 이들 사회에는 청동기와 토기의 제작, 그리고 무역에 종사하는 상인 등의 전문직이 형성되어 있었다. 또 이미 정치와 종교의 분리가 이루어졌으며, 무역은 국가가 주도하는 중심지 무역이 주를 이루었다. 부천 고강동, 강릉 사천 방동리, 안성 원곡 반제리, 파주 탄현 갈현리, 화성 동탄 동학산과 순천 덕암동 등의 제사유적도 이런 점에서 해석되어야 할 것이다. 또 위만조선에는 전문화된 관료가 중심이 되는 정부 및 국가 기관들이 설치되어 있었는데, 이러한 내용들은 『史記』와 『三國志』 魏志 東夷傳의 여러 기록들을 통해 뒷받침된다.

참/고/문/헌

강릉대학교 박물관

1998 강릉 병산동 공항대교 접속도로 건설부지내 문화유적 발굴조사 지도위원회 자료

2000 발굴유적유물도록

2001 양양 지리 주거지

강원문화재연구소

2002 춘천 신북 천전리 유적

2002 춘천시 신북읍 발산리 253번지 유구확인조사 지도위원회자료

2004 강릉 과학 일반지방산업단지 문화유적 발굴조사

2004 동해 송정지구 주택건설사업지구내 문화유적 -시굴조사 지도위원회의 자료-

2005 국도 38호(연하~신동간)도로 확포장공사구간내 유적 발굴조사 지도위원회의 자료

2006 홍천 철정리 유적 II 지도위원회자료

2006 홍천 철정리 유적 II -2차 지도위원회 자료-

2006 춘천 율문리 생물산업단지 조성사업부지내 유적(2차)발굴조사 지도위원회자료

2006 춘천 거두2지구 택지개발 사업지구내 유적 발굴조사 2차 및 3차 지도위원회 자료

2006 원주 가현동 유적-국군원주병원 신축부지 발굴조사-3차 지도위원회의 자료

2006 춘천-동홍천간 고속도로건설공사 문화유적 지도위원회 자료

2006 서울-춘천 고속도록 7공구 강촌I.C.구간 내 유적 발굴조사 지도위원회 자료

2006 춘천 우두동 유적-춘천 우두동 직업훈련원 진입도로 확장구간 내 유적 발굴조사 3차 지도위원회의 자료

2006 춘천 거두 2지구 택지개발사업지구 내(북지구) 유적 발굴조사 2차 지도위원회의 자료

2006 홍천 구성포-두촌간 도로 혹 · 포장공사내 유적발굴조사, 홍천 철정리유적 Ⅱ

2006 외삼포리유적 고속국도 제60호선 춘천-동홍천간(4공구) 건설공사구간내 지도위원회자료

2007 원주 가현동 유적-국군변원 문화재 발굴조사-

2007 정선 아우라지 유적-정선 아우라지 관광단지 조성부지 내 2차 발굴조사

2007 원주 가현동 유적-국군병원 문화재 발굴조사 제 4차 지도위원회의 자료-

2007 홍천 철정리 유적 Ⅱ -홍천 구성포-두촌간 도로 · 확포장공사내 유적 발굴조사 제 4차 지도위원회자료-

경기대학교 박물관

2005 양평 남부지역 문화유적

2005 양평 공세리 유적

2005 중앙선(덕소-원주)복선화전철구간내 4-2 · 3지구 문화유적 발굴조사 지도위원회 자료(양평군 양서면 신원리)

2005 중앙선(원주-덕소)복선전철화 구간내 4-5 지구 문화유적발굴조사 지도위원회 자료집(양평군 양서면 도곡리)

2005 중앙선(덕소-원주)복선전철화 구간내 4공구 문화유적 발굴조사 약보고서.

2006 수원 고색동 유적

경남고고학연구소

1999 사천 이금동 유적 회의자료

경남문화재연구원

2004 울산 연암동 유적(대한문화재신문 2004년 11월 15일자 18-9면)

경남발전연구원 역사문화센터

2003 밀양-상동간 철도 전철화 사업구간내 신안유적 발굴조사 지도위원회 자료집

경기대학교 박물관

2005 마산 진동리 유적

경북문화재연구원

2005 구룡포-대포간 4차선 도로 확포장 구간내 발굴조사. 삼정리 취락유적 지도위원회 및 현장설명회자료

경기대학교 박물관

2005 삼정리 Ⅱ · 강사리유적 지도위원회 및 현장설명회 자료

경상남도 남강유적발굴조사단

1998 남강선사유적

경상북도 문화재연구원

2003 성주 백전 · 예산 토지구획정리사업지구내 성주 예산리유적 발굴조사 -지도위원회 및 현장설명회의 자료-

경주대학교 박물관

2005 대구시 달서구 대천동 413번지 일대 오르젠 아파트 신축부지내 문화재 시굴조사 지도위원회

과학원출판사

1959 태성리 고분군 발굴보고, 유적발굴보고 제5집

국립광주박물관

2001 보성 동촌리유적

국립문화재연구소

1999 장도 청해진 유적 발굴조사 지도위원회자료

국립문화재연구소

2001 장도 청해진 유적 발굴조사보고서

국립전주박물관

2003 용담, 2003년 추계기획특별전

기전문화재연구원

2003/4 평택 현곡 지방산업단지내 문화유적 발굴조사 2 · 3차 지도위원회자료집

2003 화성 발안리 마을유적 · 기안리 제철유적 발굴조사

2004 경춘선 복선전철 사업구간(제4공구)내 대성리유적 발굴조사

2004 화성 지방산업단지내 동학산유적 발굴조사.

2004 경춘선 복선전철 사업구간(제4공구)내 대성리유적 발굴조사

2005 안성 공도 택지개발 사업지구내 유적 발굴조사 4차지도위원회자료(2지점)

단국대학교 매장문화재연구소

2005 안성 망이산성 3차 발굴조사 지도위원회 자료집

2006 성남~장호원 도로공사(2공구)문화유적 시굴조사 지도위원회자료

金杜珍

1985 三韓 別邑社會의 蘇塗信仰, 韓國 古代의 國家와 社會, 歷史學會篇, 一潮閣

남도문화재연구소

2006 순천 코아루 럭스 아파트부지내 문화유적 발굴조사

동아대학교 박물관

2000 늑도유적 C지구 발굴조사 개요(3차)

밀양대학교 · 동의대학교 박물관

2001 울산 야음동 유적

상명대학교 박물관

2005 파주 탄현면 갈현리 공장 신축예정 부지 문화유적 시굴조사

성균관대학교 박물관

2004 경기도 양평군 양수리 상석정마을 발굴조사 약보고서

서경보

1969 세계의 종교, 을유문고 11, 을류문화사

서울경기고고학회

2005 동북아시아의 청동기시대, 2005년 춘계학술대회

세종대학교 박물관

2005/6 하남 덕풍골 유적 -청동기시대 집터 · 제의유적 및 고분조사-

수보티나 아나스타샤

2005 철기시대 한국과 러시아 연해주의 토기문화 비교연구, 서울대학교 대학원 석사학위 논문

순천대학교 박물관

2004 광양 마로산성 3차 발굴조사 현장설명회 자료

예맥문화재연구원

2006 춘천 율문리 75-2번지 창고신축부지내 유적 발굴(시굴)조사 약보고서

2006 강릉 강문동 138-1번지 공장신축부지내 유적 발굴조사 지도위원회의 자료

2006 동해 송정동 958-8번지 소규모주택 신축부지 발굴조사 지도위원회의 자료

2006 강릉 초당동 272-7반지 주택부지내 유적 발굴조사 지도위원회의 자료

2006 강릉 금진리 467번지 소규모주택 신축부지내 유적 발굴조사 약보고서

2006 강릉 한국여성수련원 건립부지내 유적 발굴조사 약보고서

2006 동해 송정동 1039-5번지 주택신축부지내 유적 발굴조사 지도위원회의 자료

2007 동해 송정동 도로개설부지내 유적 발굴조사 지도위원회의 자료

2007 영월 영월 온천 진입도로부지내 유적 발굴조사 2차 지도위원회자료

육군사관학교 화랑대연구소

2006 연천군 청산-백의간 도로 확 · 포장공사구간 문화유적 약보고서

윤철중

1996 한국의 시조신화, 백산자료원

이강근,

2005 고구려 팔각형 건물지에 대한 연구, 선사와 고대 23, 한국고대학회

李丙燾

1979 韓國古代史研究, 박영사

이영문 · 고영규

1996 영암 월출산 제사유적, 목포대학교 박물관

이종욱

2005 고구려의 역사, 김영사

이청규

2007 선사에서 역사로의 전환-원삼국시대 개념의 문제-, 한국고대사학회, 한국고대사연구 46

전북대학교 박물관 · 호남문화재연구원

2000 용담댐 수몰지구내 문화유적 4차 발굴조사 및 지석묘 이전복원

제주대학교 박물관

1993 제주시 용담동 유적

중앙문화재연구원

2001 국도 38호선(장호원-앙성간) 음성 문촌리 유적

2004/5 경주 나정

2005 경주 나정, 제1회 중앙문화재연구원 학술대회

중원문화재연구소

2004 안성 반제리유적 발굴조사

최광식

1994 고대한국의 국가와 제사, 한길사

2004 한국 고대의 제사의례와 제사유적, 선사와 고대의 의례고고학, 한양대학교 문화재연구소

崔夢龍

1985 古代國家 成長과 貿易, 韓國古代의 國家와 社會, 歷史學會篇

1989 上古史의 西海交涉史研究, 國史館論叢 第3輯

1997 도시 · 문명 · 국가, 서울대학교출판부

2003 한성시대 백제와 마한, 文化財 36호, 국립문화재연구소

2004 한국문화의 계통, 동북아 청동기문화연구, 주류성

2005 한성시대의 백제와 마한, 주류성

2006 최근 경기도에서 발굴 · 조사된 고구려 유적과 그 역사적 맥락, 경기도박물관 1월 19일(목) 우리곁의 고구려전 기조강연

2006 위만조선 연구의 신국면을 맞아, 계간 한국의 고고학 창간호

2006 최근의 고고학자료로 본 한국고고학 · 고대사의 신연구, 주류성

2006 다원론의 입장에서 본 한국문화의 기원과 시베리아,한 · 러 공동발굴 특별전, 아무르 · 연해주의 신비 강연회 자료집, 문화재연구소

최몽룡 외

1998 鬱陵島, 서울대학교 박물관

崔夢龍 · 金仙宇

2000 韓國 支石墓 硏究 理論과 方法 -階級社會의 發生-, 주류성

최몽룡 · 김경택

2005 한성시대 백제와 마한, 주류성

최몽룡 · 김경택 · 홍형우

2004 동북아 청동기시대 문화 연구, 주류성

최몽룡 · 최성락

1999 韓國 古代國家 形成論, 서울大學校出版部

충청남도 역사문화원

2005 계룡 입암지방산업단지 조성사업부지내 계룡입암리 문화유적 발굴조사 현장설명회 자료집

2006 아산 탕정 LCD단지 조성부지내(2구역)내 문화유적 발굴조사 1차 현장설명회[2-1지점 발굴조사 및 1지점 시굴조사]

2007 아산 탕정 LCD단지 조성부지[2구역]내 문화유적 발굴조사 5차 현장설명회자료[3지점 발굴조사]

忠清文化財硏究院

2006 舒川 烏石里 烏石山 遺蹟

한림대학교 박물관

2003 경춘선 복선 전철 제 6공구 가평역사부지내 문화유적 발굴조사 지도위원회의 자료

2005 청평-현리 도로공사구간중 매장문화재 발굴조사(C지구)지도위원회의 자료집

2006 춘천 천전리 121-16번지내 문화유적 발굴조사 지도위원회 자료집

한양대학교 문화재연구소

2000 부천 고강동 선사유적 제4차 발굴조사보고서

2004 선사와 고대의 의례고고학, 제1회 부천 고강동 선사유적 국제학술회의

한양대학교 박물관

1999 대모산 문화유적 시굴조사 보고서

2006 이성산성 발굴 20주년 특별전

호남문화재연구원

2003 전주시 관내 국도대체 우회도로(이서~용정)건설구간내 완주 갈동유적 현장설명회자료

홍형우

2006, 아무르강 유역 및 연해주의 철기시대, 한 · 러 공동발굴 특별전, 아무르 · 연해주의 신비 강연회 자료집, 문화재연구소

Chang K.C.,

1980 *Shang Civilization*, New Heaven: Yale University Press

1983 *Art, Myth, and Ritual*, Cambridge: Harvard University Press

Colin Renfrew

1973 Monument, mobilization and social organization in neolithic Wessex, *The Explanation of culture change*: Models in prehistory, London: Duckworth, pp. 539~558

J. B. Noss(노스, 윤이흠 역)

1986 세계종교사(상), 현음사

Jonathan Haas(조나단 하스 · 최몽룡 옮김)

1989 원시국가의 진화, 민음사

Keiji Imamura

1996 *Prehistoric Japan*, Honolulu: University of Hawai' Press, Honolulu

Kent Flannery

1972 *The Cultural Evolytion of Civilization*, *Annual Review of Ecology & Systematics* vol.3, pp.399~426

Melvin Aikens & Takyasu Higuchi

1982 *Prehistory of Japan*, New York: Academic Press

Timothy Earle

1991 *Chiefdom: Power, Economy, and Ideology*, Cambridge: Cambridge University Press

1997 *How Chiefs come to power*, California: Stanford University Press

Timothy Taylor

1996 *The Prehistory of Sex*, New York, Toronto: Bantam Books

William Sanders & Joseph Marino

1970 *New World Prehistory*, Englewood Cliffs, New Jersey: Prentice-Hall, INC

William W. Fitzhugh & Aron Crowell

1988 *Crossroads of Continents*, Washington D.C.: Smithonian Institution Press

Yale H. Ferguson

1991 Chiefdom to city-states: The Greek experience in *Chiefdoms: Power, Economy & Ideology* ed. by Timothy Earle Cambridge: Cambridge University Press, pp.169~192

遼寧省文物考古研究所

1990 遼寧重大文化史迹

岡村道雄

1997 ここまでわかった日本の先史時代, 角田書店

東京國立博物館

1999 特別展: 日本의の考古學-その步みと成果, 東京美術

齊藤忠

1982 日本考古學概論, 吉川弘文館

제 6 장

羅州 潘南面 古墳群과 馬韓

1. 청동기시대 및 철기시대 전기문화

거의 전국적으로 같은 현상이지만 전라남도도 청동기시대 중기(기원전 10세기~기원전 7세기) 공렬토기가 나오는 단계에 수전경작과 함께 인구가 급격히 증가한다. 이는 영산강과 압록강으로 합치는 보성강-섬진강을 중심으로 주위의 비옥한 자연환경(niche)을 적극 이용하여 농사를 해서 잉여생산물을 많이 만들었기 때문이다. 다시 말해 주위의 환경에 적응과 개발을 잘한 것이다. 이 시기에는 묘제로 기원전 15세부터 한반도 토착사회의 중심 묘제인 지석묘(고인돌)가 사용되었으며 그 형식은 북방식이 거의 없는 남방식과 개석식이다. 그러면서도 이들 지석묘는 여수 화동리 안골의 지석묘(기원전 480년에서 기원전 70년까지 사용)처럼 철기시대에까지 계속 사용되어 오다가 이를 바탕으로 마한 사회가 형성되었다.

최근 발견된 청동기시대 전기와 중기, 그리고 철기시대 전기와 후기(마한)의 중요한 유적은 아래와 같다.

청동기시대 전기(기원전 15세기~기원전 10세기경)

광주광역시 북구 동림동 2택지개발지구

전라남도 여천 적량동

청동기시대 중기(기원전 10세기경~기원전 7세기)

광주광역시 북구 동림 2택지

전라남도 구례군 봉북리

전라남도 고흥 과역 석북리

전라남도 곡성 겸면 현정리

전라남도 광양 원월리

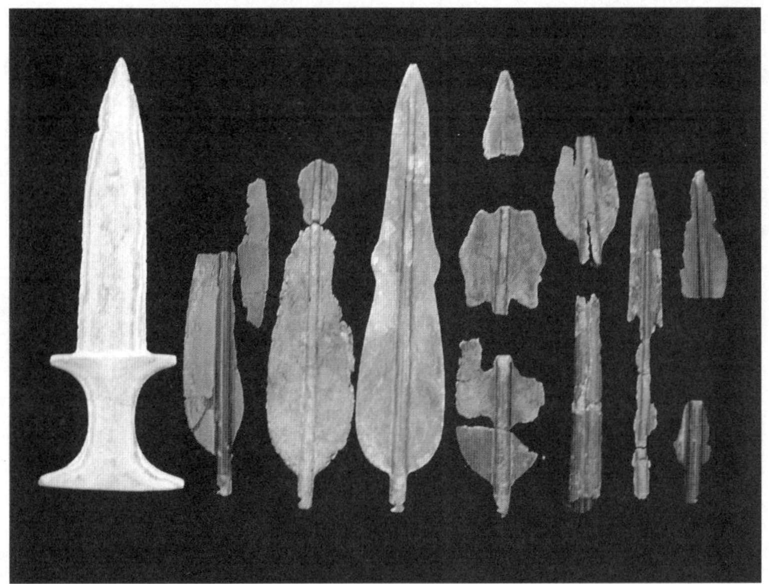
여천 적량동 출토 석검과 동검
(전남대학교 박물관)

전라남도 구례군 구례읍 봉북리

전라남도 승주 대곡리

전라남도 승주 죽내리

전라남도 여수 적량동

전라남도 여수 봉계동 월암

전라남도 여수 월내동

전라남도 여천 화장동 화산

전라남도 순천 우산리와 곡천

전라남도 순천시 가곡동

전라남도 장성군 야은리

전라남도 나주시 송월동

전라남도 영광군 용덕리

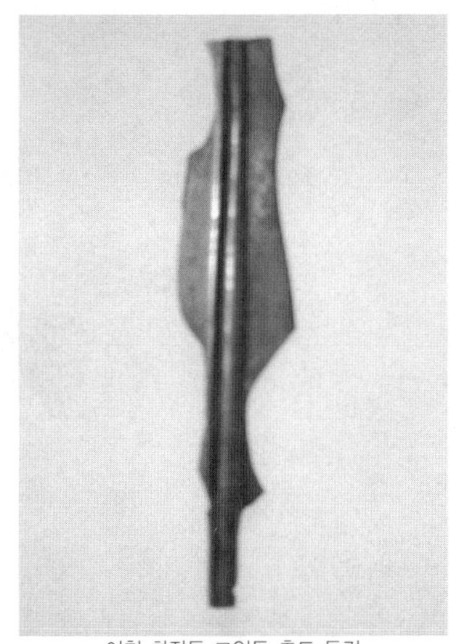
여천 화장동 고인돌 출토 동검
(순천대학교 박물관)

청동기시대 후기(기원전 7세기경~기원전 5세기)

전라남도 광주시 충효동(고인돌)

전라남도 나주 다도면 송학리

전라남도 나주 노안면 안산리, 영천리

전라남도 화순 춘양면 대신리 고인돌(기원전 555년, 사적 410호)

전라남도 순천시 해룡면 복성리

전라남도 여수 화양면 소장지구

전라남도 여수 화양면 화동리 안골 고인돌

전라남도 여천 화장동 고인돌(기원전 1005년)

전라남도 장흥 유치면 대리 상방촌

전라남도 장흥 유치면 오복동

전라남도 함평 학교면 월산리

나주 오량동 가마유적 A
(사적 456호, 목포대학교 박물관)

광주광역시 남구 송암동

철기시대 전기(기원전 400년~기원전 1년)와 후기(마한, 기원전 3세기~기원전 2세기 ~서기 5세기 말~6세기 초)

전라남도 광주시 북구 신창동(사적 375호)

전라남도 광주광역시 광산구 하남2 택지지구

전라남도 장흥 유치면 신풍리 마정(탐진댐 내 수몰지구)

전라남도 나주 다도면 송학리

전라남도 진도 오산리(주거지, 거치문)

전라남도 영암 선황리 대초(大草) 옹관

전라남도 영암 금계리 계천

전라남도 영광 군동리

전라남도 승주 대곡리

전라남도 승주 낙수리

전라남도 광양읍 용강리

전라남도 함평 만가촌(전남 기념물 제55호)

전라남도 함평 중랑리

전라남도 함평 대창리 창서(인물도)

전라남도 장흥 유치면 탐진댐 내 신풍리 마전, 덕풍리 덕산과 상방(주구묘)

전라남도 화군 도곡 대곡리 토광목곽묘 출토 청동기 일괄유물(국보 143호)

전라남도 나주 보산리 지석묘

전라남도 나주 금곡리 용호

전라남도 나주 대안리, 신촌리, 덕산리(사적 76, 77,78호)금동관(국보 295호, 표지 사진)

전라남도 나주 복암리(사적 제404호)

나주 오량동 가마 B(사적 456호, 목포대학교 박물관)

순천 화장동 토실
(순천대학교 박물관)

전라남도 무안 몽탄면 양장리(저습지)

전라남도 무안 성동리(고인돌)

전라남도 금천면 신가리 당가(요지)

전라남도 나주 오량동(요지, 사적 456호)

전라남도 나주시 영동리

전라남도 순천 덕암동

전라남도 순천 화장동

전라남도 순천 해룡면 성산리 대법마을

전라남도 보성 조성면 조성리

전라남도 보성 조성면 동촌리(고인돌)

전라남도 여수 화양면 화동리 안골 고인돌(고인돌은 기원전 480년~기원전 70년 사이로 철기시대에 속함)

전라남도 영광 군동리

전라남도 장성군 야은리

그리고 마한이 존재한 시기는 대체로 철기시대 전기에서 삼국시대후기에까지 걸치며, 실연대로 기원전 3세기~기원전 2세기에서 서기 5세기 말에서 6세기 초로 볼 수 있는데 이는 나주 금천면 신가리 당가와 오량동의 가마(요지, 사적 456호)에서 볼 수 있다. 기원전 3세기~기원전 2세기경부터 마한이 존재해 있었으며 온조왕 13년(기원전 6년)의 기사에서 보여주다시피 마한왕에게 영토를 할양받아 기원전 18년 백제의 국가형성이 이루어지며 이를 바탕으로 백제가 점차 강해져 마한의 영토를 잠식해 들어가게 된다. 그래도 馬韓은 쉽게 멸망하지 않고 局地的으로 土豪난 土着세력으로 명맥을 이어나가 마한과 백제는 역사적으로 보면 거의 5~600년간 공존하게 된다.

그래서 초기의 마한과 백제의 문화적 특성을 구별해내기가 쉽지 않다. 현재까지의 마한의 고고학 자료로는 토실(土室), 굴립주(掘立柱)건물, 주구묘(周溝墓) 그리고 조족문(鳥足文) 및 거치문(鋸齒文)토기 등을 들 수 있다. 토실의 경우 말기의 것들이 여천 화장동과 순천 해룡면 성산리 대법마을에서 조족문은 진도 오산리와 나주 반남면 신촌리 등지에서 발견된다. 그리고 마한의 54국은 각자의 지리적 환경, 잉여농산물의 확보와 통상권의 이점 등을 활용하여 각기 발전의 궤를 달리한 것 같다. 이들 54국은 각자의 지리적 환경, 잉여농산물의 확보와 통상권의 이점을 활용하여 발전의 궤를 달리한 것 같다. 이것은 이제까지 조사된 서산 음암 부장리, 천안 용원리, 공주 의당 수촌리(사적 460호), 익산 입점리(사적 347호), 나주 신촌리(사적 77호)와 복암리(사적 404호)와 고흥 포두면 길두리 안동과 같은 유적들이 마한의 거점을 형성하고 있는 점에서 잘 볼 수 있다. 백제와 마한은 처음부터 거의 전 기간 공존한다. 그러나 백제의 세력이 커감에 따라 마한의 세력은 축소되어 서기 5세기 말~6세기 초 마한은 백제에 의해 완전히 복속되거나 멸망한다. 최근의 고고학 자료는 순천 서면 운평리와 여천 화장동유적에서 470년(개로왕 16년)~512년(무령왕 12년) 사이 마한과 대가야(서기 42년~562년)의 문화가 서로 공존해 있었음을 밝혀주고 있다. 그리고 이 지역은 기록에 나타나는 娑陀로 추정된다. 마한의 중심지 변천도 백제의 한성시대-공주-부여로 천도함에 따라 마한도 천안-익산-나주로 옮겨간다. 마한 54국도 정치와 지리적 환경과 여건의 이점을 최대한 활용함에 따라 각기 발전 속도에서 차이가 있었을 것이다. 따라서 단순 족장사회에서부터 목지국과 같은 국가단계도 공존했을 것이다. 다시 말해 이 목지국은 처음에는 성환 · 직산 · 천안(현재까지의 고고학 자료로는 용원리 일대가 그 중심지로 추정됨) 일대에 위치하였으나 이후 전북 익산(益山)을 거쳐 최종적으로는 전남 나주 반남면(全南 羅州 潘南面) 대안리 · 덕산리 · 신촌리(사적 76 · 77 · 78호)와 복암리(사적 404호) 일대에 존재했으며, 마한은 5세기 말 또는 6세기 초에 이르러 백제에 정치적으로 동화 내지 합병된 것으로 보인다. 한편 『삼국사기(三國史記)』에 기원전 18년 건국한 것으로 기록된 백제는 건국 초기에는 마한왕(馬韓王)으로부터 영토를 할양받았던 보잘 것 없는 작은 세력이었다. 그러나 백제는 시간이 흐르면서 점진적으로 마한의 영토를 잠식하며 세력을 확장해 나갔는데, 특히 제13대 근초고왕(近肖古王 : 재위 346~375년)대에는 천안(天安) 용원리를 중심으로 하던 마한의 목지국을 남쪽으로 내몰기에 이르렀다(근초고왕 14년, 369년). 즉, 시대에 따른 목지국의 위치 변천 과정은 한성, 웅진, 사비시대로 이어지는 백제 도읍의 변천 과정과 그 궤를 같이 하는 것으로 이해할 수 있다.

그러나 마한 이전에 축조되었던 고인돌은 이 지역의 사회 발달을 이해하는데 반드시 필요하다. 고인돌에 대한 발굴은 기존에 영산강 유역을 중심으로 이루어져 오던 것에서 벗어나 최근 보성강-섬진강 유역과 남해안 여수반도의 고인돌

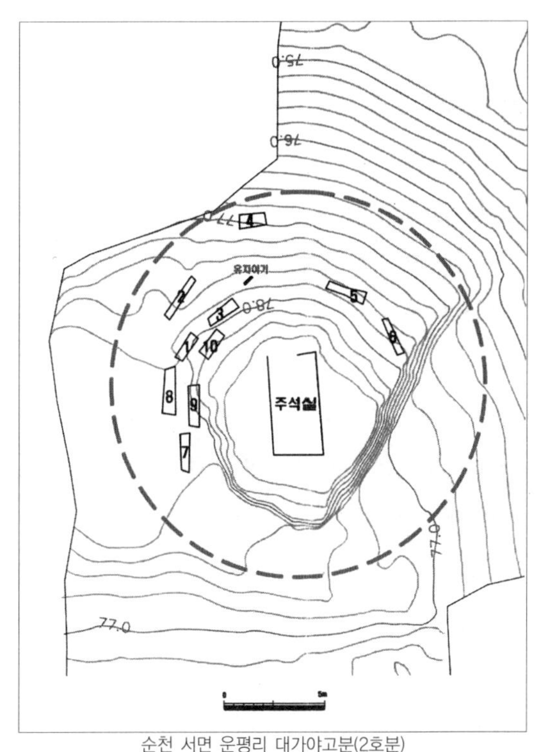

순천 서면 운평리 대가야고분(2호분)
(순천대학교 박물관)

들이 발굴되어 전남지역의 전역을 포괄할 수 있게 되었다. 보성강 유역과 여수반도 고인돌에 대한 발굴 결과, 전남지역 내의 고인돌에도 지역적인 차이가 존재하고 있었음이 밝혀지고 있다. 즉, 보성강 유역과 여천의 고인돌에서는 마제석검을 비롯한 다양한 석기류와 청동기시대의 유물이 발견되고 있는데 반하여, 영산강 유역의 고인돌에서는 이러한 유물들이 출토되지 않는다는 점으로 보아 이들 간에 어느 정도 문화적인 차이가 있었음을 추정할 수 있다. 특히 승주 우산리, 보성 덕치리, 여천 봉계동, 적량동, 평여동, 여수 오림동, 여천 화장동 고인돌에서는 비파형동검을 비롯한 청동기시대 유물이 집중적으로 출토되고 있어 주목된다.

전남지방에서 발견되는 대부분의 고인돌의 축조연대는 청동기시대 중기 이후이며 그 안에서 나오는 청동검이 대부분 재가공품이라는 점으로 보아 그 연대가 아무리 올라가도 기원전 6세기~기원전 5세기 이전까지 올라갈 수 없는 것이 많다고 생각된다. 이는 최근 발굴 조사된 여수 화동리 안골 지석묘에서도 입증된다. 우리나라의 철기시대의 시작이 기원전 5세기로 여기에서는 대부분 연대가 철기시대 전기에 속한다. 또한 영산강 유역의 고인돌에서는 점토대토기를 비롯한 철기시대 전기의 유물들도 발견되고 있다는 점에서 고인돌의 축조는 철기시대 전기까지 지속되고, 이들을 토대로 한 토착사회가 다음의 마한시대에 곧바로 이어진다고 생각된다. 이러한 고인돌 사회는 토기를 공동 제작하는 기술이 존재했으며, 지역 간에 토기의 제작 및 교역을 담당했던 전문장인이 출현하여 지역 간의 문화전파 및 교역을 촉진하던 사회로 사회적 진화상으로 볼 때 혈연을 기반으로 한 계급사회인 족장사회(Chiefdom Society) 단계에 해당된다. 고인돌이 축조될 수 있었던 사회경제적 배경은 농경을 바탕으로 한 잉여생산에 있었던 것으로 보이며, 이러한 사회의 발전은 이후 마한의 각 소국들에서도 계속 발전되어 나갔을 것으로 추측된다.

호남지방에서 발견된 철기시대 전기 유적으로는 화순 대곡리(일괄유물은 국보 143호임)의 토광목곽묘(土壙木槨墓)와 함평 나산면 초포리의 적석석관묘(積石石棺墓)이거나 적석목관묘(積石木棺墓)일 가능성이 있는 분묘를 들 수 있다. 이들 돌널무덤[石棺墓]에서는 세형동검을 비롯한 철기시대 전기의 대표적인 유물들인 다양한 청동의기들이 출토되었다. 이 유적들은 주로 영산강 유역에 위치하고 있는데, 충청도지방에서 발견되는 청동기시대의 문화와 관련된 것으로 보이며, 이들 유적에서 발견되는 철기시대 전기의 청동의기들은 비파형동검이 발견된 보성강 유역 및 남해안지역에서는 거의 발견되고 있지 않다는 점으로 미루어 보아 두 지역 사이에 문화적 차이가 있었음을 짐작하게 해주고 있다.

고인돌 사회에 들어온 토광묘와 세형동검을 사용하던 이주자들은 한동안 고인돌사회와 공존하다가 기원전 2세기 무렵부터 점차 지석묘를 묘제로 쓰던 토착사회로 흡수된 것으로 보인다. 이 시기 집자리 유적에는 광주 송암동, 영암 장천리, 승주 대곡리, 우산리, 화순 복교리 등이 있다. 최근 마산 진동리 고인돌 하부구조에서 토광이 나타나는 것도 이러한 맥락에서 이해될 수 있을 것이다.

이들 유적에서 발견되는 청동기시대의 집자리는 중앙에 타원형 작업공이 설치되어 있는 원형 집자리로, 송국리 유적에서 발견된 원형 집자리와 형태 및 구조면에서 유사한 면을 보이고 있다. 그러나 이러한 형태적인 유사성에도 불구하고 이 유적들 간에는 많은 지역적인 차이가 보인다. 즉 장천리를 비롯해 호남지역의 서남부에 위치하고 있는 원형 집자리에서는 소위 송국리형토기라고 불리는 외반구연무문토기가 발견되고 있는 반면, 대곡리 유적에서는 청동기시대 중기 이래 사용되어온 공렬토기도 발견되고 있다. 이러한 원형 집자리 간의 차이는 보성강 유역과 호남지방 서남부 간의 청동기시대 문화적인 양상의 차이로 생각되며, 이는 두 지역 간의 문화

형성 과정의 차이에서 비롯된 것으로 생각된다. 원형 집자리의 다음 단계로는 장방형 집자리가 대곡리 유적을 중심으로 확인되고 있다. 이들 장방형 집자리에서는 송국리 유적 및 호남지역의 다른 집자리 유적에서 발견되는 것과 유사한 외반구연무문토기가 발견되고 있는데, 원형 집자리에 후행하는 집자리라는 점에서 그 시기는 철기시대 전기에 해당되는 것으로 보인다. 보성강 유역 집자리에서 발견되는 집자리 평면형의 변화와 출토 유물의 차이는 앞에서 언급했던 고인돌과 돌널무덤 유적의 차이에서와 비슷한 양상을 보여 주는데, 이는 앞에서도 언급했듯이 호남지방 내의 문화전개과정에 지역적인 차이가 존재했음을 보여준다.

2. 철기시대 후기문화: 마한의 문화

역사적으로 잘 알려진 마한에 해당하는 중심 시기는 한국고고학에서 철기시대 후기(서기 1년~300년 : 삼국시대 전기 또는 원삼국시대)에 해당하는 시기로 철기가 제작 사용되는 등 물질문화에 있어서 급격한 변화가 발생한 시기이다. 기록에 의하면 마한은 기원전 18년 백제의 성립 이전부터 독자적으로 신라와 교류해 왔음을 알 수 있다. 예컨대 기원전 20년과 기원전 19년의 『삼국사기』 혁거세조를 보면, 마한(또는 서한)왕이 죽자 이를 틈타 침공하자는 신하들의 진언에 '어려울 때 침공하는 것은 도리가 아니다' 하며 혁거세가 말리고 있다. 이처럼 마한은 칭왕을 할 정도의 세력을 가지고 있었던 것으로 보인다. 이 시기에 해당하는 유적으로는 해남 군곡리 조개더미 유적 그리고 보성강 유역의 대곡리, 낙수리, 순천시 덕암동과 해룡면 성산리 대법마을, 전남 보성 조성면 조성리와 진도 오산리의 집자리가 대표적이다. 해남 군곡리 조개더미 유적에서는 점토대토기, 경질무문토기,

타날문토기, 손칼[刀子], 철부[鐵斧] 등 다양한 유물들이 층위를 이루고 발견되었는데, 철기시대 전기에서 철기시대 후기에 이르는 문화변천과정에 해당하는 마한시대의 생활을 이해하는데 중요한 유적이다. 보성강 유역에서는 이 시기의 집자리 100기 이상이 조사되었는데, 그 평면형은 대부분 장방형인데, 앞선 시기의 집자리에 비해 형태와 구조적인 측면에서 큰 차이를 보이지 않고 있다. 이들 집자리에서는 적갈색연질, 회백색연질, 회청색경질의 타날문토기가 출토되고 있어 군곡리 조개더미의 양상과 유사한 일면을 보여주고 있다. 그러나 경질무문토기가 출토되는 군곡리 조개더미와는 달리 이곳에서는 앞선 시기의 집자리에서 보이는 외반구연무문토기가 출토되고 있다는 점으로 보아 문화변천과정의 차이를 보여주고 있다. 군곡리 및 보성강 유역에서 발견된 집자리 유적들은 그동안 공백으로 남아있던 마한시대의 생활유적이라는 점에서 그 의의를 찾을 수 있으며, 앞으로 이 지역의 총체적인 문화 복원에도 중요한 자료가 되리라 생각된다.

그리고 마한의 대표적인 유적인 독무덤은 철기시대 전기 말로 편년되는 신창리 유적(사적 375호)에서 그 유래를 찾을 수 있는데, 소아용 무덤으로 시작되었으나 이 시기에 이르러서는 대형화되었다. 독무덤은 주로 영산강 유역에서 밀집된 분포를 보여준다. 이들 독무덤은 대부분이 한 봉토 안에 여러 기가 안치되어 있는 지상식으로, 분구의 형태는 원형, 방대형, 전방후원형 등이 있다. 대형 독무덤들에 대한 종합적인 연구에 의하면, 이들은 기원후 3세기 후반경에 등장하여 5세기 후반까지 지속한 것으로 보인다. 나주 반남면 일대와 영암 시종면, 함평 월야면 등지의 대형 독무덤들은 마한 제 소국 지배층의 분묘로 추정되고 있다. 이들 독무덤 중에서 금동관을 비롯해 금동제 신발, 환두대도 등 다양한 유물이 출토된 신촌리 9호분이 위치하는 나주 반남면 일대는 마한의 맹주국으로 여겨지는 목지국의 마지막 근거지로 비정할 수 있다. 금동관이 출토한 곳은 익산 입점리(사적 347호),

서산 음암 부장리(사적 475호)와 공주 의당 수촌리(사적 460호)를 들 수 있다. 지금까지 나타난 증거와 기록들을 종합해 본다면, 백제가 현 서울 송파구 일대에서부터 차츰 그 세력을 확장함에 따라 이웃한 마한은 점차 축소되었고, 마한의 중심지는 성환 또는 직산에서 익산, 마지막으로 나주 반남면 일대로 이동해 갔다고 볼 수 있다. 그러나 이와 다른 여러 가지 견해도 제시되고 있어서 이들 대형 독무덤들의 정확한 성격을 규명하기 위해서는 더욱 진전된 연구가 절실히 요구된다.

전남지방에서 늦은 시기까지 독무덤이 축조되고 백제계의 돌방무덤[石室墓]은 6세기에 들어서야 비로소 축조되는 것으로 보아 상당기간 백제와 관계없는 독자적인 세력이 존재해 있었던 것으로 보고 있다. 서기 5세기 말 6세기 초 마한의 멸망 이후, 백제의 행정구역으로 완전히 편입되기 이전까지 마한-목지국의 전통을 유지하는 독자적인 집단이 토착세력으로 존재했었던 것으로 보인다.

3. 나주의 고분군

나주 반남면 덕산리, 대안리, 신촌리 일대에는 각각 사적 제76 · 77 · 78호로 지정된 고분군이 존재한다. 이들 고분들은 해방 전 야쓰이 세이치(谷井濟一)와 아리미쯔 교이치(有光教一)에 의해 일부 발굴된 바 있으며, 간략하게나마 그 결과도 보고 된 바 있다. 고분군의 주체는 독무덤[甕棺墓]인데 이들은 나주 반남면 일대를 포함해서 다시면 복암리(사적 404호)와 인근 영암군 시종면, 함평군 월야면 등지에 집중적으로 분포되어 있다. 이러한 독무덤의 군집현상은 아직까지 영산강 하류에서만 유일하게 확인되었는데, 이 지역의 독무덤들은 광산군 비아면 신창리의 철기시대 전기의 독무덤에서부터 그 전통이 이어져 내려온 것으로 생각되고 있다.

주로 삼국시대 전기(서기 1년~300년)말에서 후기(서기 300년~660/668년)의 중반까지에 걸쳐 조성된 것으로 추정되는 반남면 일대의 고분들은 거대한 하나의 봉토 내에 여러 개의 옹관을 합장한 것들이다. 그 중 전방후원형의 경우(신촌리 6호, 덕산리 2호)는 그 외형과 옹관의 매장방법, 봉토 주위를 돌아가는 도랑의 존재(덕산리 3호, 대안리 9호) 등에 있어 일본의 고분들과 유사해 일찍부터 주목을 받아왔다. 이들 고분들의 연대에 관해서는 학자들마다 이론이 많으나, 반남면 독무덤의 연대는 대략 5세기 후반을 전후한 시기로 알려져 있으며, 이후 전방후원식 고분은 함평 월야 예덕리, 해남 북일면 장구봉, 영암 노포면 태간리와 광주 광산구 월계동과 명화동 등지에서도 발굴된 바 있다.

그런데 전북 남원군 송동면 세전리에서 조사된 철기시대 전기 집자리 출토 유물들과의 비교를 통해 볼 때, 이 고분들의 연대는 5세기 이전으로 소급될 가능성이 많다. 즉, 1985년 이후 전북대학교 박물관에 의해 3차례에 걸쳐 발굴된 세전리유적에서는 8기의 말각방형(抹角方形) 또는 장타원형의 수혈 움집이 발견되었다. 그런데 세전리유적에서 확인된 집자리에서는 종래의 전통적인 민무늬토기와 함께 와질토기 및 김해토기 계통의 적갈색 연질토기가 출토되었는데, 그 중 환원소성으로 제작된 사질(砂質)의 회백색 토기들은 나주 반남면 고분군에서 출토되는 옹관 편들과 흡사하다. 철기시대 후기(서기 1년~300년)에 해당하는 세전리 유적의 연대는 서기 2세기~3세기경이 될 것으로 보인다. 나주 반남면 보다 시기적으로 앞서는 세전리 유적과의 상관관계를 통해 볼 때 반남면 소재 고분들의 연대도 종래 생각했던 것보다 1~2세기 정도 올라갈 가능성이 충분히 있다. 고분의 연대, 금동관 등과 같은 신분을 상징하는 부장품의 존재 그리고 대형고분의 집중적인 분포상 등을 고려해 볼 때 나주시 반남면 일대가 사서(史書)에 나타나는 마한의 마지막 근거지가 될 가능성이 충분히 있다.

4. 마한-목지국의 위치비정

마한 54국 중 마한인을 공립(共立)하여 세운 목지국의 위치비정에 대해 많은 논의가 있어 왔다. 『후한서』 동이전 한조에는 '마한최대공립 기종위진왕도목지국진왕삼한지지기제국왕선개시마한종인언(馬韓最大共立其種爲辰王都目支國盡王三韓之地其諸國王先皆是馬韓種人焉)' 이라 하여 목지국의 존재가 나타나고 있다. 이처럼 목지국의 위치에 대해서는 여러 가지 설이 제기되고 있다. 『동국여지승람』 직산현조(稷山縣條)에 보이는 '본위례성(本慰禮城) 백제온조왕(百濟溫祚王) 자졸본부여(自卒本扶餘) 남나개국(南奈開國) 건도간차(建都干此)' 라는 기사, 즉 백제 온조왕이 직산 위례성에 도읍을 정했다는 기록에 근거하여 진국(辰國) 이래 목지국이 직산에 위치했다고 한다. 현재까지의 일반론을 따른다면 목지국의 처음 위치는 충남 천원군 직산 일대로 추정된다. 이 일대에서는 후에 개축된 당시의 성이라고 추정한 바 있는 사산성(蛇山城)이 발굴되기도 하였으며, 최근 마한의 토성이라 생각되는 곳이 청주시 정북동(사적 415호)에서 발굴되었다. 발굴자들은 처음에는 사산성이 4세기대에 축조된 것으로 추정하였으나 나중에는 6세기 말에서 7세기 초에 조성된 것이라 확정지은 바 있다. 이후 청주 정북동(사적 415호)에서 서기 40년~220년(중심연대는 서기 130년)에 사용된 토성이 발굴되기도 했다.

그런데 백제의 근초고왕이 기원후 369년(재위 24년)에 마한의 잔여세력을 복속시키고 전라도 남해안 일대에까지 그 세력권을 확장시켰다는 기록에 근거하여, 마한의 초기 영역이 천원군 직산 일대 및 부근의 평택 · 성환 일대였다 하더라도 후대에 이르러 그 영역이 남쪽의 익산 일대로 옮겨졌을 것이라는 주장도 있다. 그러나 마한-목지국의 존속시기가 한국고고학의 시대구분에서 철기시대 후기, 즉 서력기원을 전후로 한 시기로부터 기원후 300년경까지에 해당되며, 그 하한이 근초고왕대까지 내려감을 고려해 볼 때, 앞에서 제시된 지역들에서 이에 부응하는 고고학적 증거를 찾아보기는 어려운 실정이다. 그런데 나주 반남면 대안리, 덕산리, 신촌리 일대에는 시간적으로 이 시기에 근접하는 매우 설득력 있는 고고학적 증거가 있다. 즉, 이 일대에는 대형 독무덤들이 집중적으로 분포해 있는데, 분묘는 전통적인 형식 요소의 지속성이 매우 강하면서도 외부적인 자극에도 민감하게 반응하는 중요한 고고학적 자료이다.

나주 반남면 소재 신촌리 9호분에서는 강력한 지배집단의 존재를 시사해 주는 금동관이, 또 나주 복암리 3호분에서는 금동 신발이 출토된 바 있다. 그리고 한성시대 백제(기원전 18년~기원후 475년), 즉 시조 온조왕이 백제를 건국하여 문주왕(文周王)이 웅진으로 천도하기까지의 백제의 영역이 북으로 예성강, 동으로 춘천, 서로 인천, 남으로 제천 · 청주로 비정됨을 생각할 때, 목지국의 최종 위치는 종래 제기되어 오던 인천, 익산보다는 제천 · 청주 이남지역으로 비정되는 것이 보다 타당하다 하겠다. 지난 1986년 충북 진천군 덕산면 산수리(사적 325호)와 삼룡리(사적 344호)에서 발굴된 백제 초기의 토기 가마터는 이를 뒷받침해 주는 귀중한 자료이다. 한편 1989년 이후 발굴되어온 진천군 덕산면 석장리 유적에서는 백제 초기 제철로 4기, 용해로 2기, 철부용범(鐵斧鎔范) 등이 확인되었는데 이들은 초기 백제의 철 생산과 그 전이과정을 밝히는데 중요한 자료이다. 그리고 천안 청당동과 아산 배방면 갈매리 출토의 마형대구를 비롯하여 포천 자작리, 파주 주월리와 가평 대성리에서 확인된 백제 초기 철(凸)자형 집자리, 여주 하거리 고분, 수원 봉담 마하리 고분, 천안 성남 용원리 집자리와 고분 등은 이 시기 백제의 영역을 알려주는 고고학 자료들이다. 그러나 러시아의 연해주의 올레니 A와 끄로우노브까(北沃沮, 團結문화)에서 기원하는 凸자형과 呂자형집자리는 나오지 않는다. 이는 한반도 중부 동예지역과는 환경에 적응하는 문화적 차이에 그 원인이 있을 것이다. 또 경기도, 충청남북도와 전라북도서 발견되는 馬韓지역의 토실도 북쪽 읍루와의 관련성이 있다. 『三國志』 魏志 東夷傳 挹婁조에 보면 …常穴居大家深九梯以多爲好土氣寒…(…큰 집은 사다리가 9계단 높이의 깊이이며 깊이가 깊을수록 좋다…)라는 기록에서 사다리를 타고 내려가 사는 토실에 대한 언급이 나온다. 또 1755년 Krasheninnikov나 1778년 James Cook의 탐험대에 의해보고 된 바로는 멀리 북쪽 베링해(Bering Sea)근처 캄챠카(Kamtschatka)에 살고 있는 에스키모인 꼬략(Koryak)족과 오날라쉬카(Oonalaschka)의 원주민인 알류산(Aleut)인들은 수혈 또는 반수혈의 움집을 만들고 지붕에서부터 사다리를 타고 내려가 그 속에서 살고 있다고 한다. 이들 모두 기후환경에 대한 적응의 결과로 볼 수 있다. 그러나 전남지방의 경우 여천 화장동과 순천 해룡면 성산리 대법마을에 말기적인 흔적이 남았을 뿐 거의 없다. 이도 독자적인 문화적 차이에 기인할 것이다.

문헌자료와 마한지역에서 이루어진 고고학적 성과를 이용하여 전남 나주 반남면 일대를 목지국의 마지막 근거지로 비정하는 가설을 세운 바 있다. 마한의 특징적인 문양으로 여겨지는 조족문은 그 고고학적 근거중의 하나이다. 조족문이 시문된 토기는 청주 신봉동, 홍성 신금성 평택 안중면 덕우 1리 자미산성, 충북 중원군 가금면 장천리 · 하구암리의 장미산성, 나주 반남면 덕산리 4호분 및 신촌리 6호분 등에서 출토된 바 있는데, 이들은 마한의 목지국의 이동과 관련이 있는 것으로 여겨진다. 그 이후 주구묘의 존재가 청주 송절동, 보령 관창리, 익산 영등동과 함평 장년리, 중랑리 등지에서도 확인되어 마한의 묘로 인정되고 있다. 그리고 경기도, 충청남북도와 전리북도에서 최근 발견되는 土室이 마한의 집자리를 대표하는 하나가된다. 이는 공주 장선리의 토실(사적 433호)이 대표된다. 그러나 전남지방에는 순천 화장동과 해룡면 성산리 대법마을의 두 군데에서 확인되나 앞으로 좀더 자료의 추가를 기다려야한다. 이는 서기 369년 근초고왕에 의해 마한의 잔여세력이 백제에 정치적 군사적으로 병합된 후에도 이 지역에 마한의 문화전통이 상당기간 동안 지속되었다는 전제하에서 이해될 수 있다.

5. 고고학적 측면에서 본 마한-목지국

고고학적인 측면에서 마한-목지국 문화의 성격을 살펴보기 위해서는 먼저 전남지방에서 조사된 마한관계 유적의 성격을 정리해 볼 필요가 있다. 전남지방에서 발견된 마한-목지국 관련 유적으로는 고인돌[支石墓]과 독무덤[甕棺墓]으로 대별되는 분묘유적과 생활유적인 집자리 유적이 있다. 마한시대에 해당하는 철기시대 후기의 집자리 유적이 조사된 예는 없었다. 그런데 1986~1989년에 걸쳐 이루어진 주암댐 수몰지구 발굴조사에서 승주군 낙수리와 대곡리 도롱부락에서 대규모 집단취락 유적이 확인되었다. 이들 유적에서 조사된 철기시대 후기의 집자리들은 전남지방에서 최초로 발견된 마한의 집자리들로 마한사회를 이해하는데 많은 자료를 제공하였다. 여기서 철기시대 후기(서기 1년~300년)는 필자의 한국고고학의 時代區分 案에 제시된 삼국시대 전기를 말하는데 이는 종래의 원삼국시대이다. 그런데 전남지방의 경우 아직까지 이 시기를 삼국 중의 어느 한 국가와 연관지을 수 있는 고고학적 증거가 확인된 바 없으나 목지국의 존재로 보아 삼국시대 전기나 철기시대 후기란 시대명칭을 사용하는 것이 보다 타당할 듯하다. 한편 분묘유적으로는 석관묘와 함께 우리나라 청동기시대의 대표적인 묘제로, 특히 전남지방에 2만여 기가 무리를 이루면서 집중적으로 분포하고 있는 고인돌과 청동기시대 후기부터 등장하기 시작하여 철기시대 전기가 되면 지배적인 묘제가 되어 백제시대까지 사용된 독무덤이 있다. 전남지방의 고인돌은 청동기시대 후기부터 철기시대 전기에 이르기까지 축조되었는데, 이들은 당시의 정치 · 사회상을 밝히는데 매우 귀중한 자료를 제공하고 있다. 고인돌사회에는 전문장인이 존재했으며, 각 지역 간에는 기술의 전파 및 물품의 교역이 이루어졌다. 고인돌 사회에서 성역화 된 묘역을 가진 조상숭배 단계에 이르게 되면 사회진화 단계상으로 갈등론(conflict theory)에서 이야기하는 계층사회(stratified society)인 복합 족장사회(complex chiefdom society) 단계에 도달했다. 앞으로 고인돌의 공간적인 분포에 따른 세력권 또는 문화권이 설정되고, 전남지방 고인돌이 지니는 독자적인 성격이 구명(究明)되면, 차후 이 지방에 등장하는 사회의 성격을 파악하는데 커다란 도움이 될 것이다.

대형 독무덤이 집중적으로 분포하는 영산강 유역의 반남면 일대를 포함하는 나주지역은 전주와 함께 전라도라는 지명의 유래가 되었을 만큼 고대 한반도 남서부지방에서 정치 · 군사 · 경제 · 문화적으로 중추적인 역할을 담당해 왔다. 사서에 의하면 나주는 백제시대에는 발라군(發羅郡)으로, 통일신라 경덕왕(景德王) 때에는 금산(錦山)으로 불렸으며, 나주라는 현 지명이 처음 사용된 것은 고려시대에 이르러서이다. 통일신라시대의 나주는 전남지역의 주치소(州治所)인 무주에 예속된 하나의 군에 지나지 않았다. 그런데 고려가 지방제도를 정비하면서 나주에 12목(牧)의 하나를 설치하게 되면서 나주는 고려 및 조선조에 걸쳐 영산강 유역 정치 · 경제의 중심지가 되었다(현재 나주 읍성은 사적 337호로 지정되어 있으며 동문인 東漸門과 客舍인 錦城館은 복원되어 있음). 그런데 통일신라 이전, 더 나아가 삼국시대에 이 지역이 백제의 영역으로 편입되기 이전의 상황에 관한 기록은 찾아보기 어려우며, 당시 나주 일대의 성격을 살펴볼 수 있는 자료로는 반남면 일대에 집중적으로 분포하는 고분군이 있을 뿐이다. 반남면 신촌리 9호분에서 출토된 금동관을 비롯한 여러 유물들을 통해 볼 때, 당시 이 지역에는 강력한 왕권을 중심으로 하는 정치체제가 존재할 수 있는 기반이 있었음을 알 수 있다. 물질적 · 문화적 기반은 반남면 일대를 포함하는 나주 지역에 마한 54국의 하나인 목지국을 비정하는 가설을 가능하게 한다. 그런데 학자마다 서로 견해가 달라 부미국(不彌國), 포미지국(布彌支國), 신미국(新彌國), 치리국(哆唎國) 등의 마한소국(馬韓小國)들이 이 일대에 존재했던 것으로 추정하고 있는데 현재로서는 이를 확인할 만한 자료가 부족하다. 비록 그 국명(國名)은 확실하지 않지만 나주지역, 특히 반남면 대안리 · 덕산리 · 신촌리 · 복암리(사적 404호)와 고흥 포두면 길두리 안동에 분포된 고분군들의 연대로 볼 때 백제 초기에 이미 국가단계의 정치체제가 이 일대에 존재했었음을 쉽게 알 수 있다.

반남면을 비롯한 영산강 유역 소재의 대형 독무덤들은 이 일대가 실질적으로 백제의 영향권 내로 편입되기 이전에 자리 잡고 있던 마한의 지배층들의 분묘들로 보인다. 철기시대 전기 이후 새로운 철기문화를 수용함으로써 농업생산력을 증대시키고 사회적인 발전을 이룩한 마한의 소국들은 그들의 통치 권력을 확대 · 팽창시키면서 소형 독무덤을 거대화시켰던 것이다.

영산강 유역에 밀집 분포하는 대형 독무덤들의 피장자들은 마한 제소국의 지배층들이었을 것으로 추정된다. 특히 금동관이 출토된 신촌리 9호분의 피장자는 목지국 말기의 지배자 또는 목지국의 전통을 이은 지방 호족이었을 것으로 추정된다. 따라서 백제가 남천하게 됨에 따라 백제의 지배영역이 남쪽으로 팽창함으로써 그 세력이 축소된 목지국의 최종 근거지는 영산강 유역의 나주 반남면 일대로 비정될 수 있을 것이다. 이러한 추정은 지금까지 발견 조사된 금동관들이 당시의 정치체제하에서 국가단계를 나타내는 최고 지도자 또는 왕의 상징물(status symbol)로서 인정되는 것으로도 그 타당성을 인정받을 수 있다.

1996년 나주 복암리 3호분(사적 제404호) 석실 내부 옹관 4호에서 출토된 금동제 신발, 1997년 석실 7호에서 출토된 금판 관모 장식, 금동제 이식, 삼두 환두대도 등이 이를 뒷받침해준다. 그리고 1998년도 3월에 발굴된 5호와 16호 횡혈식 석실 2기에서는 은제관식(銀製冠飾)이 출토된 바 있다[여기에서 출토된 인골들은 석실 17호 널길(연도)에서 화장된 채로 발견된 32세 이상으로 추정되는 남복(男僕)의 경우를 제외하고는 모두 앙와신전장(仰臥申展葬)을 취하고 있었는데, 석실은 40세 이상 가족성원의 가족장(家族葬) 또는 추가장(追加葬)을 위해 조성된 것으로 여겨진다]. 이는 부여 하황리, 논산 육곡리 7호분, 남원 척문리, 나주 흥덕리와 부여 능산리 공설운동장 예정 부지 내에서 발굴된 36호 우측[인골 편은 남아 있지 않으나 좌측에 남아 있는 부인의 것으로 여겨지는 인골의 나이는 40세 이상으로 추정된다]인골에서 발견된 은제 관식에 이어 한반도에서 여섯 번째로 확인된 것이다. 피장자의 신분은 백제 16관등 중 6품인 나솔(奈率) 이상에 해당되는데, 이는 대안리 5호분의 백제식 석실분의 경우와 함께 피장자가 나주지역 백제의 행정체제 내로 편입되어 가는 과정을 보여주는 자료이다. 그리고 무엇보다도 중요한 것은 금동 신발인데 이는 신촌리 9호분, 공주 무령왕릉, 익산 입점리(사적 347호), 서산 음암 부장리(사적 475호)와 공주 의당 수촌리(사적 460호)에 이어 백제지역에서 여섯 번째, 나주에서는 두 번째로 확인된 것이다 또 1998년 4월 나주 복암리 3호분 제8호 석곽 옹관에서는 주칠(朱漆)의 역만자문(逆卍字文)이 시문된 제8호 옹관 출토 개배(蓋杯)와 함께 일본 고분시대 말기에 보이는 규두대도(圭頭大刀)가 제5호 석실

나주 복암리 4호분
(사적 404호, 문화재연구소 유적조사실)

연도 가까이의 현실(玄室) 벽에 기대어 놓인 채로 확인되었다. 출토 상황으로 보아 이 칼은 현실에 묻힌 피장자의 것이라기보다는 장례 행사에 참석했던 피장자와 가까운 손님이 마지막으로 끌러놓은 장송예물(葬送禮物)이었던 것으로 여겨진다. 참고로 역만자문(逆卍字文)은 '파(巴)'로 읽어야 하며, 그 의미는 죽음[死]을 뜻한다고 한다. 그렇다면 불교의 영향 하에 만들어졌다는 견해는 재고되어야 할 것이다. 또 규두대도는 경남 창녕 출토로 전하는 고구라[小倉] 컬렉션 4호와 한국 출토로 알려진 동경국립박물관 소장 장도 두 점이 알려져 있어 일본제보다도 한국제일 가능성이 높다. 복암리 3호분의 내부에서는 옹관묘, 수혈식 석곽, 횡혈식 석실, 횡구식 석곽, 횡구식 석실과 석곽, 옹관 등 34기에 이르는 매장유구가 확인되었다. 이 고분은 3세기~7세기의 약 300~400여 년에 이르는 기간에 걸쳐 한 집안의 가족묘지[世葬山]로 조성되었던 것으로 추정되는데, 오늘날과 같은 분구는 마지막으로 5호 석실분을 쓰면서 각각의 무덤에 조성된 봉토가 합쳐져 자연스럽게 형성되었던 것 같다. 그 피장자들은 과거 목지국의 지배층을 형성하는 토호들로 후일 이 지역이 백제의 행정구역으로 편입되어 가는 과정에서 백제왕실이 하사한 벼슬을 받았으며, 자신들의 무덤에도 백제양식을 채택했던 것으로 여겨진다. 최근 발굴 조사된 나주 영동리 고분군에서 백제양식의 무덤인 2호와 3호 석실에서 각각 5개체의 인골이 확인되었다. 그리고 인골의 출토양상으로 보아 3~4회의 추가장이 이루어졌음이 확인되었다. 이러한 고분은 나주 흥덕리, 함평 월야면 월계리 석계부락과 전라북도 완주 은하리의 석실분을 들 수 있다. 복암리 3호분에서는 5호 석실에서 피장자가 4인 확인되었고, 또한 2~3차례의 추가장이 확인되기도 하였다. 이는 옹관고분의 가족묘지전통에 따른 다장제의 장제가 지속되어 유지되고 있었음을 말한다. 이 고분의 피장자들이 외래의 파견관료, 또는 지배자가 아니라 철기시대 전기에서 마한에 걸쳐 살아왔던 과거 목지국의 토호들임을 시사한다. 특히 이들의 위상과 대외활동에 대해서는 복암리고분의 규두대도를 통해 시사되는 일본과의 문화적 교류 등과 함께 앞으로의 연구를 통해 밝혀야 할 것이다. 은제 관식의 연대를 6세기 후반에서 7세기 초로 볼 수 있다면 목지국의 잔여세력인 토착세력은 거의 백제 멸망 시까지 존속했던 것으로 보인다. 이러한 점들을 통해 볼 때 목지국을 맹주국으로 하는 마한 제소국은 고구려, 백제, 신라 삼국과 공시적으로 상호 대등한 수준의 관계를 맺어 왔다고 보는 것이 타당할 것이다.

6. 마한의 멸망

『일본서기』(日本書紀) 신공기(神功紀) 49년조의 기록으로 보아 369년에 마한이 백제에 의해 멸망되었다고 추론하고 이후 마한이 백제로 편입되었다는 입장이 있어왔다. 그러나 이 지역은 천안 용원리를 중심으로 한 곳이고 그 후 익산이나 나주로 이동해 거의 백제의 멸망에 이르기 가지 공존해온 것으로 생각된다. 이는 나주 오량동(사적 456호)과 금천면 신가리 당가 요지, 그리고 나주 대안리 5호분과 같은 무덤에서 마한의 멸망 시기를 유추해 볼 수 있다. 주로 백제시대와 공존하는 것으로, 역사적으로 본다면 서기 369년 근초고왕의 천안 근처의 마한세력 토벌 이후의 시기에 해당되겠다. 정치적인 중심체인 목지국의 백제세력의 유입기인 기원후 4세기 이후에서 공주 의당면 수촌리(사적 460호)을 거쳐 나주 반남면 대안리, 덕산리와 신촌리(사적 76, 77, 78호)와 복암리 고분(사적 404호)에 이르는 거의 통일신라 이전까지를 포함하는 시기인 삼국시대 후기(서기 300년~660년)의 대표적인 유적으로는 옹관묘, 주구묘와 석실묘 등을 들 수 있다. 석실묘(돌방무덤)는 최근 지표조사와 발굴을 통해 자료가 증가되는 추세에 있어 이들의 성격에 대한 연구도 관심의 대상이 되고 있다. 돌방무덤은 영산강 유역을 비롯한 나주 함평, 장성, 광주 등 전남 내륙지역과 해남, 장흥, 고흥(고흥 포두면 길두리 안동) 등 서남해안지역 그리고 도서지방에서 발견되고 있는데, 나주 대안리 5호분 등을 위시한 이들 돌방무덤들은 이 지역이 실질적으로 백제의 통치권 하에 편입되는 5세기 말 6세기 초부터 축조되기 시작하여 백제 말기까지 존속한 묘제로 생각된다. 그리고 최근 발굴된 나주 복암리 3호분의 경우 돌방(석실) 내에 독무덤의 존재로 보아 백제의 통치시대에도 마한 · 목지국의 토호로서의 독자적인 세력과 문화전통이 유지되고 있었음을 보여준다. 즉 마한이 정치 · 행정적으로는 백제에 편입되었으나 문화적으로는 아직까지 완전히 흡수되지 않았음을 나타내 준다. 그리고 순천 서면 운평리와 여천 화장동유적의 경우 470년(개로왕 16년)~512년(무령왕 12년)에 마한과 대가야가 서로 공존하고 있었음이 밝혀지고 있

광주 명화동 전방후원형 고분 출토 토기
(전남대학교 박물관)

다. 또 최근 들어서 이 지역에서 주목받는 묘제로 장고분(전방후원형분)이 있다. 반남면 신촌리 6호와 덕산리 2호를 비롯한 함평 월야면 예덕리 신덕부락, 해남 북일면 장구봉, 영암 도포면 태간리 등지에서 전방후원분이 조사되었고, 최근에는 광주시에서 조성하고 있는 첨단기지공단부지인 광산구 월계동과 명화동에서도 조사되어 주목을 끈다. 이들 묘제는 근초고왕 이 24년(서기 369년)에 마한의 잔여세력을 토벌하는 과정에서 백제의 요청에 의해 일본[倭]과의 정식 통교가 이루어졌다는 역사적 기록(일본서기 신공 49년조)과도 무관하지 않을 것이다.

7. 맺음말

지금까지 마한 제소국(馬韓 諸小國)의 맹주국으로 알려진 목지국을, 고고학적인 측면에서 나주 반남면 일대를 목지국의 최후의 근거지로 비정하였다. 그러나 이 문제는 남아 있는 문헌자료 및 고고학적 자료가 매우 영세하며, 더구나 부족한 문헌자료는 그 자료의 해석에 따라 전혀 다른 결론을 도출해 낼 수도 있는 상황이므로 현 시점에서 어떤 확정된 결론을 내리는 것은 매우 어려운 실정이다. 그러므로 여기서는 필자 나름대로의 연구를 통해 얻은 몇 가지 가설을 제시하는 것으로 맺음말을 대신하고자 한다.

첫째, 확실하지는 않지만 마한의 성립 시기는 늦어도 철기시대 전기(기원전 400년~기원전 1년) 중기경인 기원전 3세기~기원전 2세기까지 올라갈 수 있다. 그런데 천안 · 성환 · 직산의 초기 목지국이 있던 마한이 4세기 후반 백제에 의해 대규모로 공격당한 후에도 538년 부여 천도 이후 백제가 반남면을 포함하는 나주 일대를 직접 통치할 때까지 이 일대에는 나름대로 독자적인 문화전통이 계승되어 왔다.

둘째, 마한 제소국의 맹주국이었던 목지국의 처음 위치는 천원군 직산 일대 및 부근의 천안(용원리 일대) · 평택 · 성환 근처로 비정될 수도 있겠으나, 이후 백제의 세력이 확대됨에 따라 목지국은 익산이나 예산으로 점차 이동하여 마지막에는 나주 반남면 일대까지 쫓겨 내려왔을 가능성이 크다.

셋째, 마한-목지국은 고대의 삼국과 마찬가지로 칭왕(稱王)을 할 정도의 강력한 국가체제를 형성했다. 즉, 비록 시대가 떨어지는 자료이기는 하지만 신촌리 9호분에서 출토된 금동관 등의 유물을 통해 볼 때 이 일대에 왕에 버금가는 최고 권력자나 정치체제가 존재했음이 충분히 입증될 수 있다.

넷째, 청동기시대의 精靈崇拜(animism)와 巫敎(shamanism)를 거쳐 철

기시대에는 환호를 중심으로 전문제사장인 天君이 다스리는 별읍(別邑)인 蘇塗가 나타난다. 이것도 일종의 무교의 형태를 띈 것으로 보인다. 마한의 고지에는 기원전 3~2세기부터의 단순 족장사회에서 좀더 발달한 복합족장사회인 마한이 있었다. 이는 『三國志』 魏志 弁辰條에 族長격인 渠帥가 있으며 이는 격이나 규모에 따라 신지(臣智), 검측(險側), 번예(樊濊), 살계(殺奚)와 읍차(邑借) 로 불리고 있었음을 알 수 있다. 그리고 마한에도 마찬가지 경우로 생각되나, 이들을 대표하는 王이 다스리는 국가단계의 目支國도 있었다. 그러나 天君이 다스리는 종교적 別邑인 蘇塗는, 당시의 복합 · 단순 족장사회의 우두머리인 渠帥의 격이나 규모에 따른 이름인 신지, 검측, 번예, 살계와 읍차가 다스리는 세속적 영역과는 별개의 것으로 보인다. 앞으로 이러한 종교적인 유적의 발견과 함께 마한의 문화상이 좀더 밝혀져야 한다.

마지막으로 반남면 일대는 5세기 후반경이 되면서 백제에 편입되었으나, 이 지역의 대형 고분군들은 실질적으로는 백제와는 별개인 독자적인 마한-목지국의 전통을 유지해온 세력집단의 분묘로 추정된다. 그리고 서기 660년 백제의 멸망과 함께 마한도 역사의 뒤안길로 사라져갔다.

그러나 마한의 고고학적 문화에 대한 연구는 최근에 발굴이 활발히 진행되고 있지만 아직 그 국가적 성격이나 문헌과의 적극적인 대입을 할 수 있을 만큼 자료가 충분하지는 않다. 마한의 고고학적 문화의 성격을 밝히는 작업은 이제부터 시작이라고 할 수 있는데, 다른 지역과 비교되는 독자적인 특징을 나타내고 있을 뿐만 아니라 마한의 54국 자체 내에서도 지역적인 문화 특징을 보이고 있어 흥미롭다. 지역문화의 변천과 성격에 대한 연구는 한국고대문화의 정확한 성격구명을 위해서도 시급히 활성화되어야 할 것으로 생각되며, 이의 대표적인 예가 마한의 바탕 위에선 백제의 건국과 함께 마한-목지국에 대한 연구가 될 것이다. 앞으로 이 지역에서 밝혀져야 할 과제로서는, 첫째 고인돌사회와 마한사회와의 관계, 둘째 마한사회의 기원과 존속 그리고 멸망시기, 셋째 마한의 위치, 넷째 마한의 실체와 문화, 다섯째 마한과 목지국과의 관계 등을 들 수 있다. 특히 마한의 실체와 문화에서는 마한 54국내의 문화적 차이 즉 예를 들어 광주 충효동, 무안 성동리와 보성 조성 동촌리의 지석묘에서 보여 순천 덕암동의 環壕가 보여주는 天君이 다스리는 別邑과 아울러, 주구묘, 옹관과 석실묘와 이를 바탕으로 한 족장사회에서 고대국가로 발전하는 巫敎(shamanism), 조상숭배(ancestor worship) 바탕이 된 政治体의 진화를 밝히는 것도 중요하다. 이러한 다섯 가지의 큰 문제들은 앞으로 발굴 · 조사되는 고고학적인 자료가 기반이 될 것이다.

참/고/문/헌

국립공주박물관 · 충청남도역사문화원

2006 4~5세기 백제유물특별전-한성에서 웅진으로-

金貞培

1985 目支國小攷, 千寬宇先生 還曆紀念 韓國史學論叢, 正音文化社

남도문화재연구원

2005 구례 공설운동장 건립부지 내 문화유적 발굴조사

2005 전라선 성산-신풍간 철도개량구간(대법유물산포지) 내 문화유적 발굴조사

2005 순천 가곡택지개발지구 발굴조사 약보고

2006 순천 코아루 럭스 아파트 부지내 문화유적 발굴조사

盧重國

1990 目支國에 대한 一考察, 百濟論叢 2

동신대학교 박물관

2005 나주 영동리고분군 발굴조사 약보고

마한문화재연구원

2007 나주 남양골프장 조성사업부지내 문화유적 발굴조사

목포대학교 박물관

1995 서해안고속도로(무안-목포)구간 문화유적 발굴조사 약보고

1999 나주지역 고대사회의 성격

2000 영산강 유역 고대사회의 새로운 조명

2000 자미산성

2001 탐진 다목적(가물막이)댐 수몰지역 내 문화유적 발굴조사 개요

2002 지방도 819호선 확 · 포장공사구간 내 문화유적

2002 탐진 다목적댐 수몰지역 내 문화유적 발굴조사(2차) 지도위원회 및 현장 설명회 자료

목포대학교 박물관 · 동신대학교 박물관

2001 금천-시계간 국가지원 지방도 사업구간 내 문화재 발굴조사 지도위원회와 현장설명회 자료

2002 나주 오량동 가마유적 지도위원회 회의 자료

목포대학교 박물관 · 호남문화재연구원 · 한국수자원공사

2000 탐진 다목적댐 수몰지역 내 문화유적 발굴조사 지도위원회 및 현장설명회 자료

閔賢九

1975 羅州邑誌解題, 羅州邑誌, 全南大學校 史學科, 光州

成洛俊

1983 榮山江流域의 甕棺墓研究, 百濟文化 15

成周鐸 外

1990 神衿城 南門址 및 周邊 貝殼層 精密調査, 忠南大學校 博物館, 大田

成周鐸 · 車勇杰

1985 稷山 蛇山城 發掘調査 中間報告書, 百濟研究 16

1994 稷山 蛇山城, 백제문화개발연구원

순천대학교 박물관

2006 순천 운평리 고분 발굴조사 자문위원회 자료

2008 순천 운평리 고분 2차 발굴조사 현장 발표회 자료

李基白 · 李基東

1982 韓國史講座 1 古代篇, 一朝閣, 서울

李丙燾

1956 두계잡필, 일조각

1959 韓國史 古代篇, 乙酉文化社, 서울

1976 韓國古代史研究 , 博英社, 서울

李榮文

1978 榮山江下流地域의 古墳群, 羅州大安里 5號 百濟石室墳 發掘調査報告書』, 羅州郡廳, 羅州

1987 昇州 九山里 遺蹟과 出土唯物, 三佛 金元龍教授 停年退任紀念論叢 I(考古學篇), 一志社, 서울

2002 全南地方 支石墓社會의 研究, 학연문화사

李榮文 · 曺根佑

1996a 全南의 支石墓, 學研文化社, 서울

1996b 全南의 支石墓, 全南의 古代墓制, 全羅南道 · 木浦大學校 博物館

成洛俊

1983 榮山江 流域의 甕棺墓研究, 百濟文化 15

전남문화재연구원

2004 진도 오산리 유적

이동희

2005 전남 동부지역 복합사회 형성과정의 고고학적 연구, 성균관대 대학원 박사학위 논문

전남대학교 박물관

1998 함평군 월계리 석계고분 발굴조사 중간보고

2001 함평 예덕리 만가촌고분군 2차 발굴조사

전남문화재연구원

2003 진도 고군지구 경지정리 사업구역 내 문화유적 시굴조사 지도위원회 회의 자료

2004 나주 복암리 고분전시관 건립부지 내 문화유적 발굴조사 지도위원회 회

의 자료

2004 진도 오산리 유적, 학술총서 14집

全北大博物館

1985 細田里出土土器, 全北大 博物館, 全州

전주대학교 박물관

2002 구이-전주간 도로 확 · 포장공사구간 내 문화재발굴조사 현장설명회 자료

전주대학교 박물관 · 전북대학교 박물관

2002 전주 송천동 토지구획정리사업지구 내 문화재발굴조사 현장설명회 자료

최몽룡

1986 고인돌과 독무덤, 全南文化의 性格과 課題, 第一回 全南古文化 심포지움 발표요지

1988 반남면 고분군의 의의, 나주반남면 고분군, 광주박물관 학술총서 13책

1989 삼국시대 전기의 전남지방문화, 성곡논총 20집

1990 전남지방 삼국시대 전기의 고고학연구현황, 한국고고학보 24집

1991 마한목지국의 제문제, 백제사의 이해(최몽룡 · 심정보 편), 학연문화사

1994 고고학상으로 본 마한의 연구, 문산 김삼룡 박사 고희 기념논총: 마한 · 백제문화와 미륵사상(논총간행위원회 편), pp.91~98, 원광대학교 출판국, 익산

1994 최근 발견된 백제향로의 의의, 韓國上古史學報 15

1997 백제의 향로제사유적 및 신화, 도시 · 문명 · 국가(최몽룡), 서울대학교출판부, 서울

1998 다시 보는 百濟史, 周留城, 서울

1999 나주지역 고대문화의 성격 -반남면 고분군과 목지국-, 복암리고분군

1999 서울 · 경기도의 백제유적, 경기도박물관 제5기 박물관 대학강좌

1999 한국 지석묘(고인돌)유적종합조사, 문화재청

2000 흙과 인류, 주류성, 서울

2002 百濟都城의 變遷과 研究上의 問題點, 第3回 文化財研究 學術大會 基調講演, 國立扶餘文化財研究所

2002 풍납동토성의 발굴과 문화유적의 보존, 풍납토성, 서울역사박물관

2003 考古學으로 본 馬韓, 益山文化圈研究의 成果와 課題, 원광대학교 마한 · 백제문화연구소 창립 30주년 기념 학술대회 및 2004 마한 · 백제문화 16

2003 백제도성의 변천과 문제점, 서울역사박물관 연구논문집 창간호

2003 한성시대의 백제와 마한, 문화재, 36호

2004 한국문화의 계통, 동북아 청동기문화연구, 주류성

2005 한성시대의 백제와 마한, 주류성

2006 최근의 고고학자료로 본 한국고고학 · 고대사의 신연구, 주류성

2006 다원론의 입장에서 본 한국문화의 기원과 시베리아,한 · 러 공동발굴 특별전, 아무르 · 연해주의 신비 강연회 자료집, 문화재연구소

2007 인류문명발달사, 주류성

崔夢龍 · 李淸圭 · 盧赫眞

1979 羅州 潘南面 大安里 5號 百濟石室墳發掘調査, 文化財 12

최몽룡 · 권오영

1985 고고학적 자료를 통해본 백제 초기의 영역고찰 -도성 및 영역문제를 중심으로 본 한성시대 백제의 성장과정-, 천관우 선생 환력기념 한국사학논총

崔夢龍 · 金庚澤

1990 全南地方의 馬韓 · 百濟時代의 住居址研究, 韓國上古史學報 4호

최몽룡 · 심정보

1991 백제사의 이해, 학연문화사

최몽룡 · 이선복 · 안승모 · 박순발

1993 한강유역사, 민음사, 서울

崔夢龍 · 李淸圭 · 盧赫眞

1979 羅州 潘南面 大安里 5號 百濟石室墳發掘調査, 文化財 12

최몽룡 · 최성락

1997 한국고대국가형성론, 서울대학교출판부

최몽룡 · 김선우

2000 한국지석묘 연구이론과 방법 -계급사회의 발생-, 주류성

최몽룡 · 김경택 · 홍형우

2004 동북아 청동기시대 문화 연구, 주류성

崔盛洛

1986a 靈岩 長川里 住居址 I, 木浦大學博物館, 木浦

1986b 靈岩 長川里 住居址 II, 木浦大學博物館, 木浦

1992 韓國 原三國文化의 硏究-全南地方을 中心으로, 학연문화사

2001 고고학여정, 주류성

2002 삼국의 성립과 발전기의 영산강 유역, 한국상고사학보 37호

2002 전남지역 선사고고학의 연구성과, 고문화 59집

최성락 · 김건수

2002 철기시대 패총의 형성배경, 호남고고학보 15집

千寬宇

1979 馬韓 諸小國의 位置試論, 東洋學 9

1979 目支國考, 韓國史硏究

충청남도 역사문화원

2005 서산 음암 임대아파트 신축공사부지내 서산 부장리 유적 현장설명회자료

호남문화재연구원

2006 장성-원덕간 도로확장공사 구간 내 문화유적 발굴조사

2006 광주광역시 광주 하남2지구 택지개발사업 문화유적 발굴조사 약보고

2006 영광군 법성면 용덕리 태양광발전소 부지 내 시굴조사 약보고(1~3차)

홍형우

2006 아무르강 유역 및 연해주의 철기시대, 한 · 러 공동발굴 특별전, 아무르 · 연해주의 신비 강연회 자료집, 문화재연구소

穴澤口禾光 · 馬目順一

1973 羅州潘南面古墳群, 古代學硏究 70, 古代學

有光敎一

1940 羅州潘南古墳の發掘調査, 昭和13年度 古蹟調査報告 朝鮮總督府

有光敎一

1980 羅州 潘南面 新村里 第九號墳 發掘調査記錄, 朝鮮學報 94, pp. 119~166

岡內三眞 編

1996 韓國の前方後圓形墳, 雄山閣

田中俊明

1997 熊津時代 百濟의 領域再編과 王 · 侯制, 百濟의 中央과 地方, 충남대 백제연구소, 대전

谷井濟一

1920 京畿道 廣州, 高陽, 楊州, 忠淸南道 天安, 公州, 扶餘, 靑陽, 論山, 全羅北道 益山及全羅南道羅州郡古墳調査略報告, 大正六年度(1917) 古墳調査報告. 朝鮮總督府

渡邊素舟

1971 東洋文樣史, 富山房, p.78

제 7 장

馬韓硏究의 새로운 方向과 課題

1. 서언

馬韓(기원전 3/2세기~서기 5세기 말 6세기 초)은 한고국고고학 편년 상 철기시대 전기에서 삼국시대 후기에 걸치며, 百濟보다 앞서 나타나서 백제와 거의 같은 시기에 공존하다가 마지막에 백제에 행정적으로 흡수 · 통합되었다. 그러나 전라남도 羅州 潘南面 일대에서는 目支國이란 이름으로 토착세력을 형성하고 있었다. 그 내용도 『三國志』 魏志 東夷傳과 後漢書에 잘 보인다. 또 최근 土室과 같은 고고학자료도 많이 나와 그 실체를 파악할 수 있게 되었다. 그래서 마한은 衛滿朝鮮(기원전 194년~기원전 108년)과 마찬가지로 한국고고학 상 역사고고학의 시작을 이룬다. 그러나 편년설정, 백제와 구분되는 특징적인 문화내용, 54국의 위치비정과 상호 간의 通商圈(Interaction Sphere), 목지국의 위치와 이동, 정치체제와 종교문제 등 앞으로 연구해야 될 과제가 많다.

2. 한국고고학의 편년

필자는 청동기, 철기시대 전기와 후기(삼국시대 전기)의 고고학과 고대사의 흐름의 일관성에 무척 관심을 가져 몇 편의 글을 발표한 바 있다. 1988년~2008년의 제5 · 6 · 7차 고등학교 국사교과서에서부터 1997년~2002년 국사편찬위원회에서 간행한 『한국사』 1, 3과 4권에 이르기까지 초기철기시대와 원삼국시대란 용어대신 새로운 편년을 설정해 사용해오고 있다. 한국 고고학 편년은 구석기시대-신석기시대-청동기시대(기원전 2000년~기원전 400년)-철기시대 전기(기원전 400년~기원전 1년)-철기시대 후기(삼국시대 전기 또는 삼한시대: 서기 1년~서기 300년)-삼국시대 후기(서기 300

년~서기 660/668년)로 설정된다.

마한이 속하는 시기는 철기시대 전기와 후기이다. 기원전 400년~기원전 1년. 종래의 초기 철기시대. 최근 점토대토기 관계 유적의 출현과 관련하여 종래의 기원전 300년에서 기원전 400년으로 상한을 100년 더 올려 잡는다. 점토대토기의 출현은 철기시대의 시작과 관련이 있다. 점토대 토기의 출현은 철기시대의 시작과 관련이 있다. 최근의 질량가속연대측정(AMS : Accelerator Mass Spectrometry)에 의한 결과 강릉 송림리유적이 기원전 700년~기원전 400년경, 안성 원곡 반제리의 경우 기원전 875년~기원전 450년, 양양 지리의 경우 기원전 480년~기원전 420년(2430±50 BP, 2370±50 BP), 횡성군 갑천면 중금리 기원전 800년~기원전 600년 그리고 홍천 두촌면 철정리(A-58호 단조 철편, 55호 단면 직사각형 점토대토기)의 경우 기원전 640년과 기원전 620년이 나오고 있어 철기시대 전기의 상한 연대가 기원전 5세기에서 더욱더 올라 갈 가능성도 있다는 것이다. 철기시대는 점토대토기의 등장과 함께 시작되는데, 현재까지 가장 이른 유적은 심양 정가와자 유적이며 그 연대는 기원전 5세기까지 올라간다. 이 시기는 점토대토기의 단면의 원형, 직사각형과 삼각형의 형태에 따라 Ⅰ기(전기), Ⅱ기(중기)와 Ⅲ기(후기)의 세 시기로 나누어진다. 그리고 마지막 Ⅲ기(후기)에 구연부 斷面 三角形 粘土帶토기와 함께 다리가 짧고 굵은 豆形토기가 나오는데 이 시기에 新羅와 같은 古代國家가 형성된다. 이 중 한반도 최초의 고대국가인 衛滿朝鮮(기원전 194년~기원전 108년)은 철기시대 전기 중 Ⅲ기(중-후기)에 속한다. 그 기원으로는 중국의 심양 정가와자유적과 아울러 러시아 연해주의 뽈체(挹婁)문화가 주목된다. 철기시대 후기는 서기 1년~300년, 또는 삼국시대 전기로 종래의 원삼국시대/삼한시대, 그리고 신라, 고구려와 백제가 국가로서의 위상이 더욱더 뚜렷해진다.

3. 철기시대 전기와 후기

이제까지 철기시대 전기는 두 시기로 구분되어 왔다. Ⅰ기(전기)는 Ⅰ식 세형동검(한국식 동검), 정문식 세문경, 동부, 동과, 동모, 동착 등의 청동기류와 철부를 비롯한 주조 철제 농 · 공구류 그리고 단면 원형의 점토대토기와 섭씨 700~850도 사이에서 구워진 경질무문토기를 특색으로 한다. 그 연대는 기원전 400년부터 기원전 200년 전후로 볼 수 있다. Ⅱ기(후기)에는 Ⅱ식 세형동검과 단조철기가 등장하고, 세문경 대신 차마구가 분묘에 부장되고 점토대토기의 단면 형태는 삼각형으로 바뀐다. 그리고 철기시대 전기는 동과와 동검의 형식분류에 따라 세 시기로 구분될 수도 있다. 그러나 최근의 자료로 보면 점토대토기의 아가리 단면 형태로 원형, 직사각형 그리고 삼각형의 세 종류가 확인되는데, 이들은 Ⅰ기(전기), Ⅱ기(중기)와 Ⅲ기(후기)의 세 시기로 구분된다. 점토대토기의 단면 형태로 보면 원형, 직사각형, 삼각형의 순으로 변화한 것 같다. 매우 이른 시기에 속하는 철기시대의 단면 원형의 점토대토기(Ⅰ기)유적의 예로 강원도 강릉 사천 방동리 과학일반 지방산업단지 등을 포함하여 경주 금장리와 현곡 하구리, 인천 서구 원당리, 수원 고색동, 울주 검단리, 경기도 부천 고강동, 화성 동탄 감배산과 동학산, 안성 공도면 만정리와 원곡면 반제리, 아산 배방면 갈매리, 양평 용문 원덕리, 삼성리, 강릉 송림리, 고성 현내면 송현리, 파주 탄현 갈현리, 완주 이서면 반교리 갈동과 순천 덕암동 등지에서 상당수 확인되고 있다. 단면 직사각형의 점토대토기는 원형에서 삼각형으로 바뀌는 과도기적 중간 단계 토기(중기 Ⅱ기)로 제주시 삼양동(사적 416호), 아산 탕정 명암리, 화성 동학산과 안성 공도 만정리, 강원도 춘천 거두 2리(2지구)와 홍천 두촌면 철정리 등지에서 확인된다. 원형에서 삼각형으로 바뀌는 과도기에 해당하는 점토대토기 가마가 경상남도 사천 방지리와 파주 탄현 갈현리 등지에서 확인된 바 있다. 그리고 삼각형점토대토기 관계유물은 경주 나정(사적 245호) 근처에서 나온 바 있다. 다시 말해서 동과와 동검 그리고 점토대토기의 단면형태를 고려한다면 철기시대 전기를 두 시기가 아닌 세 시기의 구분이 가능할 수 있겠다.

그리고 최근 발견된 유적을 보면 완주 이서면 반교리 갈동에서는 동과·동검의 용범과 단면 원형 점토대토기(Ⅰ기)가, 화성 동학산에서는 철제 끌의 용범과 단면 직사각형의 점토대토기(Ⅱ기)가, 논산 원북리, 가평 달전 2리와 안성 공도 만정리의 토광묘에서는 세형동검, 그리고 공주 수촌리에서 세형동검, 동모, 동부(도끼, 斧), 동사와 동착(끌, 鑿)이 토광묘에서 나왔는데, 이들은 철기시대 전기의 전형적인 유적·유물들이다. 특히 이들이 토광묘에서 출토되었다는 사실은 세형동검이 나오는 요양 하란 이도하자(遼陽 河欄 二道河子), 여대시 여순구구 윤가촌(旅大市 旅順口區 尹家村), 심양 정가와자(沈陽 鄭家窪子), 황해도 재령 고산리(高山里)를 비롯해 위만조선(기원전 194~기원전 108년) 시기와 밀접한 관련이 있는 것으로 볼 수 있다. 다시 말해 세형동검 일괄유물, 끌을 비롯한 용범(거푸집), 토광묘 등은 점토대토기(구연부 단면원형)와 함께 철기시대의 시작을 알려준다. 낙랑의 묘제는 토광묘-귀틀묘-전축분의 순으로 발전해 나갔는데, 토광묘의 경우는 평안남도 강서군 대(태)성리의 경우처럼 樂浪에 앞선 위만조선 시대(기원전 194년~기원전 108년)의 것으로 볼 수 있다. 이와 유사한 것은 경기도 가평 달전 2리, 완주 이서 반교리 갈동과 충남 아산 탕정면 명암리 등지에서 확인된다.

토기제작을 보면 한 무제의 한사군 설치를 계기로 낙랑과 대방을 통해 고도로 발달한 한의 문물이 한반도로 유입되었다. 앞선 청동기시대 전통의 500~700℃의 화도에서 소성된 무문토기와 700~850℃에서 구워진 경질무문토기를 함께 사용하던 철기시대 전기의 주민들에게 화도가 1,000~1,100

℃에 이르는 陶器와 炻器(stoneware)는 상당한 문화적 충격이었을 것이다. 철기시대 전기의 말기에 해당하는 기원전 108년 낙랑군이 설치된 이후 그 영향 하에 한식 도기가 무문토기 사회에 유입되는데 한식도기(漢式陶器) 또는 낙랑도기(樂浪陶器)/토기의 공반 여부를 기준으로 시기구분을 설정할 수도 있다. 일반적으로 통용되는 토기(pottery 또는 Terra-cotta)라는 용어 대신 도기(陶器, earthenware)란 용어를 사용한 것은 토기는 소성온도의 차이에 따라 토기-도기-석기(炻器, stoneware)-자기(磁器, 백자 porcelain, 청자(celadon)로 구분되기 때문이다. 한나라 도기의 소성온도는 1,000℃를 넘고 석기의 경우는 1,200℃ 전후에 달하는데 소성온도는 토기의 제작기술을 반영하는 중요한 요소이다. 중국에서는 500~700℃ 정도 구워진 선사시대의 그릇을 토기라 부르고 춘추-전국시대와 한나라의 그릇은 이와 구분하여 도기라 지칭한다. 백제나 마한의 연질 · 경질의 토기는 도기로, 회청색 신라토기는 석기라 지칭되는 것이 보다 타당하다. 과학적 분석에 근거한 적확한 용어 선택은 우리 고고학계의 시급한 과제 중의 하나이다. 특히 시대구분의 표지가 되는 토기, 도기, 석기의 구분 문제는 보다 중요한데, 이는 이들을 구워 내는 가마를 포함한 제작기술상의 문제와 이에 따른 사회발달상과도 깊은 관련을 맺고 있기 때문이다. 송파구 풍납동토성(사적 11호), 경기도 양평 양수리 상석정, 가평 상면 덕현리, 화성 기안리, 가평 달전 2리와 가평 대성리, 강원도 정선 신동읍 예미리, 강릉 안인리와 병산동, 동해 송정동 등지에서 확인된 漢나라 또는 樂浪의 도기들은 무문토기 사회에 여과되지 않은 채 직수입된 중국의 문물이 끼친 영향이 어떠했는가를 엿볼 수 있는 좋은 자료들이다. 한반도 청동기시대 주민들은 당시 안성 공도 만정리에서 확인되듯이 물레의 사용 없이 손으로 빚은 경질무문토기를 앙천요(open kiln)에서 구워 내었지만 그 후 철기시대가 되면 강릉 사천 방동리, 파주 탄현 갈현리와 경남 사천 방지리와 아산

나주 대안리 5호 고분
(전남대학교 박물관)

탕정 명암리에서 보여주다시피 직경 1.5m 내외 원형의 반수혈(半竪穴)의 좀더 발전한 가마에서 점토대토기를 구워내고 있었다. 진천 삼룡리(사적 제344호)와 산수리(사적 제325호)에서 확인되는 중국식 가마 구조의 차용과 그곳에서 발견되는 한식도기의 모방품에서 확인되듯이 도기제작의 기술적 차이를 극복하는데 적어도 2~300년의 기간이 걸렸을 것이다. 3~4세기 마한과 백제유적에서 흔히 보이는 토기 표면에 격자문, 횡주단사선문, 타날문 또는 승석문이 시문된 회청색 연질 또는 경질토기(도기로 보는 것이 좋음)들이 도기 제작에 있어서 기술 극복의 결과로 볼 수 있을 것이다. 따라서 낙랑의 설치와 아울러 중국 漢나라 본토에서 직접 가져온 한식도기(漢式陶器) 또는 낙랑도기(樂浪陶器)가 공반되는 무문토기 유적의 연대는 낙랑이 설치되는 기원전 108년과 가까운 시기가 될 것이다. 가평 달전 2리 토광묘에서 한식 도기와 중국 서안(西安) 소재 섬서성 역사박물관 전시품과 똑같은 한대의 과(戈)가 출토되었고, 및 가평 대성리와 양평 양수리 상석정의 '철(凸)' 자와 '여(呂)' 자형 집자리 유적의 경우도 마찬가지로 볼 수 있으며, 그 연대도 기원전 1세기를 내려오지 않을 것이다. 또 포천 영중면 금주리 유적에서도 기원전 20년~서기

10년이라는 연대가 확인되어 이들과 비슷한 시기의 유적임이 확인된 바 있다. 러시아의 연해주의 올레니 A와 끄로우노브까(北沃沮, 團結문화)에서 기원하는 凸자형과 呂자형 집자리가 나와 앞으로의 기원과 연대문제도 정립되어야한다. 최근 한식도기(낙랑도기)가 나오는 유적은 풍납동토성(사적 11호), 경기도 연천 초성리, 가평 대성리, 달전 2리와 상면 덕현리, 양주 양수리 상석정, 하남시 이성산성(사적 422호), 화성 기안리, 광주읍 장지동, 강원도 강릉 안인리와 병산동, 동해 송정동, 정선 예미리, 춘천 우두동과 거두 2리와 율문리, 충청남도 아산 탕정 명암리와 경상남도 사천 늑도 등 십여군데에 이른다. 주로 강원도(臨屯 기원전 108년~기원전 82년, 濊, 東濊 지역)와 경기도(樂浪 기원전 108년~서기 313년, 帶方지역) 지역에 집중해서 漢式陶器가 나오고 있다. 이 점은 樂浪과 臨屯의 影響을 잘 보여 주고 있다 하겠다. 이런 점에서 철기시대 전기중 단면 삼각형이나오는 Ⅲ기(후기) 기원전 2~1세기의 고고학적 유적과 유물의 검토가 필요하다. 그리고 경기도 가평 외서면 청평4리, 경기도 광주시 장지동, 강원도 횡성 공근면 학담리와 춘천 거두리와 천전리에서 출토된 해무리굽과 유사한 바닥을 지닌 경질무문토기는 아무르강 중류 리도프카 문화와 끄로우노프카(北沃沮, 團結문화)에서도 보이므로 한반도의 철기시대에 러시아 문화의 영향을 고려할 필요가 있다. 그리고 춘천 천전리, 신매리와 우두동 등지에서 최근 발견되는 따가르의 鐵刀子도 이와 관련해 주목을 받아야한다.

철기시대 전기 중 후기(기원전 3세기~기원전 1년)에는 위만조선-낙랑-마한-동예 등의 정치적 실체들이 서로 깊은 관계를 맺어 역사적 맥락을 형성하고 있다. 따라서 원삼국시대라는 한국 고대사 기록과 부합되지 않는 애매한 시기 설정 대신에 마한과 백제라는 시기와 지역의 구분이 등장하여 이 시기의 성격이 명확하게 설명되고 있다. 문헌으로 볼 때에도 高句麗, 百濟와 新羅는 신화와 역사적 사건으로 서로 얽히어 있다. 그러나 한국의 고대사에서는 백제와 신라의 초기 역사를 인정하지 않고 있다. 그래서 삼국시대 초기에 대한 기본적인 서술은 通時的, 進化論的과 아울러 歷史的 脈絡을 고려해야 한다. 한국의 역사고고학 시작은 衛滿朝鮮(기원전 194년~기원전 108년)때부터 이다. 그 중 철기시대 전기에 속하는 기원전 400년에서 기원전 1년까지의 약 400년의 기간은 한국고고학과 고대사에 있어서 매우 복잡하다. 이 시기에는 한국고대사에 있어서 중국의 영향을 받아 漢字를 알게 되고 국가가 형성되는 등 역사시대가 시작되고 있다. 청동기시대에 도시 · 문명 · 국가가 발생하는 전 세계적인 추세에 비추어 우리나라에서는 국가가 이보다 늦은 철기시대 전기에 나타난다. 최초의 고대국가인 衛滿朝鮮은 漢나라 7대 武帝(기원전 141년~기원전 87년)가 보낸 원정군에 의해 망한다. 이 때는 사기의 저자인 司馬遷(기원전 145년~기원전 87년)의 나이 37세이다. 그의 기록에 의하면 평양 근처의 왕검성에 자리하던 위만조선이 문헌상에 뚜렷이 나타나는 한국 최초의 고대국가를 형성하고 있었다. 위만 조선은 위만-이름을 알 수 없는 아들-손자 右渠-太子 長을 거치는 4대 87년 간 존속하다가 중국 한나라에 의해 망한다. 그리고 樂浪, 臨屯, 眞番(이상 기원전 108년 설치)과 玄菟(기원전 107년 설치)의 한사군이 들어서는데, 오늘날 평양 낙랑구역에 樂浪이, 그리고 황해도와 경기도 북부에 帶方(처음 낙랑군에 속하다가 獻帝 建安 서기 196년~220년간에 대방군이 됨)이 위치한다. 이들은 기원전 3세기~기원전 2세기경부터 존재하고 있던 마한과 기원전 18년 마한의 바탕 위에 나라가 선 백제, 그리고 동쪽의 東濊, 남쪽의 辰韓과 弁韓에 막대한 영향을 끼치었다. 이러한 점에서 비추어 볼 때 최근 발굴 조사된 경기도 가평 달전 2리, 경기도 광주시 장지동, 충청남도 아산 탕정면 명암리, 전라북도 완주 이서면 반교리 갈동과 경상북도 성주군 성주읍 예산리유적에서 나오는 토광묘, 화분형토기, 한식도기 등의 존재는 매우 중요하다. 이들은 이제까지 司馬遷의 史記와 같은 문헌에 주로 의존하고 있었으며 고고학 자료는 매우 零細했던 衛滿朝鮮의 硏究에 新局面을 맞게 해주었다.

그 다음 시기인 철기시대 후기인 삼국시대 전기(서기 1년~서기 300년)에는『三國史記』초기 기록대로 한성시대 백제(기원전 18년~서기 475년)는 마한의 영역을 잠식해 들어갔는데, 이는 최근 경기도 강화 대룡리, 파주 주월리, 자작리, 여주 하거리와 연양리, 진천 산수리 · 삼룡리, 진천 석장리와 원주 법천리 등 백제 초기 강역에서 확인된 유적들을 통해서 잘 들어난다. 백제보다 앞선 마한의 중심지는 오늘날 천안 용원리 일대였는데 백제가 강성해짐에 따라 마한의 영역은 축소되어 익산과 전라남도 나주시 반남면 대안리, 덕산리, 신촌리(사적 76 · 77 · 78호)와 복암리(사적 404호)일대로 밀려났다. 그리고 목지국이란 국가체제를 갖춘 사회로 대표되던 마한 잔여세력은 5세기 말/6세기 초에 백제로 편입되었던 것 같다. 이는 동신대 박물관에 의해 발굴된 나주시 금천면 당가리 요지에 의해서도 확인된다. 청주 정북동토성(사적 제415호)은 대표적인 마한의 토성인데, 그 연대는 서기 130년(서문터: 서기 40~220년)경이 중심이 된다. 이 시대에 이르면 청동기시대 후기(또는 말기) 이래의 평면 원형 수혈주거지에 '철(凸)' 자형 및 '여(呂)' 자형 주거지가 추가된다. 그리고 삼국시대 전기(철기시대 후기)가 되면 풍납동토성(사적 제11호), 몽촌토성(사적 제297호) 밖 미술관 부지, 포천 자작리와 영중면 금주리 등지에서 보이는 육각형의 집자리가 나타난다. 한/낙랑의 영향 하에 등장한 지상가옥, 즉 개와집은 백제 초기에 보이기 시작한다. 온조왕 15년(기원전 4년)에 보이는 '검이부루(儉而不陋) 화이부치(華而不侈)' 라는 기록은 풍납동토성 내에 塼을 바닥에 깐 기와집 구조의 궁궐을 지었음을 뒷받침해 준다. 그리고 집락지 주위에는 해자가 돌려졌다. 한편 700~850℃에서 소성된 경질무문토기는 청동기시대 후기에서 철기시대 전기에 사용되었으며 그 하한 연대는 철기시대전기의 말인 서력기원 전후라 생각된다. 그 구체적인 연대는 사적 11호 풍납토성을 축조했던 온조왕 41년, 즉 서기 23년으로 볼 수 있다. 이는 풍납토성 동벽과 서벽 바닥에서 출토된 매납용 경질무문토기의 존재를 통해 알 수 있다. 그리고 미래마을 197번지 일대(영어체험마을)의 발굴조사에서 경질무문토기 3점과 함께 기체 표면에 원점을 여러 줄 압인한 뽈체(据婁)의 단지형 토기도 나오고 있어 주목된다. 이는 백제의 초기 문화기원을 알려주는 중요한 단서가 된다. 청동기시대 유적들인 울주 검단리, 울산시 북구 연암리, 창원 서상동 남산이나 진주 대평리의 경우보다는 좀더 복잡한 삼중의 해자가 돌려지는데, 이는 서울 풍납동토성, 안성 원곡 반제리, 강릉 사천 방동리나 수원 화성 동학산의 점토대토기 유적에서 확인된다. 그리고 백제는 풍납동토성(사적 제11호)과 몽촌토성(사적 제297호)의 경우에서 보이듯이 판축토성을 축조했으나 근초고왕이 한산성(서기 371년~391년, 근초고왕 26년~진사왕 1년)으로 도읍을 옮긴 서기 371년부터는 고구려의 영향을 받아 석성을 축조했던 것 같다. 그 대표적인 예가 하남시 이성산성(사적 422호)이며, 이천 설봉산성(경기도 기념물 76호, 서기 370년~410년)과 설성산성(사적 423호), 안성 죽주산성(경기도 기념물 69호)도 그러하다. 아직 가설적인 수준이긴 하지만, 백제와 마한의 고고학적 차이도 언급할 수 있겠다. 즉, 한성시대의 백제는 판축토성을 축조하다가 서기 371년 근초고왕 26년경부터 석성을 축조하기 시작했고, 기원전부터 사용되었던 경질무문토기와 타날문토기를 주로 사용했던 반면에, 마한은 판축을 하지 않은 토성과 굴립주, 조족문과 거치문이 보이는 회청색 연질토기, 경질무문토기와 타날문토기 등을 사용했고, 묘제로는 토광묘(청주 송절동)와 주구묘(익산 영등동) 등을 채택하였던 것으로 보인다. 앞으로 馬韓의 연구에 있어 環壕-木柵-土城-石城의 방어시설의 일반적인 발전 순서에 비추어 삼국지위지 동이전 韓조에 馬韓...散在山海間無城郭, 辰韓...有城柵 , 弁辰...亦有城郭 등의 구절을 환호나 판축을 하지않은 토성등과 비교해보면 앞으로 國邑 또는 천군이 다스리는 蘇塗의 別邑의 모습을 좀더 구체적으로 이해할 수 있을 것이다.

통상권을 형성하고 있던 한반도 내의 사회들은 중국과의 국제 무역 및 한반도 내부 나라(國)들 사이의 교역을 행하였다.『삼국지』위지 동이전 변진조와 왜인전 이정기사(里程記事)에는 낙랑 · 대방에서 출발하여 쯔지마고꾸[對馬國], 이끼고꾸[一支國], 마쯔로고꾸[末廬國], 나고구[奴國]를 거쳐 일본의 사가현 간자끼군 히사시세부리손 요시노가리[佐賀縣 神埼 東背振 吉野け里]에 위치한 卑彌呼와 臺與가 다스리던 야마다이고꾸[邪馬臺國]에 이르는 무역루트 또는 통상권이 잘 나타나 있다. 해남 군곡리-김해 봉황동(회현동, 사적 2호)-사천 늑도-제주도 삼양동(사적 제416호) 등 최근 확인된 유적들은 당시의 국제 통상권의 루트를 잘 보여주고 있다. 즉, 중국 하남성 남양 독산 또는 밀현의 玉과 半兩錢과 五洙錢을 포함한 중국 진나라와 한나라의 화폐는 오늘날의 달라[美貨]에 해당하는 당시 교역 수단으로 당시 활발했던 국제 무역에 관한 고고학적 증거들이다. 기원전 1세기경으로 편년되는 사천 늑도 유적은 당대의 국제 무역과 관련해 특히 중요한 유적이다. 동아대학교 박물관이 발굴한 지역에서는 경질무문토기, 일본 야요이[彌生]토기, 낙랑도기, 한식경질도기 등과 함께 반량전이 같은 층위에서 출토되었다. 半兩錢(기원전 221년~기원전 118년)은 기원전 221년 진시황의 중국 통일 이후 주조되어 기원전 118년(7대 漢武帝 5년)까지 사용된 중국화폐로 알려져 있다. 중국 화폐는 해남 군곡리, 제주 산지항 · 금성리, 고성과 창원 성산패총 등지에서도 출토되었다. 사천 늑도는『삼국지』위지 동이전 변진조의 '국출철(國出鐵) 한예왜개종취지(韓濊倭皆從取之) 제시매개용철여중국용전우이공급이군(諸市買皆用鐵如中國用錢又以供給二郡)' 의 기사와 倭人傳에 보이는 '樂浪(帶方)-金海(狗邪韓國)-泗川 勒島-對馬島-壹岐-

邪馬臺國' 으로 이어지는 무역로의 한 기착지인 사물국(史勿國?)이 아닌가 생각된다. 이외에도 국가 발생의 원동력 중의 하나인 무역에 관한 고고학 증거는 계속 증가하고 있다. 한편 역시 늑도 유적을 조사한 부산대학교 박물관 조사 지역에서는 중국 서안에 소재한 진시황(재위: 기원전 246년~기원전 210년)의 무덤인 병마용갱(兵馬俑坑)에서 보이는 삼익유경동촉(三翼有莖銅鏃)이 출토되었는데 이와 같은 것이 양평군 양수리 상석정에서는 두 점, 가평 대성리에서도 두 점이 출토된 바 있다. 진시황의 무덤에 부장된 이 동촉은 진시황릉 축조 이전에 제작된 것으로 보인다. 또 흥미로운 사실은 사천 늑도에서 출토된 일본 야요이 토기편의 경우 형태는 일본의 야요이 토기이지만 토기의 태토(바탕흙)는 현지, 즉 한국산임이 밝혀졌다. 사천 늑도는 당시 낙랑 · 대방과 일본 야마다이고꾸[邪馬臺國]를 잇는 중요한 항구였다. 김해 예안리와 사천 늑도에서 나온 인골들의 DNA 분석을 실시해 보면 우리가 생각하고 있는 것보다 훨씬 더 복잡하고 다양한 인종교류가 있었음이 밝혀질 것으로 추측되며, 이들에 의한 무역-통상권 역시 상당히 국제적이었을 것으로 여겨진다. 이들 유적보다는 다소 시기가 떨어지는 마한 유적으로 이해되는 전남 함평군 해보면 대창리 창서에서 출토된 토기 바닥에 묘사된 코캐소이드(caucasoid)인의 모습은 이러한 맥락에서 이해할 수 있다. 이 점은 경남 사천 늑도와 김해 예안리 인골에서도 충분히 보일 가능성이 있어 앞으로 선사시대의 국제화 문제도 염두에 두어야 할 것이다.

김해 봉황동(사적 제2호) 주변 발굴에서 가야의 항구인 목책시설과 바다로 이어지는 부두 · 접안 · 창고와 관련된 여러 유구가 조사되었다. 그리고 사천 늑도와 김해패총의 경우처럼 낙랑도기인 횡주단사선문(橫走短斜線文)이 시문된 회청색경질도기가 출토되는데, 이는 중국제로 무역을 통한 것으로 보인다. 가락국(가야)은 서기 42년 건국되었는데, 그 중 금관가야는 서기 532년(법흥왕 19년), 대가야는 562년(진흥왕 23년)에 신라에 합병되었다. 최근 사천 늑도 유적에서 고대 한 · 일 간의 무역의 증거가 확인되었는데, 철 생산을 통한 교역의 중심이었던 김해에서는 서기 1세기경 이래의 고고학 자료가 많이 확인될 것으로 기대된다. 낙랑의 영향 하에 제작되었을 것으로 추정되는 회청색 경질도기(종래의 김해식 회청색 경질토기)가 출토되었는데, 그 연대는 기원전 1세기경까지 올라간다. 가속기질량연대분석(AMS)장치를 이용해 목책의 연대를 낸다면 현재 추정되고 있는 4세기~5세기보다는 건국 연대 가까이로 올라갈 가능성이 많다. 한편 서울 풍납동토성(사적 제11호)의 동벽과 서벽에서 성벽 축조와 관련된 매납 의식의 일환으로 매장된 무문토기들은 성벽의 축조가 온조왕 41년, 즉 서기 23년 이루어졌다는 『삼국사기』 기록을 고려할 때, 그 하한 연대가 서기 1세기 이후까지 내려가지 않을 것으로 생각된다. 참고로 전라남도 완도 장도의 청해진(사적 제308호) 주위에서 발견된 목책의 연대는 서기 840년경으로 측정되어 진을 설치한 연대인 828년(흥덕왕 3년)에 매우 근사하게 나와 연대측정의 신빙성을 말해준다.

청동기시대-철기시대 전기의 토착세력, 즉 지석묘 축조자들과 1,500여 년에 이르는 지석묘 축조 기간 동안 공존했거나, 이들이 동화시킨 여러 가지 다른 문화 계통의 묘제 다시 말해 석관묘, 석곽묘, 토광묘와 옹관묘 등과의 문화 접촉 관계는 앞으로 연구되어야 할 중요한 과제이다. 이는 마산 진동리 지석묘 발굴의 경우에서 잘 보인다. 청동기시대의 세장방형-장방형-방형-원형의 수혈움집을 거쳐 나타나는 철기시대 전기-철기시대 후기(삼국시대 전기)의 '철(凸)' 자형- '여(呂)' 자형-육각형 수혈움집의 변천과정과 아울러 토광묘-주구토광묘-옹관묘의 발달과정, 그리고 최근 발굴 조사되고 그 수가 증가하고 있는 공주 탄천면 장선리(사적 제433호), 가평 대성리, 기흥읍 구갈리, 논산 원북리, 화성 동탄지구내 석우리 먹실, 화성 동탄 반월리, 안성 용두리 토실들과의 상호 문화적 관계를 좀더 구체적으로 살펴보면 철기시대 전기와 후기에 걸쳐 나타나는 동예, 옥저, 변한, 진한, 마한의 족장사회(chiefdom society) 그리고 이들을 기반으로 하여 형성된 고구려 백제, 신라와 가야 등 기록에 나타나는 구체적이고 역사적인 고대국가(ancient state)의 형성과 발전도 고고학적으로 입증해 낼 수 있을 것이다. 최근 포천 반월성(사적 403호), 연천 호로고루성(사적 467호), 하남 이성산성(사적 422호), 이천 설봉산성(사적 423호), 연기 주류성과 청주 부용면 부강리 남성골산성(서기 340년~370년과 서기 470년~490년의 두 연대가 나와 마한-백제-고구려의 관계를 파악하 수 있다) 등의 발굴은 백제 초축(근초고왕 26년)-고구려 증축(서기 475년 : 고구려 장수왕 63년)-신라 보축(551년: 진흥왕 12년)-통일신라-고려-조선 등 여러 역사적 사건이 얽혀진 맥락을 보여 준다. 다시 말하여 고고학 유적의 발굴 결과가 삼국사기 초기 기록의 신빙성을 더욱더 높여주고 있다 하겠다.

그리고 문헌과 신화 상으로 볼 때 고구려 및 백제와 같은 계통이라는 추정이 가능하다. 이는 고고학 자료로도 입증된다. 석촌동에서 제일 거대한 3호분은 방형 기단형식의 돌무덤이다. 계단은 3단까지 확인되었으며, 그 시기는 3세기 중엽에서 4세기에 축조된 것으로 보인다. 좀더 정확히는 서기 198년(산상왕 2년)~서기 313년(미천왕 14년) 사이로 추정된다. 4호분은 방형으로 초층을 1면 세 개미만의 護石(받침돌, 보강제 등의 명칭)으로 받쳐 놓아 將軍塚과 같은 고구려의 계단식 적석총 축조수법과 유사하다(신라의 경우 31대 신문왕릉〈사적 181호〉과 33대 성덕왕릉〈사적 28호〉에서 이와 같은 호석들이 보인다). 그러나 그 연대는 3호분과 비슷하거나 약간 늦은 것으로 추측된다. 왜냐하면 적석총보다 앞선 시기부터 존재했을 토광묘와 판축기법을 가미하여 축조했기 때문에 순수 고구려 양식에서 약간 벗어난 모습을 보여주기 때문이다. 여기에는 사적 11호 풍납토성의 경당지구에서 출토된 것과 같은 漢-樂浪 계통으로 보이는 기와 편이 많이 수습되었다. 이는 集安의 太王陵, 將軍塚과 千秋塚 등의 석실이 있는 계단식 적석총의 상부에서 발견된 건물터나 건물의 지붕에 얹은 기와 편들로부터 구조상 상당한 유사점을 찾을 수 있다. 즉 고구려의 적석총은 무덤(墓)인 동시에 제사를 지낼 수 있는 廟의 기능인 享堂의 구조를 무덤의 상부에 가지고 있었다. 이런 점에서 연도가 있는 석실/석곽을 가진 석촌동 4호분 적석총(서기 198년 산상왕~313년 미천왕 사이 축조) 축조 연대만 문제가 될 뿐 고구려의 적석총과 같은 기능을 가지고 있었던 고구려 계통의 무덤 양식인 것이다. 석촌동 1호분의 경우 왕릉급의 대형 쌍분임이 확인되었다. 그 쌍분 전통은 압록강 유역의 환인현 고력묘자촌에 보이는 이음식 돌무지무덤과 연결되고 있어 백제 지배세력이 고구려와 관계가 깊다는 것에 또 하나의 증거를 보태준다. 자강도 시중군 로남리, 집안 양민과 하치 등지의 고구려 초기의 무기단식 적석총과 그 다음에 나타나는 집안 통구 禹山下, 환도산성하 洞溝와 자강도 자성군 서해리 등지의 기단식 적석총들은 서울 석촌동뿐만 아니라 남한강 및 북한강의 유역에서 많이 발견되고 있다. 남한강 상류에는 평창군 여만리와 응암리, 제천시 양평리와 도화리 등에서 발견된 바 있으며, 북한강 상류에서는 화천군 간척리와, 춘성군 천전리, 춘천 중도에서도 보고 되었다. 또한 경기도 연천군 삼곶리를 비롯해, 군남리와 학곡리에서도 백제시대의 초기 적석총이 발견되었다. 임진강변인 연천 중면 횡산리에서도 적석총이 발견되었다는 것은 백제 적석총이 북에서 남하했다는 설을 재삼 확인시켜주는 것이며, 아울러 백제 적석총에 대한 많은 시사를 한다고 볼 수 있다. 그러나 고구려인이 남한강을 따라 남하하면서 만든 것으로 추측되는 단양군 영춘면 사지원리[傳 溫達(?~서기 590년 영양왕 1년)장군묘]의 적석총이 발굴되었는데 이것은 山淸에 소재한 가야의 마지막 왕(521년~532년)인 仇衡王陵(사적 214호)의 기단식 적석구조와 같이 편년

연천 군남 삼거리 적석총 발굴
(한국토지공사박물관)

이나 계통에 대한 아직 학계의 정확한 고증을 받지 못하고 있다. 그러나 한강유역의 각지에 퍼져있는 적석총의 분포상황으로 볼 때 고구려에서 나타나는 무기단식, 기단식과 계단식 적석총이 모두 나오고 있다. 이들은 당시 백제는『三國史記』溫祚王代(13년, 기원전 6년)의 기록에서 보이는 바와 같이 동으로는 走壤(춘천), 남으로는 熊川(안성천), 북으로는 浿河(예성강)에까지 세력을 확보하고 있었음을 확인시켜준다. 이와 같이 한강유역에 분포한 백제 초기의 적석총들은 이러한 백제초기의 영역을 알려주는 고고학적 자료의 하나이며, 이는 오히려 고구려와 백제와의 역사적 맥락에 대한 문헌과 신화의 기록을 보충해 주고 있다 하겠다.

4. 고고학으로 본 마한

한성백제(기원전 18년~서기 475년)는 마한의 바탕 위에서 성립하였다. 마한을 특징짓는 고고학 자료로는 토실과 주구묘, 조족문 및 거치문 등의 문양이 시문된 토기 등을 들 수 있다. 마한의 존속 시기는 기원전 3세기~기원전 2세기에서 서기 5세기 말~6세기 초로 볼 수 있으며, 공간적으로는 경상도 지역을 제외한 한반도 중남부 지역, 즉 경기도에서 전남에 걸친 지역에 걸쳐 분포하는 것으로 알려져 있다. 구체적으로는 고양 멱절산, 화성 동탄 오산리 감배산, 남한산성 행궁지(사적 57호내 경기도 기념물 164호 옆), 용인 죽전과 보정리 수지 빌라트, 화성 태안읍 반월리 신영통과 동탄 석우리 능리, 안성 공도읍 용두리, 용인 구성면 마북리, 기흥 구갈리, 가평 대성리와 인천 계양구 동양동 등지에서부터 멀리 군산 내흥동과 전북 익산 왕궁면 구덕리 사덕에 이르는 경기도, 충청도와 전라도의 전 지역에서 마한의 특징적인 土室과 주구묘(분구묘)가 확인되었다. 이들은 마한 54국을 대표하는 주거지와 묘제이다. 이들은 북쪽 읍루와도 관련성이 있다. 三國志 魏志 東夷傳 挹婁조에 보면 ...常穴居大家深九梯以多爲好土氣寒...(...큰 집은 사다리가 9계단 높이의 깊이이며 깊이가 깊을수록 좋다...)라는 기록에서 사다리를 타고 내려가 사는 토실에 대한 언급이 나온다. 또 1755년 Stepan Krasheninnikov나 1778년 James Cook의 탐험대에 의해 보고된 바로는 멀리 북쪽 베링해(Bering Sea)근처 캄챠카(Kamtschatka)에 살고 있는 에스키모인 꼬략(Koryak)족과 오날라쉬카(Oonalaschka)의 원주민인 알류산(Aleut)인들은 수혈 또는 반수혈의 움집을 만들고 지붕에서부터 사다리를 타고 내려가 그 속에서 살고 있다고 한다. 이들 모두 기후 환경에 대한 적응의 결과로 볼 수 있다. 아울러 우리 문화의 원류도 짐작하게 한다. 한편 마한 54국 상호 간의 지역적 통상권 및 그 고고학적 증거

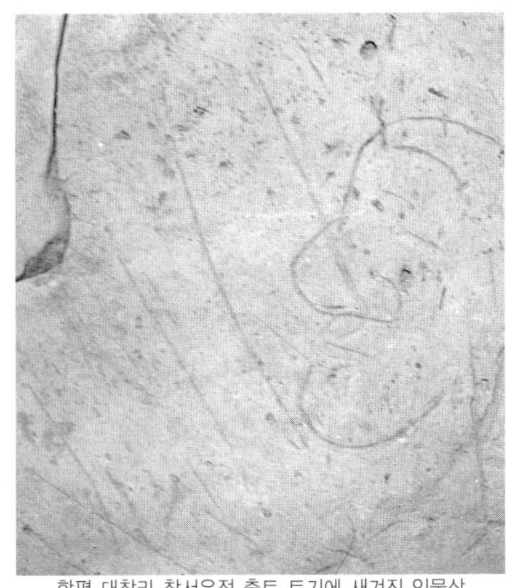
함평 대창리 창서유적 출토 토기에 새겨진 인물상
(호남문화재연구원)

를 확인하는 작업은 매우 중요하며, 또 그 내부에서 발전해 나온 백제와 마한과의 문화적 상사성과 상이성을 밝혀내는 작업 역시 매우 중요하다. 이러한 관점에서 볼 때 전남 함평 대창리 창서유적에서 발견된 토기바닥에 그려진 인물도는 매우 흥미롭다. 그 인물은 우리 마한인의 전형적인 모습이라기보다는 코가 큰 백인종에 가까운데, 이는 당시 마한의 통상권이 한반도와 중국을 포함한 동북아시아에 국한되지는 않았음을 의미하며, 앞으로 이에 대한 연구가 진행되어야 할 것이다. 우리나라 철기시대의 시작을 알리는 지표로 인식되는 점토대토기는 기원전 5세기로 편년되는 중국 심양(瀋陽) 정가와자(鄭家窪子) 토광묘나 러시아 연해주의 뽈체(挹婁)문화에서 기원한 것으로 이해되는데, 최근 양평 미금리와 용문 삼성리, 화성 동탄 동학산, 안성 원곡 반제리와 공도 만정리, 수원 고색동, 파주 탄현면 갈현리, 그리고 전라북도 완주 이서 반교리 갈동, 경남 사천 방지리에 이른다. 그리고 강원도만 국한해 보더라도 강릉 사천 방동리와 송림리, 홍천 철정리, 춘천 우두동과 칠전동, 양양 지리, 고성 송현리 등 여러 유적들이 나타나고 있다. 이러한 양상들을 통해 한반도의 청동기 및 철기시대 전기에 북방계통의 문화들이 폭넓게 수용되었음을 알 수 있다. 그러나 앞으로 철기시대연구의 문제점은 최근의 질량가속연대측정(AMS)에 의한 결과 강릉 송림리 유적이 기원전 700년~

기원전 400년경, 안성 원곡 반제리의 경우 기원전 875년~기원전 450년, 그리고 양양 지리의 경우 기원전 480년~기원전 420년(2430±50 BP, 2370±50 BP), 횡성군 갑천면 중금리 기원전 800년~기원전 600년 그리고 홍천 두촌면 철정리(A-58호 단조 철편, 55호 단면 직사각형 점토대토기)의 경우 기원전 640년과 기원전 620년이 나오고 있어이 나오고 있어 철기시대 전기의 상한 연대가 기원전 5세기에서 더욱더 올라 갈 가능성이 있다는 것이다. 철기시대는 점토대토기의 등장과 함께 시작되는데, 현재까지 가장 이른 유적은 심양 정가와자 유적이며 그 연대는 기원전 5세기까지 올라간다. 따라서 한국의 철기시대의 시작은 현재 통용되는 기원전 4세기보다 1세기 정도 상향 조정될 수 있는데, 이는 신석기시대 후기에 청동기시대의 문화 양상과 국지적으로 공존하는 것과 같은 맥락에서 이해될 수 있겠다.

한국 고고학에 있어 마한에 대한 고고학적 연구는 이제 시작이라고 해도 과언이 아닌데, 이는 약간의 단편적인 문헌자료 이외에는 고고학적 자료가 극히 적기 때문이다. 필자가 원광대학교 마한 · 백제문화연구소 주최의 학술 심포지엄에서 「고고학 상(考古學上)으로 본 마한연구(馬韓硏究)」(최몽룡 1994)라는 주제의 글을 발표할 때만 하더라도 한국고고학계에서 '마한(馬韓)' 이란 용어는 그리 익숙한 표현이 아니었다. 그러나 최근 경기도, 충청남북도 및 전라남북도 지역에서 확인되고 있는 고고학적 유적 및 문화의 설명에 있어 지난 수십 년간 명확한 개념정의 없이 통용되어 오던 원삼국시대(原三國時代)란 용어가 '마한시대(馬韓時代)' 또는 '마한문화(馬韓文化)' 란 용어로 대체되는 경향이 생겨나고 있는데, 이는 마한을 포함한 삼한 사회 및 문화에 대한 학계의 관심이 증폭되고, 또 이를 뒷받침할만한 고고학 자료가 많아졌음에 따른 것이다.

『三國志』[晋初 陳壽(서기 233년~297년)가 씀)] 위서 동이전 및 『後漢書』[南北朝의 宋范曄(서기 398년~445년)이 씀] 동이열전 한조(韓條)에 기록된

진한(辰韓) 노인에 관한 기사는 秦나라(기원전 249년~기원전 207년 : 기원전 211년 진시황이 통일)의 고역(苦役)을 피해 한나라에 왔고, 마한에서 동쪽 국경의 땅을 분할하여 주었다는 내용인데(辰韓在馬韓之東其耆老傳世自言古之亡人避秦役來適韓國馬韓割其東界地與之有城柵...), 이 기록은 마한의 상한(上限)이 늦어도 기원전 3세기~기원전 2세기까지는 소급될 수 있음을 보여준다. 그리고 『삼국사기』 권 제 1 신라본기 시조 혁거세 거서간(居西干) 38년(기원전 20년) 및 39년(기원전 19년)조에 보이는 마한왕(馬韓王) 혹은 서한왕(西韓王)의 기록과 『삼국사기』 백제본기 권 제23 시조 온조왕 13년조(기원전 6년)의 마한왕에게 사신을 보내 강역을 정했다는 기록 등은 마한이 늦어도 기원전 1세기경에는 왕을 중심으로 하는 국가체계를 갖추었던, 신라와 백제보다 앞서 형성되었던 국가였음을 알려 준다. 三國志 동이전 한조에 王莽(기원전 45년생~서기 23년 몰, 서기 9년~서기 23년 집권, 新나라는 25년까지 존속)時 辰의 右渠帥 廉斯鑡와 後漢 桓帝(서기 147년~167년)와 靈帝(서기 168년~188년)의 ...桓靈之末韓濊彊盛...이란 기록으로 보아 기원전 108년 漢四郡의 설립이후 255~296년 후인 서기 147년~188년에는 삼한이 매우 강성해지고 있음을 알 수 있다. 또 동이전(東夷傳)에는 진왕(辰王)이 통치했던 목지국[目支國, 월지국(月支國)으로도 쓸 수 있으나 본고에서는 목지국으로 통일함]은 마한을 구성하는 54국이 공립하여 세운 나라였다는 기록이 있다. 다시 말해 마한의 상한은 기원전 3세기~기원전 2세기까지 거슬러 올라갈 수 있으며, 『삼국사기』의 기록은 마한이 기원전 1세기 대에 신라 및 백제와 통교했음을 알려 주고 있으므로, 마한의 중심연대는 기원전 2~기원전 1세기경이었다고 상정할 수 있겠다. 마한의 하한연대에 대하여는 적지 않은 이견이 있지만, 동신대학교 박물관이 발굴조사한 나주 금천면 신가리 당가의 토기 가마를 통해 볼 때 서기 5세기 말 또는 6세기 초경이 아니었나 생각된다. 따라서 마한의 존속 시기는 기원전 3~기원전 2세기경부터 서기 5세기 말~6세기 초까지 대략 700년 정도로 볼 수 있는데, 이 시간대는 한국고고학 편년 상 철기시대 전기(기원전 400년~기원전 1년), 철기시대 후기 또는 삼국시대 전기(서기 1년~300년) 그리고 삼국시대 후기(서기 300년~660/668년경)에 해당된다. 즉 시기상으로 어느 정도 차이가 있기는 하지만, 마한의 존속 시기는 백제의 역사와 그 궤를 같이 한다고 할 수 있다. 백제가 강성해져 그 영역이 확대됨에 따라 마한의 영역은 축소되었다. 그리고 서기 369년 근초고왕 때의 마한세력의 정벌은 나주 일대의 마한세력이 아니라 천안 일대, 다시 말해 마한 I 기의 중심지였던 천안(용원리, 청당동과 운전리를 중심)일대의 마한세력을 멸한 것으로, 마한의 중심세력은 다시 공주(사적 460호 공주 의당면 수촌리 일대) 익산으로 이동하였던 것으로 해석할 수 있겠다. 참고로 한성시대 백제의 강역이 가장 넓었던 시기는 제13대 근초고왕대로 여겨진다. 최근 확인된 고고학 자료를 통해 볼 때 당시 한성백제의 실제 영역은 서쪽으로 강화도 교동 대룡리 및 인천 문학산 일대까지, 동쪽으로는 여주 하거리와 연양리, 진천 석장리, 산수리(사적 제325호)와 삼룡리(사적 제344호)를 넘어 원주 법천리와 춘천 거두리, 홍천 하화계리와 충주 탄금대까지 확대되었으며, 북쪽으로는 포천 자작리와 파주 주월리(백제 육계토성 내)와 탄현 갈현리(토광묘) 일대까지 그리고 남쪽으로는 평택 자미산성과 천안 성남 용원리에 중심을 둔 마한과 경계를 두는 정도에 이르게 되었던 것으로 해석된다.

앞으로 보다 많은 고고학 자료를 통해 검증되어야 하는 가설 수준이기는 하지만, 지금까지의 고고학 자료를 통해 시기에 따른 마한의 중심지를 추정해 볼 수 있다. 즉 한성시대 백제(기원전 18년~서기 475년) 시기의 마한 영역은 천안 성남 용원리, 청당동 및 평택 · 성환 · 직산을 포함하는 지역이었을 것으로 추정되며, 백제의 공주 천도 이후(서기 475~538년) 마한의 중심지는 익산 영등동, 신동리와 여산면 유성, 전주 송천동과 평화동, 군산 내흥동과 산월리 그리고 남원 세전리, 고창 정읍 신정동 일대로 이동되었다. 마지막으로 부여 천도 후(서기 538~660년)에는 나주 반남면 대안리, 신촌리와 덕산리(사적 제76 · 77 · 78호)와 보성 조성면 조성리(금평패총 포함)와 진도 고군면 오산리 일대가 마한의 중심지였던 것으로 추정된다. 다시 말해 그 중심 지역의 변천에 따라 마한은 천안–익산–나주의 세 시기로 구분하여 생각해 볼 수 있다. 『三國史記』 온조왕 27년(서기 9년) 4월 '마한의 두 성이 항복하자 그 곳의 백성들을 한산 북쪽으로 이주시켰으며, 마침내 마한이 멸망하였다[… 마한수멸(馬韓遂滅)]' 라는 기사는 한성백제와 당시 천안을 중심으로 자리하고 있던 마한과의 영역다툼과정에서 일어난 사건을 기술한 것으로 볼 수 있겠다. 한편 근초고왕 24년(서기 369년) 마한의 고지를 진유(盡有)했다는 기사는 종래 고(故) 이병도(李丙燾)의 견해대로 나주 일대의 마한세력을 멸망시킨 것이 아니라 천안 일대, 다시 말해 마한 Ⅰ기의 중심지였던 천안(용원리, 청당동과 운전리를 중심) 일대의 마한세력을 공주(의당면 수촌리, 사적 460호), 서산(음암면 부장리, 사적 475호)과 익산지역과 같은 남쪽으로 몰아냈던 사건을 기술한 것으로 해석하는 것이 보다 합리적이다. 이후 진왕이 다스리던 마한의 목지국은 익산을 거쳐 최종적으로 나주 일대로 그 중심을 옮겨갔을 것이다. 따라서 종래의 입장, 즉 마한을 삼한시대 또는 삼국시대 전기에 존속했던 사회 정치 체제의 하나로만 인식했던 단편적이고 지역적이었던 시각 또는 관점에서 탈피하여 마한사회를 전면적으로 재검토해야 할 시점에 다다른 것이다.

마한의 존재를 보여주는 고고학 자료로는 토실, 수혈 움집, 굴립주가 설치된 집자리, 토성 그리고 주구묘를 포함한 고분 등이 있으며, 또 승석문, 타날격자문, 조족문과 거치문 등은 마한의 특징적인 토기 문양들이다. 승석문과 타날격자문은 마한뿐 아니라 백제지역에서도 채택되었던 토기문양으로 인식되는데, 이러한 문양이 시문된 토기는 기원전 108년 한사군 설치와 함께 유입된 중국계 회청색 경질도기 및 인문(印文)도기 등의 영향 하에 제작되었던 것으로 여겨진다. 이후 마한과 백제지역도 고온 소성이 가능한 가마를 수용하여 회청색 경질토기를 제작하게 되었다. 승석문 및 격자문이 시문된 연질 및 경질토기는 재래의 토착적인 경질무문토기와 한때 같이 사용되기도 했다. 그러나 한반도에서 중국제 경질도기를 모방하기 시작하면서 이들이 한반도 전역으로 확산되었는데, 그 시기는 서기 1~2세기경이었던 것으로 추정된다. 최근 기전문화재연구원에서 발굴 조사한 용인 보정리 수지 빌라트지역(4지점) 남측 14호 저장공에서 이들이 함께 출토되었는데, 그 하한연대는 서기 2~3세기경으로 보고 되었다.

이들 중 가장 두드러진 마한의 고고학적 자료는 토실[土室 또는 토옥(土屋)]인데, 이는 마한인들의 집이 마치 무덤과 같으며 입구가 위쪽에 있다는 『후한서』 동이전 한전에 보이는 읍락잡거역무성곽작토실형여총개호재상(邑落雜居亦無城郭作土室形如塚開戶在上)이라는 기록과 『三國志』 魏志 東夷傳 韓傳의 거처작초옥토실형여총기호재상(居處作草屋土室形如塚其戶在上)이라는 기록과도 상통한다. 이러한 토실은 지금까지 20여 지점에서 확인되었는데, 종래에 수혈갱(竪穴坑) 또는 저장공으로 보고 된 사례들을 포함하면 그 수는 훨씬 늘어날 것이다.

- ○ 인천광역시 계양구 동양동
- ○ 경기도 광주 남한산성(사적 57호) 내 행궁지 북담 옆 1구역 5차 발굴 (경기도 기념물 164호)
- ○ 경기도 가평 대성리
- ○ 경기도 기흥 구갈리
- ○ 경기도 고양 멱절산성 내 토실
- ○ 경기도 용인 구성 마북리

○ 경기도 용인 기흥 영덕리(신갈-수지 도로구간 내)

○ 경기도 용인 죽전 4지구

○ 경기도 용인 보정리 수지빌라트 4지점

○ 용인 구성읍 보정리(신갈-수지도로 확 · 포장공사 예정구간)

○ 경기도 화성 상리

○ 경기도 화성 동탄 감배산

○ 경기도 화성 동탄 석우리 능리

○ 경기도 화성 태안읍 반월리

○ 경기도 시흥 논곡동

○ 대전시 유성구 추목동 자운대

○ 대전시 유성구 대정동

○ 충청북도 충주 수룡리

○ 충청남도 공주 탄현 장선리(구 안영리, 사적 433호, 서기 220년~290년)

○ 충청남도 공주 장원리

○ 충청남도 공주 산의리

○ 충청남도 아산 배방면 갈매리

○ 충청남도 논산 원북리

○ 충청남도 논산 마전리

○ 전라북도 전주 송천동

○ 전라북도 전주 평화동

○ 전라북도 익산시 왕궁면 구덕리 사덕마을

○ 전라북도 익산 여산면 여산리 유성

○ 전라북도 익산 신동리

○ 전라북도 군산시 내흥동

○ 전라남도 여천 화장동

ㅇ 전라남도 해룡면 성산리 대법마을(토실의 최말기형식으로 보여짐)

토실이 확인된 유적들은 경기도, 충청남북도 그리고 전라남북도 일대에 분포하는데, 이들 유적들은 앞서 언급한 마한의 세 시기 중 천안-익산의 두 시기에 속한다고 볼 수 있겠다. 토실은 단실(單室)과 두 개 이상을 장방형 수혈주거와 묶어 만든 두 형식으로 구분되는데, 전자의 예는 남한산성과 용인 죽전에서, 후자의 경우는 용인 보정리, 익산 사덕과 공주 장선리 등지에서 확인된 바 있다. 이는 토실들을 외형을 기준으로 형식분류 할 수 있음을 의미하며, 이외에도 암반을 깎아 판 것과 군산 내흥동의 경우처럼 저습지에 조성된 것도 있어, 토실을 분류할 때에는 지역에 따른 환경에의 적응 및 기능도 고려해야 한다. 용인 보정리와 익산 여산리 유성의 경우에서는 불을 피웠던 흔적이 확인되었고, 가구시설이 발견되었음을 고려할 때 토실의 주된 기능은 실제 주거였을 것이다.

토실 이외의 마한의 고고학 자료로 고분이 있는데, 마한의 고분은 아직 그 기원 및 편년에 있어 상당한 이론이 있다. 마한 고분이 토광묘, 주구묘, 옹관묘의 순서로 편년된다는 점에 있어서는 별다른 이의가 없다. 즉, 토광묘는 천안시기에, 주구묘는 천안-익산-나주의 전 시기에 걸쳐, 그리고 옹관묘는 나주시기에 주로 조성된 것으로 볼 수 있다. 흔히 낙랑고분은 토광묘, 귀틀묘, 전축분의 순으로 발생했던 것으로 인식되고 있는데, 청주 송절동 토광묘와 고창 봉덕리 만동 주구묘에서 이들이 낙랑의 초기무덤인 토광묘의 영향 하에서 조영되었을 것이라는 실마리가 확인되었다. 한편 이들이 분구묘의 영향 하에 조성된 것으로 보고 이를 중국 전국시대의 진(秦)나라(기원전 249년~기원전 207년)와 연결시켜 보려는 견해도 있다. 영광 군동리의 주구묘의 경우는 흑색마연토기가 출토되어 주구묘의 상한연대가 적어도 철기시대 전기(기원전 400~기원전 1년) 중 기원전 1세기를 전후로 한 시기까지 올라간다는 보고도 있었다. 부여 석성면 증산리 십자거리 주구묘에서 출토된 철부(鐵斧)는 제주 용담동, 함안 도항 말산리 고분 및 제천 도화리 적석총 등지에서 출토된 것들과 연결되는 것으로 그 연대는 서기 1~2세기경까지 올라가는 것으로 보인다. 이들은 북쪽 뾜체(挹婁)에서 나오는 철부들과 꼭 같아 그 기원과 교류를 짐작케 한다. 최근 발굴조사된 마한의 고분과 집자리 유적으로 다음과 같은 유적들이 있다.

○ 인천광역시 계양구 동양동(주구묘)

○ 인천광역시 서구 불로 4지구(요지)

○ 경기도 화성 향남면 발안리

○ 경기도 용인 구성면 마북리(주구묘, 환두대도)

○ 경기도 화성 기안리(탄요)

○ 충청남도 부여 석성 증산리 십자거리(철부)

○ 충청남도 부여 은산면 가중리(지사제 풀씨앗)

○ 충청남도 부여읍 논치리(제사유적)

○ 충청남도 아산 탕정면 명암리 삼성 LCD I지구(철부, 환두대도)

○ 충청남도 공주 하봉리

○ 충청남도 공주 의당면 수촌리 고분(사적 460호)

○ 충청남도 공주 탄천면 장원리

○ 충청남도 천안 운전리

○ 충청남도 천안 청당동

○ 충청남도 서산 음암 부장리(사적 475호)

○ 충청남도 서천 봉선리(사적 473호)

○ 충청남도 천안 두정동

○ 충청남도 천안 성남 용원리

○ 충청남도 보령 관창리

○ 충청북도 청주 송절동(토광묘)

○ 전라북도 고창 아산면 만동 봉덕리

○ 전라북도 군산 대야면 산월리 옹관 (거치문)

○ 전라북도 진도 고군면 오산리(집자리, 거치문)

○ 전라남도 나주 금곡리 용호

○ 전라남도 나주 복암리(사적 404호)

○ 전라남도 광주시 북구 신창동(사적 375호)

○ 전라남도 광주광역시 광산구 하남 2 택지지구

○ 전라남도 진도 오산리(주거지, 거치문)

○ 전라남도 영암 선황리 대초(大草) 옹관

○ 전라남도 영암 금계리 계천

○ 전라남도 승주 대곡리

○ 전라남도 승주 낙수리

○ 전라남도 광양읍 용강리

○ 전라남도 함평 만가촌(전남 기념물 제55호)

○ 전라남도 함평 중랑리

○ 전라남도 함평 대창리 창서(인물도)

○ 전라남도 해남 현산 분토리 836번지 일대(집자리)

○ 전라남도 장흥 유치면 탐진댐 내 신풍리 마전, 덕풍리 덕산과 상방(주구묘)

○ 전라남도 나주 금곡리 용호

○ 전라남도 나주 대안리, 신촌리, 덕산리(사적 76, 77,78호) 금동관(국보 295호)

○ 전라남도 나주 복암리(사적 제404호)

○ 전라남도 무안 몽탄면 양장리(저습지)

○ 전라남도 금천면 신가리 당가(요지)

○ 전라남도 나주 오량동(요지, 사적 456호)

○ 전라남도 나주시 영동리

○ 전라남도 순천 덕암동

○ 전라남도 순천 화장동

○ 전라남도 순천 해룡면 성산리 대법마을

○ 전라남도 보성 조성면 조성리(토성)

○ 전라남도 영광 군동리

○ 전라남도 장성군 야은리

토기 표면에 시문된 조족문과 거치문은 토실과 토광묘, 주구묘, 옹관묘의 순으로 발전했던 고분 이외에 또 하나의 마한의 고고학적 특징이라 할 수 있는데, 이들 토기 문양의 분포는 마한 문화의 전통을 시사해 준다. 거치문은 나주 반남면 신촌리 고분 이외에 풍납동토성(사적 제11호), 전주 송천동 및 군산 대야면 산월리와 진도 고군면 오산리에서, 조족문은 청주 신봉동, 홍성 신금성, 평택 자미산성, 나주 반남면 덕산리 4호분과 신촌리 6호분, 설성산성(경기도 기념물 제76호) 등지에서 확인된 바 있다. 이뿐 아니라 청주 정북동 토성(사적 제415호)은 마한의 토성으로 여겨지며, 천안 장산리에서는 마한시대의 관개시설이, 진천 문백면 사양리와 화성 기안리에서는 탄요(炭窯)가, 나주 금천 신가리 당가와 오량동에서는 토기 가마가, 천안 청당동, 아산 탕정면 명암리와 배방면 갈매리에서는 마형대구(馬形帶鉤)가 확인되는 등 마한문화의 실체를 보여주는 새로운 자료들이 계속 보고되고 있다. 특히 함평 해보면 대창리 창서에서 발견된 마한시대의 인물도(人物圖)는 학계의 지대한 관심을 끌었는데, 그 얼굴 모습은 석굴암에서 보이는 10대 제자, 즉 인도인(유럽인, 코캐소이드인)의 모습과 유사하다.

이는 앞으로 당대의 해외 문화교류까지도 염두에 두어야 할 중요한 자료이다. 지금까지 언급한 마구, 관개시설, 옹관, 탄요, 가마와 토성 등 마한 관계 기타 유적들은 다음과 같다.

- ○ 인천광역시 중구 운서동(영종도)
- ○ 경기도 가평 마장리
- ○ 경기도 이천 설성산성(경기도 기념물 76호, 조족문토기)
- ○ 충청남도 천안 청당동(마형대구)
- ○ 아산 배방면 갈매리(마형대구 및 유리구슬거푸집) 및 凸자형 집자리, 살인 · 화장된 남자 시체흔적
- ○ 충청남도 아산 탕정 명암리(마형대구)
- ○ 충청남도 천안 봉명동
- ○ 충청남도 천안 장산리 관개시설
- ○ 충청남도 평택 자미산성(조족문토기)
- ○ 충청남도 아산 영인면 구성리
- ○ 충청남도 직산 사산성
- ○ 충청북도 진천 문백면 사양리(탄요)
- ○ 충청북도 청원군 부용면 부강리 남성골산성(서기 340~370, 470~490년)
- ○ 충청북도 충주 정북동 토성(사적 415호 : 서기 130~260년)
- ○ 전라북도 김제 벽골제(사적 111호, 서기 330년)

5. 고고학 상으로 본 종교 · 제사유적-환호-

마한의 연구에서 앞으로 주목해야 될 점은 제사유적인 환호이다. 청동기

시대에서 철기시대 전기에 걸쳐 나타나는 환호는 크기에 관계없이 시대가 떨어질수록 늘어나 셋까지 나타난다. 그들의 수로 하나에서 셋까지 발전해 나가는 편년을 잡을 수도 있겠다. 이는 巫敎(shamanism)의 일종으로 보인다. 울산 북구 연암동, 파주 탄현 갈현리, 안성 원곡 반제리, 부천 고강동, 강릉 사천 방동리, 화성 동탄 동학산, 순천 덕암동 등이 속한다. 환호는 안성 원곡 반제리의 제사유적이 대표된다. 壕는 하나이며 시기는 단면원형의 점토대토기시대에 속한다. 연대도 기원전 5세기~기원전 3세기경 철기시대 전기 초에 해당한다. 이제까지 환호는 경남지역이 조사가 많이 되어 울산 검단리(사적 332호), 진주 대평리 옥방 1, 4, 7지구창원 남산을 포함하여 17 여 개소에 이른다. 청동기시대부터 이어져 철기시대에도 경기-강원도 지역에만 파주 탄현 갈현리, 화성 동탄 동학산, 강릉 사천 방동리, 부천 고강동, 송파 풍납토성(사적 11호)과 순천 덕암동 등지에서 발견된다. 그 중에서 이곳 안성 반제리의 것은 철기시대 전기 중 앞선 것으로 보인다. 청동기시대의 것으로 제사유적으로 언급된 것은 울산시 북구 연암동이나, 철기시대의 것들 중 구릉에 위치한 것은 거의 대부분 종교 · 제사유적으로 보인다. 이는 청동기시대의 전통에 이어 철기시대에는 환호와 관련된 지역이 주거지로 보다 종교 · 제사유적과 관계된 특수지구인 別邑인 蘇塗로 형성된 것 같다. 다시 말해 청동기시대의 精靈崇拜(animism), 토테미즘(totemism)과 巫敎(shamanism)를 거쳐 철기시대에는 환호를 중심으로 전문 제사장인 天君이 다스리는 蘇塗가 나타난다. 소도도 일종의 무교의 형태를 띤 것으로 보인다. 이는 종교의 전문가인 제사장 즉 天君의 무덤으로 여겨지는 토광묘에서 나오는 청동방울, 거울과 세형동검을 비롯한 여러 巫具들로 보아 이 시기의 종교가 巫敎(shamanism)의 일종이었을 것으로 짐작된다. 이는 『三國志』 魏志 弁辰條에 族長격인 渠帥가 있으며 이는 격이나 규모에 따라 신지(臣智), 검측(險側), 번예(樊濊), 살계(殺奚)와 읍차(邑借)로 불리고 있었음을 알 수 있다. 그러나 蘇塗는 당시의 복합 · 단순 족장사회의 우두머리인 세속 정치 지도자인 신지, 검측, 번예, 살계와 읍차가 다스리는 영역과는 별개의 것으로 보인다. 울주 검단리, 진주 옥방과 창원 서상동에서 확인된 청동기시대 주거지 주위에 설치된 환호(環壕)는 계급사회의 특징 중의 하나인 방어시설로 국가사회 형성 이전의 족장사회의 특징으로 볼 수 있겠다. 그러나 그 기능에 대하여는 앞으로의 연구과제이다. 앞으로 馬韓의 연구에 있어 環壕-木柵-土城-石城의 발전 순에서 비추어 『三國志』 魏志 東夷傳 韓條에 馬韓...散在山海間無城郭, 辰韓...有城柵 , 弁辰...亦有城郭등의 구절을 비교해보면 앞으로 國邑 또는 천군이 다스리는 蘇塗의 別邑의 모습을 좀더 구체적으로 이해할 수 있을 것이다.

환호의 대부분은 안성 반제리 유적 등과 같이 철기시대 전기(기원전 400년~기원전 1년)에 속한다. 여기에는 단면 원형의 점토대 토기가 중심이 된다. 최근 점토대토기의 상한 연대가 기원전 5세기까지 올라가나, 이곳 반제리에서는 강릉 송림동과 같이 기원전 8세기~기원전 7세기까지 좀더 연대가 올라간다. 그리고 만약 그 상한 연대가 그대로 인정 된다면 기원전 2000년~기원전 1500년경 신석기시대 말기에 청동기시대 조기와 약 500년간 공존했듯이 청동기시대 후기에도 철기시대 전기의 점토대토기와 공존했다고도 해석해 볼 수 있겠다. 그렇다면 환호와 관련된 종교유적은 울산 북구 연암동의 경우와 같이 청동기시대부터 그대로 이어져 내려오는 전통으로 볼 수 있겠다. 이 점은 앞으로 연구 과제로 현재로서는 기원전 5세기를 철기시대의 상한으로 보는 것이 무난하다. 또 그리고 환호 안팎에 형성된 집자리들은 전문직의 제사장과 제사에 관련된 사람들이 살던 특수구역인 別邑으로 이것이 『삼국지』 위지 동이전에 나오는 蘇塗일 가능성이 많다. 大木을 세운 蘇塗는 邑落의 경계표시이고, 신성지역인 別邑(asylum)으로 여겨져 왔으며, 天君을 중심으로 다스리던 祭政分離의 사회를 반영한다. 철기시대 전기에는 북쪽 평양근처에 위만조선(기원전 194년~기원전 108년)이 라는 최초의 국가가 형성되었고 남쪽 마한의 고지에는 기원전 3~2세기부터의 단순 족장사회와 좀더 발달한 복합족장사회가 공존하던 마한이 있었다. 이는 族長격인 거수(渠帥)내에 격에 따른 신지(臣智), 검측(險側), 번예(樊濊), 살계(殺奚)와 읍차(邑借)의 순이 있었음으로도 알 수 있다. 그리고 이들을 대표하는 王이 다스리는 국가단계의 目支國도 있었다. 이는 기원전 18년 백제의 국가형성 당시 溫祚가 영역을 할당받기 위해 사신을 보낸 나라는 마한왕이 다스리던 목지국이었고 이러한 관계 속에서 마한과 백제와의 역사적 맥락이 형성되었던 것이다. 비록 철기시대 전기에 祭·政이 기록상으로는 분리되고 있었지만 행정의 우두머리인 족장격인 渠帥와 別邑인 蘇塗의 전신으로 생각되는 환호내의 주인인 天君이 함께 다스리던 신정정치(theocracy)도 가능했을 것이다. 그 다음 삼국시대 전기에는 세속왕권정치(secularism)가 당연히 이어졌을 것이다. 안성 원곡 반제리 유적을 포함한 종교·제사유적들은 한국고고학·고대사에 있어서 철기시대 전기의 종교·제사유적이라는 점과 이의 정치·문화사적 배경은 앞으로 연구할 만한 가치가 매우 크다.

6. 마한의 목지국

고고학적인 측면에서 마한-목지국 문화의 성격을 살펴보기 위해서는 먼저 전남지방에서 조사된 마한관계 유적의 성격을 정리해 볼 필요가 있다. 전남지방에서 발견된 마한-목지국 관련 유적으로는 고인돌[支石墓]과 독무덤[甕棺墓]으로 대별되는 분묘유적과 생활유적인 집자리 유적이 있다. 마한시대에 해당하는 철기시대 후기의 집자리 유적이 조사된 예는 없었다.

그런데 1986~1989년에 걸쳐 이루어진 주암댐 수몰지구 발굴조사에서 승주군 낙수리와 대곡리 도롱부락에서 대규모 집단취락 유적이 확인되었다. 이들 유적에서 조사된 철기시대 후기의 집자리들은 전남지방에서 최초로 발견된 마한의 집자리들로 마한사회를 이해하는데 많은 자료를 제공하였다. 여기서 철기시대 후기(서기 1년~300년)는 필자의 한국고고학의 時代區分案에 제시된 삼국시대 전기를 말하는데 이는 종래의 원삼국시대이다. 그런데 전남지방의 경우 아직까지 이 시기를 삼국 중의 어느 한 국가와 연관지을 수 있는 고고학적 증거가 확인된 바 없으나 목지국의 존재로 보아 삼국시대 전기나 철기시대 후기란 시대명칭을 사용하는 것이 보다 타당할 듯하다. 한편 분묘유적으로는 석관묘와 함께 우리나라 청동기시대의 대표적인 묘제로, 특히 전남지방에 2만여 기가 무리를 이루면서 집중적으로 분포하고 있는 고인돌과 청동기시대 후기부터 등장하기 시작하여 철기시대 전기가 되면 지배적인 묘제가 되어 백제시대까지 사용된 독무덤이 있다. 전남지방의 고인돌은 청동기시대 후기부터 철기시대 전기에 이르기까지 축조되었는데, 이들은 당시의 정치 · 사회상을 밝히는데 매우 귀중한 자료를 제공하고 있다. 고인돌사회에는 전문장인이 존재했으며, 각 지역 간에는 기술의 전파 및 물품의 교역이 이루어졌다. 고인돌 사회에서 성역화 된 묘역을 가진 조상숭배 단계에 이르게 되면 사회진화 단계상으로 갈등론(conflict theory)에서 이야기하는 계층사회(stratified society)인 복합 족장사회(complex chiefdom society) 단계에 도달했다. 앞으로 고인돌의 공간적인 분포에 따른 세력권 또는 문화권이 설정되고, 전남지방 고인돌이 지니는 독자적인 성격이 구명(究明)되면, 차후 이 지방에 등장하는 사회의 성격을 파악하는데 커다란 도움이 될 것이다.

대형 독무덤이 집중적으로 분포하는 영산강 유역의 반남면 일대를 포함하는 나주지역은 전주와 함께 전라도라는 지명의 유래가 되었을 만큼 고대 한반도 남서부지방에서 정치 · 군사 · 경제 · 문화적으로 중추적인 역할을 담당해 왔다. 사서에 의하면 나주는 백제시대에는 발라군(發羅郡)으로, 통일신라 경덕왕(景德王) 때에는 금산(錦山)으로 불렸으며, 나주라는 현 지명이 처음 사용된 것은 고려시대에 이르러서이다. 통일신라시대의 나주는 전남지역의 주치소(州治所)인 무주에 예속된 하나의 군에 지나지 않았다. 그런데 고려가 지방제도를 정비하면서 나주에 12목(牧)의 하나를 설치하게 되면서 나주는 고려 및 조선조에 걸쳐 영산강 유역 정치 · 경제의 중심지가 되었다(현재 나주 읍성은 사적 337호로 지정되어 있으며 동문인 東漸門과 客舍인 錦緘館은 복원되어 있음). 그런데 통일신라 이전, 더 나아가 삼국시대에 이 지역이 백제의 영역으로 편입되기 이전의 상황에 관한 기록은 찾아보기 어려우며, 당시 나주 일대의 성격을 살펴볼 수 있는 자료로는 반남면 일대에 집중적으로 분포하는 고분군이 있을 뿐이다. 반남면 신촌리 9호분에서 출토된 금동관(국보 295호)을 비롯한 여러 유물들을 통해 볼 때, 당시 이 지역에는 강력한 왕권을 중심으로 하는 정치체제가 존재할 수 있는 기반이 있었음을 알 수 있다. 물질적 · 문화적 기반은 반남면 일대를 포함하는 나주 지역에 마한 54국의 하나인 목지국을 비정하는 가설을 가능하게 한다. 그런데 학자마다 서로 견해가 달라 부미국(不彌國), 포미지국(布彌支國), 신미국(新彌國), 치리국(哆唎國) 등의 마한소국(馬韓小國)들이 이 일대에 존재했던 것으로 추정하고 있는데 현재로서는 이를 확인할 만한 자료가 부족하다. 비록 그 국명(國名)은 확실하지 않지만 나주지역, 특히 반남면 대안리 · 덕산리 · 신촌리 · 복암리(사적 404호)와 고흥 포두면 길두리 안동에 분포된 고분군들의 연대로 볼 때 백제 초기에 이미 국가단계의 정치체제가 이 일대에 존재했었음을 쉽게 알 수 있다.

반남면을 비롯한 영산강 유역 소재의 대형 독무덤들은 이 일대가 실질적으로 백제의 영향권 내로 편입되기 이전에 자리 잡고 있던 마한의 지배층들의 분묘들로 보인다. 철기시대 전기 이후 새로운 철기문화를 수용함으로써 농업생산력을 증대시키고 사회적인 발전을 이룩한 마한의 소국들은 그들의 통치 권력을 확대 · 팽창시키면서 소형 독무덤을 거대화시켰던 것이다.

영산강 유역에 밀집 분포하는 대형 독무덤들의 피장자들은 마한 제소국의 지배층들이었을 것으로 추정된다. 특히 금동관이 출토된 신촌리 9호분의 피장자는 목지국 말기의 지배자 또는 목지국의 전통을 이은 지방 호족이었을 것으로 추정된다. 따라서 백제가 남천하게 됨에 따라 백제의 지배영역이 남쪽으로 팽창함으로써 그 세력이 축소된 목지국의 최종 근거지는 영산강 유역의 나주 반남면 일대로 비정될 수 있을 것이다. 이러한 추정은 지금까지 발견 조사된 금동관들이 당시의 정치체제하에서 국가단계를 나타내는 최고 지도자 또는 왕의 상징물(status symbol)로서 인정되는 것으로도 그 타당성을 인정받을 수 있다.

1996년 나주 복암리 3호분(사적 제404호) 석실 내부 옹관 4호에서 출토된 금동제 신발, 1997년 석실 7호에서 출토된 금판 관모 장식, 금동제 이식, 삼두 환두대도 등이 이를 뒷받침해준다. 그리고 1998년도 3월에 발굴된 5호와 16호 횡혈식 석실 2기에서는 은제관식(銀製冠飾)이 출토된 바 있다[여기에서 출토된 인골들은 석실 17호 널길(연도)에서 화장된 채로 발견된 32세 이상으로 추정되는 남복(男僕)의 경우를 제외하고는 모두 앙와신전장(仰臥申展葬)을 취하고 있었는데, 석실은 40세 이상 가족성원의 가족장(家族葬) 또는 추가장(追加葬)을 위해 조성된 것으로 여겨진다]. 이는 부여 하황리, 논산 육곡리 7호분, 남원 척문리, 나주 흥덕리와 부여 능산리 공설운동장 예정 부지 내에서 발굴된 36호 우측[인골 편은 남아 있지 않으나 좌측에 남아 있는 부인의 것으로 여겨지는 인골의 나이는 40세 이상으로 추정된다]인골에서 발견된 은제 관식에 이어 한반도에서 여섯 번째로 확인된 것이다. 피장자의 신분은 백제 16관등 중 6품인 나솔(奈率) 이상에 해당되는데, 이는 대안리 5호분의 백제식 석실분의 경우와 함께 피장자가 나주지역 백제의 행정체제 내로 편입되어 가는 과정을 보여주는 자료이다. 그리고 무엇보다도 중요한 것은 금동관과 함께 나온 금동 신발인데 이는 신촌리 9호분, 익산 입점리(사적 347호), 서산 음암 부장리(사적 475호), 공주 의당 수촌리(사적 460호)와 공주 무령왕릉(사적 13호 공주 송산리고분군내)에 이어 백제지역에서 여섯 번째, 나주에서는 두 번째로 확인된 것이다. 또 1998년 4월 나주 복암리 3호분 제8호 석곽 옹관에서는 주칠(朱漆)의 역만자문(逆卍字文)이 시문된 제8호 옹관 출토 개배(蓋杯)와 함께 일본 고분시대 말기에 보이는 규두대도(圭頭大刀)가 제5호 석실 연도 가까이의 현실(玄室) 벽에 기대어 놓인 채로 확인되었다. 출토 상황으로 보아 이 칼은 현실에 묻힌 피장자의 것이라기보다는 장례 행사에 참석했던 피장자와 가까운 손님이 마지막으로 끌러놓은 장송예물(葬送禮物)이었던 것으로 여겨진다. 참고로 역만자문(逆卍字文)은 '파(巴)'로 읽어야 하며, 그 의미는 죽음[死]을 뜻한다고 한다. 그렇다면 불교의 영향 하에 만들어졌다는 견해는 재고되어야 할 것이다. 또 규두대도는 경남 창녕 출토로 전하는 고구라[小倉] 컬렉션 4호와 한국 출토로 알려진 동경국립박물관 소장 장도 두 점이 알려져 있어 일본제보다도 한국제일 가능성이 높다. 복암리 3호분의 내부에서는 옹관묘, 수혈식 석곽, 횡혈식 석실, 횡구식 석곽, 횡구식 석실과 석곽, 옹관 등 34기에 이르는 매장유구가 확인되었다. 이 고분은 3세기~7세기의 약 300~400여 년에 이르는 기간에 걸쳐 한 집안의 가족묘지[世葬山]로 조성되었던 것으로 추정되는데, 오늘날과 같은 분구는 마지막으로 5호 석실분을 쓰면서 각각의 무덤에 조성된 봉토가 합쳐져 자연스럽게 형성되었던 것 같다. 그 피장자들은 과거 목지국의 지배층을 형성하는 토호들로 후일 이 지역이 백제의 행정구역으로 편입되어 가는 과정에서 백제왕실이 하사한 벼슬을 받았으며, 자신들의 무덤에도 백제양식을 채택했던 것으로 여겨진다. 최근 발굴 조사된 나주 영동리 고분군에서 백제양식의 무덤인 2호와 3호 석실에서 각각 5개체의 인골이 확인되었다. 그리고 인골의 출토 양상으로 보아 3~4회의 추가장이 이루어졌음이 확인되었다. 이러한 고분은 나주 흥덕리, 함평 월야면 월계리 석계부락과 전라북도 완주군 은하리의 석실분을 들 수 있다. 복암리 3호분에서는 5호 석실에서 피장자가 4인 확인되었고, 또한 2~3차례의 추가장이 확인되기도 하였다. 이는 옹관고분의 가족묘지전통에 따른 다장제의 장제가 지속되어 유지되고 있었음을 말한다. 이 고분의 피장자들이 외래의 파견관료, 또는 지배자가 아니라 철기시대 전기에서 마한에 걸쳐 살아왔던 과거 목지국의 토호들임을 시사한다. 특히 이들의 위상과 대외활동에 대해서는 복암리고분의 규두대도를 통해 시사되는 일본과의 문화적 교류 등과 함께 앞으로의 연구를 통해 밝혀야 할 것이다. 은제 관식의 연대를 6세기 후반에서 7세기 초로 볼 수 있다면 목지국의 잔여세력인 토착세력은 거의 백제 멸망 시까지 존속했던 것으로 보인다. 이러한 점들을 통해 볼 때 목지국을 맹주국으로 하는 마한 제소국은 고구려, 백제, 신라 삼국과 공시적으로 상호 대등한 수준의 관계를 맺어 왔다고 보는 것이 타당할 것이다.

7. 마한의 멸망

『일본서기』(日本書紀) 신공기(神功紀) 49년조의 기록으로 보아 369년에 마한이 백제에 의해 멸망되었다고 추론하고 이후 마한이 백제로 편입되었다는 입장이 있어왔다. 그러나 이 지역은 천안 용원리를 중심으로 한 곳이고 그 후 익산이나 나주로 이동해 거의 백제의 멸망에 이르기 가지 공존해온 것으로 생각된다. 이는 나주 오량동과 금천면 신가리 당가 요지, 그리고 나주 대안리 5호분과 같은 무덤에서 마한의 멸망 시기를 유추해 볼 수 있다. 주로 백제시대와 공존하는 것으로, 역사적으로 본다면 서기 369년 근초고왕의 천안 근처의 마한세력 토벌 이후의 시기에 해당되겠다. 정치적인 중심체인 목지국의 백제세력의 유입기인 기원후 4세기 이후에서 공주 의당면 수촌리(사적 460호)을 거쳐 나주 반남면 대안리, 덕산리와 신촌리(사적 76, 77, 78호)와 복암리 고분(사적 404호)에 이르는 거의 통일신라 이전까지를 포함하는 시기인 삼국시대 후기(서기 300년~서기 660/668년)의 대표적인 유적으로는 옹관묘, 주구묘와 석실묘 등을 들 수 있다. 석실묘(돌방무덤)는 최근 지표조사와 발굴을 통해 자료가 증가되는 추세에 있어 이들의 성격에 대한 연구도 관심의 대상이 되고 있다. 돌방무덤은 영산강 유역을 비롯한 나주, 함평, 장성, 광주 등 전남 내륙지역과 해남, 장흥, 고흥(고흥 포두면 길두리 안동의 5세기 전반의 석실묘와 갑옷 출토) 등 서남해안지역 그리고 도서지방에서 발견되고 있는데, 나주 대안리 5호분 등을 위시한 이들 돌방무덤들은 이 지역이 실질적으로 백제의 통치권 하에 편입되는 5세기 말 6세기 초부터 축조되기 시작하여 백제 말기까지 존속한 묘제로 생각된다. 그리고 최근 발굴된 나주 복암리 3호분의 경우 돌방(석실) 내에 독무덤의 존재로 보아 백제의 통치시대에도 마한 · 목지국의 토호로서의 독자적인 세력과 문화전통이 유지되고 있었음을 보여준다. 즉 마한이 정치 · 행정적으로는 백제에 편입되었으나 문화적으로는 아직까지 완전히 흡수되지 않았음을 나타내 준다. 또 최근 들어서 이 지역에서 주목받는 묘제로 장고분(전방후원형분)이 있다. 반남면 신촌리 6호와 덕산리 2호를 비롯한 함평 월야면 예덕리 신덕부락, 해남 북일면 장구봉, 영암 도포면 태간리 등지에서 전방후원분이 조사되었고, 최근에는 광주시에서 조성하고 있는 첨단기지공단부지인 광산구 월계동과 명화동에서도 조사되어 주목을

함평읍 장년리 장고산고분 전경

끈다. 이들 묘제는 근초고왕이 24년(서기 369년)에 마한의 잔여세력을 토벌하는 과정에서 백제의 요청에 의해 일본[倭]과의 정식 통교가 이루어졌다는 역사적 기록(일본서기 신공 49년조)과도 무관하지 않을 것이다. 우리나라에서 일본에 전래된 문화내용은 일본문화의 사상적 기반을 마련해 준 유교와 불교를 비롯하여 천문, 지리, 역법, 토기제작 기술, 조선술, 축성술, 회화, 종이, 붓 만들기에 이르기까지 다양하다. 이는 일본의 史書『고지끼[古事記]』와『니혼쇼끼[日本書記]』에 나타나는 王仁으로 대표된다. 그가 실재했던 역사적 인물이라면 백제 14대 근구수왕(서기 375년~384년) 때의 학자로 일본에서 파견한 아라다와께[荒田別]와 가가와께[鹿野別] 장군 등의 요청에 응해 論語와 千字文을 갖고 가서 일본의 조정에 봉사하면서 문화발전에 공헌을 하였던 것으로 보는 것이 좋겠다. 아라다와께[荒田別]와 가가와께[鹿野別] 장군 등의 명칭은『日本書記』神功紀 49년 (己巳年, 近肖古王 24

년 서기 369년)조에 나오는데 이 가사를 馬韓의 멸망과 관련지어 이야기하기도 한다.

8. 후언

앞으로 검증되어야 할 가설이기는 하지만, 지금까지의 고고학 자료를 근거로 마한 문화의 성격을 논의하기 위해서는,

1) 사서에 등장하는 마한의 실체를 인정해야만 하는 시점에 이르렀다. 마한의 존속 기간, 즉 그 상한과 하한을 파악하고 자체 내에서 고고학 자료를 통한 구체적인 시기구분(편년)이 이루어져야 한다.

2) 역사상에 존재했던 마한 54국의 지역적 범위를 파악하고 그 자체 내에서 문화적 특성 및 차이를 파악해야 한다.

3) 필연적으로 마한의 정치체제 진화과정을 파악해야 한다. 현 시점에서 볼 때 마한 54국으로 표출된 크고 작은 여러 족장사회(族長社會, chiefdom society)로 시작된 마한은 백제가 그 영역을 확장하는 과정에서 그 영역이 축소 개편되었다. 그 과정에서 각각의 족장사회는 통상권(通商圈, Interaction Sphere)을 형성하면서 복합족장사회(complex chiefdoms)로 발전되었고, 마지막 단계에 이르러 목지국이라는 국가 체제(state)의 사회로 성장했던 것으로 여겨진다. 삼국사기에 보이는 신라 및 백제와의 관계기사를 고려해 볼 때, 늦어도 기원전 1세기경에는 마한이 국가사회로 성장했던 것으로 추정되는데, 물론 이 과정이 고고학적으로 밝혀져야 한다.

4) 마한의 시원(始原)은 한반도에서 기원전 1500년부터 토착사회를 이루던 지석묘사회가 해체되기 시작하는 철기시대 전기(기원전 400년~기원전 1년)까지 올라가지만 선사 고고학의 입장보다는 시간적으로 삼국시대 전

기(철기시대 후기 :서기 1년~300년)에 그 중심을 두고 역사 고고학적인 측면에서 연구되는 것이 보다 바람직하다. 이는 마한의 연구는 백제와의 역사적 관계 속에서 중심지의 변천 및 54국과의 관계 등을 항시 고려하며 진행되어야 하기 때문이다. 다시 말해 백제의 역사와 문화가 영역의 확장 및 도읍의 변천에 따라 한성-공주-부여의 세 시기로 구분되듯이 마한의 경우도 백제의 영향 하에 이루어 진 중심지의 이동 및 변천에 따라 천안-익산-나주의 세 시기로 구분해 고려되어야 할 것이다.

이러한 부분에 대한 고려가 선행될 때 비로소 마한 연구의 올바른 방향이 설정될 수 있다. 한편 최근 상당량의 고고학 자료가 한꺼번에 쏟아져 나오게 되면서 量的 자료에 대한 質的 解釋이 무엇보다도 시급하며, 최근 보고 되고 있는 상당량의 마한관계 자료를 생각할 때 다시금 마한에 관한 고고학적 연구가 이제야 시작되었음을 실감하게 된다.

5) 기원전 3세기~기원전 2세기경부터 마한이 존재해 있었으며 이를 바탕으로 백제의 국가형성이 조성된다. 현재까지의 마한의 고고학 자료로는 토실(土室), 굴립주(掘立柱)건물, 주구묘(周溝墓 또는 주구토광묘) 그리고 조족문(鳥足文) 및 거치문(鋸齒文)토기 등을 들 수 있다. 그리고 마한의 54국은 각자의 지리적 환경, 잉여농산물의 확보와 통상권의 이점 등을 활용하여 각기 발전의 궤도를 달리한 것 같다. 백제와 마한은 처음부터 거의 전 기간 공존한다. 그러나 백제의 세력이 커감에 따라 마한의 세력은 축소되어 서기 5세기 말~6세기 초 마한은 멸망한다. 중심지의 변천도 백제의 한성시대-공주-부여로 천도함에 따라 마한도 천안-익산-나주로 옮겨간다. 마한 54국도 정치와 지리적 환경과 여건의 이점을 최대한 활용함에 따라 각기 발전 속도에서 차이가 있었을 것이다. 따라서 단순 족장사회에서부터 목지국과 같은 국가단계도 공존했을 것이다.

6) 청동기시대의 精靈崇拜(animism), 토테미즘(totemism), 巫敎

(shamanism)를 거쳐 철기시대에는 환호를 중심으로 전문제사장인 天君이 다스리는 별읍(別邑)인 蘇塗가 나타난다. 이것도 일종의 무교의 형태를 띤 것으로 보인다. 마한의 고지에는 기원전 3세기~기원전 2세기부터의 단순 족장사회에서 좀더 발달한 복합족장사회인 마한이 있었다. 이는 『三國志』 魏志 弁辰條에 族長격인 渠帥가 있으며 이는 격이나 규모에 따라 신지(臣智), 검측(險側), 번예(樊濊), 살계(殺奚)와 읍차(邑借)로 불리고 있었음을 알 수 있다. 그리고 마한에도 마찬가지 경우로 생각되나, 이들을 대표하는 王이 다스리는 국가단계의 目支國도 있었다. 그러나 天君이 다스리는 종교적 別邑인 蘇塗는, 당시의 복합 · 단순 족장사회의 우두머리인 渠帥의 격이나 규모에 따른 이름인 신지, 검측, 번예, 살계와 읍차가 다스리는 세속적 영역과는 별개의 것으로 보인다.

그러나 마한의 고고학적 문화에 대한 연구는 최근에 발굴이 활발히 진행되고 있지만 아직 그 국가적 성격이나 문헌과의 적극적인 대입을 할 수 있을 만큼 자료가 충분하지는 않다. 마한의 고고학적 문화의 성격을 밝히는 작업은 이제부터 시작이라고 할 수 있는데, 다른 지역과 비교되는 독자적인 특징을 나타내고 있을 뿐만 아니라 마한의 54국 자체 내에서도 지역적인 문화 특징을 보이고 있어 흥미롭다. 지역문화의 변천과 성격에 대한 연구는 한국고대문화의 정확한 성격구명을 위해서도 시급히 활성화되어야 할 것으로 생각되며, 이의 대표적인 예가 마한의 바탕 위에선 백제의 건국과 함께 마한-목지국에 대한 연구가 될 것이다. 앞으로 馬韓의 硏究에서 밝혀져야 할 課題로서는,

첫째 고인돌사회와 마한사회와의 관계,

둘째 마한사회의 기원과 존속 그리고 멸망시기,

셋째 마한의 위치,

넷째 마한 54국의 실체와 문화,

다섯째 마한과 목지국과의 관계 등을 들 수 있다.

특히 마한의 실체와 문화에서는 마한 54국내의 문화적 차이 즉 예를 들어 광주 충효동, 무안 성동리와 보성 조성 동촌리의 지석묘에서 보여주는 조상숭배, 순천 덕암동의 環壕가 보여주는 天君이 다스리는 別邑의 무교, 그리고 주구묘, 옹관묘와 석실묘를 바탕으로 하는 사회적 배경 등은 족장사회에서 고대국가로 발전하는 政治體의 일련의 진화과정을 잘 보여준다. 여기에는 조상숭배(ancestor worship)가 기본이 되는 巫敎(shamanism)라는 宗敎 · 來世觀이 큰 원동력(prime mover)이 된다. 이러한 다섯 가지의 큰 문제들은 앞으로 발굴 · 조사되는 고고학적인 자료가 기반이 될 것이다.

참/고/문/헌

강동석 · 이희인

2002 강화도 교동 대룡리 패총, 임진강 유역의 고대사회, 인하대 제3회 학술회의 발표요지

강릉대학교 박물관

2000 발굴 유적 유물 도록

강원문화재연구소

2002 춘천 신북 천전리 유적

2002 춘천시 신북읍 발산리 253번지 유구확인조사 지도위원회자료

2004 강릉 과학 일반지방산업단지 문화유적 발굴조사

2004 동해 송정지구 주택건설사업지구내 문화유적 -시굴조사 지도위원회의 자료-

2005 국도 38호(연하~신동간)도로 확포장공사구간내 유적 발굴조사 지도위원회의 자료

2006 홍천 철정리 유적 II 지도위원회자료

2006 홍천 철정리 유적 II -2차 지도위원회 자료-

2006 춘천 율문리 생물산업단지 조성사업부지내 유적(2차)발굴조사 지도위원회자료

2006 춘천 거두2지구 택지개발 사업지구내 유적 발굴조사 2차 및 3차 지도위원회 자료

2006 원주 가현동 유적-국군원주병원 신축부지 발굴조사-3차 지도위원회의 자료

2006 춘천-동홍천간 고속도로건설공사 문화유적 지도위원회 자료

2006 서울-춘천 고속도록 7공구 강촌I.C.구간 내 유적 발굴조사 지도위원회 자료

2006 춘천 우두동 유적-춘천 우두동 직업훈련원 진입도로 확장구간 내 유적 발굴조사 3차 지도위원회의 자료

2006 춘천 거두 2지구 택지개발사업지구 내(북지구) 유적 발굴조사 2차 지도위원회의 자료

2006 홍천 구성포-두촌간 도로 확 · 포장공사내 유적발굴조사, 홍천 철정리유적 II

2006 외삼포리유적-고속국도 제60호선 춘천-동홍천간(4공구) 건설공사구간내 지도위원회자료

2006 정선 아우라지유적-정선 아우라지선사유적 공원조성부지 2차 발굴조사 1차 지도위원회자료-

경기대학교 박물관

2004 화성 동탄면 풍성주택 신미주아파트 건축부지 문화유적 발굴조사 현장설명회 자료

2005 수원 고색동 유적

2005 양평 양세리 유적-양평군 개군면 마을회관 건립부지 문화유적 발굴조사 지도위원회의 자료

2005 중앙선(원주-덕소) 복선전철화구간 내 4-5지구 문화유적 발굴조사 지도위원회자료집

2005 중앙선(덕소-원주) 복선전철화구간 내 4-2 · 3지구 문화유적 발굴조사 지도위원회 자료집

경기도박물관

1999 파주 주월리 유적

1999 평택 관방유적 정밀지표조사 현장설명회자료

1999 평택 관방유적(I) 지표조사보고서

2000 평택 관방유적(I)

2001 봉업사

2001 포천 자작리 유적 긴급발굴조사-지도위원회 자료-

2002 연천 학곡리 개수공사지역 내 학곡리 적석총 발굴조사

2003 고양 멱절산 유적 발굴조사

2003 월롱산성

2004 안성 공도 택지개발사업부지 내 유적 발굴조사 1차 지도위원회 자료(5 · 6지점)

2004 안성 봉업사 3차 발굴조사 현장설명회 자료

2004 평택 현곡지방산업단지 내 문화유적 발굴조사 3차 지도위원회 자료집

2004 포천 자작리 유적(II) 시굴조사보고서

국립공주박물관 · 충청남도역사문화원

2006 4~5세기 백제유물특별전-한성에서 웅진으로-

국립문화재연구소 한성백제학술조사단

2004 풍납동 재건축부지(410번지외) 발굴(시굴)조사 자문회의 자료

2004 2004 풍납토성(사적 11호) 197번지 일대(구 미래마을 부지) 발굴조사 지도위원회 회의자료

2006 풍납토성 197번지 일대 3차 발굴조사

국립부여박물관

2007 부여 구룡우회도로 사업구간내 부여 논치제사유적, 유적조사보고 제 12책

군산대학교 박물관

2002 군산 산월리 유적

金貞培

1985 目支國小攷, 千寬宇先生 還曆紀念 韓國史學論叢, 正音文化社

기전문화재연구원

2001 기흥 구갈(3)택지개발 예정지구 내 구갈리 유적 발굴조사 설명회 자료

2001 기흥 구갈(3) 택지개발 예정지구 내 구갈리 유적 발굴조사

2001 화성 발안 택지개발지구 내 유적 발굴조사 개요

2002 안양시 관양동 선사유적 발굴조사 지도위원회 자료

2002 연천 학곡제 개수공사지역 내 학곡리 적석총 발굴조사

2002 용인 보정리 수지빌라트 신축공사부지 내 유적 시 · 발굴조사 4차 지도위원회 자료2003, 기전고고 3

2003 서울 EMS테크센터부지내 유적 발굴조사 지도위원회 자료

2003 용인 보정리 수지빌라트 신축공사부지 내 유적시 · 발굴조사 5차 지도위원회 자료(4지점)

2003 하남 시가지우회도로 확 · 포장구간 유적 발굴조사보고서

2003 화성 발안리마을 유적 · 제철유적 발굴조사

2003 화성 발안리마을 유적 · 기안리 제철유적발굴조사, 현장설명회 자료

2004 경춘선 복선전철 사업구간(제4공구) 내 대성리 유적 발굴조사

2004 안성 공도 택지개발사업부지 내 유적 발굴조사 1차 지도위원회 자료(5 · 6 지점)

2004 안성 공도 택지개발사업부지 내 유적 발굴조사 2차 지도위원회 자료(1 · 3 · 5 지점)

2004 안양 관양동 선사유적 발굴조사보고서

2004 평택 현곡 지방산업단지 내 문화유적 발굴조사 3차 지도위원회 자료집

2004 화성 동탄지구 내 석우리 먹실 유적 발굴조사 Ⅱ

2004 경춘선 복선전철 사업구간(제4공구) 내 대성리 유적 발굴조사

2005 화성 신영통 현대타운 2 · 3 단지 건설공사부지 문화재 발굴조사 지도위

원회자료

2005 안성 공도 택지개발사업지구 내 유적 발굴조사 : 3차 지도위원회 회의자료(3지점 선공사지역 · 4지점)

2005경춘선 복선전철 사업구간(제4공구) 내 대성리 발굴조사 제2차 지도위원회 자료

2005 안성공도 택지개발사업지구 내 유적 발굴조사 4차 지도위원회 자료(2지점)

2006 성남~장호원 도로건설(2공구) 문화유적 시굴조사 지도위원회 자료

김구군

2000 호형 대구의 형식분류와 편년, 경북대 고고인류학과 20주년 기념논총

남도문화재연구원

2005 구례 공설운동장 건립부지 내 문화유적 발굴조사

2005 전라선 성산-신풍간 철도개량구간(대법유물산포지) 내 문화유적 발굴조사

2005 순천 가곡택지개발지구 발굴조사 약보고

2006 순천 코아루 럭스 아파트 부지내 문화유적 발굴조사

盧重國

1990 目支國에 대한 一考察, 百濟論叢 2

2000 탐진 다목적댐 수몰지역 내 문화유적 발굴조사 지도위원회 및 현장설명회 자료

단국대학교 매장문화재연구소

1999 이천 설봉산성 1차 발굴조사보고서

2001 안성 죽주산성 지표 및 발굴조사 완료 약보고서

2001 이천 설봉산성 2차 발굴조사보고서

2001 이천 설성산성 1차 발굴조사 지도위원회 자료

2001 포천 고모리산성 지표조사완료약보고서 및 보고서

2001 포천 반월산성 5차 발굴조사보고서

2002 이천 설성산성 2차 발굴조사 지도위원회 자료집

2003 연천 은대리성 지표 및 발굴조사 지도위원회 자료집

2003 이천 설봉산성 4차 발굴조사 지도위원회 자료집

2003 이천 설성산성 3차 발굴조사 지도위원회 자료집

2004 안성 죽주산성 남벽정비구간 발굴조사 지도위원회 자료집

2004 평택 서부 관방산성 시·발굴조사 지도위원회 자료집

2005 의당 ICD 진입로 개설공사구간 연장 발굴조사 1차 지도위원회 자료집

동양대학교 박물관

2005 국도 5호선 확장공사부지 내 안동 저전리 유적

동아대학교

2000 사천 늑도유적 3차 발굴조사 자료

동신대학교 박물관

2005 나주 영동리고분군 발굴조사 약보고

목포대학교 박물관

1995 서해안고속도로(무안-목포)구간 문화유적 발굴조사 약보고

1999 나주지역 고대사회의 성격

2000 영산강 유역 고대사회의 새로운 조명

2000 자미산성

2001 탐진 다목적(가물막이)댐 수몰지역 내 문화유적 발굴조사 개요

2002 지방도 819호선 확·포장공사구간 내 문화유적

2002 탐진 다목적댐 수몰지역 내 문화유적 발굴조사(2차) 지도위원회 및 현장 설명회자료

목포대학교 박물관·동신대학교 박물관

2001, 금천-시계간 국가지원 지방도 사업구간 내 문화재 발굴조사 지도위원회 와 현장설명회 자료

2002 나주 오량동 가마유적 지도위원회 회의 자료

閔賢九

1975 羅州邑誌解題, 羅州邑誌, 全南大學校 史學科, 光州

成洛俊

1983 榮山江流域의 甕棺墓研究, 百濟文化 15

成周鐸 外

1990 神衿城 南門址 및 周邊 貝殼層 精密調査, 忠南大學校 博物館, 大田

成周鐸 · 車勇杰

1985 稷山 蛇山城 發掘調査 中間報告書, 百濟研究 16

1994 稷山 蛇山城, 백제문화개발연구원

세종대학교 박물관

2000 평택 지제동 유적

2001 하남 미사동 선사유적 주변지역 시굴조사

2002 연천 고인돌조사 현장설명회 자료

2002 하남 망월동

2003 포천-영중간 도로 확장구간 내 유적(금주리 유적) 문화유적 발굴조사 약보고

2005 하남 덕풍골 유적 -청동기시대의 집터 · 제의유적 및 고분조사-

2006 하남 덕풍골 유적

수원대학교 박물관

2005 화성 장안리 유적 -이화~상계간 도로 확 · 포장공사구간 내 문화유적 발굴조사-

순천대학교 박물관

2000 여수 화장동 문화유적 2차 발굴조사

2001 광양 용강리 택지개발지구 2차 발굴조사회의자료

2001 보성 조성리토성 발굴조사 현장설명회 및 지도위원회 자료

2002 여천 화양경지정리지구 문화유적 발굴조사

2001 여수고락산성 2차 발굴조사

2002 광양 마노산성 2차 발굴조사 지도위원회 및 현장설명회 자료

2004 광양 마로산성 3차 발굴조사 현장설명회 자료

신대곤

1999 부여 논차라 제사유적 발굴조사, 제2회 국립박물관 동원학술전국대회, 한국고고미술연구소

원광대학교 마한 · 백제문화연구소

2005 익산 신동리 간이 골프장 시설부지내 문화유적 발굴조사 보고서 I, 익산 신동리유적-5 · 6 · 7지구-

李基白 · 李基東

1982 韓國史講座 1 古代篇, 一朝閣, 서울

李丙燾

1956 두계잡필, 일조각

1959 韓國史 古代篇, 乙酉文化社, 서울

1976 韓國古代史研究』, 博英社, 서울

李榮文

1978 榮山江下流地域의 古墳群, 羅州大安里 5號 百濟石室墳 發掘調査報告書, 羅州郡廳, 羅州

1987 昇州 九山里 遺蹟과 出土唯物, 三佛 金元龍敎授 停年退任紀念論叢 I(考古學篇), 一志社, 서울

2002 全南地方 支石墓社會의 研究, 학연문화사

李榮文 · 曺根佑

1996a 全南의 支石墓, 學研文化社, 서울

1996b 全南의 支石墓, 全南의 古代墓制, 全羅南道 · 木浦大學校 博物館

이훈

2001 공주 장선리 유적발굴조사 개요, 제44회 전국역사학대회 발표요지

이훈 · 강종원

2001 공주 장선리 토실 유적에 대한 시론, 한국상고사학보 34호

이훈 · 양혜진

2004 청암리 유적, 제28회 한국고고학 전국대회 발표요지

인천시립박물관

1994 영종 · 용유지구 지표조사보고서

인하대학교 박물관

2000 인천 문학경기장 내 청동기 유적 발굴조사 현장설명회 자료

2001 영종 운서토지구획 정리사업지구 내 문화유적 시굴조사

전남문화재연구원

2004 진도 오산리 유적

이동희

2005 전남 동부지역 복합사회 형성과정의 고고학적 연구, 성균관대 대학원 박사학위 논문

전남대학교 박물관

1998 함평군 월계리 석계고분 발굴조사 중간보고

2001 함평 예덕리 만가촌고분군 2차 발굴조사

전남문화재연구원

2003 진도 고군지구 경지정리 사업구역 내 문화유적 시굴조사 지도위원회 회의 자료

2004 나주 복암리 고분전시관 건립부지 내 문화유적 발굴조사 지도위원회 회의 자료

2004 진도 오산리 유적, 학술총서 14집

2007 해남 남창-삼산간 국도 확 · 포장 공사구간내 문화유적 발굴조사 -해남 분토리 유적-

全北大博物館

1985 細田里出土土器, 全北大 博物館, 全州

전주대학교 박물관

2002 구이-전주간 도로 확 · 포장공사구간 내 문화재발굴조사 현장설명회 자료

전주대학교 박물관 · 전북대학교 박물관

2002 전주 송천동 토지구획정리사업지구 내 문화재발굴조사 현장설명회 자료

최몽룡

1986 고인돌과 독무덤, 全南文化의 性格과 課題, 第一回 全南古文化 심포지움 발표요지

1988, 반남면 고분군의 의의, 나주반남면 고분군, 광주박물관 학술총서 13책

1989 삼국시대 전기의 전남지방문화, 성곡논총 20집

1990 전남지방 삼국시대 전기의 고고학연구현황, 한국고고학보 24집

1991 마한목지국의 제 문제, 백제사의 이해(최몽룡 · 심정보 편), 학연문화사

1994 고고학 상으로 본 마한의 연구, 문산 김삼룡 박사 고희 기념논총: 마한 · 백제문화와 미륵사상(논총간행위원회 편), pp.91~98, 원광대학교 출판국, 익산

1994 최근 발견된 백제향로의 의의, 韓國上古史學報 15

1997 백제의 향로제사유적 및 신화, 도시 · 문명 · 국가(최몽룡), 서울대학교출판부, 서울

1998 다시 보는 百濟史, 周留城, 서울

1999 나주지역 고대문화의 성격 -반남면 고분군과 목지국-, 복암리고분군

1999 서울 · 경기도의 백제유적, 경기도박물관 제5기 박물관대학 강좌

1999 한국 지석묘(고인돌)유적종합조사, 문화재청

2000 흙과 인류, 주류성, 서울

2002 百濟都城의 變遷과 硏究 上의 問題點, 第3回 文化財硏究 學術大會 基調講演, 國立扶餘文化財硏究所

2002 풍납동토성의 발굴과 문화유적의 보존, 풍납토성, 서울역사박물관

2003 考古學으로 본 馬韓, 益山文化圈硏究의 成果와 課題, 원광대학교 마한 · 백제문화연구소 창립 30주년 기념 학술대회 및 2004 마한 · 백제문화 16

2003 백제도성의 변천과 문제점, 서울역사박물관 연구논문집 창간호

2003 한성시대의 백제와 마한, 문화재, 36호

2004 한국문화의 계통, 동북아 청동기문화연구, 주류성

2005 한성시대의 백제와 마한, 주류성

2006 최근의 고고학자료로 본 한국고고학 · 고대사의 신연구, 주류성

2006 위만조선 연구의 신국면을 맞아, 계간 한국의고고학 창간호, pp.6~13

2006 다원론의 입장에서 본 한국문화의 기원과 시베리아 한 · 러공동발굴특별전 아무르 · 연해주의 신비 강연회 자료집,pp.3~30

2006 영산강유역의 고대문화, 영산강문화권 발전을 위한 연구와 과제, 동신대학교,pp.7~36

2006 철기시대연구의 새로운 경향, 강원고고학회,pp.7~35

2007 고구려와 중원문화, 제 1회 중원문화 학술대회, 충주대학교 박물관, pp.69~85

2007 마한 · 백제 문화의 성격, 마한 · 백제문화의 성격과 주거생활, 목포대학교 박물관 · 영암군, pp.7~28

崔夢龍 · 李淸圭 · 盧赫眞

1979 羅州 潘南面 大安里 5號 百濟石室墳發掘調查, 文化財 12

최몽룡 · 권오영

1985 고고학적 자료를 통해본 백제 초기의 영역고찰 –도성 및 영역문제를 중심으로 본 한성시대 백제의 성장과정–, 천관우 선생 환력기념 한국사학논총

崔夢龍 · 金庚澤

1990 全南地方의 馬韓 · 百濟時代의 住居址硏究, 韓國上古史學報 4호

최몽룡 · 심정보

1991 백제사의 이해, 학연문화사

최몽룡 · 이선복 · 안승모 · 박순발

1993 한강유역사, 민음사, 서울

崔夢龍 · 李淸圭 · 盧赫眞

1979 羅州 潘南面 大安里 5號 百濟石室墳發掘調查, 文化財 12

최몽룡 · 최성락

1997 한국고대국가형성론, 서울대학교출판부

최몽룡 · 김선우

2000 한국지석묘 연구이론과 방법 –계급사회의 발생–, 주류성

최몽룡 · 김경택 · 홍형우

2004 동북아 청동기시대 문화 연구, 주류성

崔盛洛

1986a 靈岩 長川里 住居址 I, 木浦大學博物館, 木浦

1986b 靈岩 長川里 住居址 II, 木浦大學博物館, 木浦

1992 韓國 原三國文化의 硏究–全南地方을 中心으로, 학연문화사

2001 고고학여정, 주류성

2002 삼국의 성립과 발전기의 영산강 유역, 한국상고사학보 37호

2002 전남지역 선사고고학의 연구성과, 고문화 59집

2007 마한 · 백제시기의 주거생활, 마한 · 백제문화의 성격과 주거생활, 목포대학교 박물관 · 영암군, pp.29~40

2007 마한 · 백제시기의 주거생활, 마한 · 백제문화의 성격과 주거생활, 목포대학교 박물관 · 영암군, pp.29~40

최성락 · 김건수

2002 철기시대 패총의 형성배경, 호남고고학보 15집

千寬宇

1979 馬韓 諸小國의 位置試論, 東洋學 9

1979 目支國考, 韓國史研究

충청남도역사문화원

2002 부여 백제역사재현단지 조성부지 내 문화유적 조사 발굴약보고

2002 부여 증산리 유적 발굴조사 개요(부여 석성 십자거리 우회도로 개설예정부지 내 문화유적 발굴조사)

2003 공주 의당농공단지 조성부지 내 발굴조사 : 공주 수촌리 유적

2003 서천-공주간(6-2) 고속도로 건설구간 내 문화유적 발굴조사 중간설명회

2003 서천-공주간(6-2) 고속도로 건설구간 내 봉선리 유적』

2004 금산 백령산성 문화유적 발굴조사 개략보고서

2004 서산 음암 임대아파트 신축공사부지 내 서산 부장리 유적 현장설명회 자료

2004 아산시 배방면 갈매리아파트 신축공사부지 내 아산 갈매리 유적 현장설명회 자료

2005 공주 우성씨에스 장기공장신축부지 내 문화유적 발굴조사 개략보고서

2005 계룡 포스코 The # 아파트 신축공사부지 내 문화유적 시굴조사 현장설

명회

2005 서산 기지리 유적

2005 서산 음암 임대아파트 신축공사부지내 서산 부장리 유적 현장설명회자료

2006 당진 채운리 공동주택부지 내 문화유적 발굴조사 현장설명회자료

2006 아산 탕정 LCD단지 조성부지(2구역) 내 문화유적 시굴조사 현장설명회

한국문화재보호재단

2000 청주 송절동 유적

2000 청주 용암 유적 (I · II)

2001 하남 천왕사지 2차 시굴조사

2001 하남 천왕사지 시굴조사 -지도위원회 자료-

2002 시흥 목감중학교 시설사업 예정부지 문화유적 발굴조사 -지도위원회 자료-

2002 인천 검단 2지구 1 · 2구역 문화유적 시굴조사 -지도위원회 자료-

2002 인천 원당지구 1 · 2구역 문화유적 발굴조사 -1차 지도위원회 자료-

2002 제천 신월 토지구획정리사업지구 내 문화유적발굴조사 지도위원회 자료

2003 울산권 확장 상수도(대곡댐)사업 평입부지 내 3차 발굴 및 4차 시굴조사 약보고서

2003 인천 검단 2지구 2구역 문화유적 발굴조사 -지도위원회 자료-

2003 인천 불로지구 문화유적 시굴조사 -지도위원회 자료-

2003 인천 원당지구 4구역 문화유적 발굴조사 -4차 지도위원회 자료-

2004 인천 동양택지개발사업지구(1지구) 문화유적 발굴조사 지도위원회 자료

2004 인천 원당지구 4구역 문화유적 발굴조사 -6차 지도위원회 자료-

2004/2006 신갈-수지간 도로 확 · 포장공사 예정구간 문화유적 발굴조사 -3차 및 6차 지도위원회의 자료-

2004 성남 판교지구 문화유적 시굴조사 -1차 시굴 2차 시굴 및 2차 시굴 1차

지도위원회자료-

한백문화재연구원

2006 청평-현리 도로공사 예정구간 문화재발굴조사(A-다지구) 지도위원회 자료집

한림대학교 박물관

2003 경춘선 복선 전철 제 6공구 가평역사부지내 문화유적 발굴조사 지도위원회의 자료

2005 청평-현리 도로공사구간중 매장문화재 발굴조사(C지구)지도위원회의 자료집

2006 춘천 천전리 121-16번지내 문화유적 발굴조사 지도위원회 자료집

한국토지공사 토지박물관

2001 연천 군남제 개수공사지역 문화재 시굴조사 -지도위원회 자료

2002 용인 죽전지구 4지점 문화유적 발굴조사지도위원회 자료

韓南大學校 博物館

1987 鎭川 山水里 百濟土器 가마터 發掘調査 略報告 , 韓南大學校 博物館

호남문화재연구원

2005 익산-장수간 고속도로 건설구간내 발굴조사, 익산 사덕유적

2006 장성-원덕간 도로확장공사 구간 내 문화유적 발굴조사

2006 광주광역시 광주 하남2지구 택지개발사업 문화유적 발굴조사 약보고

2006 영광군 법성면 용덕리 태양광발전소 부지 내 시굴조사 약보고(1~3차)

홍형우

2006 아무르강 유역 및 연해주의 철기시대, 한 · 러 공동발굴 특별전, 아무르 · 연해주의 신비 강연회 자료집, 문화재연구소

穴澤口禾光 · 馬目順一

1973 羅州潘南面古墳群, 古代學硏究 70, 古代學

有光敎一

1940 羅州潘南古墳の發掘調査, 昭和13年度 古蹟調査報告 朝鮮總督府

有光敎一

1980 羅州 潘南面 新村里 第九號墳 發掘調査記錄, 朝鮮學報 94, pp. 119~166

岡內三眞 編

1996 韓國の前方後圓形墳, 雄山閣

田中俊明

1997 熊津時代 百濟의 領域再編과 王 · 侯制, 百濟의 中央과 地方, 충남대 백제연구소, 대전

谷井濟一

1920 京畿道 廣州, 高陽, 楊州, 忠淸南道 天安, 公州, 扶餘, 靑陽, 論山, 全羅北道 益山及全羅南道羅州郡古墳調査略報告, 大正六年度(1917) 古墳調査報告. 朝鮮總督府

渡邊素舟

1971 東洋文様史, 富山房, p.78

金烈圭

1976 『韓國의 神話』, 一朝閣

제 8 장

衛滿朝鮮 硏究의 新局面을 맞아

필자가 青銅器時代와 鐵器時代를 포괄적으로 다루면서, 한국의 考古學과 古代史는 별개의 독립적인 학문이 아니기 때문에 필연적으로 다루어야하는 衛滿朝鮮의 국가 형성, 漢城時代 百濟와 馬韓을 비롯한 한국 고대사의 미해결의 문제점들에 대해 人類學的인 틀(모델)에 고고학 자료들을 접목시켜 연구를 시작한지도 어느덧 36년이 지났다. 이와 같이 고고학, 고대사와 인류학의 접목으로 나타난 연구결과는 「韓國 古代國家形成에 대한 일고찰-衛滿朝鮮의 예-」(최몽룡, 1983, 『김철준박사 회갑기념 사학논총』), A Study on the Yongsan River Valley Culture -The Rise of Chiefdom Society and State in Ancient Korea-(최몽룡, 1984, 동성사), 『한국고대국가형성론』(최몽룡 · 최성락, 1997, 서울대학교 출판부), 『漢城時代 百濟와 馬韓』(최몽룡 · 김경택, 2005, 주류성)과 『최근의 고고학자료로 본 한국고고학 · 고대사의 신연구』(최몽룡, 2006, 주류성)란 책자로 출간되었다.

필자는 청동기, 철기시대 전기와 후기(삼국시대 전기)의 고고학과 고대사의 흐름의 일관성에 무척 관심을 가져 몇 편의 글을 발표한 바 있다. 1988년~2008년의 제5 · 6 · 7차 고등학교 국사교과서에서부터 1997년~2002년 국사편찬위원회에서 간행한 『한국사』 1, 3과 4권에 이르기까지 초기 철기시대와 원삼국시대란 용어대신 새로운 編年을 設定해 사용해오고 있다. 한국고고학 편년은 구석기시대-신석기시대-청동기시대(기원전 2000년~기원전 400년)-철기시대 전기(기원전 400년~기원전 1년)-철기시대 후기(삼국시대전기 또는 삼한시대 : 서기 1년~서기 300년: 종래의 원삼국시대)-삼국시대 후기(서기 300년~서기 660/668년)로 설정된다.

이제까지 철기시대 전기(기원전 400년~기원전 1년)는 두 시기로 구분되어 왔다. 철기시대 전기 중 Ⅰ기(前期)는 Ⅰ식 세형동검(한국식 동검), 정문식 세문경, 동부, 동과, 동모, 동착 등의 청동기류와 철부를 비롯한 주조 철제 농 · 공구류 그리고 단면 원형의 점토대토기와 700~850℃ 사이에서 구

아산 탕정 명암리 출토 화분형토기
(충청남도역사문화연구원, 2007년 9월부터 충청남도역사문화원에서 새로이 바뀐 명칭임)

경기도 가평 달전 2리 토광묘 출토 위만조선의 토기
(한림대학교 박물관)

워진 경질무문토기를 특색으로 한다. 그 연대는 기원전 400년부터 기원전 200년 전후로 볼 수 있다. Ⅱ기(後期)에는 Ⅱ식 세형동검과 단조철기가 등장하고, 세문경 대신 차마구가 분묘에 부장되고 점토대토기의 단면 형태는 삼각형으로 바뀐다. 그리고 철기시대 전기는 동과와 동검의 형식분류에 따라 세 시기로 구분될 수도 있다. 그러나 최근의 자료로 보아 점토대토기의 아가리 단면 형태로는 원형, 직사각형 그리고 삼각형의 세 종류가 확인되는데, 제주도 삼양동(사적 416호), 홍천 두촌면 철정리, 아산 탕정면 명암리, 안성 공도 만정리나 화성 동학산에서 발견된 단면 직사각형(방형)의 점토대토기는 원형에서 삼각형으로 넘어가는 과도기로 파악되고 있다. 다시 말해서 동과와 동검 그리고 점토대토기의 단면형태를 고려한다면 철기시대 전기를 두 시기가 아닌 Ⅰ기(前) · Ⅱ기(中) · Ⅲ기(後) 세 시기의 구분이 가능할 수 있겠다. 최근 발견된 유적을 보면 보면 완주 이서면 반교리 갈동에서는 동과 · 동검의 용범과 단면 원형 점토대토기가, 그리고 공주 수촌리(사적 460호)에서 세형동검, 동모, 동부(도끼, 斧), 동사와 동착(끌, 鑿)이 토광묘에서 나왔는데, 이들은 논산 원북리, 가평 달전 2리와 함께 기시대 전기 중 Ⅰ기(전기)의 전형적인 유적 · 유물들이다. 다시 말해 세형동검 일괄유물, 끌을 비롯한 용범(거푸집), 토광묘 등은 점토대토기(구연부 단면원형)와 함께 철기시대의 시작을 알려준다. 특히 이들이 토광묘에서 출토되었다는 사실은 세형동검이 나오는 요양 하란 이도하자(遼陽 河欄 二道河子), 여대시 여순구구 윤가촌(旅大市 旅順口區 尹家村), 심양 정가와자(沈陽 鄭家窪子), 황해도 재령 고산리(高山里)를 비롯해 위만조선(기원전 194~기원전 108년) 시기와 밀접한 관련이 있는 것으로 볼 수 있다. 그리고 화성 동학산에서는 철제 끌의 용범과 단면 직사각형의 점토대토기가, 안성 공도 만정리의 토광묘에서는 세형동검과 함께 단면 직사각형의 점토대토기가 나왔는데 이들은 철기시대 전기 중 Ⅱ기(중기)의 유물들이다. 여기에는 제주도 삼양동(사적 416호)과 홍성 두촌면 철정리유적도 포함된다. 철기시대 전기 중 후기(Ⅲ기)에는 구연의 단면이 삼각형인 점토대토기와 다리가 굵고 짧은 豆形토기가 나오는데 여기에는 경주 蘿井(사적 245호), 月城(사적 16호), 파주 탄현면 갈현리, 수원 고색동유적 등이 포함된다. 낙랑의 묘제는 토광묘, 귀틀묘, 전축분의 순으로 발전해 나갔는데, 토광묘의 경우는 평안남도 강서군 태성리의 경우처럼 樂浪에 앞선 위만조선 시대(기원전 194년~기원전 108년)의 것으로 볼 수 있다. 토기제작을 보면 한 무제의 한사군 설치를 계기로 낙랑과 대방을 통해 고도로 발달한 漢의 文物이 한반도로 유입되었다. 앞선 청동기시대 전통의 500~700℃의 화도에서 소성된 무문토기와 700~850℃에서 구워진 경질무문토기를 함께 사용하던 철기시대 전기의 주민들에게 火度가 1,000~1,100℃에 이르는 陶器와 炻器(stoneware)는 상당한 문화적 충격이었을 것이다. 철기시대 전기의 말기에 해당하는 기원전 108년 낙랑군이 설치된 이후 그 영향하에 한식 도기가 무문토기 사회에 유입되는데 한식도기(漢式陶器) 또는 낙랑도기(樂浪陶器)/토기의 공반 여부를 기준으로 시기구분을 설정할 수도 있다. 일반적으로 통용되는 토기(pottery 또는 Terra-cotta)라는 용어 대신 도기(陶器, earthenware)란 용어를 사용한 것은 토기는 소성온도의 차이에 따라 토기-도기-석기(炻器, stoneware)-자기(磁器, 백자 porcelain, 청자 celadon)로 구분되기 때문이다. 한나라 도기의 소성온도는 1,000℃를 넘고 석기의 경우는 1,200℃ 전후에 달하는데 소성온도는 토기의 제작기술을 반영하는 중요한 요소이다. 중국에서는 500~700℃ 정도 구워진 선사시대의 그릇을 토기라 부르고 춘추-전국시대와 한나라의 그릇은 이와 구분하여 도기라 지칭한다. 백제나 마한의 연질 · 경질의 토기는 도기로, 회청색 신라토기는 석기라 지칭되는 것이 보다 타당하다. 과학적 분석에 근거한 적확한 용어 선택은 우리 고고학계의 시급한 과제 중의 하나이다. 특히 시대구분의 표지가 되는 토기, 도기, 석기의 구분 문제는 보다 중요한데, 이는 이들을 구워 내는 가마를 포함한 제작기술상의 문제와 이에 따른 사회발달상과도 깊은 관련을 맺고 있기 때문이다. 송파구 풍납동토성, 경기도 양평 양수리 상석정, 연천 청산면 초성리, 가평 상면 덕현리, 화성 기안리, 가평 달전 2리와 대성리, 강원도 홍천 철정리, 정선 신동읍 예미리, 강릉 안인리와 병산동, 동해 송정동, 춘천 율문리와 거두리를 비롯해 현재 발굴이 진행중인 경기도 광주시 장지동(기전문화재연구소)과 충청남도 아산시 탕정면 명암동 LCD 단지 I 지점(충남역사연구원) 등지에서 확인된 위만조선 계통의 화분형토기나 漢나라 또는 樂浪계통의 도기들은 무문토기사회에 여과되지 않은 채 직수입된 중국의 문물이 끼친 영향이 어떠했는가를 엿볼 수 있는 좋은 자료들이다. 한반도 청동기시대 주민들은 당시 안성 공도 만정리에서 확인되듯이 물레의 사용 없이 손으로 빚은 경질무문토기를 앙천요(open kiln)에서 구워 내었지만 그 후 철기시대가 되면 강릉 사천 방동리, 파주 탄현 갈현리, 아산 탕정면 명암리 LCD 단지 I 지점과 경남 사천 방지리에서 보여주다시피 직경 1.5m 내외 원형의 반수혈(半竪穴)의 좀더 발전한 가마에서 점토대토기를 구워내고 있었다. 진천 삼룡리(사적 제344호)와 산수리(사적 제325호)에서 확인되는 중국식 가마 구조의 차용과 그 곳에서 발견되는 한식도기의 모방품에서 확인되듯이 도기제작의 기술적 차이를 극복하는데 적어도 2~300년의 기간이 걸렸을 것이다. 서기 3세기~4세기 마한과 백제유적에서 흔히 보이는 토기 표면에 격자문, 횡주단사선문, 타날문 또는 승석문이 시문된 회청색 연질 또는 경질토기(도기로 보는 것이 좋음)들이 도기 제작에 있어서 기술 극복의 결과로 볼 수 있을 것이다. 따라서 낙랑의 설치와 아울러 중국 漢나라 본토에서 직접 가져온 한식도기(漢式陶器) 또는 낙랑도기(樂浪陶器)가 공반되는 무문토기 유적의 연대는 낙랑이 설치되는 기원전 108년과 가까운 시기가 될 것이다.

가평 달전 2리와 아산 탕정 명암리 토광묘에서 화분형토기와 한식 도기가 함께 나오고 있는데, 가평 달전의 경우 중국 서안(西安) 소재 섬서성 역사박물관 전시품과 똑같은 한대의 과(戈)가 출토되었다. 연천 청산면 초성리, 춘천 율문리 및 가평 대성리와 양평 양수리 상석정의 '철(凸)' 자와 '여(呂)' 자형 집자리 유적(A-10호의 연대가 가장 올라가며 기원전 330년, 기원전 170년임. 그리고 나머지의 연대는 100 AD~190 AD 등으로 나왔다. 2150±60 BP, 기원전 2세기에서 기원전 1세기 전후의 연대가 무난할 것으로 생각됨)의 경우도 마찬가지로 볼 수 있으며, 그 연대도 기원전 1세기를 내려오지 않을 것이다. 또 포천 영중면 금주리 유적에서도 기원전 20년~서기 10년이라는 연대가 확인되어 이들과 비슷한 시기의 유적임이 확인된 바 있다.

철기시대 전기 중 Ⅲ기(후기, 기원전 3세기~기원전 1년)에는 위만조선-낙랑-고구려-마한-동예-백제 등의 정치적 실체들이 서로 깊은 관계를 맺어 역사적 맥락을 형성하고 있으며 이시기는 삼국시대 전기(서기 1년~서기 300년)에까지 이어진다. 그 중 원삼국시대라는 한국 고대사 기록과 부합되지 않는 애매한 시기 설정 대신에 馬韓과 百濟라는 시기구분이 등장한다. 문헌으로 볼 때 高句麗, 百濟와 新羅는 신화와 역사적 사건으로 서로 얽히어 있다. 그러나 한국의 고대사에서는 고구려를 제외하고는 백제와 신라의 초기 역사를 인정하지 않고 있다. 그래서 삼국시대 초기에 대한 기본적인 서술은 通時的, 進化論的과 아울러 歷史的 脈絡을 고려해야 한다. 한국의 역사고고학의 시작은 최초의 국가가 형성된 衛滿朝鮮(기원전 194년~기원전 108년) 때부터이다. 그 중 철기시대 전기에 속하는 기원전 400년에서 기원전 1년까지의 약 400년의 기간은 한국고고학과 고대사에 있어서 매우 복잡하다. 이 시기에는 한국고대사에 있어서 중국의 영향을 받아 漢字를 알게 되고 국가가 형성되는 등 역사시대가 시작되고 있다. 청동기시대에 도시 · 문명 · 국가가 발생하는 전 세계적인 추세에 비추어 우리나라에서는 국가가 이보다 늦은 철기시대 전기 중 Ⅲ기(후기)에 나타난다. 위만 조선은 漢나라 7대 武帝(기원전 141년~기원전 87년)가 보낸 원정군에 의해 망한다. 이때는 『사기』의 저자인 司馬遷(기원전 145년~기원전 87년)의 나이 37세이다. 그의 기록에 의하면 평양 근처의 왕검성에 자리하던 위만 조선이 문헌상에 뚜렷이 나타나는 한국 최초의 고대국가를 형성하고 있었다. 위만 조선은 위만-이름을 알 수 없는 아들-손자 右渠-太子 長을 거치는 4대 87년간 존속하다가 중국 한나라에 의해 망한다. 그리고 樂浪, 臨屯, 玄菟(이상 기원전 108년 설치)와 眞番(기원전 107년 설치)의 한사군이 들어서는데, 오늘날 평양 낙랑구역에 樂浪이, 그리고 황해도와 경기도 북부에 帶方(처음 낙랑군에 속하다가 獻帝 建安 서기 196년~220년간에 대방군이 됨)이 위치한다. 이들은 기원전 3세기~기원전 2세기경부터 존재하고 있던 馬韓과 기원전 18년 마한의 바탕 위에 나라가 선 百濟, 그리고 동쪽의 東穢, 남쪽의 辰韓과 弁韓에 막대한 영향을 끼치었다.

청동기시대-철기시대 전기의 토착세력인 支石墓 축조자들이 기원전 1500년~기원전 1년까지의 약 1500여 년에 이르는 동안 공존했거나, 이들이 동화시킨 여러 가지 다원론적인 다른 문화계통의 묘제 다시 말해 석관묘, 석곽묘, 토광묘와 옹관묘 등과의 문화접촉 관계는 앞으로 연구되어야 할 중요한 과제이다. 이는 마산 진동리 지석묘 발굴의 경우에서 잘 보인다. 청동기시대의 세장방형-장방형-방형-원형의 수혈움집을 거쳐 철기시대 전기-철기시대 후기(삼국시대 전기)에 나타나는 '철(凸)' 자형-'여(呂)' 자형-육각형 수혈움집의 변천과정과 아울러 토광묘-주구토광묘-옹관묘의 발달과정, 그리고 최근 발굴조사되고 그 수가 증가하고 있는 공주 탄천면 장선리(사적 제433호), 가평 대성리, 기흥읍 구갈리, 논산 원북리, 화성 동탄지구 내 석우리 먹실, 화성 동탄 반월리, 안성 용두리 土室들과의 상호 문화적 관계를 좀더 구체적으로 살펴보면 철기시대 전기와 후기에 걸쳐 나타나는 동예, 옥저, 변한, 진한, 마한의 족장사회(chiefdom society), 그리고 이들을 기반으로 하여 형성된 고구려 백제, 신라와 가야 등 기록에 나타나는 구체적이고 역사적인 고대국가(ancient state)의 형성과 발전도 고고학적으로 입증해 낼 수 있을 것이다.

전세계의 역사상 都市, 文明과 國家는 거의 동시에 발전하고 나타난다. 이들의 연구는 歐美학계에서 1960년대 이후 신고고학(New Archaeology)에서 Leslie White와 Julian Steward의 新進化論(neo-evolutionary approach; a systems view of culture)과 체계이론(system theory)을 받아들임으로써 더욱더 발전하게 된다. 이들 연구의 주제는 農耕의 起源과 文明의 發生으로 대표된다. 이들은 관점은 生態學的인 接近에서 나타난 自然全體觀(holistic view)으로 物理的環境(physical environment), 生物相(biota ; fauna, flora)과 文化(culture)와의 相互 적응하는 생태체계(ecosystem)로 이루어진다. 文化는 환경에 적응해 나타난 結果이다. 이에서 量的 質的으로 變化하는 다음 段階, 즉 都市와 文字가 나타나면 文明인 것이다. 여기에 武力을 合法的으로 使用하고 中央集權體制가 갖추어져 있거나, 힘 · 武力(power), 경제(economy)와 이념(ideology)이 함께 나타나면 國家段階의 出現을 이야기한다. 따라서 都市, 文明과 國家는 거의 동시에 나타난다고 본다. 그 중 文化가 環境에 대한 適應의 結果인 文明의 發生은 수메르(Sumer)로부터 잉카(Inca)에 이르기까지 時 · 空을 超越한다. 범위는 亞細亞에서 南美에 이르기까지 全世界的이며, 時間도 기원전 3100년에서 서기 1532년까지 約 4500년간의 時差가 있다.

韓國의 경우 考古學編年上 鐵器時代前期(기원전 400년~기원전 1년 : 종래의 初期鐵器時代)에 文明化가 시작된다. 이는 衛滿朝鮮(기원전 194년~기원전 108년)의 성립과 더불어 수도를 왕검성으로 정하고 문자는 漢字를 使用

했을 可能性이 많다. 이는 衛滿朝鮮에 관한 記錄이 中國側『漢書』와『史記』에 구체적으로 나타나고, 이 당시 交易에 사용했던 國際的 貨幣인 燕나라의 明刀錢이 衛滿朝鮮의 領域에서 많이 나오기 때문이다. 이들을 통해 당시의 貿易路도 짐작해 볼 수 있다. 衛滿朝鮮은 衛滿-?(기록없는 아들)-右渠-太子 長의 4대 87년간 지속했던 國家였으며, 마지막 右渠와 그의 아들인 太子 長이 漢武帝가 파견한 楊僕과 荀彘의 陸海軍 55,000명의 遠征軍에 대항하는 記事가 司馬遷의『史記』朝鮮傳에 구체적으로 나타나고 있다. 여기에서의 難攻不落의 都邑地 兼 王城이 현재 平壤근처인 王儉城으로 추정된다. 그래서 衛滿朝鮮은『漢書』와『史記』의 기록을 근거로해 都市와 文字를 갖추었으며, 武力을 合法的으로 사용하고 中央集權(官僚)體制가 확립된 완벽한 국가였다고 해도 과언은 아니다. 朝鮮相 路人과 韓陰, 大臣 成己, 將軍 王唊, 尼谿相 參과 裨王 長 등이 이에 해당되는 중앙관료들이다. 아울러 朝鮮相 路人과 그의 아들 最의 등장은 이 사회가 身分의 世襲이 이루진 것으로 볼 수 있다.

衛滿은 燕나라 王 盧綰의 부하로 燕王이 漢나라에 叛해서 匈奴로 들어가자 머리에 상투를 틀고 오랑캐의 옷(朝鮮族의 머리와 옷)을 입고(椎結蠻夷服) 浿水를 지나 옛 秦나라의 空地인 上下障에 머물고 있으면서 燕나라와 齊나라에서 망명한 자를 키운 후 箕子朝鮮의 마지막 왕인 準王을 내몰고 衛滿朝鮮을 세웠다.『三國志』東夷傳 韓條에는 衛滿은 이들 망명자들을 모아 왕노릇을 하고 王儉城에 도읍을 정했다고 한다. 그후 漢 惠帝 때 遼東太守에 의해 外臣이 되고 衛滿이 箕子朝鮮의 마지막 왕인 準王으로부터 博士라는 職을 받고 朝鮮의 서쪽 邊方을 지키도록 委任을 받았으나 戰國의 亂을 避해 도망 오는 사람들을 모아 힘을 糾合한 후 오히려 準王을 몰아내고 나라를 세웠다고 전한다. 이것은 韓國歷史上 最初의 武力政變(쿠테타 ; coup d' e-tat)이였다. 그리고 衛滿朝鮮은 처음부터 武力을 기반으로 한 征服國家였다.

그는 힘을 이용해 濊나 弁辰의 朝貢路를 遮斷해 막대한 利益을 보았는데 오히려 이것이 漢武帝의 遠征軍을 불러오는 禍根이 되었다. 衛滿朝鮮이 征服國家임은 後漢書 東夷傳 濊傳 元朔 元年(紀元前 128년) "濊君 南閭가 右渠를 背叛하고 28萬名을 데리고 遼東으로 갔다"고 하는 것과 『三國志』 東夷傳 漢條에 "朝鮮相 歷谿卿이 右渠를 叛해서 2千餘戶의 백성을 데리고 辰國으로 망명했다"라는 記事들이 이를 立證한다.

韓國에 있어서 國家의 發生과 이에 따른 文明化過程에 대한 연구는 쉽지 않다. 왜냐하면 아직도 考古學과 古代史 研究 方向과 結果가 一致하지 못하고 있기 때문이다. 불행히도 해당지역에 대한 考古學的인 發掘이 이루어지지 못하고 있어 그 정확한 내용이 밝혀지지 못하고 있다. 그나마 다행인 것은 이웃 中國側의 文獻記錄에 의해 그 歷史的인 事實을 구체적으로 알 수 있다는 점이다. 그리고 최근 위만조선시대의 토기로 알려져 있는 평안남도 강서군 태성리 토광묘에서 나오는 화분형 계통의 토기가 경기도 가평군 가평읍 달전 2리, 경기도 광주시 장지동과 충청남도 아산시 탕정면 명암리 LCD 조성단지 Ⅰ지점에서 발견되고 있어 앞으로 위만조선의 고고학적 입증도 구체화될 것이다. 이런 경우 衛滿朝鮮이 韓國에 있어서 最初의 國家成立과 文明의 發生 研究에 있어서 重要한 示唆를 해준다. 衛滿朝鮮이 屬하는 시기는 韓國考古學編年上 鐵器時代前期(기원전 400년~기원전 1년) 중 Ⅲ기이다. 따라서 韓國에 있어서 國家와 文明의 시작은 考古學上 鐵器時代前期에 일어난다. 이의 바탕은 武力과 戰爭에 의한 征服國家이다. 이때가 韓國에 있어서 歷史의 시작이며 아울러 歷史考古學研究의 始發点이다. 그 당시의 考古學的 情況은 비록 中國側과의 力學關係에 의한 文明化의 길로 들어선 所謂 第二次的인 文明과 국가(a secondary civilization & state)라고 말할 수 있겠다. 이는 紀元前 108年 漢武帝가 세운 漢四郡(기원전 108년~서기 313년) 중의 하나인 樂浪을 통해 中國의 鐵器, 土壙墓, 漢字 그리고 後

日 고구려 소수림왕 2년(서기 372년)佛敎까지 流入되면서 더욱더 加速化되었다.

이제까지 衛滿朝鮮과 연관되는 고고학자료로는 細竹里(平北 寧邊)-蓮花堡(遼寧 撫順市)유형의 유적으로 세죽리, 연화보, 윤가촌유적 등을 들고 있었다. 그러나 이들이 위만조선과 직접적인 연관이 있는지 학계에서는 아직 거론이 되고 있지 않다. 왜냐하면 현재 평양으로 추정되는 위만조선의 궁성으로 알려진 王儉城의 위치 확인과 고고학유물을 직접 역사적 사실에 부합시킬 수 있는가의 문제가 있었기 때문이다. 그러나 이 시기의 묘제를 보면 지석묘의 형식상 철기시대 전기까지 사용되던 후기 형식의 蓋石式 支石墓의 단계가 지나고, 土壙墓가 이 시기의 주 묘제가 되었다. 이런 예의 무덤으로는 1959년 고고학 및 민속학 연구소 고고학연구실 채희국 연구사가 중심이되어 발굴보고서를 낸 평안남도 강서군 태성리 토광묘가 대표적이다. 그리고 최근 가평 달전 2리, 완주 갈동, 안성 공도 만정리, 예천 성주리의 토광묘들도 이에 해당된다. 그리고 최근 세죽리와 연화보 유적과 같은 시기의 本溪 上堡村 유적에서는 세형동검, 燕의 철기, 灰陶와 함께 점토대토기가 공반하고 있다는 사실도 매우 주목을 받고 있다. 이 시기의 유물로는 明刀錢을 비롯해 철기유물을 들 수 있으며 이들은 크게 농구와 무기로 나눌 수 있다. 농구로는 호미, 괭이, 삽, 낫, 반달칼, 철부, 손칼, 송곳 등이 나왔으며, 무기로는 창, 단검, 비수, 과, 활촉 등이 나왔다. 청동기는 철기에 비해 그 양이 훨씬 적으며, 대부분 무기류에 속하는 것으로, 동촉, 노기, 검파두, 동모 등이 있다. 토기는 크게 4종류로 나눌 수 있다. 첫 번째로 태토가 곱고 회색이 기본인 유형, 두 번째로 모래가 섞이고 승석문이 시문되었으며 돌림판을 쓴 흔적이 있는 유형, 세 번째로 태토에 활석이 섞인 유형, 그리고 네 번째로 전시기의 무문토기 전통이 유지되는 모래를 섞고 돌림판을 쓰지 않고 만든 화분형토기의 유형이 있다. 이밖에 석기는 보고 된 것이 그리 많지 않은데, 연화보에서 반월형석도편이 발견되었고 그 밖에 석부, 숫돌, 용범 등의 발견예가 있다.

否王과 準王의 古朝鮮 말에서 衛滿朝鮮으로 넘어오는 기원전 3세기~기원전 2세기의 정치적 중심지인 서북한지방의 평양(王儉城)지역은 요동-서북지방과는 달리 세형동검문화가 지속되며 青銅戈, 비수, 수레부속 등이 출현하는 특징을 보인다. 이 시기의 유적으로 주거유적은 토성이 있는데, 현재까지 어을동토성, 운성리토성, 청산리토성 등이 알려져 있어서 衛滿朝鮮과 그를 이어받은 樂浪郡의 지방행정구역을 보여준다. 무덤으로는 움무덤과 나무곽무덤이 압도적 다수를 차지하여서 석관묘나 적석총이 다수를 차지하는 전시기와 차이를 보여준다. 이 토광묘유적들은 흔히 樂浪郡의 토광묘와 혼동하기 쉬우나, 세형동검, 수레부속 등의 유물은 낙랑군 이전부터 존속했던 것을 보여준다. 이러한 평양지역의 토광묘문화는 樂浪郡설치 이후에도 계속적으로 지속된다. 따라서 토광묘 유적 중에서 낙랑의 것과 위만조선의 것을 어떻게 분리할 것인가가 큰 문제가 된다. 이와 관련하여 토광묘의 연대관에 대해서 살펴볼 필요가 있다. 북한에서는 이 지역의 토광묘의 변천을 크게 움무덤-나무곽무덤-부부합장된 나무곽무덤-귀틀무덤으로 보고 있다. 대체로 무덤의 부장품이나 묘제에서 커다란 차이를 보이는 것은 나무곽무덤과 귀틀무덤인데, 두 묘제의 교체시기는 위만조선-낙랑의 교체시기가 아니라 기원전 1세 중엽 또는 기원전후라는 것이 학계의 공통된 견해이다. 즉 나무곽무덤-귀틀무덤의 변화상을 위만조선과 낙랑의 교체시기로 보기는 어렵다. 다음으로 움무덤과 나무곽무덤의 변천을 보면 북한의 견해를 따르면 나무곽무덤은 기원전 2세기 중엽에 시작되었다고 본다. 강서 태성리의 경우 나무곽무덤 내지는 움무덤과 같은 용어가 사용되기 이전에 발굴된 것으로 토광묘라는 이름으로 발굴이 되었기 때문에 유물상을 통해서 나무곽무덤 여부를 가릴 수 있다. 田村晃一은 태성리에 대해서 화분형단지-배부른단지의 유형이 보이는 토광묘가 비낙랑계의 유물로 衛滿朝鮮기의 것이라고 보았다. 세형동검은 전시기인 비파형동검의 문화를 이어받은 것으로 알려지는 古朝鮮의 대표적인 유물이다. 물론 세형동검은 낙랑군설치 이후에도 일부 무덤에 쓰여지긴 했지만 퇴화된 형식으로 유물의 부장칸에 부장된 것이다. 기원전 3세기~기원전 2세기의 움무덤과 나무곽무덤 1기와의 관계를 보면 철기의 수가 증가했으며 움무덤 2부류에서는 거의 보이지 않던 수레부속이 증가하며, 나무곽무덤 1기에서는 전시기에 보이던 세형동모가 보이지 않는다는 특징이 있다. 이와 관련하여 세형동검문화에 대해서 박진욱은 4기의 문화로 나누어 보았다 그의 분류를 보면 1단계는 세문경, 과가 출토되나 수레부속은 나오지 않으며, 솔뫼골, 반천리, 석산리 등이 있다. 2단계는 마구와 수레부속 출토하며, 세문경과 과는 보이지 않게 되며 동대원 허산, 천주리, 당촌무덤 등이 있다. 3단계에는 청동기와 철기가 비슷한 비율로 발견되고 4단계부터는 철기가 다수를 차지하게 된다. 이 분류에서 기원전 3세기~기원전 2세기의 위만조선및 그 관련문화는 1, 2단계이며, 3, 4단계는 나무곽무덤의 사용이 본격화되는 시기, 즉 樂浪郡설치이후의 문화단계로 보인다. 이 시기의 세형동검은 前時期의 세형동검(남한에서는 변형비파형동검이라고 하기도 함)의 두가지 형식이 계속 발전해서 윤가촌 12호, 고산리계통과 이도하자, 단동지구출토의 형태로 나뉜다. 세형동모는 길이가 짧고 너비가 넓은 1식, 길이가 넓고 너비가 좁은 2식이 선후관계를 보인다. 이밖에 청동거울은 조문경, 세문경으로 나누어지는데, 조문경에서 세문경으로 변했다. 이 시기의 특징적인 유물이라 할 수있는 마구와 수레부속은 주로 뒷시기에 많이 출토된다. 이밖의 청동유물로 검파두, 검집, 靑銅戈 등이 발견되었다. 철기는 주로 무기, 마구, 수레부속류가 주류를 이룬다. 토기는 주거유적의 경우는 발견 예가 없어서 알기 어려우나 토광묘에서는 화분형단지와 배부른단지가 세트를 이루어서 발견된다. 이들 유적의 편년의 근거는 상한의 경우 서북지방 출토인 을형, 병형의 明刀錢의 연대가 기원전 3세기이고 하한이 기원전 2세기 말인 점은 나무곽무덤의 변천에 따른 것으로 단장에서 부부합장으로 바뀌는 시기로 古朝鮮의 멸망과 시기를 같이한다고 볼 수 있다. 최근까지의 이러한 무덤구조의 변천과 이에 따른 유물의 型式 分類와 編年은 학자마다 제각기 약간의 차이가 있으며 이는 衛滿朝鮮과 漢四郡의 樂浪이라는 歷史的 政治体를 인정하지 않고 모두 古朝鮮이라는 單一한 編年에 귀속시키려고 하는데에 기인한다. 이의 分離와 歷史的 立證 問題들은 앞으로 고고학과 고대사의 중요한 연구방향과 과제가 될 것이다.

최근 한림대학교 박물관에서 발굴한 경기도 가평 달전 2리 토광목곽묘에서는 위만조선시대 사용한 화분형 토기와 함께 세형동검, 한식과(戈), 한나라 도기들이 출토하고 있어 주목받고 있다. 그리고 경기문화재단 부설 기전문화재연구원의 경기도 광주시 장지동 유적의 시굴조사와 아산 탕정면 LCD 조성단지 I 지점 토광묘에서도 위만조선 시기의 화분형 계통의 토기가 발견되어 위만조선의 연구범위가 더 넓어지고 앞으로 위만조선의 실체, 강역과 그 중심적인 위치가 고고학자료로서 서서히 立證이 되어가고 있는 중이다. 그러나 문헌상의 나오는 衛滿朝鮮의 政治体로서의 실체와 그 인정여부, 그리고 기원전 108년 위만조선이 漢武帝의 원정군에 망한 후 그 자리에 남아있던 衛滿朝鮮의 원주민, 다른 지역에로의 亡命人들과 그 자리를 메꾸고 들어온 漢人(樂浪)인들과의 관계에 대한 고고학자료의 입증은 토광묘, 花盆形토기, 세형동검 관계 일괄유물들과 漢나라인들이 가져온 漢式陶器(樂浪陶器)들의 분포지 파악 등으로 새로운 研究方向을 提示할 수 있을 것이다. 최근 한식도기(낙랑도기)가 나오는 유적은 풍납동토성(사적 11호), 경기도 연천 초성리, 가평 대성리, 달전 2리와 상면 덕현리, 양주 양수리 상석정, 하남시 이성산성(사적 422호), 화성 기안리, 광주읍 장지동, 강원도 강릉 안인리와 병산동, 동해 송정동, 정선 예미리, 춘천 거두리와 율문리, 충청남도 아산 탕정 명암리와 경상남도 사천 늑도 등 십여 군데에 이른다. 주로 강원도와 경기도 지역에 집중해서 漢式陶器가 나오고 있다. 이 점은 樂浪의 影響圈을 잘 보여 주고 있다 하겠다. 이런 점에서 철기시대 전기 중 Ⅲ기(후기) 기원전 2~1세기의 고고학적 유적과 유물의 검토가 필요하다. 경주 蘿井(사적 245호)의 경우 구연부 단면 삼각형의 점토대 토기와 함께 다리가 굵고 짧은 豆形토기가 나오고 있으며 이 시기는 朴赫居世의 新羅建國과 밀접한 관련을 맺고 있기 때문이다. 그래서 최근 발견되고 있는 경기도 가평 달전 2리, 경기도 광주시 장지동, 충청남도 아산 탕정면 명암리, 전라북도 완주 이서면 반교리 갈동과 경상북도 성주군 성주읍 예산리 유적 등은 매우 중요하다. 이들은 이제까지 司馬遷의 『史記』와 같은 문헌에 주로 의존하고 있었으며 고고학 자료는 매우 零細했던 衛滿朝鮮의 研究에 新局面을 맞게 해주었다. 앞으로 위만조선의 연구에도 多元論, 進化論, 通時論, 歷史的脈絡과 文化史的 觀點, 그리고 考古學, 古代史와 人類學의 學際的 研究가 바탕이 되어야 한다. 그래야 올바른 研究方向과 解釋이 만들어 질 것이다.

참/고/문/헌

강릉대학교 박물관

1998 강릉 병산동 공항대교 접속도로 건설부지내 문화유적 발굴조사 지도위원회 자료

2000 발굴유적유물도록

강원문화재연구소

2004 동해 송정지구 주택건설사업지구내 문화유적 -시굴조사 지도위원회의 자료-

2005 국도 38호(연하~신동간)도로 확포장공사구간내 유적 발굴조사 지도위원회의 자료

2006 춘천 우두동 유적 -춘천 우두동 직업훈련원 진입도로 확장구간내 유적 발굴조사 3차 지도위원회의 자료

2006 홍천 철정리 유적 Ⅱ 지도위원회자료

2006 춘천 율문리 생물산업단지 조성사업부지내 유적(2차)발굴조사 지도위원회자료

경기대학교 박물관

2005 수원 고색동 유적

경남발전연구원 역사문화센터

2005 마산 진동리 유적

과학, 백과사전출판사

1977 조선고고학개요

과학원출판사

1959 태성리 고분군 발굴보고, 유적발굴보고 제 5집

국립경주문화재연구소

2006 월성해자

경상북도 문화재연구원

2003 성주 백전 · 예산 토지구획정리사업지구내 성주 예산리유적 발굴조사 -지도위원회 및 현장설명회의 자료-

기전문화재연구원

2003 화성 발안리 마을유적 · 기안리 제철유적 발굴조사

2004 경춘선 복선전철 사업구간(제4공구)내 대성리유적 발굴조사

2006 성남~장호원 도로공사(2공구)문화유적 시굴조사 지도위원회자료

동아대학교 박물관

2000 늑도유적 C지구 발굴조사 개요(3차)

박진욱

1988 조선고고학전서

상명대학교 박물관

2005 파주 탄현면 갈현리 공장 신축예정 부지 문화유적 시굴조사

성균관대학교 박물관

2004 경기도 양평군 양수리 상석정마을 발굴조사 약보고서

예맥문화재연구소

2006 춘천 율문리 75-2번지 창고신축부지내 유적 발굴(시굴)조사 약보고서

육군사관학교 화랑대연구소

2006 연천군 청산-백의간 도로 확 · 포장공사구간 문화유적 약보고서

이청규

2007 한대이전 중원계 문물의 만주-한반도로의 유입, 상하이박물관소장 중국 고대 청동기 · 옥기

2007 선사에서 역사로의 전환-원삼국 개념의 문제-, 한국고대사연구 46

崔夢龍

2004 朝鮮半島の 文明化-鐵器文化と 衛滿朝鮮-, 日本 國立歷史民俗博物館硏究報告 제119집

최몽룡

2006 최근의 고고학 자료로 본 한국고고학 · 고대사의 신연구, 주류성

최몽룡 · 최성락

1997 한국고대국가 형성론, 서울대학교출판부

충청남도 역사문화원

2006 아산 탕정 LCD단지 조성부지내(2구역)내 문화유적 발굴조사 1차 현장설명회[2-1 지점 발굴조사 및 1지점 시굴조사]

한림대학교 박물관

2003 경춘선 복선 전철 제 6공구 가평역사부지내 문화유적 발굴조사 지도위원회의자료

2005 청평-현리 도로공사구간중 매장문화재 발굴조사(C지구)지도위원회의 자료집

한양대학교 박물관

2006 이성산성 발굴 20주년 특별전

호남문화재연구원

2003 전주시 관내 국도대체 우회도로(이서~용정)건설구간내 완주 갈동유적 현장설명회 자료

田村晃一

1966 いわゆる土壙墓について-台城里土壙墓群の再檢討を中心として, 考古學雜誌 50-3

제 9 장

京畿道의 考古學

-通時的으로 본 漢江 유역의 通商圈-

일제시대에 조성된 한국문화의 식민사관을 대표하는 단어로 타율성, 사대성, 정체성과 반도성이 있다. 그 중 반도성은 한반도의 지정학상 문화의 교량 역할을 의미한다. 그러나 한반도에서 확인되는 고고학 자료는 한반도 지역이 '문화가 통과하여 남의 나라에 전파만 시켜 주었던 단순한 다리' 역할만을 수행했다기보다는 선사시대 이래 북방 초원지대, 중국 동북삼성(요녕성, 길림성과 흑룡강성)과 러시아의 바이칼호-아무르강-연해주 지역에서부터 전래되는 시대에 따라 여러 지역에서 발생한 다양한 문화를 수용해 왔으며, 또 이를 토대로 나름대로 독특한 특징이 있는 문화를 형성하였음을 보여준다. 비록 이러한 증거들이 아직은 영세하고 구체적이지 못하나 최근 발굴 조사된 자료들은 선사시대 이래 한반도 지역에서 발생했던 문화의 전파 및 수용과정을 시대별로 파악하는 것을 가능하게 한다. 일본에로의 문화 전파를 고려하지 않더라도, 한국 문화는 마치 문화 전파라는 철도의 종착역에 다다른 듯한 복합적이고 多元(源)的인 요소를 갖추고 있다.

경기도 일대, 특히 한강유역에서 지금까지 확인된 선사시대, 즉 구석기, 신석기 및 청동기시대 유적의 절대수자는 아직 그리 많지 않다. 따라서 한반도의 중심부라는 지정학적 조건을 갖춘 경기도 지역이 선사시대의 한반도 또는 한반도를 포함한 동북아시아 지역에서 담당하고 수행했던 역할을 파악할 수 있는 고고학적 증거 역시 아직은 미미하다 하겠다. 그러나 역사시대에 이르러서는 그 양상에 상당한 변화가 있었다. 즉, 경기도 지역은 철기시대 전기(기원전 400년~기원전 1년), 철기시대 후기(삼국시대 전기, 서기 1~300년), 삼국시대 후기(서기 300~660/668년)의 전기간에 등장했던 한국 최초의 국가인 위만조선(기원전 194~기원전 108년)과 낙랑과 대방(기원전 108년~서기 313년), 마한(기원전 3/2세기~서기 5세기 말/6세기 초), 한성시대의 백제(기원전 18년~서기 475년)를 비롯하여 고려(서기 918년

~1392년)와 조선(서기 1392년~1910년)에 이르기까지 한강유역을 중심으로 한 경기도는 한국사의 중심무대로 대두되었다. 여기에 통상권의 개념을 추가하면 경기도의 문화권이 좀더 구체화 될 것이다. 다시 말해 상품(goods)과 용역(service)의 집합 및 분산 그리고 이동을 의미하는 용어로는 '직접 접촉에 의한 교역 또는 무역'(direct contact trade), 교역(trade)과 중심지 교역(central place trade) 등 세 가지를 들 수 있는데, 여기에 문화적인 의미를 부여한다면 Joseph Caldwell이 기원전 300년~서기 700년경 오하이오, 뉴욕과 미시시피주에서 융성했던 중기 우드랜드(Middle Woodland)의 호프웰문화를 설명하면서 제시한 용어인 Hopewellian Interaction Sphere(호프웰 通商圈)를 적용할 수 있겠다. 다시 말해 衛滿朝鮮(기원전 194년~기원전 108년)은 중심지 무역, 마한과 낙랑 대방과는 직접 접촉에 의한 무역 또는 교역을 했다고 표현할 수 있겠다. 그래서 경기도 지역은 통상권으로도 이야기할 수 있는 고고학적 배경이 무척 많다고 하겠다.

최근 경기도 지방에서 발견된 구석기 유적으로는 이제까지 잘 알려진 대표적인 연천 전곡리(사적268호), 파주 가월리 · 주월리(사적389호)와 광주 실촌면 삼리(경기도기념물 188호)유적 이외에도 남양주시 호평동, 와부읍 덕소리, 강화도 내가면 오상리, 양평 오빈리, 인천 서구 불로 3지구와 원당 4지구 등을 들 수 있다. 그 중 남양주 호평동에서는 벽옥(jasper), 옥수(chalcedony)를 비롯한 흑요석(obsidian)으로 만들어진 석기들이 많이 출토되었으며, 유적의 연대는 30000~16000 BP로 후기구석기시대에 속하는데 응회암제 돌날, 석영제 밀개가 나오는 1문화층(30000년~27000년 BP)과 흑요석제석기와 좀돌날 제작이 이루어진 2문화층(24000년~16000년 BP)의 두 층으로 나누어진다. 옥수와 흑요석의 돌감 분석결과가 아직 발표되지 않았고 비교가 가능한 고고학 자료의 축적이 부족해 그 원산지나 기원을 이야기하기는 아직 이르나 지금까지의 연구 결과에 따르면, 내몽고, 중국 그리고 백두산 등 다양한 지역으로부터 반입되었을 가능성이 크다. 그리고 당시 文身用으로 이용되었을 가능성이 있는 흑요석제 뚜르개에 나있는 혈흔이 현미경 분석으로 새로이 확인되고 있다. 최근 발굴 조사된 중국 산서성(山西省) 벽관(薛關) 하천(下川), 산서성(山西省) 치욕(峙峪, 28135±1330 BP)과 내몽고 사라오소(薩拉烏蘇)골, 러시아의 알단강 유역, 자바이칼과 우스티까라꼴(Ustikaracol) 등이 이 유적과 관련이 있을 것으로 추정되고 있다.

최근 확인된 주목할 만한 신석기시대 유적으로 파주 주월리유적을 들 수 있다. 교란된 집자리에서 연옥(軟玉, nephrite) 장식품이 세 점 출토되었는데, 이들은 중국의 내몽고 요녕 건평현과 능원현의 우하량과 객좌 동산취유적으로 대표되는 紅山문화 또는 절강성 양저(良渚)문화와 비교될 수 있는 외래적인 것으로 인식되고 있다. 강원도 고성 문암리(사적 제426호)에서 출토된 결상이식(玦狀耳飾) 역시 중국 능원 우하량과 객좌 동산취로 대표되는 홍산 문화와의 관련성 여부가 논의되고 있다. 우리나라 신석기시대의 옥산지에 대해서는 별로 알려진 바가 없으며, 춘천 및 해남 등지에서 최근 옥이 출토되어 유통되고 있기는 하지만 신석기시대까지 오르지 못한다. 청동기시대에 이르러서는 진주 남강댐 수몰지구에서 조사된 옥방(玉房)유적에서 옥이 가공되어 다른 지역으로 전달되었음이 알려진 정도이다. 또 최근 안성 공도 만정리 5 · 6지구와 의왕 고천 의왕 ICD 진입로에서 비취옥에 가까운 연옥 장식품(모자에 붙는 장신구일 가능성이 있음)이 출토된 바 있는데, 그 원산지는 중국 요녕성 안산시(鞍山市) 수암(岫岩)이나 감숙성(甘肅省) 주천(酒泉), 섬서성(陝西省) 남전(藍田), 신강성(新疆省) 위굴[維吾爾] 자치구의 허탄(和田) 중에 하나가 될 가능성이 높다. 특히 수암지구가 가능성이 높다. 또 안성 원곡 반제리, 제주 삼양동(사적 제416호)이나 풍납동토성(사적 제11호) 내 미래마을에서 출토된 연옥제 장식품과 이 시기 여러 다른 유적들에서 출토된 옥들은 낙랑 및 대방과의 교역을 통해 유입된 중국제, 즉 하남성 남양(河南省 南陽)의 독산(獨山)과 밀현(密縣) 옥산지(玉産地)에서 나온 제품일 가능성이 있는 것으로 알려져 있는데, 이러한 내용을 입증하기 위한 과학적 분석이 시급하다.

청동기시대(기원전 2000년~기원전 400년)의 한반도 토착민들은 주된 묘제로 지석묘를 채택하였다. 다시 말해 이들은 청동기시대 중 기원전 약 15세기부터 기원전 1년까지 약 1500년간 한반도에 살았던 청동기시대와 철기시대시대 전기(기원전 400년~기원전 1년) 문화의 주역이었다. 앞선 구석기 및 신석기시대와 달리 청동기시대 이래 주변의 문화를 다원적으로 수용한 한반도의 문화는 상당한 다양성을 창출해 나가기 시작했던 것 같다. 돌대문(突帶文 · 덧띠새김무늬)토기는 강원도 춘성군 내평 유적에서 신석기시대 후/말기의 전면 또는 부분빗살문토기와 함께 기원전 2000년~1500년경 처음 등장하는데, 최근에는 인천 계양구 동양동, 가평군 상면 연하리, 춘천 천전리, 홍천 두촌면 철정리, 홍천 화촌면 외삼포리, 정선 북면 여량 2리(아우라지)와 경주 충효동 등지에서도 확인된 바 있다. 이들 토기들은 신석기시대 말기에서 청동기시대 조기에 이르는 약 500년간 공존해 나가면서 서서히 문화 접촉을 해온 것 같다. 이러한 양상의 유적들이 인천 백령도, 연평 모이도, 소야도, 용유도, 경기도 시흥시 능곡동, 산청 단성면 소남리(101호 주거지), 파주 육계토성, 원주 가현리와 대구 달서구 대천동 등지에서 보인다. 다시 말해 이들은 신석기시대 후/말기에 무문토기인들이 빗살문토기인과 공존했거나 문화를 계승하는 양상을 보여준다는 측면에서 매우 중요하다. 그리고 청동기시대 전기(기원전 15세기~기원전 10세기)말-중기(기원전 10세기~기원전 7세기) 유적으로는 여주군 점동면 흔암리(경기도 기념물 155호)를 들 수 있다. 이 시기에 수전과 화전민식농경(slash and burn agriculture)을 기반으로 인구가 급격히 증가하였고 따라서 전국에서 유적의 수가 급증하였다. '요(凹)' 자형 바닥 토기는 경기도 가평군 외서면 청평 4리, 경기도 광주시 장지동, 의왕시 고천 의왕 ICD 진입로 예정지, 가평 설악면 신천리, 연천 청산면 초성리, 강원도 횡성군 공근면 학담리와 춘천 거두리와 충청남도 아산 탕정면 용두리 등지에서도 출토되는데, 이들은 아무르강 중 · 상류의 얀콥스키, 리도프카, 끄로우노프까(北沃沮, 團結)와 뽈체(挹婁) 등지에서 자주 보이는 러시아 연해주 계통의 문화로 알려져 있다. 특히 끄로우노프까(북옥저)가 밀접한 관련이 있을 것으로 추정된다. 최근 뽈체(읍루)의 토기가 풍납동(사적 11호) 197번지에서 발굴되고, '凸' 자형집자리는 올레니 A, '呂' 자형집자리가 끄로우노프까유적에서 확인되고 있어 더욱 그러하다. 뿐만 아니라 키토이-이자코보-세로보-아파나시에보-오꾸네보-안드로노보-카라스크-따가르를 잇는 문화 계통 중 카라스크와 따가르의 석관묘도 북방 초원지대에서 몽고와 바이칼 루트를 따라 내려와 한반도 청동기시대 지석묘 사회와 합류했다. 또 아무르강 유역에서 발현한 암각화문화 역시 울주 언양 대곡리(국보 제285호)와 울주 두동면 천전리(국보 제147호), 고령 양전동(보물 제605호), 포항 인비동, 밀양 상동 안인리를 거쳐 남원 대곡리에 이르면서 기존의 토착 지석묘사회에 융화되었다. 우리나라 철기시대의 시작을 알리는 지표로 인식되는 점토대토기는 기원전 5세기경으로 편년되는 중국 심양(瀋陽) 정가와자(鄭家窪子) 토광묘에서 기원한 것으로 이해되는데, 최근 양평 미금리와 용문 삼성리 그리고 멀리 강릉 사천 방동리와 송림리, 홍천 두촌면 철정리, 화성 동탄 동학산, 안성 원곡 반제리와 공도 만정리, 수원 고색동, 양평 삼성리, 파주 탄현면 갈현리 그리고 전라북도 완주 이서 반교리 갈동, 경주 현곡 하구리와 금장리,경남 사천 방지리 등에서 이에 해당되는 유적들이 나타나고 있다. 이러한 양상들을 통해 한반도의 청동기 및 철기시대 전기에 북방계통의 문화들이 폭넓게 수용되었음을 알 수 있다. 그러나 앞으로 철기시대 연구의 문제점은 최근의 가속기질량분석(AMS)이 강릉 송림리 유적은 기원전 700~기원전 400년, 양양 지리유적은 기원전 480년~기원전 420년, 그리고 안성 원곡 반제리의 경우는 기원전 875년~기원전 450년, 홍천 두촌면 철정리는 기원전 620년~기원전 640년이 나오고 있어 철기시대 전기의 상한 연대가 기원전 5세기에서 더욱 더 올가갈 가능성이 있다는 것이다.

한반도 최초의 고대국가였던 위만조선이 존재했던 기원전 194년부터 기원전 108년까지의 시간대는 한국 고고학의 시대구분상 철기시대 전기에 해당한다. 위만조선이 한나라 무제의 원정군에 의해 멸망한 해는 기원전 108년으로 『史記』를 편찬한 司馬遷(기원전 145년~기원전 87년)이 37세 때이다. 위만조선의 도읍지였던 평양에 낙랑, 그 아래 지역에 대방이 설치되었고, 이들을 통해 한나라의 발달된 문물이 한반도로 쏟아져 들어온다. 한나라로부터 유입된 대표적인 문물로 토광묘와 한자를 꼽을 수 있으며, 진나라와 한나라에서 사용되던 무기, 특히 과(戈)와 한식토기(漢式土器)의 유입 역시 당시 상황을 고고학적으로 입증해 준다. 가평 달전 2리에서 확인된 토광묘에서는 전한대(前漢代)의 철과[鐵戈, 극(戟)으로 이야기 할 수도 있으나 최근 중국 서안박물관에서 과로 표현함]와 한식도기 그리고 위만조선시대의 화분형토기가 출토되었다. 강원도의 강릉 안인리, 병산동, 동해 송정동과 춘천 율문리를 비롯해 경기도 가평 대성리 '철(凸)' 자형 집자리에서는 경질무문토기(700~850℃에서 구어짐)와 낙랑도기가 함께 출토되었으며, 양평군 양수리 상석정, 가평 대성리와 상면 덕현리와 연천 청산면 초성리에서 '철(凸)' 자형, '여(呂)' 자형 및 팔각형 집자리에서 한나라 도기가 여러 점이 보고 되었는데, 화성군 기안리 풍성아파트 유적에서도 같은 양상이 확인되었다. 또 연천 학곡리 적석총에서 출토된 한나라도기의 연대는 공반유물을 통해 기원전 1세기경으로 추정되었으며, 연천 삼곶리와 군남리에서도 積石塚이 발굴된 바 있다. 경기도 지역에서 확인된 적석총은 백제의 건국신화에 백제가 고구려로부터 남하한 세력임이 명시된 점과 부합된다. 또 적석총의 분포상은 한성시대 초기 백제의 영역과 밀접한 관련이 있는 고고학 자료이기도 하다. 기원전 108년 위만조선이 漢武帝의 원정군에 망한 후 그 자리에 남아있던 衛滿朝鮮의 원주민, 다른 지역에로의 亡命人들과 그 자리를 메꾸고 들어온 漢人(樂浪)인들과의 관계에 대한 고고학 자료의 입증은 토광묘, 花盆形토기, 세형동검 관계 일괄유물들과 漢나라인들이 가져온 漢式陶器(樂浪陶器)들의 분포지 파악 등으로 이루어 질 수 있으며, 이들을 통해 새로운 研究方向이 提示될 수 있을 것이다. 최근 한식도기(낙랑도기)가 나오는 유적은 풍납동토성(사적 11호), 경기도 연천 초성리와 학곡리, 가평 대성리, 달전 2리와 상면 덕현리, 양주 양수리 상석정, 하남시 이성산성(사적 422호), 화성 기안리, 광주읍 장지동, 강원도 강릉 안인리와 병산동, 동해 송정동, 정선 예미리, 춘천 거두리와 율문리, 충청남도 아산 탕정 명암리와 경상남도 사천 늑도 등 십여 군데에 이른다. 주로 강원도와 경기도 지역에 집중해서 漢式陶器가 나오고 있다. 이 점은 樂浪의 影響圈을 잘 보여 주고 있다 하겠다. 한나라가 현재의 평양으로 추정되는 위만조선의 고지(故地)에 설치했던 낙랑군 및 대방군과의 직접적인 접촉을 통한 무역 또는 통상권의 관계는 『三國志』 魏志 東夷傳(晋初 陳壽, 서기 233년~297년)에 자세히 기록되어 있으며, 그 기록은 최근 고고학적 자료를 통해서도 입증되고 있다. 즉, 경남 사천 늑도에서는 진시황이 중국을 통일한 해인 기원전 221년부터 한나라 7대 무제 5년 기원전 118년까지 사용되었던 반량전(半兩錢), 회청색경질도기를 비롯한 한나라도기, 무문토기와 일본의 야요이[彌生] 토기 등이 함께 출토된 바 있는데, 이러한 공반관계는 위지 동이전의 기록을 고고학적으로 입증해 주는 고고학 자료임은 물론 기존 학계에서 통용되던 한국 철기시대 전기의 문화상과 편년을 재고

할 필요성을 강력하게 제기한다.

여기에 간과해서는 안 될 것은 사회진화과정상 혈연을 기반으로 하는 계급사회인 족장사회(chiefdom society)에서 혈연을 기반으로 하지 않는 계급사회인 고대국가(ancient stste)로 발전하는 가운데 나타나는 필연적인 원동력(prime mover)의 하나인 종교적인 측면도 강조되어야 하는 점이다. 그런 점에서 최근 조사된 청동기시대 중기를 대표하는 경기도 양평 양서 신원리의 종교 · 제사유적은 철기시대 전기의 안성 원곡 반제리 유적과 함께 한국고고학 고대사에 있어서 정치 문화사적 연구에서 매우 중요하다. 안성 반제리와 같은 환호와 관련된 종교유적은 울산 북구 연암동과 경주 충효동의 경우와 같이 청동기시대부터 그대로 이어져 내려오는 전통으로 볼 수 있겠다. 그리고 환호 안팎에 형성된 집자리들은 전문직의 제사장과 제사에 관련된 사람들이 살던 특수구역인 別邑으로 이것이 『三國志』 위지 동이전에 나오는 蘇塗일 가능성이 많다. 大木을 세운 蘇塗는 邑落의 경계표시이고, 신성지역인 別邑(asylum)으로 여겨져 왔으며, 天君을 중심으로 다스리던 祭政分離의 사회를 반영한다. 철기시대 전기 말에는 북쪽 평양 근처에 위만조선(기원전 194년~기원전 108년)이라는 최초의 국가가 형성되었다. 그리고 남쪽 마한의 고지에는 청동기시대 이래 내려오던 족장사회가 기원전 3세기~기원전 2세기 마한의 시작 단계에까지 그대로 존속해 와서 사회진화의 발전과 함께 단순 족장사회(simple chiefdom)와 여기에서 좀더 발달한 복합 족장사회(complex chiefdom)가 공존해 있었다. 이는 『三國志』 魏志 弁辰條에 族長격인 渠帥(또는 長帥, 主帥라도 함)가 있으며 이는 격이나 규모에 따라 신지(臣智, 또는 秦支 · 踧支라고도 함), 검측(險側), 번예(樊濊), 살계(殺奚)와 읍차(邑借)로 불리고 있었음을 알 수 있다. 이는 정치 진화상 같은 시기의 沃沮의 三老, 東濊의 侯, 邑長, 三老, 그리고 挹婁의 酋長과 같은 國邑이나 邑落을 다스리던 혈연을 기반으로 하는 계급사회의 行政의 우두머리인 族長(chief)에 해당된다. 여기에는 별읍의 우두머리인 天君과 달리 단순 족장사회의 우두머리는 정치진화론상 族長(chief)으로, 그리고 복합 족장사회의 우두머리는 『三國志』 위지 동이전의 기록대로 渠帥 · 君長으로도 불릴 수 있겠다. 여기에는 영토의 규모나 혈연의 서열 또는 순서대로 군장격인 족장의 거수(渠帥) 밑에 신지(臣智), 검측(險側), 번예(樊濊), 살계(殺奚)와 읍차(邑借)가 있었다. 또 여러 복합 족장사회들을 대표하는 王이 다스리는 국가단계의 目支國도 있었다. 이는 기원전 18년 백제의 국가형성 당시 溫祚가 영역을 할당받기 위해 사신을 보낸 나라는 마한왕이 다스리던 목지국이었고 이러한 관계 속에서 마한과 백제와의 역사적 맥락도 형성되었던 것이다. 비록 철기시대 전기에 祭政이 기록상으로는 이미 분리되고 있었지만 이러한 별읍 또는 소도의 전신으로 생각되는 환호 또는 별읍을 중심으로 하여 직업적인 제사장이 다스리던 신정정치(theocracy)도 가능했을 것이다. 그 다음 삼국시대 전기에는 세속왕권정치(secularism)가 당연히 이어졌을 것이다. 즉 고고학자료로 본 한국의 종교는 정령숭배(animism)−토테미즘(totemism)−무교(shamanism) −조상숭배(ancestor worship)로 이어지면서 별읍의 환호와 같은 전문 종교인인 천군이 이 다스리는 소도의 형태로 발전하는 것으로 보면 무리가 없을 것이다.

한성백제(기원전 18년~서기 475년)는 마한의 바탕 위에서 성립하였다. 마한을 특징짓는 고고학 자료로는 토실과 주구묘, 조족문 및 거치문 등의 문양이 시문된 토기 등을 들 수 있다. 마한의 존속 시기는 기원전 3~기원전 2세기에서 서기 5세기 말~6세기 초로 볼 수 있으며, 공간적으로는 경상도 지역을 제외한 한반도 중남부지역, 즉 경기도에서 전남에 걸친 지역에 걸쳐 분포하는 것으로 알려져 있다. 구체적으로는 고양 멱절산, 화성 동탄 오산리 감배산, 남한산성 행궁지, 용인 죽전과 보정리 수지 빌라트, 화성 태안읍 반월리 신영통, 동탄 석우리 능리, 안성 공도읍 용두리, 용인 구성면 마북리, 기흥 구갈리, 가평 대성리와 인천 계양구 동양동 등지에서부터 멀리 군산 내흥동과 전북 익산 왕궁면 구덕리 사덕에 이르는 경기도, 충청도와 전라도 지역에서 마한의 특징적인 土室과 주구묘(분구묘)가 확인되었다. 이들은 마한 54국을 대표하는 주거지와 묘제이다. 이들은 북쪽 읍루와의 관련성이 있다. 『三國志』 魏志 東夷傳 挹婁조에 보면 '...常穴居大家深九梯以多爲好土氣寒...(...큰 집은 사다리가 9계단 높이의 깊이이며 깊이가 깊을수록 좋다...)' 라는 기록에서 사다리를 타고 내려가 사는 토실에 대한 언급이 나온다. 또 1755년 Stepan Krasheninnikov나 1778년 Stepan James Cook의 탐험대에 의해 보고된 바로는 멀리 북쪽 베링해(Bering Sea) 근처 캄챠카(Kamtschatka)에 살고 있는 에스키모인 꼬략(Koryak)족과 오날라쉬카(Oonalaschka)의 원주민인 알류산(Aleut)인들은 수혈 또는 반수혈의 움집을 만들고 지붕에서부터 사다리를 타고 내려가 그 속에서 살고 있다고 한다. 이들 모두 기후환경에 대한 적응의 결과로 볼 수 있다. 아울러 우리 문화의 원류도 짐작하게 한다.

온조왕 13년(기원전 6년) 마한으로부터 영토를 할양받은 이후 백제는 마한세력을 점차 잠식해 들어갔다. 동쪽 끝은 현재 충주시 칠금면 탄금대토성과 장미산성(사적 400호)에 이르고 있음이 밝혀지고 있다. 즉, 백제가 한성-공주-부여로 수도를 옮겨감에 따라 마한의 중심지 역시 천안 · 성환 · 직산-익산-나주 등으로 그 세력이 축소 이동되어 갔다. 초기의 백제는 마한의 일부라고 해도 과언이 아니어서 고고학적으로 마한과 구분할 수 없을 정도로 유물이 마한과 유사하나 매우 빈약하다. 이런 점에서 『三國史記』 백제본기 온조왕 15년조의 '춘정월(春正月) 신작궁실(新作宮室) 검이부루(儉而不陋) 화이부치(華而不侈)' 라는 기록이 이해된다. 온조왕 41년(서기 23년)에는 위례성을 수영(修營)하였다는 기사가 있는데, 이 기사는 풍납동토성의 동벽과 서벽 아래에서 출토된 경질무문토기와 관련하여 주목할 필요가 있다. 즉 이들 경질무문토기를 성벽의 축조와 관련지어 생각해 볼 때 이들 무문토기의 연대는 아무리 늦어도 서기 1세기 이상 내려갈 수 없으며, 함께 출토된 개와의 문양도 진, 한나라나 낙랑의 영향을 받은 것 역시 주목된다.

낙랑과 대방을 통해 전래된 중국 한나라의 도기는 마한, 변한, 진한 및 동예인들에게 있어 상당한 문화충격을 주었을 것이다. 기껏해야 573~700℃ 내외의 화도(火度)로 앙천요(최근 안성 공도 만정리 5 · 6지구에서 그 예가 발견됨)에서 소성되던 무문토기와 1,000℃ 정도의 고온으로 등요에서 소성된 한나라도기의 비교는 엄청난 기술적인 격차를 실감하게 했을 것이다. 처음에는 직접 교역에 의존해 힘들게 얻은 한나라도기와 재래의 무문토기가 함께 사용되었을 것이다. 당시 한나라도기는 매우 구하기 힘든 고가품이었을 것이다. 전술하였듯이 무문토기와 한나라도기 사이에는 상당한 기술적 차이가 존재했으며, 이 기술적 차이를 극복하고 한나라도기를 모방해 자체적으로 제작하는 데는 적어도 100~200년이라는 긴 시간이 필요했을 것으로 생각된다. 진천 삼룡리(사적 제344호)와 산수리(사적 제325호) 유적에서 확인된 요지(窯址)들은 당시 한반도 주민들이 한나라도기를 모방 제작했음을 보여주는 고고학적 증거들이다. 이러한 토기편은 최근 연천 堂浦城(사적 468호) 은대리성(사적 469호) 고구려석성에 앞서는 백제시대의 판축토성에서 발견된 바 있다. 따라서 마한 또는 백제유적에서 출토되는 진품의 한나라도기 혹은 모방품들은 해당 유적의 편년 근거를 제공한다.

한편 마한 54국 상호 간의 지역적 통상권 및 그 고고학적 증거를 확인하는 작업은 매우 중요하며, 또 그 내부에서 발전해 나온 백제와 마한과의 문화적 상사성과 상이성을 밝혀내는 작업 역시 매우 중요하다. 이러한 관점에서 볼 때 전남 함평 대창리 창서 유적에서 발견된 토기 바닥에 그려진 인물도는 매우 흥미롭다. 그 인물은 우리 마한인의 전형적인 모습이라기보다는 코가 큰 백인종에 가까운데, 이는 당시 마한의 통상권이 한반도와 중국을 포함한 동북아시아에 국한되지는 않았음을 의미하며, 앞으로 이에 대한 연구가 진행되어야 할 것이다. 백제 제13대 근초고왕, 고구려 제19대 광개토왕과 제20대 장수왕 그리고 신라 제24대 진흥왕 등은 각각 가장 활발한 영토 확장을 꾀한 삼국의 왕들이다. 백제의 근초고왕은 서기 369년경 천안 용원리에 있던 마한의 목지국 세력을 남쪽으로 몰아내고, 북으로는 평양에서 제16대 고국원왕을 전사시켰다. 고구려의 광개토왕과 장수왕은 그 보복으로 해로로 강화도 대룡리에 있던 것으로 추정되는 화개산성과 인화리 분수령을 거쳐 한강과 임진강이 서로 만나는 지점에 위치한 백제시대의 퇴뫼식 산성인 관미성(사적 351호)을 접수하고, 육로로는 파주 월롱산성과 덕진산성을 거쳐 임진강과 한강을 관장하고 계속 남하하여 하남 이성산성(사적 422호)까지 이르렀다. 또 최근 새로이 발견된 서울 근교의 삼성동토성, 아차산성(사적 234호 및 고구려 보루군, 사적 455호), 광동리, 태봉산, 도락산, 불곡산, 수락산, 국사봉, 망우산, 용마산, 홍련봉, 구의동, 자양동과 시루봉 등의 고구려유적(대개 제20대 장수왕 63년 서기 475년경에서 제24대 진흥왕 12년 551년경으로 추정됨)을 볼 때 고구려군이 남하한 육로를 알 수 있다. 그리고 고구려는 남쪽으로 포항 냉수리, 순흥 읍내리와 대전 월평동 산성과 멀리 부산 복천동까지 도달했다. 한편 신라는 제24대 진흥왕 12년(551년) 또는 14년(553년) 한강유역에 진출하여 신주를 형성했는데, 근초고왕 때(371년경) 이후 고구려산성을 모방하여 처음 쌓은 석성인 하남 이성산성에서 보이는 신라 유물들이 이를 입증한다. 신라, 고구려와 백제 삼국은 모두 임진강과 한강유역을 점유하려 노력했음을 알 수 있다. 이 일대는 전쟁을 통해 자연스럽게 통상권 또는 물류유통망이 형성되었던 지역으로 정치 · 사회 · 경제적으로 매우 중요했음을 알 수 있다. 이를 입증하는 고고학적 증거들이 최근 활발하게 보고되고 있는데, 하남시 광암동, 용인 기흥구 보정동, 성남시 분당구 판교동·삼평동고분을 비롯하여, 인천 영종도 퇴뫼재토성, 청원 부강동 남성골 산성, 이천 설성산성과 설봉산성(사적 423호), 고양 멱절산성, 파주 월롱산성, 연천 호루고루성(사적 467호), 당포성(사적 468호)과 은대리성(사적 469호) 그리고 파주 덕진산성 등이 그 좋은 예들이다. 그 중 연천 당포성과 은대리성(사적 469호)은 처음 백제의 판축토성이었다가 475년 전후 고구려에 함락당한 후 고구려 석성으로 다시 개축되었음이 밝혀지고 있다. 최근 조사된 호로고루성에서는 판축토성과 그 앞에 나있는 一列의 永定柱 그리고 木製의 集水址 흔적이 확인된 것으로 보아 이 성도 이웃의 당포성과 은대리성과 마찬가지로 처음에는 백제의 판축성이었다가 475년경 고구려의 석성으로 改造된 것 같은 가능성이 많다. 그 이후 고구려군은 육로로 연천 瓠蘆古壘城, 파주 月籠山城과 德津山城을 거쳐 임진강과 한강을 관

영종도 퇴뫼재토성
(인천시립박물관)

장하고 계속 남하하여 하남 二聖山城(사적 422호)까지 다다른다. 그리고 남한강을 따라 영토를 확장하여 최후의 고구려의 남쪽 경계는 중원(충주) 고구려비(국보 205호), 정선 애산성지, 포항 냉수리, 순흥 읍내리 벽화분(사적 313호), 영풍 순흥 태장리 어숙묘(於宿墓, 서기 499/599년, 사적 238호)와 부산 福泉洞까지 이른다. 이런 경로 중 고구려의 묘제 중 석실묘는 연천 신답리(가속기질량분석 AMS 연대는 서기 520/535년이 나옴), 포항 냉수리와 춘천 천전리에서 나타난다. 고구려의 영향을 받거나 고구려의 것으로 추측될지 모르는 것으로는 영풍 순흥 태장리(乙卯於宿知述干墓, 서기 499/559년, 사적 238호)와 순흥 읍내리(사적 313호) 벽화분들을 들 수 있으며, 고구려 유물이 나온 곳은 대전 월평동 산성, 화성 장안 3리, 서천 봉선리(사적 473호)와 홍천 두촌면 역내리 유적 등이 있다. 그리고 경주 호우총의 경우 '國岡上廣開土地好太王壺十' 이라는 명문이 나와 고구려에서 얻어온 祭器가 부장된 것으로 보인다. 또 최근 月城 垓子(사적 16호) 유구에서 고구려 계통의 개와(숫막새)와 土製方鼎이 나왔는데 방정의 경우 표면에 於宿墓(499/599년) 문입구의 力士像과 427년 평양 천도 후 나타나는 벽화분에서 보이는 四神圖 중 玄武의 양각상이 보인다. 이는 서기 488년 신라 제21대 炤知王이 月城을 수리하고 大宮을 지어 옮긴 사실과도 관계가 있을 것이다. 이 시기는 고구려가 가장 강하던 제19대 광개토왕(서기 391년~413년)과 제20대 장수왕(서기 413~491년 재위) 때의 신라와 남쪽 경계선에서 일어난 일이라고 해도 무방하다. 이는 서기 4~5세기 때이다. 광개토왕과 장수왕 때 백제를 침공하기 위한 해로와 육로의 경유지를 살펴보면 선사시대 이래 형성된 通商圈(interaction sphere)또는 貿易路와도 부합한다. 주로 바다나 강을 이용한 水運이 절대적이다. 이러한 관계는 고구려 소수림왕(372년), 백제 침류왕(384년)과 신라 제23대 법흥왕(527년) 때 정치적 기반을 굳게 하기 위한 불교의 수용과 전파를 통해 확대된다. 백제의 불교

수용 초기 절터로는 하남 천왕사(天王寺)를 들 수 있다.

삼국시대 후기(서기 300년~660/668년)와 고려시대(서기 918년~1392년)에는 한자의 전반적인 보급과 더불어 중국 일변도의 문화 수용이 이루어졌다. 그리고 신라 제24대 진흥왕의 서기 551년/553년의 북진정책도 여기에 포함될 수 있다. 이의 고고학적 증거로는 신라의 석곽묘, 횡구식과 횡혈식 석실묘를 들 수 있는데 이들은 경기도 광주 초월읍 대쌍룡리, 의왕시 고천 ICD 진입로, 안성 원곡 반제리, 용인 보정리, 부천 고강동과 하남시 고광동, 화성 장안리와 이성산성(사적 422호) 등을 들 수 있다. 화성시 송산면 상안리의 당성[唐城, 당항성(唐項城), 고당성, 사적 제217호]은 신라 말~고려 초에 축조된 성으로 여겨지나 그 주위의 자성(子城)들은 삼국시대에 만들어지기 시작했다. 이 일대는 남양리성-당성-광평리로 이어지는 남양장성의 남양반도 해양 방어체계의 중심지이며, 안성천 하류와 아산만 등은 당시 중국과의 무역 중심지이자 중요한 해안 무역기지였다. 이웃하여 백제시대의 화성 장안 3리, 백곡리 고분과 평택 자미산성, 통일신라-고려시대의 안성 봉업사(奉業寺), 12~14세기 고려 무역항구 중의 하나인 안산 대부도 육곡(12~14세기경)과 2~4品 벼슬인 大夫의 무덤으로 여겨지는 석실묘가 있는 안성 매산리 소재 고려고분(석곽묘와 토광묘도 그 주위에 분포함) 등이 모두 당성을 중심으로 분포하고 있음은 이 일대가 삼국시대 이래 군사 · 교통 · 무역의 중심지였음을 방증해 준다. 또 남양주 호평동(서기 1270년~1370년 사이 축조)과 강화 하점면 창후리와 경기도 광주 초월읍 대쌍령리 등지의 고려시대 후기의 석곽묘들도 최근 조사되어 주목을 받고 있다. 최근 남양주 와부읍 덕소리에서 평택 자미산성에서 출토하는 건덕 3년명(송태조 3년, 고려 광종 16년, 서기 965년)이 있는 개와가 출토하였고, 또 개와가마의 부속시설인 수비와 반죽(꼬박밀기)시설도 발견되었다. 여기에서 만들어진 개와의 일부가 북한강과 남한강이 합수하는 양수리를 지나 남

파주 진동면 서곡리 고려 권준 벽화묘(1352년)

쪽 안성 봉업사와 여주 원향사까지 운반된 것으로 추측된다. 안성 봉업사에서는 오대(五代) 형요(邢窯)와 정요(定窯), 북송(北宋)대의 정요(定窯), 북송 말~남송 초의 경덕진요(景德鎭窯) 등 중국계 도자기가 다량으로 출토되는데, 이들 도자기들은 이웃한 여주(驪州) 원향사지[元香寺址, 사자산파 징효대사 절중(折中)이 영월 흥녕사에서 옮김]에서 출토된 도자기들과 쌍벽을 이룰 정도인데, 이들은 모두 중국에서 수입된 것들이다. 그리고 안산 대부도 육곡은 12~14세기에 활약하던 6품 이하의 지위가 낮은 고려시대 무역상인들의 근거지 중의 하나로 상등품(上等品)은 아니지만 베개를 비롯한 질 좋은 여러 가지 형태의 고려자기, 숭녕중보와 같은 중국화폐 그리고 오늘날의 택배와 같은 의미가 있는 '돈수성봉(頓首誠封)' 이라는 글자가 확인된 봉니용(封泥用) 인장(印章)이 출토된 바 있다. 이 시기에는 김윤후(金允侯)가 몽골 장수 살리타이[撒禮塔]를 사살했던 용인 처인성(處仁城) 전투(고종 19년 1232년), 최충헌(崔忠獻)-최우(崔瑀, 또는 怡)-최항(崔沆)-최의(崔宜)로 이어지는 최씨 집권 및 강화천도(고종 19년, 1232년~원종 1년, 1260년) 등이 있었던 국내외의 급박한 정치 상황이 겹치는 때이기도 했다. 한편 파주 진동면 서곡리의 권준 벽화묘(1352년)는 중요한 고려 말의 고고학 자료이다.

현재의 영세한 자료를 가지고 선사 및 역사시대 경기도의 통상권을 포함한 물류 유통과 그 중심지를 구체적으로 논의하는 데는 상당한 무리가 따르는데, 이는 시간과 공간 즉 시대와 환경에 따라 많은 변화가 있기 때문이다. 19세기 말의 일련의 사건들, 즉 제물포조약(1882년, 고종 19년), 인천 개항(開港, 1883년, 고종 20년)과 경인선 개통(1899년, 광무 3년) 등이 있은 이후 인천은 오랫동안 우리나라의 물류 유통 중심지가 되었다. 또 1679년(숙종 5년) 초축된 강화도 돈대를 비롯한 12진보 53개의 돈대도 중요한 연구 대상이 된다. 최근에는 통일 이후를 대비한 임진강 및 한강유역의 파주와 개성단지(봉읍동, 삼국시대 전기 유적), 그리고 앞으로 예상되는 중국과의 무역창구로서의 서해안 무역 중심지로 떠오르고 있는 평택 등이 각광을 받고 있다. 이는 현재 서해의 방어를 책임지는 해군 제2 함대가 평택에 본부를 두고 있음으로도 입증되는데 통상권 및 무역루트로는 일찍부터 육로보다는 해로에 더 무게가 실려져 왔다. 따라서 경기도에는 時空을 달리하여 연구할 고고학 소재가 많다. 이런 점에서 경기도의 고고학이 한반도에서 차지하는 중요성은 매우 높다.

그러나 앞으로 경기도의 고고학을 언급할 때에는 진화론, 통시론, 역사적 맥락과 문화사적 관점, 그리고 고고학, 고대사와 인류학의 학제적 연구가 바탕이 되어야 한다. 특히 역사적 맥락, 통상권과 계급사회의 성장과 발전 그리고 종교적인 측면의 고려가 그러하다. 이러한 관점에서 청동기시대에서 삼국시대 후기까지 문제가 되고 있는 경기도의 고고학에 대한 연구방향을 앞으로 좀더 구체적으로 언급하자면 다음과 같은 생각이 바탕이 되어야 하겠다.

1) 구석기시대와 신석기시대는 좀더 구체적인 연구가 필요하다. 그러나 청동기시대의 상한은 기원전 2000년까지 거슬러 올라가며 기원전 2000년~기원전 1500년의 약 500년간은 신석기시대의 빗살문토기와 청동기시대의 무문토기 돌대문토기 집단이 상호 공존해 문화적 교류를 보인다.

2) 지석묘는 한반도에서 기원전 약 1500년경부터 존재해 한반도의 토착사회를 형성하면서 철기시대 전기 말인 기원전 1년까지 존속한다. 다시 말해 지석묘사회는 지역적인 차이는 있지만 청동기시대와 철기시대 전기까지 약 1500년간 지역에 따라 구조적 형태를 달리하며 존속해왔다. 지석묘사회는 혈연을 기반으로 하는 계급사회인 족장사회(chiefdom society)로서 재분배경제, 전문장인의 존재, 조상숭배와 세습신분제를 바탕으로 하였다.

3) 청동기시대의 精靈崇拜(animism), 토테미즘(totemism), 巫敎(shamanism)와 조상숭배(ancestor worship)를 거쳐 철기시대에는 환호를 중심으로 전문제사장인 天君이 다스리는 별읍(別邑)인 蘇塗가 나타난다. 이것도 일종의 무교의 형태를 띈 것으로 보인다. 마한의 고지에는 기원전 3세기~기원전 2세기부터의 단순 족장사회에서 좀더 발달한 복합족장사회가 있었다. 여기에는『三國志』魏志 弁辰條에 보이는 族長격인 渠帥가 있으며 이는 격이나 규모에 따라 신지(臣智), 검측(險側), 번예(樊濊), 살계(殺奚)와 읍차(邑借)로 불리고 있었음을 알 수 있다. 馬韓에도 마찬가지 경우로 생각되나, 馬韓은 특히 王이 다스리는 국가단계의 目支國도 있었다. 그러나 天君이 다스리는 종교적 別邑인 蘇塗는, 당시의 복합 단순 족장사회의 우두머리인 渠帥의 격이나 규모에 따른 이름인 신지, 검측, 번예, 살계와 읍차가 다스리는 세속적 영역과는 별개의 것으로 보인다.

4) 철기시대의 상한은 기원전 5세기경까지 올라가며 이 시기에는 점토대토기가 사용된다. 철기시대 전기 중 말기인 기원전 1세기경에는 다리가 짧고 두터운 두형(豆形)토기가 나타나며, , 단면 삼각형의 점토대토기가 공반되어 이 시기 남쪽 신라에서는 나정(사적 245호)에서 보여주는 바와 같이 국가가 형성된다.

5) 한반도에서 현재까지 나타난 최초의 국가 형성은 철기시대 전기 중 위만조선(기원전 194년~기원전 108년)으로 왕을 정점으로 하는 혈연을 벗어난 계급사회, 세습신분제, 무력의 합법적 사용, 전문화된 중앙정부, 중앙관료체제와 장거리무역 등으로 대표된다. 그 다음 樂浪을 포함한 漢四郡(기원전 108년~서기 313년)이 설립되어 漢(기원전 206년~서기 220년)나라의 발달된 문물이 한반도에 상당한 영향을 미치었다.

6) 기원전 3세기~2세기경부터 馬韓이 존재해 있었으며 이를 바탕으로 고구려에서 온 백제의 국가 형성이 조성된다. 현재까지의 마한의 고고학 자료로는 토실(土室), 굴립주(掘立柱)건물, 주구묘(周溝墓) 그리고 조족문(鳥足文) 및 거치문(鋸齒文)토기 등을 들 수 있다. 그리고 마한의 54국은 각자의 지리적 환경, 잉여농산물의 확보와 통상권의 이점 등을 활용하여 각기 발전의 궤를 달리한 것 같다. 백제와 마한은 처음부터 거의 전 기간 공존한다. 그러나 백제의 세력이 커감에 따라 마한의 세력은 축소되어 서기 5세기 말~6세기 초 마한은 멸망한다. 중심지의 변천도 백제의 한성시대-공주-부여로 천도함에 따라 마한도 천안-익산-나주로 옮겨간다. 마한 54국도 정치와 지리적 환경과 여건의 이점을 최대한 활용함에 따라 각기 발전 속도에서 차이가 있었을 것이다. 따라서 단순 족장사회에서부터 목지국과 같은 국가단계도 공존했을 것이다.

7) 따라서 『三國史記』의 신라, 고구려와 백제의 국가 형성 연대는 그대로 인정해도 무방하다 하겠다. 그리고 앞으로 이들 국가 형성에 미친 漢/樂浪

의 영향도 고려해야 한다. 따라서 『삼국사기』의 초기 기록을 무시하고 만든 원삼국시대란 용어의 적용은 적합하지 않다. 여기에 대해 삼국시대 전기(서기 1년~서기 300년)란 용어를 대체해 쓰는 것이 좋겠다. 최근 고구려사의 연구가 활발하며 『삼국사기』에 기록된 고구려 관계 기사는 그대로 인정이 되고 있다. 고구려, 백제와 신라의 역사적 맥락으로 볼 때 고구려의 主敵은 백제와 신라이지 원삼국이 아니라는 점이다.

8) 한성시대 백제(기원전 18년~서기 475년)에도 산성이 축조되었으며, 현재까지의 자료는 서기 371년 13대 근초고왕(서기 346년~375년)과 고구려 16대 고국원왕(서기 331년~371년)과의 전쟁 이후인 4세기 후반경에 처음 축조(371년경으로 추정)되었음을 보여주는데, 하남 이성산성(사적 422호), 이천 설봉산성(사적 423호)과 설성산성(경기도 기념물 76호) 등이 그 증거들이다. 특히 하남시 광암동 산 26-6번지 이성산성 하 산록에서 발굴된 백제시대의 4세기 대 횡혈식 석실분(1호 · 2호)은 이성산성이 백제시대 4세기 대(371년경 축조 추정)에 축조되었다는 점을 이야기해준다. 그리고 1993년 12월 22일 부여 능산리 고분군(사적14호)과 羅城(사적 58호) 사이 寶喜寺 또는 子基寺라는 木簡이 나온 陵寺(능산리사지)에서 국보 287호 百濟金銅大香爐(국보 287호)와 함께 나온 昌王13년銘(백제 27대 威德王 13년 서기 567년) 舍利龕과, 최근 2007년 10월 25일 부여 王興寺址(사적 427호) 출토 청동사리함의 명문에 보이는 577년 昌王이 23년 2월 15일 죽은 아들을 위해 寺刹을 세웠다는 기록은 『三國史記』의 정확성을 다시 한번 보여준다.

참/고/문/헌

강동석 · 이희인

2002 강화도 교동 대룡리 패총, 임진강 유역의 고대사회

강릉대학교 박물관

2000 발굴유적유물도록

강원문화재연구소

2004 동해송전지구 주택건설사업지구 내 문화유적-시굴조사지도위원회 자료

2005 정선 아우라지 유적

2006 홍천 철정유적 Ⅱ

2006 춘천 우두동 유적 -춘천 우두동 직업훈련원 진입도로 확장구간 내 유적 발굴조사 3차 지도위원회 자료-

2007 홍천 철정리 유적 Ⅱ - 홍천 구성포-두촌간 도로 · 확포장공사내 유적 발굴조사 제4차 지도위원회자료 -

강진주

2006 한강유역 신라토기에 대한 고찰, 단국대학교 대학원 석사학위논문

경기대학교 박물관

2004 화성 동탄면 풍성주택 신미주아파트 건축부지 문화유적 발굴조사 현장설명회 자료

2005 수원 고색동 유적

2005 양평 공세리 유적

2005 중앙선(원주-덕소) 복선전철화구간 내 4-5지구 문화유적 발굴조사 지도위원회 자료집

2005 중앙선(덕소-원주) 복선전철화구간 내 4-2 · 3지구 문화유적 발굴조사 지

도위원회 자료집

경기도박물관

1999 파주 주월리 유적

2001 봉업사

2004 포천 자작리 유적 Ⅱ

2004 안성 봉업사 3차 발굴조사 약보고서

2005 안성 매산리 고분군 발굴조사 현장설명회자료

2005 파주 육계토성 시굴조사 지도위원회자료

2005 우리곁의 고구려, 경기도박물관

2005 연천 동이리 유적 학술발굴조사 지도위원회자료

경기문화재단 부설 기전문화재연구원

2002 연천 학곡리 개수공사지역 내 학곡리 적석총 발굴조사

2003 화성 발안리 마을유적 · 기안리 제철유적 발굴조사

2003 서울 EMS테크센터 부지내 유적 발굴조사 지도위원회자료

2004 평택 현곡 지방산업단지내 문화유적 발굴조사 3차 지도위원회 자료집

2004 남양주 호평동 구석기 유적(3차) 발굴지도위원회 자료

2004 화성 지방산업단지 내 동학산 유적 발굴조사

2004 경춘선 복선전철사업구간(제4공구) 내 대성리 유적 발굴조사

2004 화성 동탄지구 내 석우리 먹실유적 발굴조사 II

2004 안성 공도 택지개발 사업부지 내 유적 발굴조사 1차 자도위원회자료(5 · 6지점)

2005 화성 신영통 현대타운 2-3단지 건설공사부지 문화재 발굴조사 지도위원회 자료

2005 안성 공도 택지개발 사업부지 내 유적발굴조사 4 · 5차 지도위원회 자료(2/3지점)

2005 성남-장호원 도로건설구간 내(2공구) 문화유적 발굴조사 지도위원회 회의자료

2006 시흥 능곡택지지구 개발지구내 능곡동유적 발굴조사 현장설명회자료 30

국립경주문화재연구소

2006 경주 월성해자 유적 문화재 발굴조사

국립부여박물관

2008 백제왕흥사

2008 부여 왕흥사지 출토 사리감의 의의

국립문화재연구소

2002 고성 문암리 선사유적 발굴조사 지도위원회의 자료

고려대학교 고고환경연구소

2004 홍련봉 1보루 2차 발굴조사 약보고

2005 홍련봉 2보루 1차 발굴조사 약보고

2005 아차산 3보루 1차 발굴조사 약보고

경희대학교 고고 · 미술사연구소

1991 오두산성 일차발굴 지도위원회자료 I

단국대학교 매장 문화재연구소

2003 연천 은대리성 지표 및 발굴조사 지도위원회자료집

2004 평택 서부 관방산성 시 · 발굴조사 지도위원회자료집

2004 안성 죽주산성 남벽 정비구간 발굴조사 지도위원회자료집

2005 의왕 ICD 진입로 개설공사구간 연장발굴조사 1 · 2 · 3차 지도위원회 자료집

2005 안성 망이산성 3차 발굴조사 지도위원회 자료집

2005 이천 설성산성 4차 발굴조사 지도위원회 자료집

문화공보부 문화재관리국

1974 팔당 · 소양수몰지구 유적발굴종합조사보고

문화재관리국 문화재연구소

1993 파주 서곡리 고려벽화묘 발굴조사 보고서

백종오

2005 고구려 기와연구, 단국대 대학원 박사학위논문

2005 최근 발견된 경기지역 고구려 유적, 북방사논총 7

2006 고구려 기와의 성립과 왕권

2006 남녘의 고구려 문화유산

백종오 · 신영문

2005 고구려 유적의 보고, 경기도박물관

서울대학교 박물관

1998 아차산 보루성 유적 발굴조사 중간보고

2002 용유도 유적

2005 초원의 지배자 -시베리아 고대문화 특별전-

2006 용마루 제 2보루

서울경기고고학회 · 기전문화재연구원

2004 경기지역 고구려 유적 정비 · 활용을 위한 학술토론회

서울역사박물관

2002 풍납토성

성균관대학교 박물관

2003-4 경기도 양평군 양수리 상석정마을 발굴조사 1~3차 지도위원회자료

세종대학교 박물관

2003 포천 일동-영중간 도로확장구간 내 유적(금주리 유적)

2005 하남 덕풍골 유적

2005 하남 덕풍-감북간 도로확포장구간 중 4차 건설구간 문화유적 발굴조사

약보고서

수원대학교 박물관

2005 화성 장안리 유적

2005 남양주 덕소 초등학교 신축부지 내 문화유적 발굴조사 지도위원회자료

안산시 · 한양대학교 박물관

2004 안산대부도 육곡 고려고분 2차 발굴조사 현장설명회

육군사관학교 화랑대연구소 국방유적연구실

2003 연천 당포성 지표 및 발굴조사 지도위원회 자료집

2004 파주 덕진산성 시굴조사 지도위원회자료

2005 포천 화현리 분청사기 요지 발굴조사 –지도위원회 · 현장설명회 회의자료–

육군사관학교 · 경기도박물관

2006 연천 당포성 2차 발굴조사 현장설명회자료

예맥문화재연구원

2006 춘천 율문리 75–2번지 창고신축부지 내 유적 발굴(시굴)조사 약보고서

이숙임

2003 강원도 지역 점토대토기문화 연구, 한림대 사학과 석사학위논문

인천광역시립박물관

1994 영종 · 용유지구 지표조사 보고서

2005 강화 창후리 청소년 유스호스텔 부지내 문화유적 발굴조사

인하대학교 박물관

2000 인천 문학경기장 내 청동기 유적 발굴조사 현장설명회 자료

중앙문화재연구원

2005 안성 공도물류단지 조성사업부지 내 유적 발굴조사 지도위원회의 자료

중원문화재연구원

2004 안성 반제리 유적 발굴조사

2005 중앙선 덕소-원주간 복선 전철 제 5-17지구 삼성리 유적 발굴조사 지도위원회자료

2006 청원 I.C.~부용간 도로공사 구간내 남성골 유적 시 · 발굴조사 -지도위원회 및 현장설명회자료

충청남도역사문화원

2003 공주의당리공단지 조성부지 내 발굴조사-공주 수촌리 유적

2006 아산 탕정 LCD 조성부지(2구역) 내 문화유적 시굴조사 현장설명회

최몽룡

1985 고대국가성장과 무역, 한국고대의 국가와 사회, 역사학회편

1989 상고사의 서해교섭사연구, 국사관논총 3집

2003 한성시대백제와 마한, 문화재 36호

2004 한국문화의 계통, 동북아 청동기문화연구, 주류성

2005 한성시대의 백제와 마한, 주류성

2006 최근 경기도에서 발굴 · 조사된 고구려 유적과 그 역사적 맥락, 경기도박물관 1월 19일(목) 우리곁의 고구려전 기조강연

2006 최근 고고학 자료로 본 한국고고학과 고대사의 신 연구, 주류성

2006 위만조선 연구의 신국면을 맞아, 계간 한국의 고고학 창간호, 주류성

2006 다원론의 입장에서 본 한국문화의 기원과 시베리아, 한 · 러 공동발굴특별전 아무르 · 연해주의 신비, 국립문화재연구소

2006 영산강유역의 고대문화-청동기, 철기시대와 마한-, 나주시 · 동신대 박물관

2006 마한연구의 새로운 방향과 과제, 충청남도역사문화원

2006 장사 마왕퇴 전한고분-고구려 고분벽화와 관련된 몇 가지 단상- ,한국의 고고학 겨울호, 주류성

2006 철기시대의 새로운 연구방향, 강원고고학회 2006년 추계학술대회

2007 경기도의 고고학, 주류성

최몽룡 · 신숙정 · 이동영

1996 고고학과 자연과학-토기편, 서울대 출판부

최몽룡외

1999 덕적군도의 고고학적조사연구, 서울대학교 박물관

최몽룡 · 김선우

2000 한국지석묘 연구이론과 방법-계급사회의 발생-, 주류성

최몽룡 · 이헌종 · 강인욱

2003 시베리아의 선사고고학, 주류성

한국문화재보호재단

2004 인천 동양택지 개발사업지구(I)지구 문화유적 발굴조사 지도위원회 자료

2004 시흥 목감동 유적

2004 인천 불로지구 문화유적 시굴조사-2차 지도위원회 자료-

2005 신갈-수지간 도로 확 · 포장공사 예정구간 문화유적 발굴조사 -3차 및 6차 지도위원회 자료-

2007 성남 판교지구 문화유적 2차 발굴조사-5차 지도위원회의자료-

2008 성남 판교지구 문화유적 2차 발굴조사-6차 지도위원회의 자료-

한국토지공사 · 한국토지박물관 · 사회과학원 고고학연구소

2004 개성공업지구 문화유산조사 현장설명회자료

2005 개성공업지구 1단계 문화유적 남북공동조사보고서

2006 연천 호루고루(2차 발굴조사 현장 설명회자료)

한림대학교 박물관

2002 경춘선 복선전철 제6공구 가평역사부지 문화유적 시굴조사지도위원회자료

2003 경춘선 복선전철 제6공구 가평역사부지 내 문화유적 발굴조사 지도위원회자료

2003 동해고속도로 확장 · 신설구간(송림리) 문화유적 발굴조사 보고서

2004 경춘선 복선전철 제5공구 내 청평리 유적 문화재시굴지도위원회자료집

2005 청평-현리 도로건설공사구간 중 매장문화재 발굴조사(C지구)지도위원회의 자료집

2006 춘천 천전리 121-16번지 내 문화유적 발굴조사 지도위원회 자료집

한백문화재연구원

2006 서울-춘천고속도로 5공구 내 유적 발굴조사 1차 지도위원회 자료집

한양대학교 박물관 · 한양대 문화재연구소

1998/2001 당성

2004 안산대부도 육곡 고려고분 2차 발굴조사 현장설명회

2004 선사와 고대의 의례고고학

2005 부천 고강동 선사유적 제7차 발굴조사

호남문화재연구원

2003/5 익산-장수간 고속도로건설구간 내 사덕유적 발굴조사(1~3차)

2004 광주 동림 2택지 개발사업지구 내 문화유적 발굴조사

洪美瑛 · 金起兌

2003 韓國 南楊州市 好坪洞 舊石器遺蹟 發掘調査概要, 黑耀石文化硏究 第2號, 明治大學

홍미영 · 니나 코노넨코

2005 남양주 호평동 유적의 흑요석제 석기와 사용, 한국구석기학보 제12호

Colin Renfrew

1973 Monument, mobilization and social organization in neolithic Wessex, *The Explanation of culture change* : Models in prehistory, London: Duckworth, pp.539~558

Kent Flannery

1972 The Cultural Evolytion of Civilization, *Annual Review of Ecology & Systematics* vol.3, pp.399~426

William Sanders & Joseph Marino

1970 *New World Prehistory*, New Jersey: Prentice-Hall, INC, Englewood Cliffs

William W. Fitzhugh & Aron Crowell

1988 *Crossroads of Continents*, Washington D.C.: Smithonian Institution Press

張之恒 · 黃建秋 · 吳建民

2003 中國舊石器時代考古, 南京出版社

제 10 장

中原文化와 高句麗

- 탄금대의 철 생산과 삼국의 각축 -

New Perspecitves in the Research of Goguryeo Archaeological Sites and its Historical Context with Jungwon Culture Area

Choi Mong-Lyong
Professor of Seoul National University

This keynote address paper "Goguryeo State(高句麗, BC 37~AD 668) and Jungwon Culture Area" given at the "Symposium with the topics of the Jungwon Culture Area" had emphasized on the historical context in relationship with such archaeological sites so far excavated as fortresses and tombs in the Han(南 · 北漢江) and Imjin(臨津江) river basin located in Gyeonggi-do province, Chungcheong Bukdo province, and Jian(集安) in Liaoning province, in which Chinese and DPRK archaeologists had made chronology in terms of the historical records from the Samguksagi(三國史記), a historical book about the Three Kingdoms of Goguryeo, Baekje(百濟) and Silla(新羅) Kingdoms/Dynasties. But some archaeologists and ancient historians in Korea did not originally and completely trust the historical records of the Samguksagi before the kings of Taejo(太祖, reign: AD 53~146), Namul(奈勿, reign: AD 356~402) and Goi(古爾, reign: AD 234~286) in the name of historical materials criticism, which they assert are incredible, and rather coined the term, "Proto-Three Kingdoms

Period" instead of using the formal "Former Three Kingdoms Period" during AD 1~300. But archaeological sites and artefacts recently excavated in the area of Korean peninsula and Liaonig in China make it possible for archaeologists and historians confirm again and revalue that the historical materials of the Samguksagi are reliable in comparison with the archaeological data, which means that the history of the Three Kingdoms goes in gear with each other forming a genuine historical context like the toothed wheels inside watch. Especially the archeological facts recently excavated that Chungju, a central city of Jungwon Culture Area, was the arena of competition among the Three Kingdoms to gain access to the Tangeumdae(彈琴臺) iron ore mine in Chungju city during the period from the king Geunchogo 26(AD 371) to the king Jinheung 12(AD 551) will be an another evidence for the accuracy of the Samguksagi documents.

충북 忠州市 일대는 삼국시대 이래 한반도의 내륙의 중심이라는 지역적 특성으로 인해 그 중요성이 인식되어 왔다. 충주는 고구려의 國原城을 거쳐 통일신라시대 때 中原(淨土寺法鏡大師〈879년~941년〉자등탑비에는 中原府란 명칭이 나옴)이란 행정구역의 명칭으로 사용된 이래 고려시대는 제원군 獅子頻迅寺址 석탑(보물 94호, 고려 8대 현종 13년, 1022년)명에 보이는 中州로 불리었다. 그리고 고려 成宗 2년(983년)에는 12牧의 하나가 되었다. 이 일대가 학계의 관심을 끌게 된 것은 1981년 정부에서 慶州圈 · 伽倻圈 · 中西部古都文化圈 등 전국을 5대 고도문화권으로 나누어 계획을 수립하면서 中原文化圈이란 명칭이 다시 떠오르게 된 이후이다. 여기에 속하는 지역은 충주시가 중심이 되지만 제천시와 단양군도 포함시키고 있다. 즉 충주 중심의 南漢江유역권으로 설정되고 있다. 이 지역은 다른 지역과 달리 왕조의 개념이 포함된 古都文化圈이 아닌 것이 특징이다. 그러나 교통과 지역의 중요성으로 삼국시대 百濟 · 高句麗와 新羅의 角逐場이 되었다. 여기에는 충주시 칠금동 彈琴臺토성에서 나오는 鐵(덩이쇠)과 충주시의 滑石이 이 지역의 확보에 대한 가속화를 부채질 했을 것으로 보인다. 1983년 10월 8일~9일 충주시에서 한국미술사학회의 주관으로 '중원문화학술회의"를 개최하면서 전문가들이 모여 기존의 연구성과를 종합적으로 검토하고 앞으로의 연구방향을 제시함으로서 중원문화권이란 명칭과 함께 연구의 새로운 전기가 마련되었다. 그리고 다시 1995년 4월 28일(금)~9일(토) 양일에 '중원문화의 위상정립과 발전방향' 이란 학술회

연천 은대리 토성 출토 고구려토기
(단국대학교 매장문화재연구소)

사자 빈신사지 석탑(보물 1022호)

중원고구려비(국보 205호)

鳥嶺(문경새재) 1관문(조령관, 사적 147호)

의가 열림으로써 그 명칭이 학계에 거의 공인되기에 이르렀다.

중원문화의 중심지로 인식되는 충주 일원은 수로로는 한강의 양수리을 통해 서울-강원도(남한강의 상류는 강원도 오대산 西臺 于洞水/于筒水임)의 영월로 연결되고, 뭍으로는 鳥嶺(사적 147호, 문경-충주)街道와 竹嶺街道(丹陽-제천)와도 이어지는 교통의 요지였다. 이는 조선시대까지 이용되던 당시의 고속도로인 수로를 이용한 漕運과 漕倉(고려 13 조창의 하나인 德興倉과 조선의 可興倉이 있었음)의 경영으로 증명된다. 따라서 충주 일원은 일찍이 삼국시대부터 그 전략적 중요성이 인식되어 잦은 분쟁이 있어 왔다. 즉 삼국초기에는 한강 이남을 중심으로 한 백제가 이 일대를 점령하였으나, 475(長壽王 63년)년 고구려의 남하이후 國原城이 설치되어 영남지방 진출의 교두보 역할을 수행하다가, 24대 진흥왕이 丹陽 赤城碑(국보 198호, 진흥왕 12년 551년)를 설립한 이후 이 일대를 점유해 오면서 통일신라시대로 이어지게 된다. 이곳에서의 삼국의 관계는 백제 13대 近肖古王(346년~375년), 고구려 20대 長壽王(413년~491년)과 신라 24대 眞興王(540년~576년)대 서기 369년에서 551년 사이에 가장 활발하였다. 신라는 이곳에 中原京(9州 5小京 중의 하나, 진흥왕 18년 557년 국원소경에서 중원경으로 바뀜)을 설치하여 삼국통일의 기반을 마련하는 근거가 되었다. 그러나 고구려가 국원성을 포함한 이 지역의 중요성을 다시 인식해 평원왕(559년~589년) 사위인 溫達장군으로 탈환하게끔 노력하였으나 온달장군의 전사로 실패를 하였다. 악사인 于勒과 문장가인 强首도 이곳을 중심으로 활약을 하였다. 이곳에는 가금면 塔坪里寺址의 칠층석탑(中央塔, 국보 6호), 中原 高句麗碑(국보 205호, 장수왕 69년 481년), 丹陽 赤城碑(국보 198호, 진흥왕 12년 551년) 중원 鳳凰里 햇골산 반가사유상을 주존으로 하는 마애군상(보물 1401호), 청원 飛中里 삼존석불, 충주 철불좌상(보물 98호), 정토사 법경대사자등탑비(보물 17호), 중원 미륵리 사지(사적 317호), 충주시 칠금동 탄금대 백제토성과 장미산성(사적 400호), 三年山城(신라 자비왕 13년, 470년, 사적 235호), 단양군 영춘면 사지원리〈傳 溫達 (?~서기 590년 영양왕 1년) 장군묘〉의 적석총, 단양 온달산성(사적 264호)·적성(사적 265호)·향산리 삼층석탑(보물 405호), 忠州山城, 중원 樓岩里(사적 463호)·청원 米川里·충주 龍貫洞과 丹月洞 고분군 등이 지상에서 뚜렷이 보이는 삼국시대의 증거이다.

충주시 칠금동 탄금대를 중심으로 하는 中原지역은 남한강의 중심지로 백제·고구려와 신라의 철의 확보와 영토확장에 대한 시발점이다. 한강은 양평군 양수리를 기점으로 북한강과 남한강으로 나누어진다. 한강과 임진강을 포함하고 있는 경기도는 한국고고학 편년상 철기시대 전기(기원전 400년~기원전 1년) 중에 나타나는 한국 최초의 국가이며 역사시대의 시작이 되는 衛滿朝鮮(기원전 194년~기원전 108년)부터 한반도에 있어서 중요한 무대가 된다. 특히 그 다음의 삼국시대가 되면 父子之間의 나라로 알려진 高句麗와 百濟의 각축전이 전개된다. 이는 고구려에서는 가장 강성한 왕인 19대 광개토왕(서기 391년~413년)과 20대 장수왕(서기 413년~491년), 그리고 백제는 13대 근초고왕(서기 346~375년) 때의 일이다. 이러한 관계는 서기 551년~553년 신라의 24대 진흥왕(서기 540년~576년)이 한강유역에 진출할 때까지 지속된다.

『三國史記』에 의하면 2대 瑠璃王(기원전 19년~서기 18년 재위)은 22년 서기 3년 고구려 초대 東明王(기원전 37년~기원전 19년 재위)이 기원전 37년 세운 최초의 도읍지인 卒本/桓仁(五女山城, 下古城子, 紇升骨城 등이 초기 도읍지와 관련된 지명임)에서 集安(輯安)으로 옮겨 國內城을 축조하고, 10대 山上王 2년(서기 197년~227년 재위) 서기 198년에 丸都山城을 쌓고 있다. 중국 문물연구소는 길림성 문물연구소와 함께 2004년 6월 29일 江蘇省 蘇州에서 열리는 28차 국제기념물 유적협의회(ICOMOS)에 세계문화유산

경주 모화리 야철지

집안 환도산성내 요망대

(WHC)으로 등재(2004년 7월 1일 등재됨)하기 위해 丸都山城(南瓮門, 瞭望臺와 宮址 등), 國內城, 五女山城, 太王陵, 將軍塚과 五盔(塊)墳 등 43건을 발굴 · 정비하였다(북한은 같은 날 평양 동명왕릉, 진파리 고분 15기, 호남리 사신총, 강서 삼묘 등 모두 고분 97기를 등재함). 그 결과 太王陵을 19대 廣開土王(서기 391년~413년 재위)의 무덤으로 추정하고 있다. 다시 말해 중국 측의 발굴조사는 삼국사기의 기록을 따라 유적을 설명해 나가고 있다. 기원전 37년에 세운 고구려 건국을 그대로 인정하고 있다. 서기 371년 백제 13대 近肖古王(서기 346년~375년 재위) 때 평양에서 벌린 전투에서 16대 故國原王(서기 331년~371년 재위)이 전사한다. 또 20대 長壽王(서기 413년~491년 재위) 서기 427년 평양으로 천도한다. 그리고 21대 蓋鹵王(서기 455년~475년 재위) 서기 475년 한성시대의 백제(기원전 18년~서기 475년)는 고구려에 의해 망하고 22대 文周王(서기 475년~477년 재위)이 공주로 천도한다. 여기에 高句麗, 百濟와 新羅는 신화와 역사적 사건으로 서로 얽혀 있다. 그러나 한국고대사에서는 백제와 신라의 초기 역사를 인정하지 않고 있다. 그래서 삼국시대 초기에 대한 기본적인 서술은 通時的, 進化論的, 歷史的 脈絡과 通商圈(Interaction Sphere, 羅濟通門이 그 예가 된다)을 고려해야 한다.

한국고고학 편년은 구석기시대-신석기시대-청동기시대(기원전 2000년~기원전 400년)-철기시대 전기(기원전 400년~기원전 1년)-철기시대 후기(삼국시대전기 또는 삼한시대 : 서기 1년~서기 300년)-삼국시대 후기(서기 300년~서기 660/668년)로 설정된다. 이러한 편년에 따르면 고구려사의 초기는 삼국시대 전기에 속한다. 그러나 한국의 역사고고학 시작은 衛滿朝鮮(기원전 194년~기원전 108년) 때부터이다. 그 중 철기시대 전기에 속하는 기원전 400년에서 기원전 1년까지의 약 400년의 기간은 한국고고학과 고대사에 있어서 매우 복잡하다. 이 시기에는 한국고대사에 있어서 중국의 영향을 받아 漢字를 알게 되고 국가가 형성되는 등 역사시대가 시작되고 있다. 청동기시대에 도시 · 문명 · 국가가 발생하는 전 세계적인 추세에 비추어 우리나라에서는 국가가 이보다 늦은 철기시대 전기에 나타난다. 위만조선은 漢나라 7대 武帝(기원전 141년~기원전 87년)가 보낸 원정군에 의해 망한다. 이때는 『사기』의 저자인 사마천의 나이 37세이다. 그의 기록에 의하면 평양 근처의 왕검성에 자리하던 위만조선이 문헌상에 뚜렷이 나타나는 한국 최초의 고대국가를 형성하고 있었다. 위만 조선은 위만-이름을 알 수 없는 아들-손자 右渠-太子 長을 거치는 4대(또는 3대도 가능) 87년간 존속하다가 중국 한나라에 의해 망한다. 그리고 樂浪, 臨屯, 玄菟(이상 기원전 108년 설치)와 眞番(기원전 107년 설치)의 한사군이 들어서는데, 오늘날 평양 낙랑구역에 樂浪이, 그리고 황해도와 경기도 북부에 帶方(처음 낙랑군에 속하다가 獻帝 建安 서기 196년~220년간에 대방군이 됨)이 위치한다. 이들은 기원전 3세기~기원전 2세기경부터 존재하고 있던 마한과 기원전 18년 마한의 바탕 위에 나라가 선 백제, 그리고 동쪽의 東穢, 남쪽의 辰韓과 弁韓에 막대한 영향을 끼치었다.

문헌상 보이는 백제의 특징은 부여 또는 고구려로부터 이주한 정권으로서 나름대로 정통성을 확보해 나가는 동시에 주위 마한(馬韓王 또는 西韓王이 통치)에 대한 정복을 강화하여서 조금씩 세력을 확장해 간다. 그들의 세력확장은 고고학적으로 보이는 산성이나 고분을 통해서 알 수 있다. 백제의 건국자는 朱蒙(高朱蒙/東明聖王)의 셋째 아들인 溫祚(기원전 18년~서기 28년 재위)이다. 그는 아버지인 주몽을 찾아 부여에서 내려온 유리왕자(고구려의 제2대왕) 존재에 신분의 위협을 느껴 漢 成帝 鴻嘉 3년(기원전 18년) 형인 沸流와 함께 남하하여 하북위례성(현 중랑천 근처이며, 온조왕 14년, 기원전 5년에 옮긴 하남위례성은 강동구에 위치한 몽촌토성으로 추정됨)에 도읍을 정하고, 형인 비류는 彌鄒忽(인천)에 근거를 삼는다. 이들 형

주몽과 유화부인 소조상
(집안 환도산성하 사당. UNESCO 세계문화유산에 등재하기 위해 환도산성 주위를 정리하면서 이 유적은 없어짐)

집안 환도산성하 사당 앞의 祖
(UNESCO 세계문화유산에 등재하기 위해 환도산성 주위를 정리하면서 이 유적은 없어짐)

경기도 용인시 기흥구 보정리 고구려 말각조정식 고분
(한양대학교 문화재연구소)

경기도 용인시 기흥구 보정리 고구려고분 출토 토기
(한양대학교 문화재연구소)

제는 삼국유사에 의하면 고구려의 건국자인 주몽의 아들로, 그리고 『三國史記』 百濟本紀 별전(권23)에는 그의 어머니인 召西奴가 처음 優台의 부인이었다가 나중에 주몽에게 개가하기 때문에 주몽의 아들로 기록된다. 온조는 天孫인 해모수, 용왕의 딸인 하백녀(유화)의 신화적인 요소와, 알에서 태어난 주몽의 탄생과 같은 난생설화가 없이, 처음부터 朱蒙-소서노-우태라는 구체적이고 실존적인 인물들 사이에서 태어난다. 그래서 백제에는 부여나 고구려다운 건국신화나 시조신화가 없다. 이것이 백제가 어버이 나라인 고구려에 항상 열등의식을 지녀온 요소가 될 수 있을 것이다. 이 점은 온조왕 원년에 東明王廟를 세운 것이나, 백제 13대 근초고왕(346년~375년)이 371년 평양으로 쳐들어가 고구려 16대 故國原王(331년~371년)을 사살하지만 평양을 백제의 영토로 편입시키는 노력을 기울이지 않고 한성으로 되돌아오는 점 등에서 이해된다. 그래서 백제의 왕실은 고구려왕실에 대한 열등감의 극복과 아울러 왕실의 정통성을 부여하려고 애를 써왔던 것으로 보인다. 이와 같이 고구려와 백제는 부자지간의 나라로 신화와 문헌을 통해서 알 수 있다.

한성시대 백제의 대표적인 묘제는, 적석총, 토광묘, 옹관묘, 석곽묘와 석실분 등으로 나눌 수 있다. 적석총은 고구려 이주세력의 분묘로 보이며, 초기 백제의 지배세력이 사용한 것으로 보인다. 적석총은 크게 무기단식 적석총과 기단식 적석총으로 대별된다. 한강지역의 적석총에서는 무기단식이 보이지 않는데, 이것은 기단식을 축조할 때 남하해왔거나, 아니면 하천 근처에 있던 무기단식 적석총이 모두 물에 의해서 없어진 것 때문으로 보인다. 石村洞 古墳群(사적 243호)이 있는 석촌동에는 백제시대의 대형 적석총 7기와 함께 토광묘, 옹관묘 등이 30여 기 이상 확인되었다. 고구려의 영향인 돌무지무덤이 석촌동에 산재한다는 것은 고구려와 문화적으로 한성백제의 건국세력과 밀접한 관계에 있었음을 보여준다. 또 이 고분군 지역에는 3, 4호분(서기 198년 산상왕 2년~서기 313년 미천왕 14년 사이 축조로 추정됨)과 같은 대형분 이외에도 소형의 토광묘와 같은 평민이나 일반관리들의 것도 섞여 있으며, 서로 시기를 달리하면서 중복되게 형성된 것도 있어서 석촌동 일대에는 오랜 기간 동안 다양한 계급의 사람의 묘지가 쓰인 것으로 보인다. 이는 백제가 기원전 18년 앞서 살고 있던 마한의 기반 위에 건국하고 있기 때문이다. 다시 말해 여기에는 기원전 18년 건국한 백제에 앞서 마한이 존재했으며 백제인은 그들 토착세력과 공존해 살았기 때문에 여러 가지 묘제가 혼재하고 있는 것으로 보인다. 백제 건국 전부터 있어 왔던 토광묘가 후일 석곽묘로 발전해 나간다든지, 석곽묘 · 석실묘의 기원과 그들의 선후관계를 밝히는 것은 앞으로 풀어야할 고고학계의 과제이다. 아마도 이들 묘제의 변화는 한성시대 백제의 성장에 따른 토착세력인 마한의 축소와 관련이 있으며, 그 시작은 13대 근초고왕이 서기 369년 천안 용원리를 중심으로 하는 目支國으로 대표되는 마한세력을 토벌하고, 마한의 중심세력이 공주 의당면 수촌리(사적 460호)나 익산 영등동 쪽으로 옮겨가는 것과 무관하지 않다. 마지막의 마한의 목지국은 나주 반남면 대안리 · 덕산리 · 신촌리(사적 76 · 77 · 78호)와 복암리(사적 404호) 일대에 위치하게 되며, 그 멸망 연대는 서기 5세기 말이나 6세기 초가 된다. 이는 나주 금천면 신가리 당가 窯址에서 확인된다.

석촌동에서 제일 거대한 3호분은 긴 변 45.5m, 짧은 변 43.7m, 높이 4.5m의 규모로 형태는 방형 기단형식의 돌무덤이다. 계단은 3단까지 확인되었으며, 그 시기는 3세기 중엽에서 4세기에 축조된 것(서기 198년~서기 313년 사이)으로 보인다. 1975년 조사된 4호분은 한 변이 23~24m의 정방형으로 초층을 1면 세 개 미만의 護石(받침돌 , 보강제 등의 명칭)으로 받쳐놓아 將軍塚과 같은 고구려의 계단식 적석총 축조수법과 유사하다(신라의 경우 31대 신문왕릉〈사적 181호〉과 33대 성덕왕릉〈사적 28호〉에서 이와 같은 호석들이 보인다). 그러나 그 연대는 3호분과 비슷하거나 약간 늦은 것으로 추측된다. 왜냐하면 적석총보다 앞선 시기부터 존재했을 토광묘와 판축기법을 가미하여 축조했기 때문에 순수 고구려 양식에서 약간 벗어난 모습을 보여주기 때문이다. 그래도 발굴 당시 사적 11호 풍납토성의 경당지구에서 출토된 것과 같은 漢-樂浪 계통으로 보이는 기와 편이 많이 수습되었다. 이는 集安의 太王陵, 將軍塚과 千秋塚 등의 석실이 있는 계단식 적석총의 상부에서 발견된 건물터나 건물의 지붕에 얹은 기와 편들로부터 구조상 상당한 유사점을 찾을 수 있다. 즉 고구려의 적석총은 무덤(墓)인 동시에 제사를 지낼 수 있는 廟의 기능인 享堂의 구조를 무덤의 상부에 가지고 있었다. 이런 점에서 연도가 있는 석실 · 석곽을 가진 석촌동 4호분 적석총도 축조 연대만 문제가 될 뿐 고구려의 적석총과 같은 기능을 가지고 있었던 고구려 계통의 무덤 양식인 것이다. 1987년에 조사된 1호분의 경우 왕릉급의 대형 쌍분임이 확인되었다. 그 쌍분 전통은 압록강 유역의 환인현 고력묘자촌에 보이는 이음식 돌무지무덤과 연결되고 있어 백제 지배세력이 고구려와 관계가 깊다는 것에 또 하나의 증거를 보태준다. 자강도 시중군 로남리, 집안 양민과 하치 등지의 고구려 초기의 무기단식 적석총과 그 다음에 나타나는 집안 통구 禹山下, 환도산성하 洞溝와 자강도 자성군 서해리 등지의 기단식 적석총들은 서울 석촌동뿐만 아니라 남한강 및 북한강 유역에서 많이 발견되고 있다. 남한강 상류에는 평창군 여만리와 응암리, 제천시 양평리와 도화리 등에서 발견된 바 있으며, 북한강 상류에서는 화천군 간척리와, 춘성군 천전리, 춘천 중도에서도 보고 되었다. 또한 경기도 연천군 삼곶리를 비롯해, 군남리와 학곡리에서도 백제시대의 초기 적석총이 발견되었다. 임진강변인 연천 중면 횡산리에서도 적석총이 발견되었다는 것은 백제 적석총이 북에서 남하했다는 설을 재삼 확인시켜주는 것이며, 아울러 백제 적석총에 대한 많은 시사를 한다고 볼 수 있다. 그러나 고구려인이 남한강을 따라 남하하면서 만든 것으로 추측되는 단양군 영춘면 사지원리〈傳 溫達 (?~서기 590년 영양왕 1년) 장군묘〉의 적석총은 山淸에 소재한 가야의 마지막 왕인 仇衡王陵(사적 214호, 서기 521년~532년 재위)의 기단식 적석구조와 같이 편년이나 계통에 대한 아직 학계의 정확한 고증을 받지 못하고 있다. 그러나 한강유역의 각지에 퍼져있는 적석총의 분포상황으로 볼 때 고구려에서 나타나는 무기단식, 기단식과 계단식

산청 구형왕릉(사적 214호)

적석총이 모두 나오고 있다. 이들은 당시 백제는 『三國史記』 溫祚王代(13년, 기원전 6년)의 기록에서 보이는 바와 같이 동으로는 走壤(춘천), 남으로는 熊川(안성천), 북으로는 浿河(예성강)에까지 세력을 확보하고 있었음을 확인시켜준다. 이와 같이 한강유역에 분포한 백제 초기의 적석총들은 이러한 백제초기의 영역을 알려주는 고고학적 자료의 하나이며, 이는 오히려 문헌의 기록을 보충해 주고 있다 하겠다. 고구려와 백제간의 역사적 맥락 및 계승성이 적석총으로 확인된다.

백제는 기원전 3세기~기원전 2세기에 성립한 앞선 馬韓의 바탕 위에서 성립한다. 그래서 백제 초기의 문화적 양상은 마한의 것과 그리 크게 다르지 않다. 그리고 백제의 건국은 삼국사기의 백제기록대로 기원전 18년으로 보아야 한다. 한강유역에서 마한으로부터 할양받은 조그만 영역에서 출발한 백제가 강성해져 영역을 확장해 나가자 대신 마한은 그 범위가 축소되어 직산, 성환과 천안 용원리 일대(서기 369년 백제 근초고왕에 의해 점

집안시 國東大穴

집안 환도산성하 적석총

집안시 太王陵

집안시 將軍塚

령당함)–공주 · 익산–나주로 그 중심지가 이동이 됨을 볼 수 있다. 백제를 포함한 『삼국사기』의 초기 기록을 인정해야만 현재의 한국고대사가 쉽게 풀려나갈 수 있다. 이는 최근 문제가 되는 고구려 초기 역사와 신라 · 백제와의 맥락에서 살펴볼 수 있다. 그리고 한성시대 백제(기원 18년~서기 475년)에도 석성이 존재해 있었으며 이는 하남시 이성산성(사적 422호), 이천 설봉산성(사적 423호), 설성산성(경기도 기념물 76호, 4차 조사 시의 가속기질량분석(AMS)은 서기 370년~410년 사이의 축조임을 알려줌)과 안성 죽주산성(경기도 기념물 69호)과 망이산성(경기도 기념물 138호, 현재까지의 조사로는 토성만이 백제의 것으로 확인됨)에서 볼 수 있다. 백제 석성 축조의 기원은 13대 근초고왕이 서기 371년 평양에서 벌인 고국원왕과의 전투에서부터로 볼 수 있다. 이는 고구려의 國內城과 丸都山城에서 영향을 받아 만들었을 것이다. 고구려는 2대 유리왕 서기 3년(서기 22년)에 집안의 國內城을 축조하고 10대 산상왕 서기 198년에 丸都山城을 쌓고 있다. 2001년 충북대학교 박물관에 의해 발굴된 청주 부용면 부강리 남성골 산성의 발굴의 결과 고구려 군에 의한 함락이 서기 475년으로 그 하한이 되는 점도 이러한 역사적 맥락을 잘 보여준다. 방사성탄소(C14)연대는 서기 340년~370년과 서기 470년~490년의 두 시기로 나온다. 이 남성골산성은 청주 井北洞土城(사적 415호 ; 서기 130년~260년경 축조)과 같이 아마도 마한시대의 초축으로 후일 백제의 성이 되었다가 475년경 고구려군에 함락 당한 것으로 여겨진다. 한성시대 백제의 영역에 속하는 지역에서의 백제성은 포천 반월성(사적 403호), 연천 호로고루성(사적 467호)과 연기 운주성 등이 있다. 瓠蘆古壘城은 발굴결과 처음에는 백제시대의 판축으로 이루어진 토성으로 그 후 고구려의 석성으로 대체되었던 것으로 보인다. 이는 연천군 전곡읍 은대리 토성(사적 469호)이 원래 백제의 토성이었는데 475년경 고구려군의 침입으로 고구려 석성으로 바뀐 것과 역사적 맥락을 함께 한다.

그리고 최근 조사된 연천(漣川) 당포성(堂浦城, 사적 468호) 동벽도 역시 백제의 판축된 토성을 이용하여 고구려성을 쌓은 것으로 확인되었다. 이것은 서기 475년경 고구려군의 남하와 백제성의 점령과도 관련이 있을 것이다. 이들은 13대 근초고왕의 북진정책과 19대 광개토왕과 20대 장수왕의 남하정책과 관련이 있다. 그리고 이들 모두 한성시대의 백제가 망하는 서기 475년경 전후의 역사적인 맥락을 알려주는 중요한 유적이다. 파주 주월리(육계토성내, 서기 260년~400년, 서기 240년~425년)와 포천 자작리의 백제시대 집자리의 존재는 이들을 입증해준다. 한성시대의 백제의 영역은 근초고왕 때가 가장 강성했으며 그 영역도 여주 연양리와 하거리, 진천 석장리, 삼용리(사적 344호)와 산수리(사적 325호)를 넘어 원주 법천리에 이르며 강원도 문화재연구소가 발굴했던 춘천 거두리와 홍천 하화계리까지 이르는 것으로 알려지고 있다. 또 충남 연기 운주산성의 경우 이제까지 통일신라시대의 성으로 추정되었으나 발굴결과 백제시대의 초축인 석성으로 밝혀지고 있다. 백제시대의의 석성으로는 하남시 이성산성(사적 422호), 이천 설봉산성(사적 423호), 설성산성(경기도 기념물 76호), 안성 죽주산성(경기도 기념물 69호), 평택 자미산성, 그리고 충주의 장미산성(사적 400호)과 탄금대의 토성(철정, 덩이쇠가 나옴) 등이 알려져 있어 서로 비교가 된다. 그리고 2002~2003년에 걸쳐 경기도박물관에 의해 파주 월롱산성, 의왕시 모락산성과, 고양시 법곶동 멱절산성 유적 등이 조사되었다. 그리고 당시 무역항구나 대외창구의 하나로 여겨진 화성 장안3리나 멀리 광양 마노산성(전라남도 기념물 173호)에서도 고구려 유물이 발견되거나, 그 영향이 확인된다. 최근 새로이 발견된 유적들로 서울 근교의 삼성동토성, 아차산성(사적 234호, 아차산 일대 고구려 보루군은 사적 455호임), 광동리, 태봉산, 도락산, 불곡산, 수락산, 국사봉, 망우산, 용마산, 아차산, 홍련봉, 구의동, 자양동, 시루봉 보루 등을 들 수 있으며, 이들을 통해 하성시대 백제의 멸망 당시 고구려의 남하한 육로를 알 수 있다. 아차산성의 경우 1996년 보수시 석성과 함께 보축시설이 새로이 발견되었다. 석성의 연대는 삼국시대로 그리고 보축은 통일신라시대에 이루어진 것으로 추정되었다. 이곳은 삼국시대부터 전략적으로 매우 중요한 지역으로 신라가 삼국을 통일한 이후에도 이곳을 보축해 전략적 요충지로 삼았던 것으로 보인다. 앞으로 백제 초기부터 통일신라시대에 이르는 역사적 맥락을 이곳에서 찾는 작업이 필요하다. 다시 말해 송파구 일대의 지역은 백제 초기에는 수도로서, 삼국시대 중기 이후에는 삼국의 한강유역 확보를 위한 쟁탈의 장으로서 한성시대의 백제를 연구하는데 빼놓아서는 안될 곳이다. 그리고 이 시기의 유적 또는 성벽의 발굴시 그 유적이 속하는 한 시기 · 시대에 편중해 연구하지 말고 역사적 맥락 속에서 유기체적인 해석이 선행되어야 한다. 이는 앞 시대에 만들어진 성내 건물지나 성벽 등 유구에 대한 철저한 파괴, 개축과 보수 등을 고려해야 하기 때문이다.

백제는 13대 근초고왕(서기 346년~375년), 고구려는 19대 광개토왕(서기 391년~413년)과 20대 장수왕(서기 413년~491년), 그리고 신라는 24대 진흥왕(서기 540~576년 재위) 때 가장 활발한 영토확장을 꾀한다. 신라는 24대 진흥왕 12년(서기 551년) 또는 14년(서기 553년) 한강유역에 진출하여 新州를 형성한다. 백제는 근초고왕 때(서기 369년경) 천안 용원리에 있던 마한의 目支國세력을 남쪽으로 몰아내고, 북으로 평양에서 16대 고국원왕을 전사시킨다. 그 보복으로 고구려의 광개토왕-장수왕은 해로로 강화도 대룡리에 있던 것으로 추정되는 華蓋山城과 寅火里 分水嶺과 백제시대의 인천 영종도 퇴뫼재토성을 거쳐 한강과 임진강이 서로 만나는 지점인 해발 119m 길이 620m의 퇴뫼식산성인 關彌城(坡州 烏頭山城, 사적 351호)을 접수하고, 육로로 연천 당포성(사적 468호), 은대리성(사적 469호), 瓠蘆古壘城(사적 467호), 파주 月籠山城과 德津山城을 거쳐 임진강과 한강을

관미성
(오두산성, 사적 351호, 경희대학교 박물관)

관장하고 계속 남하하여 하남 二聖山城(사적 422호)까지 다다른다. 그리고 남한강을 따라 영토를 확장하여 최후의 고구려의 남쪽 경계는 중원(충주: 고구려의 國原城) 고구려비(국보 205호, 장수왕 69년 481년), 정선 애산성지, 포항 냉수리, 경주 호우총(경주 호우총의 경우 國岡上廣開土地好太王壺杅十이라는 명문이 나와 고구려에서 얻어온 祭器가 부장된 것으로 보인다)과 부산 福泉洞에 이른다. 그리고 21대 炤知王 10년(488년) 月城(사적 16호)을 수리하고 大宮을 설치하여 궁궐을 옮긴 월성의 해자 유적에서 고구려의 기와(숫막새)와 玄武와 力士像이 양각으로 새겨져 있는 土製方鼎이 발굴되었다. 이는 장수왕 69년(481년)에 고구려가 경주부근에까지 진출하였다는 설을 뒷받침한다. 토제방정의 역사상은 순흥 어숙묘에서, 현무는 427년 평양 천도 후 고구려 벽화분에서 발견되는 것과 비슷하다. 고구려의 묘제 중 석실묘는 연천 신답리(방사선 탄소연대는 서기 520/535년이 나옴), 포항 냉수리와 춘천 천전리에서도 나타난다. 고구려의 영향을 받거나 고구려의 것으로 추측될지 모르는 것으로는 영풍 순흥 태장리(乙卯於宿知述干墓, 서기 499/559년, 사적 238호)와 순흥 읍내리(사적 313호) 벽화분들을 들 수 있으며, 고구려 유물이 나온 곳은 맛졸임(귀죽임, 抹角藻井) 천장이 있는 두기의 석실묘가 조사된 경기도 용인시 기흥구 보정동, 대전 월평동산성, 화성 장안 3리, 서천 봉선리(사적 473호)와 홍천 두촌면 역내리 유적 등이 있다. 이 시기는 고구려가 가장 강하던 19대 광개토왕(서기 391~413년)과 20대 장수왕(서기 413~491년 재위) 때의 남쪽 경계선이라고 해도 무방하다. 이는 서기 4~5세기 때이다. 광개토왕과 장수왕 때 백제를 침공하기 위한 해로와 육로의 경유지를 살펴보면 선사시대 이래 형성된 羅濟通門과 같은 通商圈(interaction sphere) 또는 貿易路와도 부합한다. 주로 바다나 강을 이용한 水運이 절대적이다. 이러한 관계는 고구려 소수림왕(서기 372년), 백제 침류왕(서기 384년)과 신라 23대 법흥왕(서기 527년) 때 정치적 기반을 굳히게 하기 위한 불교의 수용과 전파를 통해 확대된다. 백제의 불교수용 초기 절터로 하남 天王寺를 들 수 있다. 남한 내 소재하고 있는 고구려 유적의 대부분이 경기 북부지역에 집중되어 있다. 다시 말해 경기북부지역은 고구려 유적의 보고라 해도 과언이 아닐 것이다. 이 가운데 임진강과 한탄강이 지류들과 합류하는 강 안 대지에 형성된 호로고루(사적 467호), 당포성(사적 468호), 은대리성(사적 469호) 등은 모두 고구려의 남방 거점으로 활용된 중요한 성곽이었다. 이들은 모두 고구려가 남방의 신라나 백제를 견제할 목적으로 구축한 한강-임진강 유역의 고구려 관방유적군 가운데에서도 대규모에 속하는 성곽이며 광개토왕-장수왕대에 이르는 시기에 추진된 남진정책의 배후기지로 활용되었다. 유적의 보존 상태 또한 매우 양호하다. 연천 호로고루에서는 잘 보존된 성벽이 확인되었고, 남한 내에서는 그 유례를 찾을 수 없을 만큼 많은 양의 고구려 기와가 출토되어 학

서초구 광진동 용마산 2보루
(서울대학교 박물관)

금산 백령산성(충남기념물 83호)
(충청남도역사문화원)

연천 당포성(사적 468호)
(육군사관학교 화랑대연구소 국방유적조사실)

계의 비상한 관심을 모은 바 있다. 연천 당포성은 고구려 축성양식을 밝힐 수 있는 폭 6m, 깊이 3m의 대형 垓字를 비롯하여 동벽 상단부위에 이른바 '柱洞' 들이 확인되고, 성벽에 일정한 간격으로 수직 홈이 파여져 있고 그 끝에 동그랗게 판 確돌이 연결되어 있다는 점 등에서 중요성이 부각되고 있다. 이와 같은 주동은 서울 광진구 중곡동 용마산 2보루에서도 보이고 있는 전형적인 고구려 양식이며, 전남 광양시 광양 용강리에 있는 백제의 마로산성(사적 475호) 개거식 남문과 동문과도 비교가 된다. 이것은 앞으로 조사가 더 진행되어야 알겠지만 아마도 성문이 처음 開据式에서 이성산성 동문과 금산 백령산성(서기 597년 丁巳년 27대 威德王이 쌓음, 충남 기념물 83호)에서 보이는 것과 같은 懸門式으로 바뀌었음이 아닌가 생각된다. 그리고 남문의 성벽축조에서 고구려의 영향으로 보여지는 '삼각형고임' 이나 성벽 기초부터 위로 올라갈수록 한 단계씩 뒤로 물러간는 '퇴물림' 축조수법도 나타난다. 이는 파주 덕진산성과 안성 망이산성에서도 보인다. 은대리성(사적 469호)은 본래 동벽과 북벽 단면에서 보이는 바와 같이 처음에는 백제의 판축토성 이었다가 고구려에 넘어가 석성으로 개조된 비교적 원형을 잘 보존하고 있는 성곽으로 이 일대 고구려 성곽 중에서 규모가 가장 큰 것에 속한다. 이 성은 지역 거점이거나 治所城의 성격을 가지고 있는 것으로 파악되며 경기도내에서 고구려의 통치방식을 연구할 때 제외될 수 없는 중요한 곳이라 할 수 있다.

경기도에서 발견되는 고구려 유적들은 고구려의 최남단 전진기지이자 백제와의 접경지로 고구려와 백제 양국 간에 대한 역사적 맥락을 살펴 균형있는 연구를 살릴 수 있는 곳이다. 일시적인 유행으로 남한 내 고구려 유적의 중요성만을 강조하다보면 비교적으로 상대적인 열세를 면치 못하고 있는 백제사 연구는 뒷전으로 밀리게 되어 경기도내에서 백제사 연구는 불모의 과제로 남을 수밖에 없다. 반면에 백제사만을 강조한다면 그나마 제대로 남아 있는 고구려 유적에 대한 연구의 앞날도 매우 불투명하게 될 것이다. 요컨대 고구려 유적의 연구는 초기 백제의 중심지인 경기도의 특색을 살려 진행되어야 한다. 이를 배제시킨 고구려 편향의 조사 연구결과는 불완전해질 수밖에 없는 것이다. 최근 경기도에서 조사된 고구려 유적들을 통하여 위만조선, 낙랑과 고구려, 그리고 마한과 백제와의 역사적 관계와 맥락을 좀더 신중히 고려하여 균형있는 연구가 필요할 때가 되었다는 것이다. 다시 말하여 임진강과 남한강 유역에 만들어진 고구려의 유적의 주 대상(主敵)이 원삼국시대가 아닌 역사상의 실체인 백제와 신라임이기 때문이다. 그 중 고구려와 백제간의 끈임 없는 역사는 장수왕과 개로왕 사이에 일어난 한성시대 백제의 멸망으로 이어졌고, 그 해가 서기 475년이었다.

그리고 이와 아울러 최근 발견되는 고구려 관계 유적 · 유물의 기원에 대한 새로운 검토도 필요하다. 그중 하나가 고구려 벽화분의 해와 달을 상징

경주 월성 해자 출토 고구려 개와
(경주문화재연구소)

경주 월성(사적 16호) 해자 출토 고구려 토제방정편
(경주문화재연구소)

하는 三足烏와 두꺼비의 기원문제가 다시 검토되어야 한다. 두꺼비(蟾蜍)와 토끼(玉兎)는 漢語大詞典에 '后用爲月亮的對稱', '傳說月中有蟾蜍, 因借指月亮', '指神話中月亮里的白兎'과 같이 나오는 것으로 보아 달을 지칭하는 다른 이름으로 보아도 된다. 그리고 三足烏는 古代傳說中 神鳥로 '爲西王母取食之鳥', '日中有三足烏', '태양을 실어 나르는 새'(爾雅) 등으로 언급되고 있어 태양(해)속에 있는 三足烏와 태양은 불가분의 관계로 표현된다. 鳥夷족은 先秦時 중국 동부 근해에서 살던 사람들을 칭하는 이름으로 이야기하기도 하는데(史記 五帝本紀), 그들은 이 삼족오의 신앙과도 관련이 있다. 해와 달의 신앙은 중국 측의 기록에서 볼 때 삼황오제(伏羲, 神農, 女媧/燧人, 黃帝/少昊, 帝嚳, 顓頊, 堯, 舜) 때부터의 일이다. 중국신화에서 인류의 선조는 伏羲와 女媧이며 西王母는 중국의 女仙人으로 長生不老의 상징으로 되어있다. 이들은 우리의 신화하고는 거리가 멀다. 단지 고구려 廣開土王(서기 391년~412년)시 大使者(6품) 벼슬을 한 牟頭婁(또는 冉牟)墓의 묘지명에서 朱蒙(東明王)을 '日月之子'로 표현하고 있다. 그러나 五盔(塊)분 4호의 伏羲와 女媧가 떠받치는 日月神像圖는 중국적인 요소가 강하다. 그리고 우리의 고구려 고분벽화와 시간적으로 너무 차이가 난다. 馬王堆 漢墓와도 약 500년간의 시차가 있다. 三皇五帝시절부터 내려오던 중국인의 神話와 來世觀이 고구려 고분벽화에 끼친 영향은 너무나 뚜렷하다. 그것은 馬王堆 漢墓중 신추의 1호와 3호 묘의 내관 덮개인 T자형 彩繪帛畵에 나타난 해와 달의 모습이 고구려의 고분벽화에 나타남으로써 한국문화의 기원이나 원류의 하나가 중국에 있다는 사실을 알 수 있게 되었다. 이 고분은 1972년~1974년에 湖南省 長沙市(漢나라 당시의 이름은 臨湘임) 東郊 馬王堆路 馬王堆 省馬王堆療養阮옆에서 발견된 것으로, 이곳에는 중국 前漢(기원전 206년~서기 8년) 장사국의 재상(長沙丞相)이며 700戶를 分封받은 초대 軑侯인 利蒼(2호. 呂后 2년 기원전 186년에 죽음, 대후는 4대로 利蒼-利豨-利彭祖-

집안 오괴분 4호 일월 신상도 중 해(삼족오)

利秩의 순으로 이어짐) 부인 辛追의 무덤(1호, 2대 대후인 利豨년간인 기원전 160년경에 50세 전후로 죽음)과 그들의 아들의 무덤(3호, 30세 가량의 利蒼과 辛追의 아들로 文帝 12년 기원전 168년에 죽음. 文帝 15년 기원전 165년에 죽은 2대 대후인 利豨의 동생으로 여겨짐)의 세 무덤으로 이루어지고 있다. 발굴보고자들은 이 셋의 무덤이 기원전 186년에서 기원전 160년경 사이에 축조된 것으로 보고 있다. 고구려의 벽화에서 日月圖가 뚜렷이 보이는 것만도 현재 20여기나 되는데, 원래 고구려의 벽화고분의 축조시 처음부터 일월도가 그려져 있었던 것으로 보아도 무리가 없겠다. 馬王堆 漢墓의 T자형 彩繪帛畵에 나타난 것과 주제가 같은 태양과 달의 모습을 그린 고구려의 벽화고분들은 아래와 같다.

덕흥리 고분(408년, 평남 남포시 강서구역 덕흥동)

안악 1호 고분(4세기말, 황해남도 안악군 대추리)

무용총(4세기 말~5세기 초, 길림성 집안)

각저총(4세기 말~5세기 초, 길림성 집안)

약수리 고분(5세기 초, 평안남도 강서군 약수리)

성총(5세기 중엽, 남포시 와우도구역 신령리)

천왕지신총(5세기 중엽, 평안남도 순천시 북창리)

장천 1호 고분(5세기 중엽, 길림성 집안)

수렵총(5세기 말, 남포시 용강군 용강읍)

쌍영총 고분(5세기 후반, 평안남도 용강군 용강읍)

대안리 1호 고분(5세기 후반, 평안남도 용강군 대안리)

덕화리 1호 고분(5세기 말~6세기 초, 평안남도 대동군 덕화리)

덕화리 2호 고분(6세기 전반, 평안남도 대동군 덕화리)

개마총(6세기, 평양시 삼석구역 노산리)

내리 1호(6세기, 평양시 삼석구역 노산리)

진파리 4호 고분(6세기, 평양시 역포구역 용산리)

잔파리 7호 고분출토 금동보관장식(평양시 역포구역 용산리)

사신총(6세기, 길림성 집안)

五盔(塊)墳 4호 및 5호(6세기 후반, 길림성 집안)

강서 중묘 (6세기 후반~7세기 초, 평안남도 강서군 삼묘리)

이들 中原지방에서 나타나는 고구려 관계유적들의 고고학적 배경을 살펴보면 『三國史記』의 기록대로 고구려 · 신라 · 백제는 역사적으로 긴밀한 관계를 갖게 되며, 이는 시계의 톱니바퀴처럼 서로 엇물려있다. 그래서 삼국시대전기/초기를 설명하는데 있어 종래의 原三國時代란 용어는 적합지 않다는 것을 다시 한번 확인할 수 있다. 아울러 기존에 발견 · 보고 된 고구려의 유적을 歷史的 脈絡에서 다시 한번 검토하면 고구려 문화의 起源과 아울러 高句麗軍의 南下經路 및 백제 · 신라와의 政治的 關係도 구체적으로 파악할 수 있게 될 것이다. 이런 의미에서 중원지방에 진출한 고구려의 역사와 남겨진 유적 · 유물들은 새로운 역사적 맥락에서 다시 한번 검토를 거쳐야 할 필요가 생긴다. 다시 말해 충주시는 칠성동 탄금대 철생산지를 중심으로 하는 백제 · 고구려 · 신라의 각축장이었으며, 근초고왕 26년(371년)

에서 진흥왕 12년(551년) 사이가 역사적으로 주목받았다. 이것이 중원문화가 지니는 역사적 의미인 것이다.

참/고/문/헌

강동석 · 이희인

2002 강화도 교동 대룡리 패총, 임진강 유역의 고대사회, 인하대학교 박물관

강원문화재연구소

2003 국도 44호선(구성포-어론간) 도로확장구간 내 철정 · 역내리 유적

2004 천전리 유적

경기문화재단

2003 경기도의 성곽, 기전문화예술총서 13

경기도박물관

1999 파주 주월리 유적

2003 월롱산성

2003 고양 멱절산 유적 발굴조사

2004 포천 자작리 유적 Ⅱ -시굴조사보고서-

2005 파주 육계토성 시굴조사 지도위원회자료

2007 경기도의 고구려 문화유산

광진구

1998 아차산성 '96 보수구간 내 실측 및 수습발굴조사보고서

고려대학교 고고환경연구소

2005 홍련봉 2보루 1차 발굴조사 약보고

2005 아차산 3보루 1차 발굴조사 약보고

고려대학교 매장문화재연구소

2004 홍련봉 1보루 2차 발굴조사 약보고

공석구

1998 고구려 영역확장사 연구, 서경문화사

국립경주문화재연구소

2006 월성해자

국립경주박물관

1995 냉수리고분

국립부여문화재연구소

2008 백제왕흥사지

2008 부여 왕흥사지 출토 사리감의 의미

국립문화재연구소 유적조사실

2007 남한의 고구려유적

2007 아차산 4보루 성벽 발굴조사

국립중앙박물관

2000 원주 법천리 고분군 -제2차 학술발굴조사-

2000 원주 법천리 Ⅰ (고적조사보고 31책)

기전문화재연구원

2002 연천 학곡제 개수공사지역 내 학곡리 적석총 발굴조사

단국대학교 매장문화재연구소

2001 포천 고모리산성지표조사 완료약보고서 및 보고서(총서 11책)

2002~5 이천 설성산성 2~4차 발굴조사 지도위원회자료집

2001 안성 죽주산성 지표 및 발굴조사 완료 약보고서

2001 포천 반월산성 5차 발굴조사보고서

2003 연천 은대리성 지표 및 발굴조사 지도위원회자료집

2003 이천 설봉산성 4차 발굴조사 지도위원회자료집

2004 평택 서부관방산성 시 · 발굴조사 지도위원회자료집

2004 안성 죽주산성 남벽 정비구간 발굴조사 지도위원회자료집

2005 안성 망이산성 3차 발굴조사 지도위원회자료집

목포대학교 · 동신대학교 박물관

2001 금천-시계간 국가지원 지방도 사업구간 내 문화재발굴조사 지도위원회 현장설명회자료

박대재

2005 중국의 한국사 왜곡, 국사교과서 순환 교원연수 교재, 국사편찬위원회

백종오

2002 임진강 유역 고구려 관방체계, 임진강 유역의 고대사회, 인하대학교 박물관

2003 고구려와 신라기와 비교연구-경기지역 고구려성곽 출토품을 중심으로, 백산학보 67, 백산학회

2003 朝鮮半島臨津江流域的高句麗關防體系研究, 東北亞歷史與考古信息 總第40期

2004 포천 성동리산성의 변천과정 검토, 선사와 고대 20, 한국고대학회

2004 백제 한성기산성의 현황과 특징, 백산학보 69, 백산학회

2004 임진강 유역 고구려 평기와 연구, 문화사학 21, 한국문화사학회

2005 고구려 기와연구, 단국대 대학원 박사학위 논문

2005 최근 발견 경기지역 고구려 유적, 북방사논총 7

2006 남녘의 고구려 문화유산

2006 고구려기와의 성립과 왕권, 주류성

백종오 · 김병희 · 신영문

2004 한국성곽연구논저총람, 서경

백종오 · 신영문

2005 고구려 유적의 보고 : 경기도, 경기도박물관

서울대학교 박물관

1975 석촌동 적석총 발굴조사보고

2000 아차산성

2000 아차산 제4보루

2002 아차산 시루봉보루

2006 용마산 2보루

서울대학교 박물관 · 경기도박물관

2000 고구려 : 한강유역의 요새

세종대학교 박물관

2001 하남 미사동 선사유적 주변지역 시굴조사

수원대학교 박물관

2005 화성 장안리 유적

순천대학교 박물관

2004 광양 마로산성 3차 발굴조사 현장설명회 자료

2005 광양마로산성 4차 발굴조사 현장설명회 자료

2005 광양 마노산성 Ⅰ

육군사관학교 화랑대연구소 국방유적연구실

2003 정선 애산리산성 지표조사보고서

2003 연천 당포성 지표 및 발굴조사 지도위원회 자료집

2004 파주 덕진산성 시굴조사 지도위원회 자료

육군사관학교 화랑대연구소 · 경기도박물관

2006 연천 당포성 2차 발굴조사 현장설명회 자료

이종욱

2005 고구려의 역사, 김영사

인하대학교 박물관

2000 인천 문학경기장 내 청동기유적 발굴조사 현장설명회 자료

장준식

1998 신라 중원경 연구, 학연문화사

중원문화재연구원

2004 충주 장미산성 발굴조사 현장설명회 자료집

2006 충주 장미산성-1차 발굴조사 보고서-

2007 충주 탄금대토성-발굴조사 약보고서-

차용걸

2003 충청지역 고구려계 유물 출토 유적에 대한 소고 -남성골 유적을 중심으로-, 호운 최근묵 교수 정년기념 간행위원회

최몽룡

1983 한국고대국가의 형성에 대한 일 고찰-위만조선의 예- 김철준교수 회갑기념 사학논총

1985 고고학자료를 통해본 백제 초기의 영역고찰-도성 및 영역문제를 중심으로 본 한성시대 백제의 성장과정, 천관우 선생 환력기념 한국사학 논총

1986 고대국가성장과 무역 -위만조선의 예-, 한국고대의 국가와 사회, 역사학회편

1987 한국고고학의 시대구분에 대한 약간의 제언, 최영희 교수 회갑기념 학국사학논총

1989 삼국시대 전기의 전남지방문화, 성곡논총 20집

1989 역사고고학연구의 방향, 한국상고사 연구현황과 과제, 민음사

1990 전남지방 삼국시대 전기의 고고학연구현황, 한국고고학보 24집

1990 고고학에의 접근, 신서원

1991 중원문화권과 중원문화, 제3회 중원문화 학술발표회, 충주문화원 · 예성동우회(10월 19일, 충주문화원 회의실)

1993 철기시대 : 최근 15년간의 연구성과, 한국사론 23집, 국사편찬위원회

1993 한국 철기시대의 시대구분, 국사관논총 50, 국사편찬위원회

1997 청동기문화와 철기문화, 한국사 3, 국사편찬위원회

2000 21세기의 한국고고학 : 선사시대에서 고대국가의 형성까지, 한국사론 30, 국사편찬위원회

2002 21세기의 한국고고학의 새로운 조류와 전망, 한국상고사학회 27회 학술발표대회 기조강연(4월 26일)

2002 고고학으로 본 문화계통–문화계통의 다원론적인 입장–, 한국사 1, 국사편찬위원회

2003 백제도성의 변천과 문제점, 서울역사박물관 연구논문집 창간호

2003 고고학으로 본 마한, 익산문화권 연구의 성과와 과제(16회 국제학술회의, 5월 23일), 마한 · 백제문화연구소

2003 한성시대의 백제와 마한, 문화재 36호

2004 동북아 청동기시대 문화연구, 주류성

2004 朝鮮半島の文明化 –鐵器文化와 衛滿朝鮮– 日本 國立歷史民俗博物館研究報告 119 輯

2004 통시적으로 본 경기도의 통상권, 한국상고사학회 32회 학술발표대회기조강연(10월 29일)

2004 역사적 맥락에서 본 경기도 소재 고구려 유적의 중요성, 경기지역 고구려 유적 정비 · 활용을 위한 학술토론회, 서울경기고고학회 · 기전문화재연구원(12월 9일)

2005 한성시대 백제와 마한, 주류성

2006 최근의 자료로 본 한국 고고학 · 고대사의 신 연구, 주류성

2007 인류문명발달사, 주류성

2007 고구려와 중원문화, 제 1회 중원문화 학술대회, 충주대학교 박물관, pp.69~85

충청남도역사문화원

2001 연기 운주산성 발굴조사 개략보고서

2003 서천-공주간(6-2) 고속도로 건설구간 내 봉선리유적

충북대학교 박물관

2002 청원 I.C.-부용간 도로확장 및 포장공사구간 충북 청원 부강리 남성골 유적

충청매장문화재연구원

2001 대전 월평동산성

충청북도 · 충북대학교 호서문화연구소

1995 중원문화학술회의 보고서: 중원문화권의 위상정립과 발전방향, 연구총서 제 8책

하문식 · 백종오 · 김병희

2003 백제 한성기 모락산성에 관한 연구, 선사와 고대 18, 한국고대학회

한국문화재보호재단

2001 하남 천왕사지 시굴조사-지도위원회 자료-

한국토지공사 토지박물관

2001 연천 호로고루-지도위원회자료

2001 연천 군남제 개수공사지역 문화재 시굴조사-지도위원회 자료

2003 연천 신답리고분

한양대학교 문화재연구소

2007 경기도 용인시 기흥구 보정동 신축부지내 문화재발굴(확인)조사 지도위원회자료집

한양대학교 박물관

2000 이성산성(제8차 발굴조사보고서)

2001 단양 사지원리 태장이묘 발굴조사 지도위원회 자료집

2001 이성산성(제9차 발굴조사보고서)

2002 이성산성(제10차 발굴조사보고서)

2005 풍납과 이성: 한강의 백제와 신라문화: 한양대학교 개교 66주년 기념 특별전

제 11 장

중국 · 일본 · 한국의 문화사

동북아시아에 있어서 중국, 일본과 한국은 선사시대부터 현재까지 지리 · 정치 · 문화적으로 불가분의 관계를 맺고 있으며 그를 통해 巨視的인 通商圈(interaction sphere)을 형성하고 있다. 특히 한국의 문화를 제대로 이해하려면 중국과 일본의 문화사를 확실히 파악하고 있어야한다. 최근 한국 문화의 기원, 청동기 · 철기시대의 상한문제를 비롯한 한국고고학의 새로운 편년설정 등은 이들 이웃의 문화를 제대로 파악하는 데에서 비롯된다.

1. 중국

文明發達의 특징 중의 하나인 청동기의 제작과 사용만 놓고 본다면 중국은 龍山문화나 齊家문화와 같이 신석기시대 말기에 홍동(純銅) 및 청동 야금기술이 발달한 것으로 보인다. 龍山문화(기원전 2500년~기원전 2200년)에 속하는 齊家坪출토의 合范으로 鑄造(용융점에 관해서 살펴보면 구리 1083도, 아연 420도, 주석 232도, 납 327도, 금 1063도, 은 960도, 철 1525/1537도임 그리고 비소 As는 2~3% 합금함. 최종합금에서 견고성의 효과를 보기 위해서는 비소가 3% 정도 들어간다. : 中國 祭器의 경우 器表面의 光澤을 위해 구리에 납을, 그리고 兵器의 경우 堅固性을 위해 주석이나 아연을 합금했음이 밝혀졌다)된 銅斧와 淸海 貴南 朶馬臺 齊家유적의 동경을 비롯하여 甘肅省 東鄕 林家(馬家窯期)에서는 기원전 2500년까지 올라가는 주조된 칼이 나오고 있다. 그러나 본격적으로 청동기시대에로 진입한 것은 偃師 二里頭(毫)문화 때이다. 이리두 문화의 연대는 기원전 2080년~기원전 1580년 사이이며 山東省과 河北省의 大汶口문화를 이은 岳石문화, 요서와 내몽고일대의 夏家店하층문화도 거의 동시기에 青銅器時代로 진입했다고 보인다. 이러한 청동기 개시 연대가 기록상의 夏나라(기원전 2200년~기원전 1750년)와 대략 일치하므로 청동기의 시작과 夏문화를 동일시하는 주장도 있다.

그리고 彭頭山-河姆渡-馬家浜-崧澤-浪渚-楚와 內蒙古 阜新 沙羅鄕 查海-興隆窪-趙寶溝-紅山-富河로 이어지는 문화계통 들도 고려된다. 이제까지 알려진 夏나라보다 약 800년이나 앞서는 紅山문화에 속하며 제단, 女神廟와 적석총 등이 발굴된 遼寧 凌源縣과 建平縣의 牛河梁과 東山嘴(기원전 3000년~기원전 2500년경)유적, 四川省 廣漢 三星堆(기원전 1200년~기원전 1000년: 羌姓族의 고대 蜀國으로 추정)유적 및 成都 龍馬 寶墩古城(기원전 3000년~기원전 2500년)의 국정을 점치거나 또는 제사용으로 사용되었을 것으로 추정되는 土壇 유적과 玉器의 제작으로 유명한 良渚(浙江省 杭縣 良渚鎭 현재 余杭市)문화 등과 같이 종래 생각해오던 중국문명의 중심지역이 아니라 주변지역에서 청동기의 제작이 일찍부터 시작되었다는 새로운 사실들이 밝혀지고 있어 중국 청동기문화의 시작에 대한 연구를 복잡하게 만들고 있다. 특히 良渚文化에 속하는 余杭 瓶窯鎭 匯觀山 제단을 비롯한 余杭 反山과 瑤山에서 출토한 玉으로 만든 琮 · 璧 · 鉞은 神權 · 財權 · 軍權을 상징하는 것으로 정치권력과 군사통수권을 가진 족장사회(chiefdom)를 넘어선 국가와 같은 수준의 정치적 기반을 갖춘 정부조직이 있었으리라는 추정도 가능하게 한다. 이미 요새화한 版築城은 河南省 安陽 後崗, 登封 王城崗, 淮陽 平糧臺, 山東省 章丘 龍山鎭 城子崖 등 龍山문화에서부터 이미 나타나기 시작하였다. 여하튼 넓은 지역의 중국에서 문화의 多原論(polyhedral, polyphyletic theory)이 제기될 수 있는 것은 가능하며, 이 점은 앞으로 중국고고학에서 해결되어야 할 문제점이다.

中國 靑銅器時代는 文化史的 背景이 重要하다. 수메르-이집트-인더스를 잇는 세계 제 네 번째의 하천문명 또는 灌漑文明은 中國 黃河유역의 商이

다. 기원전 2500년~기원전 2200년경 즉 용산(龍山)문화 단계에 이르면 중국사회는 역사적 전환기로 정치, 경제, 종교에서 커다란 변화가 일어난다. 이러한 증거로서 기원전 2000년경 초부터 도시, 국가, 문명과 문자가 나타난다. 이 시기는 考古學上으로 청동기시대이다. 바로 그러한 시기가 禹임금부터 다스렸던 전설상의 하(夏)나라이다. 그 이전은 三皇(伏羲 · 神農 · 女媧)과 五帝(黃帝 또는 少昊 · 전욱 顓頊 · 제곡 帝嚳 · 堯 · 舜)시대이다. 禹임금은 곤(鯀)의 아들로 治水를 잘한 덕에 舜을 이어 임금이 되었다. 하나라는 1957년 河南省 언사(偃師) 이리두(二里頭)에서 발견된 유적을 제외하고는 별다른 증거가 없는 전설상의 국가였다. 그러나 최근 이 이리두 유적에 나타나는 층위와 유물에 대한 새로운 해석을 한 결과 하나라는 상나라에 앞서 실재했던 역사상의 나라로 여겨지고 있다. 그러나 다음의 상나라는 司馬遷(기원전 145년~기원전 87년)이 쓴 『사기』 은본기(史記 殷本紀)와 같은 문헌과 갑골문이 다량으로 발견된 은허 유적의 발굴로 인해 중국의 문명을 따질 때는 은허가 대표하는 商으로부터 비롯하는 것으로 당연히 여기게 되었다. 상(商)은 하(夏) · 주(周)와 함께 중국 문명의 중심을 이룬다. 그 발생순서는 夏(기원전 2200년~기원전 1750년)-商(기원전 1750년~기원전 1100/1046년)-周(기원전 1100/1046/1027년~기원전 771년)의 순으로 그 시간적 차이가 존재하는 것처럼 보이지만, 그들이 발전해 나오는 지리적 문화적 배경을 보면 이들의 관계는 각기 따로 떼어놓을 수 있는 완전하게 분리된 독립체라기보다 오히려 공 · 시(空 · 時)적이고 유기체적으로 밀접한 상호 交易網 또는 通商圈(interaction sphere)을 형성하면서 발전해 왔던 것으로 이해되고 있다.

이제까지 전통적인 생각으로는 중국에서 도시 · 문명 · 국가의 발생은 夏 · 商 · 周부터이다. 이들을 고고학적 유적과 관련지은 발생과정은 아래와 같다.

1) 后李, 青蓮崗(또는 北辛) – 大汶口(Lungshanoid Culture) – 岳石 – 山東 龍山文化(Lungshan Culture) – 商 (기원전 1750년~기원전 1100년/1046년)
2) 老官台 – 裵李崗 · 磁山 – 仰韶 – 廟底溝(Lungshanoid Culture) – 河南 龍山文化(Lungshan Culture)– 夏(기원전 2200년~기원전 1750년)
3) 老官台 – 裵李崗 · 磁山– 仰韶 – 廟底溝 – 陝西 龍山文化 –周(西周시대: 기원전 1100년~기원전 771년)

전 세계상 중국의 청동기시대 문화를 대표하는 商文明은 商後期(殷)에 속하는 하남성 安陽(梅園莊, 小屯, 小屯南地, 大司空村, 西北崗期)의 발굴을 통해 많은 것들이 밝혀지고 있다. 상 문명의 특성은 漢文의 원형이라는 甲骨文과 같은 문자, 호(亳:기원전 1766년)–오(隞:이곳은 정주「鄭州」 이리강「二里崗」임 : 기원전 1562년~기원전 1389년)–안양(安陽: 기원전 1388년~기원전 1122년의 266년 동안 12왕이 재위: 甲骨文字에 의하면 商전체로는 湯王으로부터 帝辛까지 28대왕이 재위했으나 『史記』 殷本紀에는 30왕이 언급됨. 그리고 일반적으로 상나라는 기원전 1750년~기원전 1100년/1046년 존재함)과 같은 중심도시, 그리고 안양 서북강(西北崗: 후가장「候家莊」)과 대사공촌(大司空村)에 있는 왕 반경(盤庚)에서 제신(帝辛:상나라 마지막 폭군인 주「紂」왕)에 이르는 현재 남아있는 11기의 왕묘와 또 다른 대규묘의 귀족들 무덤과 여기에서 보이는 殉葬風習, 青銅祭器와 藝術에서 보이는 직업의 전문화와 고도의 물질문화, 항토(夯土)라 불리 우는 판축법(版築法)으로 지어진 성벽, 사원, 궁전 무덤과 같은 대규모의 건축, 기술자 노예 평민 귀족 등에서 보이는 사회계층화와 조직적인 노동력의 이용, 집약–관개농업과 이에 따른 잉여생산으로 인한 귀족과 상류층의 존재, 반족(半族)이 서로 서로 정권을 교대해서 다스리는 이부체제인 을정(乙丁)제도(이는 족내의 분리로 의례목적상 10 干에 따라 분리되는데, 이들은 다시 甲乙과 丙丁 다시 말하여 乙門과 丁門의 두 개로 크게 나뉘어 왕권을 교대로 맡는다. 그런데 주나라에서도 똑같은 성격의 소목「昭穆」제도가 있다.), 봉건(封建), 종법(宗法)과 같은 사회제도, 하(夏)와 주(周)나라와 함께 상호 관련 하에 횡적으로 유지해 나가며 아울러 玉과 비취의 수입 같은 장거리 무역관계를 형성해나가는 국제관계, 법과 무력의 합법적이고 엄격한 적용과 사용, 천문학과 같은 과학과 청동기에서 보이는 金石文, 卜骨 · 龜甲과 같은 占卜術 등에서 찾아질 수 있다. 또 상의 사회에서 강력한 부가장제, 도철문(饕餮文)에서 보이는 것과 같은 부족을 상징하는 토템신앙과 조상숭배 또한 빼놓을 수 없는 문명의 요소이다.

候家莊 또는 西北崗의 북쪽에 상의 후기 수도인 殷에서 살던 왕족을 매장한 커다란 무덤들이 11기, 그리고 殉葬된 사람이나 동물을 매장한 작은 묘들이 1,200여기 발굴되었다. 1939년 武官村 西北崗에서 출토한 司母戊方鼎은 높이 133㎝, 장방형의 길이는 110㎝×78㎝로 무게 무게가 875㎏이나 된다. 이 솟의 표면에 보이는 銘文으로 22대 祖庚이 21대왕 武丁의 부인이며 어머니 好(母親 戊)를 위해 만든 것으로 되어있다. 이 솟은 이제까지 발굴된 것 중 제일 크고 무게가 나가는 것이다. 여러 무덤에는 부장품으로 이와 같은 청동제의 대형 솟(鼎)을 비롯해 토기(白陶), 옥, 상아, 대리석의 조각 등이 다수 포함되어 있는데, 이는 상나라 후기 수도인 은의 공예기술을 대표한다. 동기와 골각기의 제작소, 두 마리 말이 끄는 전차를 매장한 車馬坑도 발견되었다. 또 1976년 小屯의 북서쪽에서 약 100m 떨어진 곳에서 발굴된 은허 5호묘(婦好墓)는 은의 21대 무정(武丁)왕의 왕비 好의 무덤으로 그 속에서 동기 200여 점, 명문이 있는 것 111점, 청동무기 130여 점, 옥기 590여 점, 석제품 70여 점 등 대량의 유물이 쏟아져 나오고, 그녀 자신은 당시 5,000명의 가신을 거느려 상나라 상류층의 권력과 부를 한눈에 보여준다.

상호보완적이고 공생관계에 있는 夏나라의 경우 수도는 왕성강(王城崗)-양성(陽城)-언사 이리두(偃師 二里頭: 毫)의 순으로 옮긴 것으로 추정된다. 그런데 중요한 것은 하남성 언사 이리두유적의 경우 1, 2층은 하나라 시대이고, 그 위의 3, 4층은 상나라 것으로 밝혀졌다. 그래서 이것은 하에서 상으로의 점진적인 변화나 연계가 되었음을 짐작케 해준다. 상나라의 경우 언사 이리두(毫)-鄭州 二里崗(隞)-安陽 小屯(은허「殷墟」)으로 도읍을 옮겨 발전해 왔다고 한다. 그 다음의 앞선 상나라의 문화내용을 그대로 답습하다 시피 한 周나라는 그의 수도를 처음에는 위수지역 서안(西安)의 남서쪽 호경(鎬京)에 두었다가(이때를 西周라 함), 북방 이민족의 침입으로 그 수도를 낙양(洛陽)으로 옮겼다. 이때를 東周라 하며 그 기간은 기원전 771~기원전 221년 사이이다. 또 그들은 혈족과 祭祀時 신성시한 나무가 각기 달랐는데, 하나라는 사(似)족으로 소나무를, 상나라는 자(子)족으로 삼나무를 그리고 주나라는 희(姬)족의 밤나무이다.

夏, 商과 周의 발전은 노관대(老官台), 자산(磁山)과 배리강(裵李崗)과 같은 초기 농경민들의 사회인 초기 신석기문화를 거쳐 仰韶문화, 廟底溝문화라는 龍山式문화 그리고 마지막의 龍山문화의 다음 단계에 나타난다. 즉 기원전 5000년에서 기원전 3200년 까지 중국의 앙소와 청련강(青蓮崗 또는 北辛)문화가 초기 신석기 문화에 이어 등장하며, 여기에서부터 기원전 3200년에서 기원전 2500년까지 묘저구, 대문구(大汶口)와 악석(岳石)문화라는 용산식(Lungshanoid)문화가 발생한다. 전자의 묘저구 문화는 陝西省과 河南省에 후자의 청련강문화는 山東省에 중심을 두어 나타난다. 기원전 2500년에서 기원전 2200년까지의 문화가 중국문명이 발생하기 직전의 龍山(Lungshan)문화 단계이다. 용산문화에서 문명단계와 흡사한 영구주거지, 소와 양의 사육, 먼 곳까지의 문화 전파, 곡식의 이삭을 베는 반월형 돌칼, 물레를 이용한 토기의 제작, 점복, 판축상의 공법으로 만들어진 성벽과 무기의 출현, 계급의 발생, 전문장인의 발생, 제례용 용기와 제도화 된 조상숭배 등의 요소들이 나타난다. 그 다음 기원전 2200년 하남성에서 우(禹)왕의 하(夏)나라, 기원전 1750년 산동성에서 탕(湯)왕이 다스리는 상(商), 그리고 기원전 1100년(정확하게 기원전 1046/1027년 주 武王에 의해 멸망당했다고 함) 섬서성에서 무(武)왕의 주가 연이어서 나타났다. 하의 桀王(애첩 末姬)과 상의 紂王(애첩 妲己)은 역사상 잘 알려진 폭군으로 商의 湯王과 周의 武王에 의해 멸망당한 것으로 알려지고 있다. 이어서 주에서 東周(기원전 771년~기원전 221년)즉 춘추전국시대를 거쳐 기원전 221년 진나라의 통일, 그리고 기원전 206년 한나라의 통일이 연속적으로 이루어진다.

중국문화의 편년은 아래와 같다.

100만년전~20만년전	直立猿人	전기구석기시대
20만년전~5만년전	初期人類	중기구석기시대
5만년전~12000년전	現生人類	후기구석기시대
기원전 8000년~5000년	初期農耕民들	초기신석기시대
기원전 5000년~3200년	仰韶문화	
기원전 3200년~2500년	龍山式 문화	
기원전 2500년~2200년	龍山문화	
기원전 2200년~1750년	夏	
기원전 1750년~1100/1046년	商	
기원전 1100년~771년		
기원전 771년~221년	春秋戰國시대 春秋(기원전 771년~기원전 475년), 戰國(기원전 475년~기원전 221년)시대 기원전 475년부터 封建사회의 시작	

기원전 221년~207년	秦
기원전 206년~기원후 220년	漢
서기 220년~589년	三國(蜀,魏,吳 220년~265년),五胡十六國 및 南北朝 시대
581년~618년	隋
618년~907년	唐
960년~1279년	宋
1206년~1368년	元
1368년~1662년	明
1616년~1911년	淸(1842년 阿片戰爭)
1912년~현재	中華民國(遠世凱-孫文-蔣介石)
1912년 1월 1일	孫文이 南京에서 中華民國 성립을 선언
	滿洲國(1932년~1945년, 溥儀)
	1936년 12월 12일 西安事變
1949년~현재	中華人民共和國(1949년 10월 1일)

夏, 商, 周를 거쳐 진에 이르는 중국 문명은 단절된 것이 아니라 중국역사 전체 속에서 연이어 온 것이다. 기원전 771년에서 기원전 221년까지의 東周 즉 春秋戰國시대는 도시와 시장의 확대, 무기와 공구에 있어서 철의 사용, 竪穴式(움무덤)에서 횡혈식(앞트기식 굴방무덤)무덤에로의 변화, 그리고 청동제기나 용기의 표면에 나있는 장식에서 보이는 바와 같이 활발한 動物神이나, 神과의 싸움 같은 주제가 보여주는 人本主義의 발달을 들 수 있다. 戰國時代의 시작인 기원전 475년부터는 土地의 私有化와 함께 鐵器時代가 시작된 것이다. 기원전 221년에 통일한 秦나라는 秦始皇帝(嬴政)를 통하여 자급자족과 中國歷史의 傳統性의 繼承을 확보했을 뿐만 아니라,

戰國시대의 地理的 統一과 度量衡과 公文書(隷書의 사용)를 통해 중국에서 처음으로 지리적 · 文化的 統一을 이룩해 오늘날의 중국문명의 시작을 이루었다. 이는 秦昭王(기원전 295년~기원전 251년)時 蜀郡守로 있던 李冰이 岷江을 막아 뚝을 쌓고 水路를 내어 灌漑農業을 성공시켜 그곳에서 나온 잉여생산물을 축적하고 이를 후일 秦始皇이 인구증가와 戰國時代를 통일하기 위한 軍備로 사용하고 있음에서도 잘 알 수 있다. 특히 통일 후 秦나라는 북쪽 유목민인 匈奴족에 대항해 萬里長城을 쌓았는데 그 이후에도 만리장성을 경계로 토착농경민과 유목민의 끊임없는 대항의 역사를 보여준다. 그렇지 못하면 元帝 16년(기원전 33년) 漢나라의 유화정책에 의해 匈奴王 韓邪單于에게 政略結婚으로 시집가 그곳에서 죽어 內蒙古 자치구 호화호트(呼和浩特)시에 묻혀있는 韓邪單于의 부인 王昭君(王嬙)의 묘가 이를 잘 입증해준다. 그런데 秦始皇陵은 陝西省 臨潼縣 驪山에 있으며 진시황이 13세로 등극하자마자 만들기 시작했으나 50세로 죽을 때까지 완성을 보지 못하였다. 그리고 그의 능도 기원전 207년 楚의 霸王 項羽(또는 項籍: 기원전 232년~기원전 202년)에 의해 도굴 당했으며 그 속에서 가져온 보물의 일부는 애첩 虞美人에게로 흘러들어 간 것으로 여겨진다.

아무튼 故 장광직(張光直)교수(1931년~2001년)는 中國文化를 이끌어 온 특성 가운데 하나로 설정된 "政治的 側面에서의 理解"만이 중국을 이해하는 첩경이라 한다. 따라서 古代 中國에 있어서 藝術 · 神話 · 儀式 등은 모두 정치적 권위에 이르는 과정으로 이야기할 수 있다. 중국에서의 이러한 발전과정은 혈연에 기반을 두고 있으며 이에 부수되는 샤머니즘의 우주관과 여러 의식들은 정치권력을 통한 문명 발전의 근거를 제시할 수 있는 보조 역할을 한다. 서구문명이나 국가의 발생에 대한 이론으로 인구의 증가, 관개농업, 전쟁, 종교와 무역 등 여러 요소의 복합작용(乘數效果, multiplier effect)이 제시되고 있으나, 중국의 경우 이와는 달리 정치적인 의미에서 예술, 신화와 의식이 오히려 중요한 역할을 한다고 생각되고 있다. 중국의 문명은 서양의 전통과는 달리 독자적으로 발전해 왔다. 이 점이 바로 세계 문명의 연구에 있어 Karl Wittfogel이 언급한 세계 제 4대 灌漑文明인 中國 특히 靑銅器時代의 商文明이 차지하는 중요성이다.

이제까지 技術과 經濟行爲로 본 中國의 靑銅器時代는 商(기원전 1750년~기원전 1100년/기원전 1046년)에서 春秋時代(기원전 771년~기원전 475년) 사이로 보고 있다. 戰國時代(기원전 475년~기원전 221년)는 鐵器時代가 시작된다. 그러나 최근 새로운 고고학적 자료들로 알려진 內蒙古의 紅山(기원전 3000년~기원전 2500년경)문화와 夏家店 下層文化, 四川省 成都 龍馬寶墩古城(기원전 3000년~기원전 2500년)과 廣漢 三星堆(기원전 1200년~기원전 1000년)유적 등을 비롯하여, 龍山문화(기원전 2500년~기원전 2200년)에 속하는 齊家坪, 淸海 貴南 朶馬臺 齊家유적, 甘肅省 東鄕 林家(馬家窯期) 유적 출토의 거울(鏡)과 칼 등의 청동제품들은 중국의 청동기시대의 시작이 기원전 2000년 이전으로 올라갈 수 있다는 것을 확인시켜주고 있다. 그러나 본격적으로 청동기시대에로 진입한 것은 偃師 二里頭(亳)의 夏문화(기원전 2080년~기원전 1580년) 때이다. 그러나 앞으로 中國 靑銅器時代의 上限問題는 龍山문화의 파악, 夏(기원전 2200년~기원전 1750년)나라가 神話로서의 베일을 벗고 고고학 자료를 바탕으로 하는 歷史時代로의 進入, 그리고 靑銅器時代와 그에 따른 文明의 多元的 發生 등에 대한 새로운 해석에 달려있다. 이는 中國 考古學과 古代史가 당면한 앞으로의 硏究方向이라 할 수 있을 것이다.

2. 일본

고대 한일 문화교류 관계는 여러 가지 고고학적인 증거로 알려지기 시작하였지만, 그 연구는 이제 한일 고고학 연구의 실마리를 제공해 주는 정도이다. 그러나 先土器시대에서 시작하여 죠몽[繩文]시대를 거쳐 야요이[彌生]와 고분시대가 되면 고고학적 자료가 양적 및 질적으로 눈에 띄게 증가하고 있다. 이는 당시에 한일 문화교류가 긴밀히 이루어지고 있었음을 잘 반영해 주고 있다.

일본 고고학과 역사시대의 편년은 선토기시대(先土器時代: 약 40만년 전~12000년 전)-죠몽시대[繩文時代: 12000년 전~기원전 300년]-야요이시대[彌生時代: 기원전 300년~서기 300년]-고훈시대(古墳時代: 서기 300년~600년경)-아스카시대[飛鳥時代: 서기 552년~645년]-하꾸호시대[白鳳時代: 서기 645년~710년]-나라시대[奈良時代: 서기 710년~784년]-헤이안시대[平安時代: 784~857년]-후지와라시대[藤原時代, 또는 후기 헤이안시대: 서기 857년~1185년]-바꾸후시대[幕府時代, 鎌倉-室町-德川: 서기 1185년~1867년]-왕정복고시대(서기 1868년~현재, 明治-大正-昭和-平成)의 순으로 이루어지고 있다. 현재의 천황은 기원전 660년~기원전 589년간 다스린 초대 神武천황이후 제125대째가 된다.

선사시대의 한일 문화관계는 구석기시대에 해당하는 선토기시대(先土器時代)부터 시작하나 그 증거는 매우 적다. 그러나 죠몽시대부터 시작해서 야요이, 고분시대까지로 오면서 점차 그 증거가 증가하고 있다. 우선 일본의 구석기시대라고 할 수 있는 선토기시대(先土器時代)의 경우를 보면, 일본열도에 사람이 살기 시작한 것이 갱신세(일반으로 홍적세로 부르는 신생대 제 4기에 속함) 중기로 추정되는데 당시 일본은 대륙과 연결되어 있었으며 이 연륙(連陸: land bridge)의 증거는 일본전역에서 나타나는 화석으로 입증되고 있다.

일본의 구석기시대는 보통 선토기시대라고 하며 크게 찍개류와 망치(敲打器) · 인기(刃器) · 첨두기(尖頭器) · 세석기(細石器)로 대표되는 4단계로 나누어진다. 그 첫째는 거친 석기 단계(Crude Lithic Specimens)로 큐슈의 소주다이[早水台]와 곤겐야마[權現山] 최하층 유적 등이 대표적이다. 여기에서 나오는 석기들은 조잡한 외날(單刃)-양날(兩刃) 석기가 주가 되며, 그 연대는 40만 년 전에서 3만 5천년 전에 이른 것으로 여겨진다. 두 번째 단계는 양끝과 옆면을 떼내어 격지를 만드는(End and Side Blow Flake Technique) 단계로, 시기상 3만~1만 3천년 전으로 추정되며 에쭈야마[越中山] · 후꾸이[福井] 최하층 유적 등이 이에 속한다. 세 번째 단계는 밀개 · 잎형 찌르개 · 새기개 · 칼 등이 포함되는 세형 돌날(Microblade) 단계로, 1만 3천~9천년 전에 해당되며 하까다이(白花台) Ⅱ외 여러 유적이 있다. 마지막 단계는 남부와 중부에 국한되어 나타나며, 앞에서와 같은 세형 돌날 · 양면가공 찌르개 · 세석기 · 세형 몸돌 · 새기개 등이 포함되는 단계로 1만 3천~1만 년 전 홍적세 말기에 해당된다. 대표적인 유적으로는 일본 長崎縣 北松浦郡 吉井町 福井(12700, 10750 BP)와 佐世保市 泉福寺동굴, 愛媛縣 上浮穴郡 美川村 上黑岩(12165, 10125 BP)岩陰 유적들이 있다. 즉 후꾸이[福井] 1 · 2층, 가미구로이와[上黑岩] 9층들이 바로 그러한 유적이며, 그 최말기에는 토기가 출현하여 그 다음 이어지는 죠몽시대의 개시를 알려준다. 細石器와 隆起文土器의 결합만 보더라도 이 유적들의 상한은 아무르강 중부 평원 북부의 범위에 있는 11000~12000 BP(기원전 10000년 전후)의 오시포프카 문화에 속하는 가샤 유적이나 노보페트로브스카, 그라마뚜하 문화, 그리고 바이칼호 근처의 우스트 카랭카(기원전 7000년경)와 비슷한 연대이다.

그러나 일본의 선토기시대 즉 구석기시대를 1) 50만년 이전의 양면가공석기(chopper & chopping tool)와 나이프형석기가 특징인 시기, 2) 10만 년~3만 년 전의 양면가공석기와 斜軸찌르개(pseudo-Levollois point)가 나오는 시기, 3) 약 3만 년~1만 년 전까지의 나이프형석기와 국부 마제석기가 나오며 창형찌르개와 좀돌날(microblade)이 등장하는 크게 세시기로 나누기도 한다. 최근 후지무라 신이찌[藤村新一]에 의한 北海道 소신후도자까[總新不動坂]를 포함한 33곳의 유적과 유물의 조작사건, 그리고 가가와 미쯔오[賀川光夫]가 발굴한 大分縣 別府 하지리다께[聖岳] 동굴출토 후기구석기시대의 인골에 대한 진위여부로 일본의 구석기시대의 연구는 당분간 답보상태를 면하지 못할 것이다.

그런데 선사시대의 한일교류가 유물을 통해 적극적으로 나타나는 시기는 마지막 세 번째 단계인 후기 구석기부터이며, 세형의 돌날과 몸돌이 그 주인공이다. 동북아시아에서는 약 3만 년 전부터 이렇게 극히 작은 석기들을 만들어 쓰는 제작기술상의 변화가 일어났는데, 이것이 어디에서 생겨나고 그 제작기술이 어디로 전파되어 갔는가 하는 것은 비단 한일간의 문제만이 아니라 서쪽으로 시베리아로부터 몽고, 중국, 한국, 일본 및 북태평양 연안의 북미지역까지, 즉 선사시대의 환태평양 지역의 활동상을 조감할 수 있는 흥미 있는 자료인 것이다. 최근 발굴 · 조사된 중국 산서성(山西省) 벽관(薛關) 하천(下川), 산서성(山西省) 치욕(峙峪, 28135 BP)과 내몽고 사라오소(薩拉烏蘇)골, 러시아의 알단강 유역, 쟈바이칼과 우스티까라꼴(Ustikaracol) 등의 유적들이 한국과 일본에로의 전파와 관련이 있을 것으로 추정되고 있다. 특히 세형 석기들 가운데 특히 세형몸돌은 그 모양이 배(舟)처럼 생겼다고 하여 배모양 석기로 불리 운다. 이것은 밀개/자르개 몸돌의 역할을 다하며 우리나라에서는 단양 수양개(사적 398호)를 필두로 하여 그 이남 지방에서 자주 출현하는데 똑같은 것들이 일본의 유우베스[湧別], 북해도의 시라다끼[白龍] 및 도께시다[峠下] 등지에서 나타나며, 그 연대는 우리나라가 더 앞서 이 제작수법이 한국을 거쳐 일본으로 간 것으로 추측하게 한다.

태평양을 중심한 이러한 문화현상은 다음의 신석기시대(죠몽시대)로 이어지는데, 즉 위에서 말한 후꾸이[福井]동굴나 가미구로이와[上黑岩]岩陰 유적에서 세석기와 함께 거친 토기, 덧무늬(隆起文)토기들이 출현하며, 러시아 연해주 쪽에서는 아무르강 유역의 오시포프카 문화의 가샤지역이나, 노보페트로브스카와 그라마뚜하 문화 그리고 우스트 울마 등지에서 세석기와 약 350도 정도에 구워진 연질무문 토기가 나타나는 현상과 궤를 같이한다. 다만 우리나라에서는 그간 신석기시대의 토기와 공반하는 세석기가 출현하지 않아 의문을 가져왔으나 최근에 제주도 한경면 고산리(사적 412호)에서 덧무늬토기와 함께 세석기가 나오고 있으며, 그 연대는 적어도 기원전 8000년(10500 BP)으로 올라간다. 덧무늬토기는 앞에서 이야기 한 제주도 한경면 고산리를 비롯한 강원도 양양군 오산리(鰲山里, 기원전 5200년, 사적 394호), 고성 문암리(사적 426호)유적과 부산 동삼동(사적 266호) 등지에서도 나오는데 모두 동해바닷가로서 환태평양 문화권이라는 거시적인 문화해석에 대한 기대를 걸게 한다. 동삼동의 덧무늬토기는 일본 쓰시마 고시다카[對馬島 越高]유적에서 나온 것과도 매우 닮았는데, 쓰시마의 고시다카유적은 1976년 벳푸[別府]대학의 사카다 구니지로[坂田邦洋]교수에 의하여 발굴되었고 그 시기는 약간 늦어서 기원전 5000년~기원전 4500년에 해당한다.

일본의 전형적인 신석기시대는 죠몽시대[繩文時代]로 그 죠몽토기 가운데 소바타[曾畑]토기가 우리나라의 즐문토기와 비슷하다. 나가사키현 후쿠에시의 에고패총[江湖貝塚]이나 도도로끼패총[長崎縣 轟貝塚] 등에서 발견되며, 그 연대는 기원전 3000년경이다. 이들은 쓰시마섬의 아소오만[淺茅灣]이나 이키[壹岐]의 가마자키[鎌崎]유적에서까지 발견된다. 이 토기는 우리나라 신석기시대 즐문토기인들이 고기잡이를 나갔다가 직접 교역 또는 내왕하여 죠몽토기에 영향을 주어, 쓰시마 · 큐슈 등지에서 만들어진 것으로 생각된다. 해양성 어업은 결합식 낚시바늘 · 돌톱(石鋸)을 사용한 낚시의 존재로 입증된다. 일본에서 발견된 낚시바늘 가운데 사가현 가라쯔시[佐賀縣 唐津市] 나바타[菜畑]유적에서 소바타토기와 함께 출토되고 있는 결합식 낚시바늘(서북 큐슈형)은, 우리나라에서는 양양 오산리 · 부산 동삼동 · 김해 농소리 · 경남 상노대도 등 4군데에서 출토되고 있다. 오산리에서는 47점이나 출토되고 있으며, 그 가운데 40점이 기원전 6000년~기원전 4500년에 해당하는 조기의 제 1 문화층에서 나오고 있어 서북 큐슈형의 원류가 한국에 있을 가능성이 있다. 돌톱(石鋸)은 흑요석(黑曜石)을 이용하여 톱날을 만든 것으로, 일본에서는 죠몽시대 후기에 나타나며 서북 큐슈형 결합식 낚시바늘과 같은 분포를 보여주고 있다. 그런데, 한국에서는 함북 무산 · 웅기 굴포리 · 농포 · 부산 동삼동 · 경남의 상노대도 패총(조개더미)에서 발견되고 있고, 또 한국 측의 연대가 일본의 것보다 앞서고 있어, 그 원류도 역시 한국으로 보아야 할 것 같다.

신석기시대의 죠몽시대 다음에 우리나라의 청동기, 철기시대전기와 삼국시대전기에 해당하는 야요이[彌生]시대가 이어진다. 그리고 하루나리 히데지[春成秀爾], 이마무라 미네오[今村峯雄]와 후지오 신이찌로[藤尾愼一朗]를 중심으로 야요이시대의 상한연대도 종전의 기원전 300년에서 최근 福崗의 雀居[사사이]유적에서 나오는 돌대문(덧띠새김무늬, 각목돌대문)토기의 재검토로 기원전 10세기경으로 조정하고 있다. 이 시기에는 한반도에서 청동기를 비롯하여 무문토기 · 쌀 · 고인돌(支石墓) 등이 일본으로 전파되었다고 한다. 잘 알려진 연구에 의하면 이들은 九州大 가나세끼 다께오[金關丈夫]교수가 언급한 繩文末期 農耕論과 같이 高身長의 稻作人이 한반도에서 九州에 들어오고 이때 도래한 집단인 기내인(畿內人)들에 의해서 전래되었을 가능성이 크다고 보고 있다. 그리고 고하마 모도쯔구[小濱基次], 하니하라 가즈로[埴原和朗]와 이노우에 다까오[井上貴央] 등이 형질인류학과 유전자검사로 한반도인의 도래를 구체적으로 입증하고 있다. 야요이시대 유적으로는 후구오까 이마까와[福岡 今川, 동촉 및 슴베(莖部)를 재가공한 고조선식 동검이 출토됨], 사가현 우기군덴[佐賀縣 宇木汲田] 18호 옹관(김해식 토기와 한국식 동검 출토), 후꾸오까 요시다께다까기[福岡 吉武高木] 3호 목관묘(동검, 동모, 동과, 다뉴세문경, 죠노고식[城の越式] 토기 출토)가 있고, 곧 이어 후꾸오까 시가현 오오따니[福岡 志賀島 大谷], 사가현 소자[佐賀縣 惣座)에서 동검이, 佐賀縣 神埼町[간자기쵸], 三田川町[미다가와쵸], 東背振村[히가시세부리손]에 걸쳐있는 요시노가리[吉野ケ里]에서 동모가 발견되었다. 이 무렵이면 청동을 부어 만드는 틀(鎔范)이 출토되어 자체 제작이 가능했던 것으로 보인다. 죠몽 만기의 구로카와식[黑川式] 토기의 최종단계에서 우리나라의 무문토기가 나타나기 시작하며, 그 다음의 유우스[夜臼]단계에는 한국 무문토기 계통의 홍도(紅陶)가 출현한다. 온대성 기후인 일본에는 조생종인 단립미(短粒米: 작고 둥글며 찰기가 있는)만 존재하는데, 이는 고인돌 · 석관묘 · 마제석기 · 홍도가 출현하는 유우스식 단계, 즉 실연대로 기원전 5~기원전 4세기경에 한반도에서 전래된 것으로 보인다. 고인돌의 경우 한반도에 존재하는 남방식과 개석식이 함께 나타나며, 그 연대는 기원전 4~기원전 3세기경으로 추정된다. 그러나 앞으로 突帶文토기와 관련하여 그 연대의 상한은 기원전 10세기경까지 좀더 올라갈 것으로 보인다. 그리고 『위지(魏志)』동이전 변진조(東夷傳弁辰條) 및 왜인전의 몇몇 기록으로 볼 때 대략 서기 3세기경이면 한국 · 중국 · 일본간에 활발한 교역관계가 이루어지고 있었음을 알 수 있다. 당시 이러한 교역관계는 국제적인 양상을 띠고 있었으며, 이키섬(壹岐島) 하라노쓰지(原ノ辻)유적에서 발견된 철제품을 비롯하여 후한경(後漢鏡) · 왕망전(王莽錢) ·

김해토기(金海土器;九州大 所藏), 제주시 산지항(山地港), 구좌읍 終達里패총, 애월읍 금성리와 해남 군곡리 출토의 화천(貨泉), 고성(固城)패총에서 발견된 후한경 등은 이러한 양상을 잘 입증해 준다. 한국 무문토기 · 쌀 · 지석묘(고인돌) · 청동기가 일본에 많이 나타나고 있는 점은 당시 이러한 교역관계에서 이해되어야 한다.

우리나라의 삼국시대와 통일신라시대문화에 힘입어 발전한 일본의 문화는 아스카[飛鳥], 하꾸호[白鳳]와 나라[奈良]의 문화이다. 이들 문화는 오사까[大阪]에서 북서쪽으로 약 40km 떨어지고 교토[京都]의 바다 남쪽에 위치한 나라현에 중심을 두고 있다. 나라현은 혼슈[本州]의 중심부인 간사이[關西]지방에 속하는 일본 내 최고의 관광지로 나라, 텐리[天理]와 가시하라[彊原]의 세 도시를 포함하는데, 우리의 경주시에 버금간다고 할 수 있다. 이들은 모두 우리 문화와도 깊은 관련이 있다. 그래서 앞으로의 연구에 따라 삼국시대에서 통일신라에 걸치는 우리 문화의 원형이 그 곳에서 찾아질 가능성이 많다. 우리나라에서 일본에 전래된 문화내용은 일본문화의 사상적 기반을 마련해 준 유교와 불교를 비롯하여 천문, 지리, 역법, 토기제작 기술, 조선술, 축성술, 회화, 종이, 붓 만들기에 이르기까지 다양하다. 이는 일본의 사서 고지끼(古事記)』와 『니혼쇼끼(日本書記)』에 나타나는 王仁으로 대표된다. 그는 백제 14대 근구수왕(서기 375년~384년) 때의 학자로 일본에서 파견한 아라다와께[荒田別]와 가가와께[鹿野別]의 요청에 응해 논어와 천자문을 갖고 가서 일본의 조정에 봉사하면서 문화발전에 공헌을 하였다. 이와 같은 문화의 전래는 이보다 앞선 우리의 신석기, 청동기, 철기시대에 해당하는 죠몽, 야요이문화와 그 다음에 오는, 삼국시대 초기에 해당하는 고훈(古墳)시대에 이루어졌던 것과는 비교할 수 없을 정도로 질적, 양적으로 발전한 것이었다. 특히 아스카문화시대는 일본 역사시대의 시작으로, 그 연대는 고고학상의 편년인 고훈시대와 일부 겹치고 있어 종말기 고훈시대라고 부른다. 이 시대는 서기 538년 불교가 전래된 이래 584년 새로운 불교중흥정책과 더불어 정치질서가 확립되고 율령정치가 시작되는 것으로 특징지어지기도 한다. 불교가 공인되는 과정에 소가우지(蘇我氏)가 권력을 잡았는데, 소가노우마꼬(蘇我馬子)의 외손이며 사위인 쇼도쿠(聖德/厩戸/우마야도 노미꼬 皇子)태자(서기 573년~622년, 22대 用明/崇峻 천황의 맏아들로 593년 황태자에 책봉됨)가 섭정하게 되면서 불교는 더욱더 융성해졌을 뿐만 아니라 전체적인 질서의 확립에도 커다란 기여를 하였다. 이것은 삼국시대 중 특히 백제의 영향으로 이루어졌다. 그리고 이 시대를 수도인 아스카[飛鳥 또는 明日香]를 따라 아스카문화라 한다.

고훈시대에 해당하는 야마토[大和]정권(서기 3~4세기경부터 큐슈 북방에서 시작된 정치집단으로 서기 7~8세기경 오사까 근처 야마토지방을 근거로 통일정부를 수립)당시부터 지배층의 동족집단으로 우지[氏]가 있었는데, 그 중에서도 천황을 조상으로 하는 우지는 가미[臣], 무라지[連] 등의 성을 가지고 있었다. 가미의 대표적인 호적으로는 소가(蘇我)가, 무라지 중에는 모노베[物部] 등이 있었는데, 이들 우지[氏]성들은 야마토 정권의 주요 정치 사회조직을 형성하였다. 아스카 기간 중에는 일본 최고의 사찰인 아스카지[飛鳥寺;원래는 法興寺 596년 완성]가 스순[崇峻] 천황대인 서기 588년부터 스이고[推古]천황대인 서기 596년에 이르는 동안의 8년에 걸쳐 건립된 것으로부터 사천왕사(四天王寺), 藥師寺(680년 창건), 호류지[法隆寺오중탑은 711년 건조] 등이 창건되는 등 사찰건립이 활발하였다. 이러한 아스카, 하꾸호, 나라의 문화는 일본 고대문화의 성립뿐만 아니라 한 · 일문화의 교류, 특히 삼국시대 연구에 중요한 역할을 하고 있다.

고대 한일 문화교류관계는 여러 가지 고고학적인 증거로 알려지기 시작하였지만, 그 연구는 이제 한일 고고학 연구의 실마리를 제공해 주는 정도이다. 그러나 선토기시대에서 시작하여 죠몽시대를 거쳐 야요이와 고분시대가 되면 고고학적 자료가 양적 및 질적으로 눈에 띄게 증가하고 있다. 이는 시기가 갈수록 한일 문화교류가 긴밀히 이루어지고 있었음을 잘 반영해 주는 것이다.

3. 한국

21세기 한국고고학은 발굴의 증가, 연구 인력의 확대, 다양한 연구방법의 적용 등으로 그 연구주제는 다양화 되고 있다. 특히 청동기시대의 새로운 자료들은 기존에 설정되었던 여러 문화개념 및 편년을 재고하게끔 한다. 최근 여러 청동기시대 유적에서 측정된 절대연대를 감안하면 남한 청동기시대의 상한이 북한의 경우처럼 기원전 20세기~기원전 15세기까지 거슬러 올라가는 것이 분명하다. 그러나 최근 오히려 빗살문토기와의 공존하는 突帶文/刻目突帶文(덧띠새김무늬)토기 등의 존재로 早期의 설정이 가능하며 청동기시대의 상한은 기원전 20세기까지, 철기시대전기의 상한은 기원전 400년으로 소급될 수 있다. 전반적인 연대소급은 단순한 절대연대치의 축척만을 의미하는 것은 아니다. 바로 한국과 인접한 북한, 중국 동북지방, 그리고 러시아의 체계적인 비교검토가 요구된다는 것을 의미한다. 이런 점에서 한국고고학은 동북아시아적 관점에서 살펴보아야 한다.

한국고고학에서 청동기와 철기시대 전기의 연구 성과는 1997년도 국사편찬위원회에서 나온 『한국사 3: 청동기문화와 철기문화』의 수준을 넘지 못한다. 또 대부분의 최근 연구들도 이 시기에 해당하는 자료의 수집 내지 추가에 불과하여 청동기시대와 철기시대 전기의 정치 · 사회 · 문화상을 뚜렷이 밝히기에는 매우 미흡하다. 즉, 『한국사』 3권이 발행된 지 11년이 지난 오늘날에도 산발적인 자료 보고 이외에 이를 종합할만한 연구 성과는 찾아보기 어렵고 이를 대신할만한 것이 『최근의 고고학 자료로 본 한국고고학 · 고대사의 신 연구』(최몽룡, 2006, 주류성)이다.

필자는 청동기, 철기시대 전기와 후기(삼국시대 전기)의 고고학과 고대사의 흐름의 일관성에 무척 관심을 가져 몇 편의 글을 발표한 바 있다. 1988년~2008년의 제5 · 6 · 7차 고등학교 국사교과서에서부터 1997년~2002년 국사편찬위원회에서 간행한 『한국사』 1, 3과 4권에 이르기까지 초기 철기시대와 원삼국시대란 용어대신 새로운 編年을 設定해 사용해오고 있다. 한국고고학 편년은 구석기시대-신석기시대-청동기시대(기원전 2000년~기원전 400년)-철기시대 전기(기원전 400년~기원전 1년)-철기시대 후기(삼국시대전기 또는 삼한시대 : 서기 1년~서기 300년: 종래의 원삼국시대)-삼국시대 후기(서기 300년~서기 660/668년)-통일신라시대(서기 668년~서기 918년)로 설정된다. 그래서 새로이 설정한 한국고고학의 시대구분 및 그

순천 서면 운평리 혈연을 기반으로 하는 현대식 무덤

실제 연대는 다음과 같이 정리된다.

◇ 구석기시대 : 구석기시대를 기술과 경제행위를 바탕으로 하여 전기 · 중기 · 후기로 구분하는 데에는 별다른 이견이 없으나 전기 구석기시대의 상한에 대해서는 연구자들 사이에 상당한 이견이 있다. 전기 구석기시대 유적들로는 평양 상원 검은 모루, 경기도 연천 전곡리(Oxygen Isotope Stage 산소동위원소층서 또는 Marine Isotope Stage 동위원소층서로 9기로 334000~301000 BP 연대가 나옴), 충북 단양 금굴, 청원 강외면 만수리(주먹찌르개, 최근 동위원소층서(Marine Isotope Stage, MIS)의 연대로는 14기(568000년~528000년 BP가 나옴)와 파주 교하읍 와동 등이 있으나 그 상한은 학자에 따라 70~20만 년 전으로 보는 등 상당한 이견을 보인다. 후기구석기시대는 최근 발굴 · 조사된 중국 산서성(山西省) 벽관(薛關) 하천(下川), 산서성(山西省) 치욕(峙峪, 28/35 BP)과 내몽고 사라오소(薩拉烏蘇)골, 러시아의 알단강 유역, 쟈바이칼과 우스티까라꼴(Ustikaracol) 등이 이 유적과 관련이 있을 것으로 추정되고 있다.

◇ 신석기시대 : 기원전 10000/8000년~기원전 2000년

신석기시대의 경우 제주도 한경면 고산리 유적(사적 제412호)에서 우리나라에서 가장 연대가 올라가는 기원전 8000년(10500 BP)이란 연대측정결과가 나왔는데, 이 유적에서는 융기문토기와 유경삼각석촉이 공반되고 있다. 강원도 고성 문암리 유적(사적 제426호)은 이와 비슷한 시기에 속한다.

◇ 청동기시대 : 기원전 2000년~기원전 400년. 기원전 1500년은 남북한 모두에 적용되는 청동기시대의 상한이며 연해주지방(자이사노프카 등)-아무르하류지역, 만주지방과 한반도내의 최근 유적 발굴조사의 성과에 따라 청동기시대 조기는 기원전 20세기까지 올라간다. 현재까지 확인된 고고학 자료에 따르면 빗살문토기시대 말기에 약 500년간 청동기시대의 시작을 알

려주는 돌대문(덧띠새김무늬)토기가 공반한다. 최근의 발굴 조사에 의하면 한반도의 청동기시대의 시작이 기원전 20세기~기원전 15세기를 오를 가능성이 한층 높아졌다. 이는 이중구연토기와 공렬토기에 앞서는 돌대문토기가 진주 남강댐내 옥방지구, 강원도 춘성군 내평, 춘천 천전리, 홍천 두촌면 철정리, 홍천 화촌면 외삼포리, 정선 북면 여량 2리(아우라지), 강릉시 초당동 391번지 허균 · 허난설헌 자료관 건립부지, 가평 상면 연하리, 인천 계양구 동양동과 경주 충효동 유적을 비롯한 여러 곳에서 새로이 나타나고 있기 때문이다. 각목돌대문(덧띠새김무늬)토기의 경우 中國 遼寧省 小珠山유적의 상층과 같거나 약간 앞서는 것으로 생각되는 大連市 郊區 石灰窯村, 遼東彎연안 交流島 蛤皮地, 長興島 三堂유적(기원전 2450년~기원전 1950년경으로 여겨짐), 吉林省 和龍縣 東城鄉 興城村 三社(早期 興城三期, 기원전 2050년~기원전 1750년), 그리고 연해주의 자이사노프카의 올레니와 시니가이유적(이상 기원전 3420년~기원전 1550년)에서 발견되고 있어 서쪽과 동쪽의 두 군데에서 영향을 받았을 가능성이 많다. 이들 유적들은 모두 신석기시대 말기에서 청동기시대 초기에 속한다. 다시 말해 櫛文土器시대 말기에 약 500년간 청동기시대의 시작을 알려주는 突帶文토기가 공반하며(청동기시대 조기: 기원전 2000년~기원전 1500년), 그 다음 單斜線文이 있는 二重口緣토기(청동기시대 전기: 기원전 1500년~기원전 1000년), 구순각목이 있는 孔列문토기(청동기시대 중기: 기원전 10세기~기원전 7세기)와 硬質무문토기(청동기시대 후기 : 기원전 7세기~기원전 5세기)에로의 이행과정이 나타나고 있다. 그리고 지석묘는 기원전 1500년에서부터 시작하여 철기시대 전기 말, 즉 기원전 1년까지 존속한 한국토착사회의 묘제로서 이 시기 북에서부터의 多源(元)的인 문화요소를 수용하고 있다. 러시아의 신석시대에서 청동기시대의 고고학 편년은 키토이(Kitoi)-이사코보(Isakovo)-세르보(Servo)-아파나쉐보(Affanasievo)-오쿠네보

(Okunevo)-안드로노보(Andronovo)-카라숙(Karasuk)-타가르(Tagar)에 이르고 있는데 이들 문화에서 나오는 유물 하나하나는 한국고고학 문화의 기원을 살피는데 매우 중요하다.

◇ 철기시대 전기 : 철기시대전기는 철기의 사용이 시작된 때부터 청동기가 완전히 소멸되고 전국적으로 본격적인 철 생산이 시작될 무렵까지의 시기로 절대연대로는 기원전 400년을 전후한 시기부터 기원을 전후한 시기에 해당된다. 이것은 최근 점토대토기 관계 유적의 출현과 관련하여 종래의 기원전 300년에서 기원전 400년으로 상한을 100년 더 올려 잡을 수 있다. 점토대 토기의 출현은 철기시대의 시작과 관련이 있다. 최근의 질량가속연대측정(AMS)에 의한 결과 강릉 송림리유적이 기원전 700년~기원전 400년경, 안성 원곡 반제리의 경우 기원전 875년~기원전 450년, 양양 지리의 경우 기원전 480년~기원전 420년(2430±50 BP, 2370±50 BP), 횡성군 갑천면 중금리 기원전 800년~기원전 600년 그리고 홍천 두촌면 철정리(A-58호 단조 철편, 55호 단면 직사각형 점토대토기)의 경우 기원전 640년과 기원전 620년이 나오고 있어 철기시대 전기의 상한 연대가 기원전 5세기에서 더욱더 올라갈 가능성도 있다는 것이다. 철기시대는 점토대토기의 등장과 함께 시작되는데, 현재까지 가장 이른 유적은 심양 정가와자 유적이며 그 연대는 기원전 5세기까지 올라간다. 이 시기는 점토대토기의 단면의 원형, 직사각형과 삼각형의 형태에 따라 Ⅰ기(전기), Ⅱ기(중기)와 Ⅲ(후기)의 세 시기로 나누어진다. 그리고 마지막 Ⅲ기(후기)에 구연부 斷面三角形 粘土帶토기와 함께 다리가 짧고 굵은 豆形토기가 나오는데 이 시기에 新羅와 같은 古代國家가 형성된다. 이 중 한반도 최초의 고대국가인 衛滿朝鮮(기원전 194년~기원전 108년)은 철기시대 전기 중 Ⅲ기(중-후기)에 속한다. 그 기원으로는 중국의 심양 정가와자 유적과 아울러 러시아 연해주의 뽈체(挹婁)문화가 주목된다. 그리고 이 시기는 청천강 이북을 포함한

요동지역에 분포하는 영변 細竹里-요녕 무순 蓮花堡 유형의 유적들과도 관련이 있다. 이 시기는 점토대토기의 단면의 형태 즉 원형, 방형과 삼각형에 따라 Ⅰ기(전기), Ⅱ기(중기)와 Ⅲ기(후기)의 세 시기로 나뉜다. 그리고 마지막 Ⅲ기(후기)에 구연부 斷面 三角形 粘土帶토기와 함께 다리가 짧고 굵은 豆形토기가 나오는데 이 시기에 新羅와 같은 古代國家가 형성된다. 이중 한반도 최초의 고대국가인 衛滿朝鮮(기원전 194년~기원전 108 년)은 철기시대 전기 중 Ⅲ기(중-후기)에 속한다. 그 기원으로는 중국의 심양 정가와자유적과 아울러 러시아 연해주의 끄로우노프까(北沃沮, 團結)와 뽈체(挹婁)문화가 주목된다.

◇ 철기시대후기(삼국시대 전기) : 서기 1년~300년. 또는 "三國時代 前期"로 종래의 원삼국시대/삼한시대 그리고 신라, 고구려와 백제가 고대국가로서의 위상이 더욱더 뚜렷해진다. 그런데 이시기를 원삼국시대라는 한국 고대사 기록과 부합되지 않는 애매한 시기 설정 대신에 마한과 백제라는 시기 구분이 등장하여 이 시기의 성격이 명확하게 설명되고 있음은 최근 우리 고고학계의 성과중의 하나이다. 그리고 철기시대후기는 철기시대 전기의 위만조선과 마찬가지 역사시대로 편입된다.

◇ 삼국시대후기: 서기 300년~서기 668년

◇ 통일신라시대: 서기 668년~서기 918년

한반도의 문화형성은 시대와 지역에 따라 그 계통이 다양하다. 이는 한국문화의 계통을 다원적인 입장에서 살펴보아야 하며 전체적인 편년을 살피기 위해 지역편년의 수립도 필요하다. 그리고 현재로서는 일부 문화적 요소에 주목해서 문화적 상관관계를 단정하기보다는 시베리아와 극동지역의 문화의 본질적인 속성을 찾는 기초적인 연구에 주력해야 할 것이다. 결국 이동경로를 설정하는 데에는 앞으로 많은 공동조사를 진행함으로서 보다 명확히 밝혀낼 수 있을 것이다. 왜냐하면 그동안 그 경로를 이어주는 유적들에 대한 자료점검도 미흡했으며, 발굴된 유적도 풍부하지 않았기 때문이다. 그래서 이들 유적에 대한 관심과 아울러 후일 그 밖의 주변지역들에 대한 발굴조사를 위한 기초 공동조사를 현재보다 더 많이 다각도로 실시하는 것이 바람직하겠다. 또한 동북아시아의 문화를 이해함에 있어서 단순히 정치적인 경계선 속에서 파악하려는 시도는 옳지 않다고 생각한다. 올바른 역사적 복원이라는 과제에 접근하기 위해서는 이들의 문화적 相似性과 相異性을 어느 특정 지역과 시기에 관계없이 잘 검토함으로써 각 시대의 문화적 공동점을 찾아내야 하며 결국은 각 시대별로 인류역사의 지도는 다시 그려지게 될 것이다.

결론적으로 기원전 2000년(청동기시대)에서 서기 300년(삼국시대전기) 사이의 기간에 최초 새로이 발견 · 조사된 고고학 자료들을 동북아시아적 관점에서 본 한국고고학의 시대구분상 청동기, 철기시대 전기와 후기(삼국시대 전기)에 대한 필자의 견해는 아래와 같이 잠정적으로 정리될 수 있겠으며 이와 같은 생각들이 밑받침되어야 앞으로의 개별적이고 구체적인 연구에 대한 새로운 방향과 전망이 이루어질 수 있겠다.

1) 한국 고고학과 고대사의 연구는 통시적 관점, 진화론적 입장, 역사적 맥락 및 통상권의 바탕 위에서 이루어져야 한다.

2) 한국문화의 계통은 각 시대에 따라 서로 다른 多元(源)的인 입장에서 파악되어야 한다. 최근 확인된 고고학 자료들은 유럽, 중국(요녕성, 길림성, 흑룡강성 등 동북삼성 포함), 몽고와 시베리아의 연해주와 아무르강 유역 등 한국문화의 기원이 매우 다양했음을 보여준다.

3) 남한의 청동기시대는 요령성과 북한 지역의 경우처럼 기원전 1500년경까지 거슬러 올라가는데 그 시발점은 기원전 20~기원전 15세기경인 신

석기시대 후기(말기)의 빗살-부분빗살문토기가 나타는 유적들, 즉 강원도 춘성군 내평(소양강 수몰지구), 강릉시 초당동 391번지 허균 · 허난설헌 자료관 건립부지, 춘천 천전리, 홍천 두촌면 철정리와 화촌면 외삼포리유적, 경기도 가평 상면 연하리, 인천 계양구 동양동, 진주 남강댐내 옥방지구, 경주 충효동 등 돌대문(덧띠새김무늬)토기가 공반되는 빗살문토기 유적까지 거슬러 올라간다. 그리고 그 다음에 나타나는 이중구연토기, 공렬문토기/ 구순각목토기와 경질무문토기의 편년과 공반관계, 문화적 주체와 수용, 다양한 기원 등은 앞으로 학계의 중요한 연구방향이 될 것이다.

4) 신석기시대에서 청동기시대에로의 이행은 문화 계통의 다원적 기원과 함께 국지적인 문화의 수용 내지는 통합을 통해 이루어졌으며, 문화의 자연스런 계승도 엿보인다. 이러한 양상은 인천광역시 백령도, 연평 모이도, 용유도, 경기도 시흥 능곡동, 강원도 원주 가현동, 영월 남면 연당 쌍굴, 경남 산청 소남리, 그리고 대구 북구 서변동 유적을 포함한 내륙지역에서 확인되는 전면/부분 빗살문토기 유적들에서 확인된다.

5) 우리 문화의 주체를 형성한 토착인들은 한국고고학 시대구분상 청동기시대와 철기시 전기, 즉 기원전 1500년경에서 기원전 1년까지 한반도 전역에 산재해 있던 지석묘(고인돌) 축조인들이다. 지석묘는 그 형식상 북방식, 남방식과 개석식으로 나누어지는데, 각 형식은 서로 다른 문화 수용현상을 보인다. 즉, 북방식과 남방식 지석묘사회는 최근 발굴조사 된 마산 진동리의 지석묘처럼 한반도 북쪽의 카라숙에서 내려온 석관묘나 중국계의 토광묘문화를 수용하기도 했으며, 한반도 남부의 지석묘 사회에서는 보다 늦게 등장한 개석식 지석묘를 기반으로 馬韓이 형성되기도 했다.

6) 청동기시대의 精靈崇拜(animism), 토테미즘(totemism), 巫敎(shamanism), 조상숭배(ancestor worship)를 거쳐 철기시대에는 환호를 중심으로 전문제사장인 天君이 다스리는 별읍(別邑)인 蘇塗가 나타난다.

이것도 일종의 무교의 형태를 띤 것으로 보이며 여기에는 조상숭배(ancestor worship)의 믿음이 종교의 형태로 강화된다. 마한의 고지에는 기원전 3~기원전 2세기부터의 단순 족장사회에서 좀더 발달한 복합족장사회인 마한이 있었다. 이는 『三國志』 魏志 弁辰條에 族長격인 渠帥(또는 長帥, 主帥라도 함)가 있으며 이는 격이나 규모에 따라 신지(臣智, 또는 秦支 · 踧支라고도 함), 검측(險側), 번예(樊濊), 살계(殺奚)와 읍차(邑借)로 불리고 있었음을 알 수 있다. 이는 정치 진화상 같은 시기의 沃沮의 三老, 東濊의 侯, 邑長, 三老, 그리고 挹婁의 酋長과 같은 國邑이나 邑落을 다스리던 혈연을 기반으로 하는 계급사회의 行政의 우두머리인 族長(chief)에 해당된다. 그러나 蘇塗는 당시의 복합 · 단순 족장사회의 우두머리인 세속정치 지도자인 신지, 검측, 번예, 살계와 읍차가 다스리는 영역과는 별개의 것으로 보인다. 그리고 마한에도 마찬가지 경우로 생각되나, 이들을 대표하는 王이 다스리는 국가단계의 目支國도 있었다. 그러나 天君이 다스리는 종교적 別邑인 蘇塗는, 당시의 복합 단순 족장사회의 우두머리인 渠帥의 격이나 규모에 따른 이름인 신지, 검측, 번예, 살계와 읍차가 다스리는 세속적 영역과는 별개의 것으로 보인다.

7) 철기시대의 상한은 기원전 5세기경까지 올라가며 이 시기에는 점토대토기가 사용된다. 철기시대 전기 중 말기인 기원전 1세기경에는 다리가 짧고 두터운 두형(豆形)토기가 나타나며, 이 시기 남쪽 신라에서는 蘿井(사적 245호)에서 보여주는 바와 같이 국가가 형성된다. 철기시대 전기와 후기(삼국시대 전기)에 보이는 점토대토기 · 흑도 · 토실과 주구묘를 포함한 여러 가지 고고학 자료와 문헌에 보이는 역사적 기록들은 당시의 정치 · 사회 · 문화가 매우 복잡했음을 보여준다. 이 시기의 역사 서술은 이들을 바탕으로 이루어져야 하는데, 이는 일찍부터 기정사실로 인식되고 있는 고구려사와 같은 역사적 맥락에서 파악되어야 한다.

8) 한반도의 歷史時代가 시작되는 衛滿朝鮮의 멸망과 漢四郡의 설치는『史記』의 편찬자인 司馬遷(기원전 145년~기원전 87년)이 37세에 일어난 사건으로, 위만조선과 낙랑 · 대방의 존재는 역사적 사실로 인정되어야 한다. 위만조선의 王儉城과 樂浪은 오늘날의 평양 일대로 보아야 한다.

9) 백제는 기원전 3세기~기원전 2세기에 이미 성립된 마한의 바탕 위에서 성립되었으므로 백제초기의 문화적 양상은 마한의 경우와 그리 다르지 않다. 백제의 건국연대는『三國史記』「백제본기」의 기록대로 기원전 18년으로 보아야 한다. 마한으로부터 할양받은 한강유역에서 출발한 백제가 강성해져 그 영역을 확장해 나감에 따라 마한의 세력 범위는 오히려 축소되어 천안-익산-나주로 그 중심지가 이동되어졌다. 백제 건국 연대를 포함한『삼국사기』의 초기기록을 인정해야만 한국고대사를 무리 없이 풀어 나갈 수 있다. 그래야만 최근 문제가 되고 있는 고구려와 신라 · 백제와의 초기 관계사를 제대로 파악해 나갈 수 있다. 따라서 삼국사기의 신라, 고구려와 백제의 국가형성 연대는 그대로 인정해도 무방하다 하겠다. 그리고 앞으로 이들 국가 형성에 미친 漢/樂浪의 영향도 고려해야 한다. 따라서 삼국사기의 초기 기록을 무시하고 만든 원삼국시대란 용어의 적용은 적합하지 않다. 여기에 대해 三國時代 前期(서기 1년~서기 300년)란 용어를 대체해 쓰는 것이 좋겠다. 최근 고구려사의 연구가 활발하며 삼국사기에 기록된 고구려 관계 기사는 그대로 인정이 되고 있다. 고구려, 백제와 사의 연구가 활발하며『三國史記』에 기록된 고구려 관계 기사는 그대로 인정이 되고 있다. 고구려, 백제와 신라의 역사적 맥락으로 볼 때 고구려의 主敵은 백제와 신라이지 원삼국이 아니라는 점이다.

10) 한성시대 백제(기원전 18년~서기 475년)도 석성을 축조했는데, 하남 이성산성(사적 422호), 이천 설봉산성(사적 423호)과 설성산성(경기도 기념물 76호), 그리고 안성 죽주산성(경기도 기념물 69호) 등이 그 좋은 예들이

다. 그 석성 축조의 기원은 제 13대 근초고왕대인 서기 371년 고구려 고국원왕과의 평양 전투에서 찾을 수 있다. 고구려는 일찍이 제 2대 유리왕 22년(서기 3년)에 즙안의 國內城을 축조했고, 제 10대 산상왕 2년(서기 198년)에는 丸都山城을 축조한 바 있음으로 이들은 역사적 기정사실로 받아들여지고 있다. 이 시기는 三國時代 後期(서기 300년~668년)初에 속하나 고구려와 관련지어 볼 때 삼국시대 전기의 문화상과 무관하지 않다.

참/고/문/헌

鄭漢德

2000 中國考古學 硏究, 學硏文化社

崔夢龍 외

1989 원시국가의 진화(Jonathan Haas 저, 최몽룡 역), 서울: 민음사

1991 문명의 발생(Charles L. Redman 저, 최몽룡 역), 서울: 민음사

2004 東北亞 青銅器時代 文化硏究, 周留城

2006 최근 고고학 자료로 본 한국고고학 · 고대사의 신연구, 서울: 주류성

2004 東北亞 青銅器時代 文化硏究, 周留城

2007 인류문명발달사, 주류성

2007 경기도의 고고학, 주류성

Arthur Cotterell ed.

1980 *Encyclopedia of Ancient Civilizations*, New York: The Rainbird Pb. Group Ltd., Penguin Books

Christopher Scarre & Brian M. Fagan

1977 *Ancient Civilizations*, New York: Longman

Chêng Tê-K' un

1960 Shang China, *Archaeology in China* vol. II, Cambridge: W. Heffer & Sons LTD.

David N. Keightley

1983 *The Origins of Chinese Civilization*, Berkeley and Los Angeles: University. of California Press

Fong, Wen, ed.

1980 *The Great Bronze Age of China*, New York: Metropolitan Museum of Art

Foreign Languages Press

1972/8 *New Archaeological Finds in China* (I) & (II), Peking

Jessica Rawson ed.

1980 *Ancient China*, New York: Harper & Row, Pb.

1996 *Mysteries of Ancient China*, London: British Museum Press

K.C. Chang

1980 *Shang Civilization*, New Haven: Yale University Press

1983 *Art, Myth, and Ritual* –The Path to Political Authority in Ancient China–, Cambridge: Harvard University Press

1986 *The Archaeology of Ancient China*, New Haven; Yale University Press

Li Chi

1957 *The beginnings of Chinese Civilization*, Seattle: University of University of Washington Press

1977 *Anyang*, Seattle: University of University of Washington Press

Sara Champion

1980 *A Dictionary of Terms and Techiques in Archaeology*, Oxford: Phaidon

杜迺松

1995 中國青銅器發展史, 紫禁城出版社

郭寶均

1963 中國青銅器時代, 三聯書店, 北京

安金槐 主編

1992 中國考古, 上海古籍出版社出版

朱鳳瀚

1995 古代中國青銅器, 南開大學出版社, 天津

馬承源 主編

1988 中國青銅器, 上海古籍出版社出版

中國社會科學院考古研究所 編著

1984 新中國的考古發現和研究, 文物出版社

遼寧美術出版社

1990 遼寧重大文化事迹

松丸道雄編

1980 西周青銅器とその國家, 東京大學出版會, 東京

李伯謙

1998 中國青銅文化結構體系研究, 科學出版社

松丸道雄編

1980 西周青銅器とその國家, 東京大學出版會, 東京

李伯謙

1998 中國青銅文化結構體系研究, 科學出版社

鄭漢德

2002 日本의 考古學, 서울: 學研文化社

岡村道雄

1997 ここまでわかった日本の先史時代, 東京: 角川書店

齊藤忠

1982 日本考古學概論, 吉川弘文館, 東京

東京國立博物館

1988 特別展: 日本의の考古學−その步みと成果, 東京美術

C.Melvin Aikens

1982 *Prehistory of Japan*, New York: Academic Press

Keiji Imamura

1996 *Prehistoric Japan*, Honolulu: University of Hawai' i Press

한국 청동기·철기시대와 고대사회의 복원

저　자 / 최몽룡
발행인 / 최병식
발행처 / 주류성 출판사
인쇄일 / 2008년 3월 20일
발행일 / 2008년 3월 31일
등록일 / 1992년 3월 19일 제 21-325호
주　소 / 서울특별시 서초구 서초동 1308-25 강남오피스텔 1212호
T E L / 02-3481-1024(대표전화)
F A X / 02-3482-0656
HOMEPAGE / www.juluesung.co.kr
E-MAIL / juluesung@yahoo.co.kr

값 23,000원

ISBN 978-89-87096-99-5